Affiliate Marketing

Ein Leitfaden für Affiliates und Merchants

Version 2.0

Inhaltsverzeichnis

Vorwort

Wenn wir 2011 gewusst hätten, auf was wir uns da einlassen, hätte uns vielleicht der Mut verlassen, das Mammutprojekt „Affiliate eBook" anzugehen. Aber wie sagt man so schön zur Motivation beim Marathonlaufen: Jetzt umkehren wäre auch doof! Nachdem die ersten Kapitel Gestalt angenommen hatten, mussten wir das Projekt einfach durchziehen, auch wenn es viele viele Arbeitsstunden und Nerven gekostet hat. Auf 211 Seiten haben wir Affiliate Marketing einmal von A bis Z erklärt und aufgerollt. „Damals" gab es kaum brauchbare deutschsprachige Ressourcen, die sich umfassend mit dem Thema „Affiliate Marketing" beschäftigten, dafür aber umso mehr Intransparenz, Graubereiche und häufig ein ungutes Gefühl im Markt. Unsere Mission: Eine fundierte Basis für Affiliates, Onlineshops, aber auch Agenturmitarbeiter und Studenten zu schaffen, die sich mit dem Thema näher auseinandersetzen wollen. In vier Jahren wurde das eBook auf unserer Seite mehr als 10.000 mal heruntergeladen und wir bekamen sehr viel positives Feedback von Lesern aller Art. Das Buch wird ganz gezielt auch zur Ausbildung von Nachwuchskräften eingesetzt, was unserer ursprünglichen Intention natürlich perfekt entspricht. Somit können wir getrost sagen: Mission erfüllt!

Lange Rede, kurzer Sinn: Seit 2011 sind vier Jahre vergangen und das ist im Online Marketing ein halbes Leben. Wir mussten also der Tatsache ins Auge blicken, dass es höchste Zeit für eine Überarbeitung ist. Viel hat sich in der Branche getan und es sind zahlreiche neue Themen hinzugekommen. Also holten wir tief Luft, nahmen Anlauf und begannen Anfang 2015 das nächste Buchabenteuer. Ein dreiviertel Jahr später sind aus den ursprünglich 211 Seiten fast 400, völlig überarbeitete Seiten geworden. Die neue Auflage enthält einige komplett neue Kapitel wie z.B. zu rechtlichen Aspekten und zur Ausbildung im Affiliate Marketing. Wir haben in einer Umfrage Primärdaten zu Affiliates und ihrer Tätigkeit erhoben und für unsere Auswertungen verwendet. Sämtliche Zitate und Statements im Buch sind brandneu und auch das Autorenteam ging mit völlig frischem Wind an die Sache heran.

Natürlich hat auch diesmal einiges viel länger gedauert als geplant. Wir haben ein paar mehr Korrekturschleifen gedreht, weil uns an manchen Stellen der Perfektionismus gepackt hat und wir unsere Ansprüche an die grafische Gestaltung nochmal deutlich nach oben geschraubt haben. Was uns sehr freut, ist die positive Resonanz auf unser Projekt bereits während der Arbeitsphase. Es gibt doch offenbar eine ganze Reihe von gespannten Lesern, die schon auf die neue Ausgabe warten! Da häufiger der Wunsch aufkam, auch ein gedrucktes Exemplar in der Hand halten zu können, gibt es die zweite Auflage als Print-on-Demand Exemplar bei Amazon, daneben aber wie gewohnt zum kostenlosen Download als PDF auf unserer Website.

Wir wünschen allen Lesern viel Spaß und neue Erkenntnisse im Affiliate Marketing. Wie immer freuen wir uns sehr über Feedback, Kritik, Hinweise auf Fehler und Verbesserungswünsche. Die heben wir dann gut für die dritte Auflage auf, denn wir glauben sehr zuversichtlich an die Zukunft des Affiliate Marketing und daran, dass es in zwei, drei Jahren wieder viele spannende Neuigkeiten zu berücksichtigen gibt!

Katja und das Autorenteam
(Daniel, Hannes, Johannes, Luisa, Stefan)

Kapitel 1 – Einleitung

1.1 Was ist Affiliate Marketing?

Affiliate Marketing ist einer der klassischen Performance Marketing Kanäle im Online Marketing. Übersetzt steht das Verb „to affiliate" für „zusammenschließen", „angliedern" oder „beitreten". Mit dem Nomen „affiliate" wird im englischsprachigen Raum ein „Partner" bezeichnet. Das beschreibt ziemlich genau, worum es im Affiliate Marketing geht.

Kern dieses Marketingkanals ist die effiziente Gestaltung und Pflege von Partnerschaften in großer Anzahl. Die Zusammenarbeit mit verschiedensten Akteuren hat das Ziel, gemeinsam Kunden und Verkäufe zu generieren. Dabei stehen persönliche Kontakte und das gemeinsame Agieren deutlich mehr im Vordergrund als in anderen Online Marketing Kanälen.

Als Grundlage für den Einstieg in das Affiliate Marketing gilt es, die Begrifflichkeiten sowie die einzelnen Akteure zu kennen.

1.2 Akteure im Affiliate Marketing

Grundlegend geht es im Affiliate Marketing um die Beziehungen zwischen einem Unternehmen (z.B. einem Onlineshop) und dessen Werbepartnern. Ziel des Unternehmens ist es, Kontakte zu potentiellen Kunden (Leads) oder Verkäufe (Sales) zu generieren. Dazu sucht es sich die Unterstützung der Werbepartner. Die übrigen am Affiliate Marketing beteiligten Akteure sind in dieser Beziehung zwischengeschaltet und beeinflussen sie zu verschiedenen Zeitpunkten.

Werbepartner
= Affiliate
= Publisher

Durch Affiliate Marketing soll beim Internetnutzer, während er sich im Internet bewegt, Aufmerksamkeit für die Produkte des Onlineshops oder das Unternehmen selbst erzeugt werden. Dies passiert unter anderem durch die Partnerwebsites des Onlineshops, die mit diesem im Affiliate Kanal zusammenarbeiten. Durch die Kooperation mit Partnern baut das Unternehmen eine Art Vertriebsnetzwerk auf und erhöht seine Reichweite. Auch die stärkere Bindung bestehender Kunden lässt sich durch Partnerschaften im Affiliate Marketing erreichen.

Auf den Online-Präsenzen der Werbepartner werden dem Internetnutzer Produkte des Onlineshops vorgestellt, empfohlen oder verglichen. Die Werbepartner werden als Affiliates oder Publisher bezeichnet.

Ziel des Affiliates ist es wiederum, durch die Werbeleistung, die er im Internet (in der Regel auf einer eigenen Website) für den Onlineshop erbringt, Einnahmen zu erzielen. Der Affiliate agiert vergleichbar einem externen Vertriebler für den Onlineshop. Dabei kann ein Affiliate sowohl ein großes Unternehmen als auch eine Privatperson sein, die ihre Website als Hobby betreibt.

Um Einnahmen zu erzielen, muss gesichert sein, dass der Onlineshop nachvollziehen kann, welcher Partner welchen Kunden akquiriert hat. Die generierten Transaktionen müssen demnach nachvollziehbar gemacht werden. Für dieses Tracking von Transaktionen kommt ein weiterer Akteur ins Spiel: das Affiliate-Netzwerk.

Affiliate-Netzwerke haben sowohl eine Geschäftsbeziehung zum Onlineshop als auch zum Affiliate und agieren damit als eine Art Partnerbörse zwischen beiden Parteien. Zudem liefern sie die technischen Grundlagen für die Zusammenarbeit.

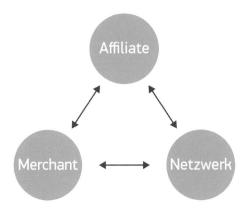

◀
Abb. 1.1
Die drei Hauptakteure
im Affiliate Marketing

Der Onlineshop betreibt im Affiliate-Netzwerk ein Partnerprogramm. Partnerprogrammbetreiber werden auch als Merchants oder Advertiser bezeichnet. Im Programm sind alle Konditionen hinterlegt, zu denen sie bereit sind, mit Partnern (Affiliates) zusammenzuarbeiten. Zudem stellen die Merchants darin Werbemittel für die Affiliates zur Verfügung (z.B. Banner) und geben die Rahmenbedingungen der Zusammenarbeit bekannt. Der Affiliate wiederum ist im Affiliate-Netzwerk registriert und kann sich dort zu den Partnerprogrammen verschiedener Merchants anmelden. Damit besteht zwischen Merchants und Affiliates und umgekehrt eine „1 zu n"-Beziehung: Ein Merchant kann mit vielen Affiliates arbeiten, ein Affiliate kann mit vielen verschiedenen Merchants kooperieren.

Programmbetreiber
= Merchant
= Advertiser

Der Affiliate kann nach seiner Anmeldung im Partnerprogramm des Merchants auf die hinterlegten Werbemittel (Grafiken, Textlinks, E-Mail Templates, Produktlisten,...) zugreifen. Jedes Werbemittel ist eindeutig gekennzeichnet und besitzt einen Vermerk, von welchem Affiliate es eingesetzt wird. Wenn der Affiliate dieses also auf seiner Website einbaut und ein Nutzer darauf klickt, können Verkäufe, die dadurch entstehen, dem Partner zugeordnet werden und er erhält eine Vergütung für seine Werbeleistung.

Die technische und finanzielle Abwicklung übernimmt das Affiliate-Netzwerk.

1.3 Überblick der Abläufe im Affiliate Marketing

Die folgende Abbildung veranschaulicht, wie die Partner im Affiliate Marketing interagieren.

▶
Abb. 1.2
Abläufe im
Affiliate Marketing

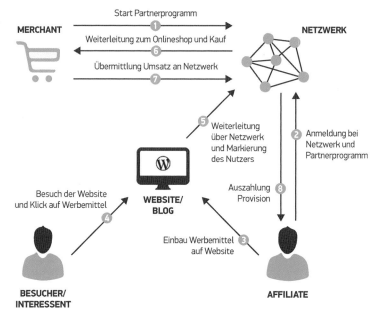

1. Der Merchant wählt ein Affiliate-Netzwerk aus und startet dort sein Partnerprogramm (siehe ➲ *Kapitel 6 Affiliate-Netzwerke*).

2. Der Affiliate registriert sich kostenlos bei einem oder mehreren Affiliate-Netzwerken. Dort kann er sich dann beim Partnerprogramm des Merchants anmelden.

3. Über das Netzwerk bezieht der Affiliate Werbemittel des Merchants. Diese Werbemittel sind mit Trackinglinks versehen, um Sales eindeutig dem jeweiligen Affiliate zuzuordnen. Der Affiliate baut die Werbemittel auf seiner Website, in seinem Social Media Profil oder in seinem Newsletter ein. (siehe ➲ *Kapitel 3 Wie werde ich Affiliate*)

4. Ein Internetnutzer wird beim Surfen auf die Werbemittel aufmerksam und klickt auf den Banner oder Textlink.

5. Über den Klick auf das Werbemittel wird der Nutzer zunächst auf eine URL des Affiliate-Netzwerks geleitet und dort „markiert". Dadurch können seine Transaktionen später wieder eindeutig dem Affiliate zugeordnet werden, der ihn geworben hat. Hierbei sind verschiedene Methoden zum Tracking möglich, die in ➲ *Kapitel 7 Trackingverfahren und technische Aspekte* erläutert werden.

6. Das Netzwerk leitet den Nutzer zum Onlineshop des Merchants weiter. Der Nutzer bahnt dort durch einen Einkauf oder die Preisgabe von Kontaktdaten eine Kundenbeziehung zum Merchant an. Der Nutzer wird in den wenigsten Fällen den Trackingprozess bemerken, da dieser im Hintergrund abläuft und für „normale" Internetnutzer nicht erkennbar ist.

7. Mit Abschluss der Transaktion durch den Kunden übermittelt der Onlineshop Informationen dazu an das Netzwerk.

8. Auf Basis der mit dem Affiliate vereinbarten Konditionen ermittelt das Netzwerk die Vergütung und zahlt diese an den Affiliate aus.

Die folgende Tabelle soll einen Überblick über die Begriffe und Synonyme verschaffen:

	Definition	Synonyme
Affiliate	Bewirbt die Produkte des Merchants (z.B. auf eigenen Websites) und erhält für seine Werbeleistung eine Provision	Publisher, Partner, Vertriebspartner, Werbepartner
Merchant	Anbieter von Produkten oder Dienstleistungen, die mithilfe von Affiliates im Internet vertrieben werden	Advertiser, Händler, Partnerprogramm-betreiber
Affiliate-Netzwerk	Unabhängige Plattform im Internet, über die Affiliates und Merchants ihre Transaktionen technisch und finanziell abwickeln und auf der die Partnerprogramme betrieben werden	Netzwerk, Affiliate-Plattform
Partnerprogramm	Ermöglicht die Zusammenarbeit von Merchants und Affiliates zur Kundengewinnung auf Partnerwebsites, definiert Rahmenbedingungen wie die Höhe der Provision	Affiliate-Programm

1.4 Warum im Affiliate Marketing tätig werden?

Merchant Der Merchant versucht über verschiedene (Online) Marketing Kanäle Kontakte zu potentiellen Kunden herzustellen und seine Produkte zu verkaufen. Im Affiliate Marketing bekommt er dabei Unterstützung durch Affiliates, die ihre eigene Reichweite zur Verfügung stellen, um den Onlineshop zu bewerben. Der Vorteil für den Merchant: Zumeist wird auf Provisionsbasis abgerechnet und er zahlt nur dann für die Werbeleistung, wenn auch ein Verkauf zu Stande kommt. Im Vergleich zu anderen Marketing Kanälen ist das finanzielle Risiko für den Onlineshop deutlich geringer. Neben den Provisionen für die Affiliates entstehen allerdings noch weitere (Fix-)Kosten, die beim Start eines Partnerprogramms beachtet werden sollten. Gerade kleinere und mittelgroße Unternehmen können durch Affiliates von Technologien profitieren, für deren Umsetzung intern keine Ressourcen verfügbar sind (z.B. E-Mail Retargeting). Zudem lassen sich durch Partner Bereiche erschließen, die der Merchant aus eigener Kraft nicht abdecken kann. Es können „spitze" Zielgruppen z.B. durch Nischenseiten erreicht werden, die für sehr spezielle Keywords ranken. Durch die Zusammenarbeit mit vielen Partnern stellt sich das Unternehmen breit auf und verteilt das Risiko auf viele Schultern, so dass das Partnerprogramm auch dann nicht zusammenbricht, wenn einer der Partner wegfällt.

Affiliate Ziel des Affiliates ist es, seine aufgebaute Reichweite zu monetarisieren. Das schafft er, indem er thematisch passende Werbung auf seiner Website platziert und seine Nutzer auf den Onlineshop des Merchants aufmerksam macht. Mit jeder vermittelten Transaktion (Sale oder Lead), die durch seine Empfehlung zu Stande kommt, erhält er eine Provision (Details zur Arbeit als Affiliate siehe ➲ *Kapitel 3 Wie werde ich Affiliate*). Speziellere Affiliate-Modelle monetarisieren zum Beispiel auch eine zur Verfügung gestellte Technologie (siehe ➲ *Kapitel 2 Affiliate Geschäftsmodelle*).

In den folgenden Kapiteln werden die komplexen Aufgaben der verschiedenen Akteure genauer beleuchtet.

Kapitel 2 – Affiliate-Geschäftsmodelle

Affiliates nutzen verschiedenste Möglichkeiten, Techniken, Plattformen und Werkzeuge, um Aufmerksamkeit auf einen Partnerprogrammbetreiber zu lenken. Ziel ist es für den Affiliate dabei, Traffic und Umsätze bzw. Leads für den Merchant zu generieren und damit eine Provision zu verdienen. So vielfältig diese Möglichkeiten sind, lassen sich dennoch Gemeinsamkeiten finden, sodass die Tätigkeiten von Affiliates in verschiedene Geschäftsmodelle gruppiert werden können. Eine standardisierte Kategorisierung von Affiliate Modellen gibt es allerdings nicht. Die folgende Einteilung ist daher ein Vorschlag und kann jederzeit weiter differenziert oder aktualisiert werden.

Bevor jedoch die einzelnen Geschäftsmodelle beleuchtet werden, sei auf eine Besonderheit des Affiliate Marketing hingewiesen: Hier werden verschiedenste Online Marketing Disziplinen vereint, die sich in den Geschäftsmodellen ausdrücken. Die unterschiedlichen Geschäftsmodelle finden jedoch an ganz verschiedenen Punkten der Customer Journey statt. Die Customer Journey beschreibt den Weg eines Kunden bis zum Kauf, der dabei an mehreren Punkten mit dem Shop in Berührung kommt, bis er die Kaufentscheidung trifft. Die Affiliate-Geschäftsmodelle lassen sich deswegen auf Basis des AIDA-Modells (als Veranschaulichung der Customer Journey) einordnen.

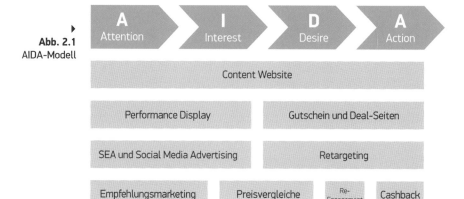

Abb. 2.1
AIDA-Modell

2.1 Content Websites

Content Websites sind die ursprüngliche Basis des Affiliate Marketing. Sie beschäftigen sich mit einem bestimmten Themengebiet bzw. einem speziellen Unterthema, sogenannten Nischen. Diese Gruppe von Affiliates setzt auf die eigene Website, das eigene Forum, den eigenen Blog oder das eigene Online Portal, um den Merchant zu vermarkten. Dabei findet dies auf ganz verschiedenen Ebenen statt: So gibt es Blogger, die eher aus Enthusiasmus bloggen und dabei den einen oder anderen passenden Banner auf dem Blog platzieren, um wenigstens ein paar Euro zu verdienen und die Hosting-Kosten wieder hereinzuholen. Die Palette reicht auch bis hin zu professionellen Affiliate Seiten (welche man auch als Nischenseiten bezeichnet), die gezielt zum Zweck der Monetarisierung erstellt werden. Alle diese Seiten eint aber, dass sie sich mit einem gewissen thematischen Schwerpunkt beschäftigen. Häufig wird zudem versucht, Besucher über organische Suchmaschinenplatzierungen zu gewinnen. Entsprechend zielgerichtet ist der Traffic, den diese Seiten dem Merchant liefern können.

2.1.1 Content Websites aus Sicht des Merchants

Der zielgerichtete Traffic von Content Websites ist aus Sicht des Partnerprogrammbetreibers der größte Vorteil. So zeichnen sich diese Seiten durch einen hohen Anteil an Neukunden aus und können qualitativ hochwertige Leads und Sales generieren. Durch den Fokus von Content Websites auf bestimmte Themen können passende Nutzer erreicht werden, die der Merchant bislang noch nicht ansprechen konnte.

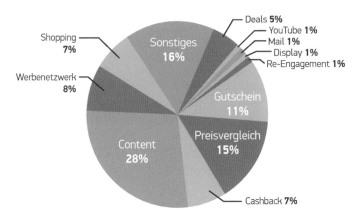

Abb. 2.2
Traffic-Anteile der unterschiedlichen Affiliate-Geschäftsmodelle (Quelle: Analyse Projecter Partnerprogramme)

Durch die häufige Fokussierung auf Suchmaschinen und die dortige Positionierung sind diese Affiliates ein großer Mehrwert für das Partnerprogramm. So erscheinen sie bei Suchbegriffen, bei denen der Merchant keine oder nur eine geringe Chance hat, gute Rankings zu erzielen. Gleichzeitig helfen sie zum Beispiel dabei, mehrfach für einen Suchbegriff in den Ergebnissen präsent zu sein: Einmal mit der Seite des Merchants und einmal mit der Seite des Affiliates.

Darüber hinaus besetzen sie Rankings, die dann für Mitbewerber schwerer zu erreichen sind.

Content Websites setzen sich aber nicht nur mit spezifischen Themen auseinander, sondern geben vielmehr auch entscheidende Impulse für die Kaufentscheidung der Konsumenten. So verlinken diese Affiliates häufig nicht einfach nur durch Banner auf die Seite des Merchants, sondern verfassen Blogbeiträge über bestimmte Produkte bzw. zum Shop und liefern Gründe, warum Kunden gerade hier kaufen sollten.

„Sobald monatlich eine stattliche Anzahl an Sales vom Content Publisher geliefert wird, erwarte ich vom Merchant, dass er mich als Traffic-Quelle ernst nimmt. Am schlimmsten sind Onlineshops, die ein Partnerprogramm anbieten, ohne wirklich dahinterzustehen."

Torben Leuschner
Leuschner Marketing
OHG, u.a. Betreiber von
was-soll-ich-schenken.
net

„Als Content Publisher brauche ich bei Fragen und Problemen einen festen Ansprechpartner beim Merchant. Werbemittel, wie zum Beispiel ein Produktdatenfeed oder themenspezifische Banner, sind auch gerne gesehen."

Robert Rosenfeldt
u.a. Betreiber von
amadamo.de

CHECKLISTE – CONTENT WEBSITES

▶ Liefern qualifizierten Traffic

▶ Zeichnen sich durch eine gute Neukundenrate aus

▶ Sind auf Nischenpositionen in Suchmaschinen zu finden

▶ Sind wertvolle Partner

▶ Benötigen Produktinformationen, gute Werbemittel und wertvolle Inhalte rund um den Merchant

2.1.2 Content Websites aus Sicht des Affiliates

Für Content Affiliates eignen sich zwei Herangehensweisen: Soll ein bestehendes Projekt monetarisiert oder ein Projekt zum Zwecke der Monetarisierung aufgebaut werden? Für den ersten Fall müssen zu einer bestehenden, gut laufenden Website nur passende Partnerprogramme gefunden und sinnvoll integriert werden, zum Beispiel über Banner, redaktionelle Artikel oder einen Anbieter- bzw. Produktvergleich.

„Die größte Herausforderung als Content Publisher ist es, Inhalte mit Herzblut aus einem Mix von Text, Tabellen, Grafiken, Videos etc. so in einen optischen Rahmen zu bekommen, dass sie sich von der kompletten Konkurrenz deutlich abheben und auf Anhieb die Suchabsicht des Websitebesuchers befriedigen."

Moritz Breiding
Geschäftsführer
Netzwunder UG &
Co.KG, u.a. Betreiber
von erlebnisessen.net

Soll ein Projekt zum Zweck der Monetarisierung aufgebaut werden, empfiehlt sich ein anderes Vorgehen. Hier ist die Recherche eines geeigneten Themas - einer Nische - die Basis. Dazu gibt es weitere Informationen im ➲ *Kapitel 3 Wie werde ich Affiliate*. Ist die Nische gefunden, in der mit guten und relevanten Inhalten Rankings erzielt und so Traffic generiert werden kann, fehlt nur noch das passende Partnerprogramm. Mit der Integration des Programms in die Nischen-Website kann die Monetarisierung beginnen.

„Ich denke, für viele Content Publisher liegt die größte Herausforderung darin, ihren Besuchern gegenüber einen echten Mehrwert zu schaffen. Also einen Grund, warum ein Besuch der Affiliate Website im Vorfeld wichtiger ist als ein Direktaufruf des Onlineshops. Erst wenn man dies wirklich schafft, hat die eigene Affiliate Website eine nachhaltige Daseinsberechtigung.
Dabei muss guter Content nicht immer klassischer Text- oder Bild-Inhalt sein. Auch eine Zusammenstellung von Produkten aus verschiedenen Onlineshops oder Preisvergleiche generieren Mehrwert beim Besucher. Hier sind der Kreativität keine Grenzen gesetzt."

Torben Leuschner
Leuschner Marketing
OHG, u.a. Betreiber von
was-soll-ich-schenken.
net

WAS BRAUCHT MAN, UM CONTENT AFFILIATE ZU WERDEN?

▶ Grundkenntnisse in Programmierung und Umgang mit Content Management Systemen wie Wordpress

▶ SEO Erfahrungen

▶ Gute Inhalte, Texte und Grafiken

▶ Kreativität

2.2 Preisvergleiche

Die Bezeichnung dieses Geschäftsmodells ist selbsterklärend: Affiliates betreiben Plattformen, um Produkte aus verschiedenen Shops miteinander zu vergleichen und so dem Nutzer das günstigste Angebot zu unterbreiten. Dadurch erhält der potenzielle Kunde eine Übersicht über eine Vielzahl von Anbietern, die das gewünschte Produkt im Sortiment haben, und kann bequem den für ihn besten Anbieter auswählen. Klar, dass dabei der Produktpreis ein entscheidendes Kriterium für den Kauf ist. Darüber hinaus reichern professionelle Preisvergleich-Affiliates die Ergebnisse zur Produktsuche mit weiteren Informationen an, die ebenfalls einen Einfluss auf die Kaufentscheidung haben. Das sind zum Beispiel Bewertungen des Shops, Versandkosten, Lieferdauer, Bezahlmethoden, Infos zum Widerruf und Rückversand.

Viele Preisvergleiche, vor allem die großen Player, setzen in der Abrechnung auf Pay per Click und sind aus Sicht des Merchants also CPC-basiert. Allerdings gibt es auch Affiliates, die auf CPO- oder CPL-Basis arbeiten. Zu den unterschiedlichen Abrechnungsformen finden sich weitere Informationen im ➲ *Kapitel 4 Wie werde ich Merchant.*

2.2.1 Preisvergleiche aus Sicht des Merchants

Preisvergleiche eignen sich vor allem für Merchants, die standardisierte und vergleichbare Produkte im Sortiment haben. Dabei bieten Preisvergleiche für entsprechende Partnerprogramme einen hohen Mehrwert: Kunden, die Preisvergleiche nutzen, haben ein konkretes Interesse am Kauf eines Produkts. Landet ein potenzieller Kunde über einen Preisvergleich auf der Website des Merchants, ist die Wahrscheinlichkeit hoch, dass er auch kauft.

Um mit Preisvergleichen arbeiten zu können, bedarf es drei elementarer Voraussetzungen:

- standardisierte Produkte
- eine entsprechende Preisstrategie
- eine automatisierte Schnittstelle für Produktdaten

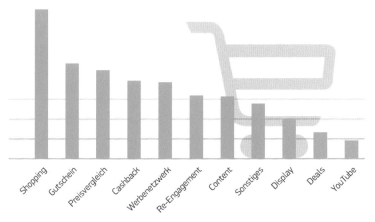

◀

Abb. 2.3
Vergleich durchschnitt-
licher Warenkorbhöhen
der unterschiedlichen
Affiliate-Geschäftsmo-
delle (Quelle: Analyse
Projecter Partnerpro-
gramme)

Damit Preisvergleiche ihren Nutzern umfassende Infos zu Produkten und Preisen darstellen können, greifen diese auf Produktdaten zurück. Diese werden regelmäßig aktualisiert und über eine Schnittstelle vom Merchant an das Affiliate-Netzwerk und von dort an den Affiliate weitergegeben. Mehr dazu im ⮑ *Kapitel 4 Wie werde ich Merchant.*

Yvonne Hansen
Head of international
Affiliate Marketing
idealo internet GmbH,
idealo.de

„Unser Anspruch ist die bestmögliche Produktberatung unserer User. In diesem Zuge ist unser Ziel, dass jeder Merchant das idealo-Potential optimal nutzt. Dazu zählen neben sauberen Produktdaten und vollständigen Shop-Informationen auch ein direkter verfügbarer Kontakt zum Merchant und ein verlässlicher Austausch."

Aus Sicht des Merchants ist dabei eine Integration auf CPO-Basis in den Preisvergleich meist die bevorzugte Variante: So muss nur Provision gezahlt werden, wenn ein Nutzer tatsächlich kauft. Das Risiko ist vergleichsweise niedrig. Mittlerweile arbeiten viele Preisvergleiche aber nur noch auf CPC-Basis. Dafür gibt es zwei Gründe: Preisvergleiche sind zum einen überzeugt, dass sie hochwertige, kaufwillige Nutzer an den Shop liefern. Zum anderen ist aus der Sicht der Preisvergleiche die Zielseite, also der Merchant, dafür verantwortlich, den Nutzer zum Kunden zu konvertieren. Mit einem CPO würde das Risiko dafür eher beim Publisher liegen, beim CPC liegt es eher beim Merchant. Da gerade die reichweitenstarken Preisvergleiche ausschließlich auf CPC-Basis arbeiten, sollte zu Beginn der Zusammenarbeit ein Testzeitraum mit begrenztem Budget vereinbart werden. In einer abschließenden Auswertung muss dann überprüft werden, inwiefern die Zusammenarbeit rentabel war oder nicht. Gegebenenfalls kann in einem zweiten Test herausgefunden werden, ob z.B. die Reduzierung des CPCs oder das Ausschließen unrentabler Produkte die Kooperation fruchtbarer machen.

CHECKLISTE – PREISVERGLEICHE

▶ liefern qualifizierten Traffic

▶ zeichnen sich durch hohe Conversion Rates aus

▶ sind wertvolle Partner

▶ arbeiten häufig nur auf CPC-Basis

▶ benötigen ständig aktuelle und gut gepflegte Produktdatenfeeds

2.2.2 Preisvergleiche aus Sicht des Affiliates

Der Markt der Preisvergleiche ist gesättigt. Es gibt bereits eine Vielzahl großer Marktteilnehmer, die wenig Platz zur Erschließung durch weitere Affiliates lassen. Dennoch versuchen regelmäßig neue Preisvergleiche in diesem Bereich ihr Glück. Technisch ist dies auch relativ einfach, gibt es doch Programme wie den Affilinator für das Erstellen eines eigenen Preisvergleichs. Allerdings ist dann die Frage, wie Nutzer auf diesen Preisvergleich gelangen können. Wo kommt also der Traffic für den Affilinator Preisvergleich her? Große Player setzen häufig auf eine Mischung aus SEO und SEA. Dabei besetzen sie viele Plätze in den Suchergebnissen, sowohl in den organischen als auch in den bezahlten. Hier ist eine Positionierung für kleine Preisvergleiche ohne Alleinstellungsmerkmale sehr unwahrscheinlich. Dazu kommt, dass alle Preisvergleiche standardisierte Produkte analysieren und damit häufig ähnliche Inhalte haben. Das wiederum macht in den Augen der Suchmaschine kaum Sinn, sodass nur wenige Preisvergleiche überhaupt positioniert werden.

So gilt es als potenzieller Preisvergleich-Affiliate, sich vom Rest abzuheben und etwas Besonderes zu sein. Eine Möglichkeit dafür kann zum Beispiel ein vertikaler Preisvergleich sein: Hier werden Produkte und Anbieter zu einem bestimmten

Thema oder in einer Branche miteinander verglichen. Dabei können diese Vergleiche noch mit individuellen Informationen, redaktionellen Artikeln, Testberichten und mehr angereichert werden. Damit bieten diese mehr und individuellere Inhalte für Nutzer und Suchmaschine, was das Erfolgspotenzial steigert. So kann man zum Beispiel die besten Kredite ohne Schufa oder den günstigsten Blumenversand zum Muttertag vergleichen.

Yvonne Hansen
Head of international
Affiliate Marketing
idealo internet GmbH,
idealo.de

„Wir arbeiten international mit einer Vielzahl an Netzwerken zusammen. Die größte Herausforderung hierbei ist das Monitoring aller Partnerprogramme der verschiedenen Netzwerke auf einen Blick sowie das Netzwerk-Management."

WAS BRAUCHT MAN, UM PREISVERGLEICH-AFFILIATE ZU WERDEN?

▶ Programmierkenntnisse

▶ Sehr gute technische Kenntnisse

▶ Kreativtät

▶ Unterschiedliche Traffic-Quellen

▶ Alleinstellungsmerkmale gegenüber dem Nutzer

2.3 Performance Display und Retargeting

Display Advertising ist eine beliebte Form des Online Marketing. Auf verschiedensten reichweitenstarken Portalen und Websites werden Banner und andere grafische Werbemittel ausgespielt. Diese Werbeform muss meist auf TKP-Basis gebucht werden, das heißt, dass pro tausend Einblendungen eines Werbemittels auf einer Seite oder in einem Netzwerk von Seiten ein fester Betrag gezahlt wird.

Allerdings gibt es auch Affiliates, die die Nutzung von Display Advertising auf CPO-Basis anbieten. Entsprechende Geschäftsmodelle werden als Performance Display bezeichnet, abgeleitet aus Display Advertising und Performance Marketing. Dabei kaufen diese Affiliates Display-Werbeplätze auf den entsprechenden Websites zu TKP Kosten ein, um diese mit Werbemitteln des Merchants zu bespielen. Für jeden vermittelten Kauf bekommen sie dabei eine Provision. Die ausgeschüttete Provision (heruntergerechnet auf tausend Werbeeinblendungen) muss natürlich höher als der bezahlte TKP sein, damit sich das Performance Display Modell für den Affiliate lohnt.

Im Bereich des Performance Displays gibt es verschiedene Unterformen. Diese unterscheiden sich vorwiegend in der Methode, mithilfe derer die richtige Zielgruppe angesprochen wird, dem sogenannten Targeting. So sind hier das semantische Targeting, Behavioral Targeting, PreTargeting und Retargeting zu nennen.
Eine der im Affiliate Marketing am häufigsten genutzte Performance Display Formen ist das Retargeting. Hier wird Besuchern der Website, die keine Transaktion wie zum Beispiel einen Kauf durchgeführt haben, nach Verlassen der Seite auf verschiedenen Bannerplätzen der Merchant noch einmal vorgestellt. Ziel ist es, den potenziellen Kunden zum Kauf zu motivieren. Diese Methode funktioniert für Performance Display Affiliates besonders gut, da sie sich an Nutzer richtet, die den Partnerprogrammbetreiber schon kennen, was die Kaufwahrscheinlichkeit deutlich steigert.

Albrecht Fischer
Director Retargeting Kupona GmbH, kupona.de

„Immer mehr Display Inventar wird über Real Time Bidding bzw. den programmatischen Medieneinkauf buchbar gemacht und verdrängt damit die traditionelle Restplatzvermarktung. Dabei werden viele e-commerce-affine User von Retargeting Anbietern angesprochen und klassisches Performance Display kann sich ohne intelligentes Targeting immer weniger durchsetzen - der Markt wird sich hier immer weiter in Richtung Profiltargeting im Sinne von 3rd Party Data (Kaufinteressen) und Predictive Targeting/Prospecting entwickeln. Wichtig sind für Retargeting Anbieter vor allem funktionierende und vollständige Datenfeeds mit guten Produktfotos. Damit die Mitwirkungsleistung der Display Publisher am Sale auch verursachungsgerecht und fair vergütet wird, ist es zunehmend erforderlich, aktiviertes Post View Tracking einzurichten."

Die anderen genannten Performance Display Formen sind im klassischen Affiliate Marketing weniger häufig zu finden. Hintergrund ist, dass diese zwar auf CPO-Basis abgerechnet werden, allerdings mit einem anderen zugrunde liegenden Tracking Trigger. Häufig wird hier Post View als Trigger eingesetzt und nicht der klassische Post Click Trigger (siehe ➲ *Kapitel 7.1.9 Post View Tracking vs. Post Click Tracking*).

2.3.1 Post View

In der Regel wird im Affiliate Marketing auf das Post Click Verfahren gesetzt: Ein Nutzer klickt auf die Werbefläche des Affiliates, führt beim Partnerprogrammbetreiber eine Transaktion durch und der Affiliate bekommt die Provision. Die Provisionsausschüttung erfolgt also nach einem Klick (Post Click) auf eine Werbefläche.

BEISPIELE
kupona.de
adcmedia.de
targetperformance.de

Beim Post View Tracking ist nicht der Klick auf das Werbemittel die ausschlaggebende Handlung, sondern die Einblendung des Werbemittels. Es werden also Transaktionen innerhalb eines definierten Zeitraumes erfasst, bei denen kein Klick auf ein Werbemittel erfolgt ist, sondern der Kunde das Werbemittel lediglich eingeblendet bekommen hat. Die Grundidee dabei ist, dass auch ein Sichtkontakt eine Werbeleistung darstellt und der Klick auf ein Werbemittel nicht das einzige probate Mittel zur Messung der Werbewirkung ist.

2.3.2
Performance Display und Post View aus Sicht des Merchants

Performance Display Affiliates haben für den Merchant Vor- und Nachteile. Insbesondere Targeting-Methoden, die nicht nur Besucher der Merchant-Seite reaktivieren (z.B. Retargeting), erlauben es, eine hohe Reichweite auf CPO-Basis zu generieren. Damit verbunden ist natürlich ein gewisser Werbedruck, der sonst teuer über TKP-Platzierungen eingekauft werden müsste. Dadurch benötigen gerade diese Targeting-Methoden häufig die Post View Technik als Tracking Trigger, da sich das Post Click Verfahren für die Affiliates meist nicht rechnet. Umgekehrt bedeutet das, dass Affiliates beim Post View Verfahren mehr verdienen können, also mehr Provisionen ausgeschüttet werden, als bei der klassischen Post Click Technik. Wie kommt das?

Die Einblendung eines Werbemittels ist eine dem Klick vorgelagerte Aktion. Entsprechend bekommen viel mehr Personen das Werbemittel zu sehen als dann tatsächlich darauf klicken. Performance Display Affiliates buchen häufig Werbeplätze auf reichweitenstarken Portalen wie zum Beispiel Spiegel Online. Diese Faktoren führen in der Summe dazu, dass beim Post View Trigger viel mehr Personen mit einer Trackinginformation markiert werden als bei der Post Click Technik. Ein Teil davon hat durch die Anzeigenschaltung sicherlich einen Impuls zum Kauf im Shop bekommen. Ein anderer Teil der Nutzer hätte womöglich ohnehin auf der Website des Merchants eine Transaktion durchgeführt, da sie zum Beispiel vor kurzem Kontakt mit einer Adwords-Anzeige oder einem TV-Spot hatten. Und genau hier liegt das Problem: Für diesen Teil der Kunden muss eine Provision gezahlt werden, obwohl die Werbewirkung vielleicht überhaupt nicht vorhanden war. Gegen diese Kritik muss sich Post View immer wieder behaupten. Auf der anderen Seite hat der Merchant aber damit den bereits genannten Vorteil, reichweitenstarke Kampagnen im Affiliate Kanal zu lancieren.

▶
Abb. 2.4
Vergleich durchschnittliche Provisionshöhe der unterschiedlichen Affiliate-Geschäftsmodelle (Quelle: Analyse Projecter Partnerprogramme)

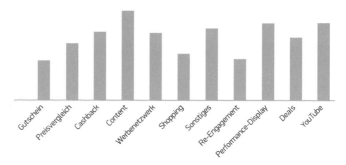

Mit diesen Risiken sollte sich der Merchant vorab auseinandersetzen, um bei der Durchführung einer Performance Display Kampagne auf Post View Basis einige Einschränkungen vornehmen zu können. Es empfiehlt sich, solche Kampagnen nur mit einem bzw. einer Handvoll ausgewählter Partner durchzuführen. Gemeinsam mit diesen sollten weitere Bedingungen vereinbart werden, wie zum Beispiel verkürzte Cookie-Laufzeiten von 2 bis 5 Tagen, die Einblendung von Werbemitteln nur im sichtbaren Bereich der Website und die alleinige Darstellung des Merchants in einem Banner. Auch an der Provisionsschraube kann gedreht werden. Da eventuell zu viele Sales vergütet werden, kann die Vergütung in Absprache mit dem Affiliate reduziert werden, natürlich aber in einem Rahmen, dass sie noch attraktiv für den Partner bleibt. Mittlerweile ist es zudem so, dass bei allen namhaften Netzwerken Post View Cookies keine Post Click Cookies überschreiben können. In der Praxis sieht das beispielsweise so aus: Ein Nutzer klickt auf ein Werbemittel eines Content Affiliates und landet auf der Seite des Merchants. Anschließend verlässt er diese wieder. Bekommt er dann auf einer anderen Seite ein Post View Werbemittel eingeblendet und kauft anschließend, würde dem Content Affiliate die Provision zugeschrieben werden und nicht dem Performance Display Affiliate. Zusätzlich empfiehlt sich die Nutzung einer Trackingweiche (siehe ➲ *Kapitel 7.1.10 Trackingweichen und Customer Journey Tracking*), im Idealfall mit der Möglichkeit der Attribution (siehe ➲ *Kapitel 7.1.10 Trackingweichen und Customer Journey Tracking* und ➲ *Kapitel 4.4.1 Vergütungsmodelle*), sodass die Post View Affiliates auch ihre tatsächliche Werbeleistung vergütet bekommen. Mithilfe dieser Vorkehrungen können für beide Seiten erfolgreiche Post View Kampagnen initiiert werden.

Plant der Merchant sowieso eine Display-Kampagne, kann diese auch auf Post View Basis umgesetzt werden. Allerdings muss hier der CPO eher als Budget für eine sonst auf TKP eingekaufte Kampagne betrachtet werden.

**CHECKLISTE –
PERFORMANCE DISPLAY UND RETARGETING**

▸ Reichweitenstarke Display-Kampagnen auf CPO-Basis möglich

▸ Verschiedene Zielgruppen durch unterschiedliche Targeting-Möglichkeiten ansprechbar

▸ Zum Kauf des Werbeinventars benötigen Affiliates oft den Post View Trigger

▸ Post View kann zu Vergütungen von Conversions führen, die nicht durch den Partner initiiert wurden

▸ Benötigen ständig aktuelle Produktdatenfeeds, Grafiken und einen Tracking Code auf der Merchant Seite

2.3.3
Performance Display und Post View aus Sicht des Affiliates

Hinter Performance Display-Kampagnen steckt ein sehr großer Aufwand. Es bedarf einiger Erfahrung, um die eingesetzten Techniken, Modelle und Möglichkeiten zu verstehen und anwenden zu können. Darüber hinaus benötigen entsprechende Affiliates ein Werbeinventar, also Websites auf denen sie Anzeigen schalten können. Dafür müssen wiederum Schnittstellen zwischen ihren Systemen und denen der Werbetreibenden geschaffen und angesteuert werden. Gleichzeitig kaufen diese Affiliates die Werbeplätze zunächst aus eigener Tasche ein und erhalten mögliche Provisionen erst um einige Wochen verzögert. Das finanzielle Risiko liegt also ebenfalls beim Affiliate.

Aus diesem Grund werden Performance Display-Kampagnen nur mit großen Affiliates umgesetzt, die zugleich eigenständige Unternehmen sind und mehrere Millionen Anzeigenauslieferungen pro Tag steuern. Diese Anzeigen werden hinsichtlich der Conversion Rate, der Provision und den daraus resultierenden Einnahmen pro tausend Einblendungen (eCPM) optimiert. Nur durch die dahinterstehende Technik und die Auslieferungslogik lassen sich für Affiliates profitable Kampagnen aufsetzen.

WAS BRAUCHT MAN, UM PERFORMANCE DISPLAY AFFILIATE ZU WERDEN?

▸ Funktionierendes Display Vermarktungssystem

▸ Finanzielle Ressourcen zum Einkauf des Werbeinventars

▸ Sehr gute technische Kenntnisse

▸ Programmierkenntnisse

▸ Viel Erfahrung im Aussteuern von Display-Kampagnen

„Display steht am Anfang der Customer Journey und leitet somit viele Sales ein. Ohne Post View Tracking könnte dieser Kanal auf Performance Basis nicht verursachungsgerecht vergütet werden. Mit Post View Tracking kann der Advertiser mit Performance Display Publishern zusammen arbeiten, die ihr Media Inventar auf reiner Post Click Basis sonst nicht monetarisieren könnten. Auch im Retargeting wird Post View zunehmend wichtiger, da es sehr viele Multi-Shop User gibt. Da kleinere Shops oft schlechtere Klickraten haben, können sie beim Retargeting auf CPO Basis bei den Geboten für die Reichweite nur mit aktivem Post View Tracking mit 2-3 Tagen View Cookie Lifetime mithalten."

Albrecht Fischer
Director Retargeting Kupona GmbH,
kupona.de

2.4 Cashback, Bonussysteme und Charity Cashback

Mitglieder von Cashback- und Bonussystemen erhalten bei jedem Einkauf in einem bestimmten Shop eine Gutschrift. Dazu integrieren Cashback- und Bonussysteme die Merchants in ihre Plattformen. Klickt ein potenzieller Kunde auf den dort hinterlegten Link zum Merchant und kauft ein Produkt, erhält der Betreiber des Cashback- oder Bonussystems die Provision. Ein Teil dieser Provision wird von der Plattform wiederum an den Käufer weitergereicht.

Bei einer Cashback Community erhält der Käufer einen prozentualen Anteil des Einkaufswertes gutgeschrieben. Bei Bonussystemen bekommt der Kunde eine Gutschrift in Form von Einheiten, zum Beispiel Punkten oder Meilen. Diese können dann wiederum gegen Produkte, Gutscheine oder ähnliches eingelöst werden.

BEISPIELE

payback.de
qipu.de
andasa.de

Seit einiger Zeit haben sich zudem abgewandelte Formen der Cashback-Systeme auf dem Markt etabliert, z.B. das sogenannte Charity Cashback. Diese Websites motivieren ihre Nutzer durch eine soziale Komponente bei den verlinkten Merchants zu kaufen. Die Provision, die der Charity Cashback Affiliate dafür bekommt, fließt zu einem Teil einem sozialen Projekt zu. Dies können lokale Vereine, Sportvereine, soziale Einrichtungen, Spendenorganisationen und dergleichen sein.

BEISPIELE

bildungsspender.de
klubkasse.de
schulengel.de

2.4.1 Cashback aus Sicht des Merchants

Cashback- und Bonussysteme müssen zur Strategie des Partnerprogrammbetreibers passen. Fakt ist, dass ein Teil der Provisionen an die Cashback-Nutzer weitergegeben wird und diese dadurch einen (kleinen) Rabatt auf die Produkte des Merchants erhalten. Das ist nicht in jedem Fall vom Merchant gewollt, zum Beispiel wenn eine Premium-Preisstrategie verfolgt wird, bei der generell keine Rabatte oder Incentives auf die Produkte gegeben werden.

Andererseits werden Mitglieder von Bonussystemen auch zum Teil erst auf den Merchant aufmerksam: Suchen die Nutzer ein bestimmtes Produkt und animiert sie das Cashback dabei, diese Produkte gerade beim Merchant und nicht bei der Konkurrenz zu kaufen, so hat das Bonussystem seine Werbeleistung erfüllt. Darüber hinaus schauen einige Kunden ganz genau, in welchem Shop sie kaufen: Bekommen sie bei Shop A keine Punkte, bei Shop B aber schon, so kann die Entscheidung schnell für Shop B fallen. Auch hier hat die Integration ins Bonussystem den Nutzer zum Kauf motiviert.

Häufig kommt es zudem vor, dass Bestandskunden immer wieder über ein Cashback Affiliate im Shop des Merchants kaufen. Die Provisionszahlung an den Affiliate ist dabei auch in Ordnung, wenn die Motivation für den Kauf durch das Cashback zustande kam. Ein Teil der Kunden hätte unter Umständen aber auch so im Shop des Merchants gekauft und nimmt lediglich den leichtverdienten Bonus mit.

Noch problematischer wird es bei CPL-Vergütungen: Nutzer, die sich lediglich für einen Newsletter anmelden oder einen Service registrieren, um das Cashback zu kassieren, sind keine wertvollen Leads. Hier muss der Merchant die Qualität der Leads genau im Auge behalten und solche Provisionszahlungen gegebenenfalls stornieren.

Es gilt also immer genau zu beobachten und zu bewerten, ob diese Partner tatsächlich Neukunden generieren. Auch ist eine große Community wertvoll, in der durch Sonderplatzierungen oder Newsletter die Aktionen des Merchants beworben werden können. Als Merchant sollte man deshalb regelmäßig die Daten dieser Affiliates, zum Beispiel Neukundenraten, im Blick haben.

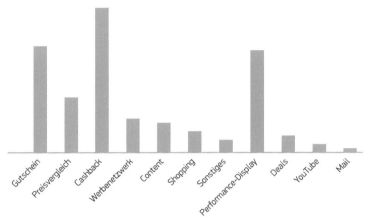

◀
Abb. 2.5
Vergleich
durchschnittliche
Einnahmen pro Klick
der unterschiedlichen
Affiliate-Geschäftsmo-
delle (Quelle: Analyse
Projecter Partnerpro-
gramme)

Noch ein Hinweis: Einige der Cashback- und Bonuspartner nutzen Toolbars oder Browser Plugins. Diese werden von den Nutzern installiert und sorgen dafür, dass immer dann, wenn der Nutzer in einem gelisteten Shop einkauft, der Bonus gutgeschrieben wird. Das ist praktisch für den Nutzer, kann für den Merchant aber ärgerlich sein: So werden vielleicht Käufe vergütet, die gar nicht ursächlich durch den Partner vermittelt wurden.

CHECKLISTE – CASHBACK & BONUSSYSTEME

▸ Neukundengewinnung durch Cashback Community

▸ Bestandskundenbindung durch Bonusausschüttung

▸ Aktionen innerhalb der Community können Reichweite bringen

▸ Aktionen durch erhöhte Provisionen möglich

▸ Achtung vor Toolbars & Browser Plugins

„Wir wünschen uns von unseren Merchants eine häufige und direkte Kommunikation mit uns - nur so können wir sie aussagekräftig und termingerecht präsentieren."

Veit Mürz
Geschäftsführer Qipu
GmbH, qipu.de

2.4.2 Cashback und Bonus aus Sicht des Affiliates

Es ist nicht einfach, als Cashback Affiliate aktiv zu werden. Der Markt ist bereits sehr gut besetzt und es gibt eine Vielzahl mittlerer und großer Marktteilnehmer, sodass kaum noch Spielraum zum Erschließen von Potenzialen vorhanden ist. Außerdem benötigt der Affiliate beim Aufsetzen eines solchen Systems sehr gute technische Kenntnisse. So muss zum Beispiel der Kauf bei einem Merchant genau dem registrierten Nutzer zugeschrieben werden (siehe ➲ *Kapitel 3.7.5 Arbeit mit Werbemitteln*). Auch die automatisierte Einzahlung von Provisionen und Auszahlung von Cashbacks ist nicht ganz einfach. Hinzu kommt, dass es eine kritische Masse an Mitgliedern (Merchants und Kunden) braucht, damit das System funktionieren kann.

Will man als Affiliate dennoch in diesem Segment aktiv werden, ist neben dem technischen Know-How auch eine große Portion Kreativität nötig: Durch Marketingmaßnahmen und Differenzierung von den Wettbewerbern muss eine entsprechend große Community aufgebaut werden.

WAS BRAUCHT MAN, UM CASHBACK AFFILIATE ZU WERDEN?

▸ Sehr gute technische Kenntnisse

▸ Programmierkenntnisse

▸ Ein funktionierendes Cashback-System

▸ Eine kritische Masse an Nutzern & Merchants

Veit Mürz
Geschäftsführer Qipu
GmbH, qipu.de

„Als Cashback Portal können wir im Gegensatz zu bspw. einer Gutscheinseite auf die komplette Shopping-Historie unserer Nutzer über sämtliche Verticals zurückgreifen. Wir kennen die Größe ihrer Warenkörbe, wir kennen die Kauffrequenz, wir wissen, in welchem Stadium ihres Lebenszyklus sie sich vermutlich befinden. Mit Hilfe unseres Systems und entsprechender CRM-Maßnahmen liefern wir bereits heute eine sehr spitze Zielgruppe mit geringen Streuverlusten. Die Herausforderung ist, dies noch besser an mittelgroße und kleinere Merchants zu kommunizieren.

Eine andere Herausforderung ist, das allgemeine Vertrauen der Bevölkerung in Cashback noch weiter zu stärken. Wir verkaufen keine Daten an Anbieter, sondern nutzen die Daten nur, um über die Qipu-eigenen Kanäle unseren Kunden möglichst relevante Angebote unserer Partner zu unterbreiten."

2.5 Gutschein-Websites

Es gibt nur wenige Onlineshopper, die bisher noch keinen Gutschein bei ihrem Einkauf genutzt haben. Einer deals.com Studie zufolge suchen mehr als 80 % der deutschen Verbraucher vor und während des Kaufprozesses online nach Gutscheinen.[1] KPMG geht in seiner Consumer-Markets-Studie davon aus, dass fast 50 % der Onlineshopper regelmäßig Online Gutscheine nutzen.[2] Entsprechend groß ist die Nachfrage nach Gutscheinen und entsprechend breit sind Gutschein-Affiliates aufgestellt. Mittlerweile gibt es hunderte, wenn nicht sogar tausende Gutscheinportale im Netz, die Rabattgutscheine vieler verschiedener Merchants einbinden. Die angebotenen Coupons sollen die Nutzer zur Transaktion beim Partnerprogrammbetreiber motivieren.

---

[1] www.deals.com/umfragen/gutscheinstudie-2014
[2] www.kpmg.de/docs/Studie_Preisportale_secured.pdf

2.5.1 Gutschein-Websites aus Sicht des Merchants

Aus Sicht des Merchants sind Gutscheine und Kooperationen mit Gutscheinportalen eine Medaille mit zwei Seiten.

BEISPIELE

sparwelt.de
gutscheine.de
gutscheinsammler.de

Für Gutscheinseiten spricht die große Nachfrage potenzieller Kunden nach Gutscheinen. Einen Gutschein beim Einkauf zu suchen und zu nutzen, gehört für einen Teil der Kundschaft einfach dazu. Hier liefern die Gutschein-Affiliates die perfekte Anlaufstelle und können einen Anreiz für den Kauf beim Merchant bieten.

Besonders wertvoll für den Merchant ist die Möglichkeit, reichweitenstarke Aktionen mit Gutscheinportalen zu initiieren. Große Portale verfügen über stark frequentierte Seiten und haben darüber hinaus die Möglichkeit, Gutscheine über Newsletterverteiler mit mehreren hunderttausend Empfängern oder über ihre Social Media Kanäle zu kommunizieren. Das schafft ordentlich Reichweite und bei entsprechendem Kaufanreiz durch den Gutschein auch direkt Umsätze. Voraussetzung ist bei solchen Aktionen meist, dass ein starker Gutschein-Affiliate als einziger den Gutschein kommunizieren darf (Exklusivität) und der Gutschein einen hohen Wert hat, sodass ein Kaufanreiz vorhanden ist. Dabei gibt es zu bedenken, dass der Gutscheinwert zum einen die Marge reduziert, zum anderen aber auch Publisher- und Netzwerk-Provisionen für die Aktion anfallen. Hier muss der Merchant genau kalkulieren.

Michael Jany
Senior Manager
Online Marketing/
Affiliate & Coopera-
tions, mydays

„Gutscheinpartner haben eine wichtige Bedeutung für uns. Allerdings erhalten nur ausgewählte Gutscheinpartner von uns exklusive Rabatte. Zudem arbeiten wir ausschließlich mit Unique Codes. Das hat den Vorteil, dass unsere Aktionen nicht im Netz gestreut werden und wir die Performance der einzelnen Kampagnen genau messen können."

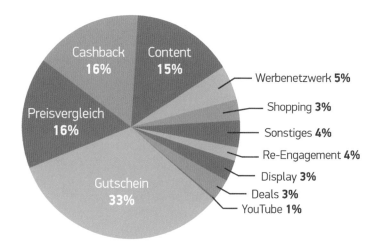

◀
Abb. 2.6
Verteilung der auf Last
Click getrackten
Bestellungen nach
Affiliate-Geschäfts-
modellen (Quelle:
Analyse der Projecter
Partnerprogramme)

Es gibt aber auch eine Reihe von Argumenten, die gegen Gutschein-Affiliates sprechen. Durch die Listung der Gutscheine des Merchants auf ihrer Website besetzen diese Affiliates häufig die ersten Plätze zu Suchbegriffen wie „Merchant Gutschein" oder „Gutschein von Merchant". Deswegen wird den Affiliates das Abgreifen von Bestellungen vorgeworfen, die auch ohne sie stattgefunden hätten. Wie funktioniert das? Ein Nutzer kauft im Shop des Merchants, legt alle Waren in den Warenkorb und durchläuft den Bestellprozess. An dem Punkt, an dem das Gutschein-Eingabefeld auftaucht, beginnt der Nutzer in der Suchmaschine nach einem Gutschein zu suchen. Er landet natürlich auf der Seite eines Affiliates, klickt auf einen Gutscheincode, bekommt den Cookie des Affiliates gesetzt und gelangt zurück in den Shop. Dadurch reduziert sich zum einen der Bestellwert um die Höhe des Gutscheins, zum anderen muss Provision an den Affiliate gezahlt werden, obwohl der Nutzer ohnehin gekauft hätte. Zwar hat der Affiliate dafür gesorgt, dass der Nutzer im Bestellprozess nicht abspringt, eine direkte Werbeleistung war aber nicht vorhanden.

Um diesen Problemen zu begegnen, können verschiedene Maßnahmen ergriffen werden:

▸ Wenn Gutscheine nicht zur Strategie des Merchants passen, sollten Gutschein-Affiliates von vornherein nicht zugelassen werden.

▷ Die Provision für Gutscheinpartner kann individuell vereinbart werden. So können Gutscheinpartner für die reine Listung der Gutscheine im System mit einer reduzierten Provision arbeiten. Für spezielle Aktionen kann der Partner wieder eine erhöhte Provision erhalten.

▷ Auch ist es empfehlenswert, nur mit reichweitenstarken Gutscheinpartnern zusammenzuarbeiten. Diese können bei Aktionen eine entsprechend starke Werbewirkung erzielen. Kleine Partner haben meist keine große Reichweite außerhalb der „Gutschein für Merchant" Listung in der Suchmaschine.

▷ Auch die Laufzeit von Gutscheinaktionen hat natürlich einen Einfluss auf die Leistung der Gutscheinpartner im Partnerprogramm. Hier sind beispielsweise befristete Aktionen sinnvoll.

▷ Darüber hinaus ist die Art der Rabatte eine Variable, um den maximalen Mehrwert aus Gutscheinpartnern herauszuholen: Rabatte für Neukunden und Bestandskunden oder Gutscheine mit Mindestbestellwert gehören in diese Kategorie.

CHECKLISTE – GUTSCHEIN-WEBSITES

▷ Neukunden-Generierung durch Gutschein-Aktionen

▷ Reichweitenstarke Aktionen zum Abverkauf möglich

▷ Gefahr des Abgreifens von Provisionen

▷ Sinnvolle Gutscheinstrategie notwendig

▷ Achtung vor Toolbars und Browser Plugins

2.5.2 Gutschein-Websites aus Sicht des Affiliates

Der Markt der Gutscheinportale ist bereits gesättigt. Mittlerweile hat sogar ein Prozess der Marktbereinigung begonnen: Gutscheinseiten werden nicht mehr gepflegt oder verschwinden ganz. Dennoch kommen nach wie vor weitere Gutscheinseiten hinzu. Hintergrund ist die aus Sicht des Affiliates einfache Möglichkeit, Umsätze zu erzeugen: Nutzer sind bei der Suche nach Gutscheinen nah am Kaufabschluss, ein paar gute Positionierungen in der Suchmaschine für Suchbegriffe wie „starke Marken + Gutschein" sorgen für kontinuierlichen Traffic und so ist die Conversion bzw. die Verdienstwahrscheinlichkeit für den Affiliate vermeintlich groß. Gleichzeitig lockt die Automatisierung: Es gibt fertige Templates für Gutscheinportale, Systeme zur Pflege der Gutscheine und Schnittstellen zu den Affiliate-Netzwerken, die die Einbindung von Gutscheinen und das Hinterlegen des Trackings automatisch erledigen.

Markus Seidel
Geschäftsführer
Smart Shopping
and Saving GmbH,
gutscheine.de

„Auch wenn es trivial klingt, so sollten Gutscheine als Marketingmaßnahme gut geplant sein. Vom funktionierenden Tracking, einem durchdachten und attraktiven Gutscheinangebot, einer ausreichenden Anzahl an Gutscheinen und vor allem der Sicherstellung eines funktionierenden Webshops bis hin zur Logistik sollte der Merchant professionell aufgestellt sein."

Um dennoch seinen Platz als Gutschein-Affiliate zu finden, sind viel Kreativität und die richtige thematische Nische vonnöten. So sind derzeit Gutschein- & Shopping-Portale für in Deutschland lebende Ausländer sehr beliebt, zum Beispiel dazhe.de für Chinesen. Affiliates haben hier die Möglichkeit, innerhalb der Nische eine Community aufzubauen und so für einen Nutzerstrom und damit für Umsätze zu sorgen. Darüber hinaus macht man sich mit einer solchen Community auch unabhängiger von Google, indem die eigenen Nutzer zum Beispiel regelmäßig via Newsletter zum Kauf animiert werden.

Felix Schmidt
Business
Development
MenschDanke GmbH,
gutscheinpony.de

„Der Shop möchte mit geringem Investment die größtmögliche Aufmerksamkeit bei den Usern erzielen. Der User möchte den größtmöglichen Einkaufsvorteil bei den Shops finden. Unsere wichtigste Aufgabe ist zugleich unsere größte Herausforderung: Die Koordination beider Interessensgruppen, sodass Zufriedenheit sowohl bei unseren Partnern als auch bei unseren Usern entsteht."

WAS BRAUCHT MAN, UM GUTSCHEIN-AFFILIATE ZU WERDEN?

▸ Ein funktionierendes Gutscheinsystem

▸ Eine kritische Masse an Nutzern & Merchants

▸ Unterschiedliche Traffic-Quellen, auch für Aktionen

▸ Kreativität, um im Markt noch Platz zu finden

Daniel Engelbarts
SPARWELT GmbH
– ein Unternehmen der
Mediengruppe RTL
Deutschland

„Damit die Verkaufsförderung für Merchants zum Erfolg wird, gilt es, in Kampagnen zu denken, die mit den laufenden Marketingmaßnahmen der Merchants interagieren und cross-medial umgesetzt werden. Das gelingt nur, wenn der Merchant mit einem Publisher langfristig und vertrauensvoll zusammenarbeitet, ihn in seine Marketingplanung einbezieht, die notwendigen Inhalte bereitstellt und offen für Neues (z.B. Kanäle, Gutscheinwerte, Zeitpunkte) ist."

2.6 Deal-Websites

BEISPIELE

mydealz.de
dealdoktor.de
mytopdeals.net

Der Unterschied zwischen Deal- und Gutschein-Affiliate ist nicht immer ganz trennscharf. Der Fokus bei Deal-Seiten liegt eher im kurzfristigen Schnäppchenbereich, die durch Gutscheine, aber auch durch andere Rabatt- und Sonderaktionen zustande kommen können. Viele Deal-Websites verfügen dabei über einen treuen Stamm an Nutzern, der immer wieder vorbeisurft, nach Schnäppchen sucht und auch fündig wird. Deals werden zudem über Social Media Communities, via Newsletter oder andere Kommunikationskanäle bekannt gemacht.

2.6.1 Deal-Websites aus Sicht des Merchants

Deal-Affiliates kommunizieren Angebote aktiv auf ihrem Portal, in ihrer Social Media Community und in ihrem Newsletter. Sie haben dadurch eine kurzfristige Reichweite, die zum Teil sehr groß sein kann. Deal-Websites wie mydealz.de haben schon so manchen Shop-Server durch einen Ansturm in die Knie gezwungen und für erhebliche Umsätze in Onlineshops gesorgt. Gleichzeitig beziehen sie wenig nennenswerten Traffic über Suchmaschinen. Wird also ein Angebot auf Deal-Websites platziert, werden damit potenzielle Kunden angesprochen, die sich nicht schon im Kaufprozess befinden und lediglich nach einem Gutschein suchen. Es handelt sich dabei vielmehr um Neukunden, die auf der Suche nach einem Schnäppchen sind.

„Für viele Händler sind wir die größte Quelle im Referrer-Traffic. Wir werden sehr stark beobachtet und sind ein wichtiger Hub für die Preispolitik. Natürlich gibt es hin und wieder auch Diskussionspunkte, die unserer absoluten Neutralität und der Offenheit unserer Community geschuldet sind.

Fabian Spielberger
Geschäftsführer
6Minutes Media
GmbH, mydealz.de

Wir erwarten absolute Top-Deals von den Händlern und eine faire Vergütung für unseren Traffic, dann können wir viel für die Händler tun. Aber wir sind auch unserer Community gegenüber komplett im Commitment."

Das sind für Merchants eigentlich gute Voraussetzungen, um mit Deal-Affiliates zu arbeiten, denn diese können theoretisch jedes Angebot bewerben. Die Realität sieht jedoch meist anders aus: Die Community dieser Affiliates lebt nur davon, dass sie besonders gute Schnäppchen machen kann. Entsprechend müssen die Affiliates permanent sehr gute Angebote präsentieren, da sonst die Deal-Website nicht weiterempfohlen wird, die Community nicht wächst und der Affiliate keine Reichweite aufbauen kann. Das bedeutet im Umkehrschluss, dass Merchants bei ihren Angeboten zum Teil an ihre Schmerzgrenze oder sogar darüber hinaus gehen müssen, um tatsächlich platziert zu werden.

Damit dienen Deal-Websites häufig nicht dazu, große Gewinne zu erwirtschaften, sondern eher um kurzfristig Produkte abzuverkaufen und Neukunden zu generieren.

Waltraud Aßmus
u.a. Betreiberin von
schnäppchenfee.de

„Zu den Dingen, die wir von Merchants erwarten, gehören ein bedienungsfreundlicher Online-shop, regelmäßige Endkundenaktionen, conversionstarke Werbemittel und eine attraktive Vergütung."

CHECKLISTE – DEAL-WEBSITES

▸ Neukunden-Generierung durch Deal-Aktionen

▸ reichweitenstarke Aktionen zum Abverkauf möglich

▸ es werden starke Deals gefordert, die für den Merchant sehr teuer werden können

▸ bei guten Aktionen muss der Shop-Server dem Ansturm standhalten können

2.6.2 Deal-Websites aus Sicht des Affiliates

Auch Deal-Websites gibt es mittlerweile einige am Markt. Zu wichtigen Themen existieren bereits große Publisher mit reichweitenstarken Communities, die gegenüber den Merchants eine starke Verhandlungsposition für gute Deals haben. Dadurch finden die Nutzer häufig die besten Schnäppchen eben bei diesen großen Deal-Websites, was es neuen Affiliates in diesem Segment nicht gerade einfach macht.

Auch hier gilt: Es muss eine geeignete Nische gefunden werden, die von den großen Playern noch nicht oder nur zum Teil besetzt ist. Innerhalb dieses Themas muss der Affiliate für wiederkehrende Nutzer durch attraktive Inhalte, also Schnäppchen, sorgen. Es müssen jeden Tag interessante Deals recherchiert und auf der eigenen Website präsentiert werden. Darüber hinaus sollten Social Media Communities und andere Deal-Verteiler aufgebaut werden, um die Nutzer immer wieder zurück zur Website und zu den Deals zu holen. Ein hartes Stück Arbeit!

WAS BRAUCHT MAN, UM DEAL-AFFILIATE ZU WERDEN?

▶ eine sehr große Masse an Nutzern

▶ unterschiedliche Traffic-Quellen, um die Deals zu verbreiten

▶ starke Deals von Merchants, um Nutzer zu begeistern

▶ Kreativität, um im Markt noch Platz zu finden

Till Schiffer
Projektmanager
UNIQ GmbH,
prinz-sportlich.de

„Als größte Herausforderungen einer Deal-Seite würde ich aktuell Alleinstellungsmerkmal, Schnelligkeit und die optimale Mischung aus relevantem Content & Deals definieren. Bei der durchaus großen Zahl an Schnäppchen- bzw. Deal-Seiten im Internet muss man dem Leser unbedingt einen Mehrwert bieten, der sich von der Masse abgrenzt. Sei es eine spezielle Zielgruppe zu bedienen, neben Deals durch hervorragenden Content zu überzeugen oder immer zu den ersten gehören, die ein geniales Schnäppchen posten. Wenn man eine oder gleich mehrere dieser Voraussetzungen erfüllt bzw. Herausforderungen meistert, kann und wird man mit seiner Seite Erfolg haben."

2.7 E-Mail-Affiliates und Paidmailer

E-Mail-Affiliates verfügen über umfangreiche Listen von E-Mail-Adressen, die für Newsletter- und E-Mail-Kampagnen genutzt werden können. Die E-Mail-Empfänger bekommen dabei Werbemailings zugesandt, die entweder ausschließlich mit einem Werbepartner (Stand-Alone) oder mit mehreren Werbepartnern besetzt sind. Da Werbung in E-Mails auch juristische Probleme mit sich bringen kann, nutzen alle seriösen E-Mail-Affiliates nur Empfängerlisten, bei denen die Nutzer dem E-Mail-Empfang zugestimmt haben.

BEISPIELE

nextleadgeneration.com
mailfruit.com
reachad.de

BEISPIELE

qassa.de
euroclix.de
questler.de

Ein spezieller Fall der E-Mail-Affiliates sind sogenannte Paid-mail Publisher. Die Empfänger werden hier für Handlungen innerhalb der empfangenen E-Mail belohnt und erhalten zum Beispiel für den Klick auf ein Werbemittel in der E-Mail einen kleinen Betrag oder Bonuspunkte auf ihrem Nutzerkonto gut-geschrieben. Ein Kauf muss im Gegensatz zum Cashback-Affiliate aber nicht stattfinden. Da aber trotzdem einige Empfänger etwas bestellen oder eine andere vergütete Aktion (z.B. News-letter-Registrierung) auf der Seite des Merchants durchführen, erhält der Affiliate eine Provision.

2.7.1
E-Mail-Affiliates und Paidmailer aus Sicht des Merchants

Mit E-Mail-Affiliates kann kurzfristig eine hohe Aufmerksam-keit und eine große Reichweite für den Merchant erzielt werden, die mit charakteristischen Traffic-Spitzen nach dem Versand von Newslettern einhergehen. Damit die Empfänger zur ge-wünschten Handlung wie zum Beispiel dem Kauf eines Produkts motiviert werden, können in den E-Mails Anreize wie exklusive Gutscheine kommunziert werden.

Besser geeignet sind E-Mail-Affiliates zur Generierung von Leads, also Anfragen von potenziellen Kunden, Registrierun-gen für den Newsletter oder Anmeldungen in einem Portal. Da die Generierung von Leads sehr anfällig für Manipulationen ist, muss hier mit Vorsicht gearbeitet werden, indem durch den Mer-chant regelmäßige Qualitätskontrollen der Leads durchgeführt werden und der Traffic solcher Aktionen ausgewertet wird. Sol-len zum Beispiel Empfänger für den Newsletter des Merchants gewonnen werden, so könnten nach der E-Mail-Kampagne die generierten Adressen hinsichtlich bestimmter Merkmale wie Öffnungsraten oder Conversion Rates auf ihre Stichhaltigkeit geprüft werden.

Simone Massaquoi
Account Managerin
Qassa Germany B.V.,
qassa.de

„Als Publisher achten wir stark darauf, wie klick-stark die Landing Page ist. Manchmal werden selbst wir noch überrascht, wie gut die Kampa-gne eines Anbieters laufen kann, von dem wir vorher nicht oder kaum gehört haben."

Diese Überprüfung gilt auch für Kampagnen mit Paidmail-Partnern, bei denen noch eine weitere Gefahr für den Merchant besteht, da Provisionen für Umsätze anfallen können, die ohnehin zustande gekommen wären. Paidmail-Affiliates schütten kleine Incentives an ihre Nutzer aus, sodass diese umso mehr (fiktives) Geld verdienen, je mehr Werbemittel sie innerhalb eines Mailings anklicken. Für all diese Merchants werden beim Nutzer Tracking Cookies gesetzt, sodass der Paidmail-Affiliate die Provision bei einem späteren Kauf kassieren würde (wenn kein anderes Affiliate-Cookie dazwischen kommt). Dieser Kauf könnte aber vom Endkunden sowieso geplant gewesen sein und gar nicht in Verbindung mit der Paidmail-Kampagne stehen. Je größer dabei die Markenbekanntheit des Shops ist, desto größer die Gefahr des „Abgreifens" der Provisionen. Aus diesem Grund werden Paidmailer bei einigen Partnerprogrammen gar nicht erst zugelassen.

CHECKLISTE – E-MAIL-AFFILIATE & PAIDMAILER

▶ hohe Reichweite möglich

▶ eignen sich besonders zur Leadgenerierung

▶ Abverkauf meist nur mit Incentive wie einem Gutschein möglich

▶ Paidmail eignet sich nicht für alle Merchants

2.7.2
E-Mail-Affiliates und Paidmailer aus Sicht des Affiliates

Basis der Affiliate Tätigkeit im E-Mail Marketing ist natürlich ein großer Bestand an E-Mail-Adressen. Für diese muss ein doppeltes Einverständnis des Empfängers für die Nutzung zu Werbezwecken vorliegen, ein sogenanntes Double Opt-in. Ebenfalls ist eine Software zur Pflege des Adressbestandes, Dokumentation des Double Opt-in, für statistische Auswertungen (Öffnungsrate, Bounce-Rate usw.) und natürlich zum Versand der Newsletter erforderlich. Über zahlreiche SaaS-Lösungen (Software as a Service) ist dies auch für Einsteiger relativ günstig möglich. Darüber hinaus müssen erfolgreiche E-Mail-Kampagnen zielgruppenspezifisch erstellt und versendet werden. Breit gestreute Mailings mit unterschiedlichen Partnerprogrammen an den kompletten Adressverteiler werden nur wenig Erfolg haben. Auch dieser Aspekt sollte durch die Software abgedeckt sein.

Nils Schöler
Projektmanager
Germany and France
EuroClix B.V.,
euroclix.de

„Die Herausforderungen für uns werden immer mehr. Komplexere Produkte sind zu vermarkten, wobei wir dem Endverbraucher mehr Informationen zu Chancen und Risiko schuldig sind. Dabei sind wir auch von Advertiser-Seite aus sehr auf exakte Informationen angewiesen und es ist wichtig, Möglichkeit zu persönlichem Kontakt zum Merchant zu haben."

Bei Paidmailern ist der zielgruppenspezifische Fokus nicht ganz so relevant. Hier möchten die Nutzer durch ihre Klicks ein paar Euros oder Bonuspunkte verdienen oder bei einem Gewinnspiel teilnehmen. Bei beiden Systemen muss intensiv auf die rechtliche Lage geachtet werden, da sonst teure Abmahnungen drohen.

WAS BRAUCHT MAN, UM E-MAIL- ODER PAIDMAIL-AFFILIATE ZU WERDEN?

▸ einen sehr großen Verteiler mit E-Mail-Adressen

▸ E-Mail-Adressen müssen Double Opt-in verifiziert sein

▸ eine intelligente Software für das Kampagnenmanagement

▸ gute Möglichkeiten für statistische Auswertungen und Optimierung

2.8 SEA-Affiliates

SEA steht für Search Engine Advertising. SEA-Affiliates schalten also Anzeigen in Suchmaschinen wie Google oder Bing. Dabei verlinken sie aus den Anzeigen heraus entweder direkt auf die Seite des Merchants oder schalten noch eine eigene Landing Page dazwischen. Die Affiliates kaufen die Werbeplätze auf CPC-Basis bei den Suchmaschinenbetreibern ein und bekommen diese Ausgaben erst einige Wochen später durch die erwirtschafteten Provisionen zurück. Hier gehen die Affiliates also in Vorleistung, übernehmen das Risiko und versuchen, die Ausgaben durch die Klickkosten geringer als die Einnahmen durch den CPO zu halten: Ein klassisches Arbitrage-Modell.

BEISPIELE

jvweb.fr
sem4all.de
online-marketing-auf-
provision.de

2.8.1 SEA-Affiliates aus Sicht des Merchants

Viele Merchants schließen SEA-Affiliates von der Teilnahme an ihrem Partnerprogramm aus oder verbieten die Schaltung von Werbeanzeigen in Suchmaschinen. Auf diese Weise möchten sie ihre eigenen SEA-Kampagnen schützen und nicht mit den Affiliates um die begrenzten Werbeplätze in den Suchmaschinen konkurrieren. Dieser Entscheidung liegt auch die Annahme zugrunde, dass die eigenen SEA-Kampagnen alle vorhandenen Potentiale bereits ausschöpfen.

Diese Annahme muss aber nicht in jedem Fall richtig sein: Natürlich beschäftigen große Merchants ganze Abteilungen mit dem Aussteuern der eigenen SEA-Kampagnen. Hier gibt es wahrscheinlich kein Potenzial für Affiliates, ohne dass sie in direkte Gebotskonkurrenz mit dem Merchant treten würden. Gerade bei kleineren Partnerprogrammen können SEA-Affiliates aber noch Nischen im Suchmaschinenmarketing erschließen, da sie teilweise tieferes Fachwissen haben und Potentiale im Long Tail aufdecken können, die bisher nicht erkannt wurden. SEA-Affiliates sollten also nicht pauschal ausgeschlossen, sondern angesichts der eigenen SEA-Fähigkeiten beurteilt werden.

So oder so ist es aber sehr wichtig, vor dem Start des Partnerprogramms Richtlinien für SEA-Affiliates zu definieren. Diese sollten auch klar in der Programmbeschreibung kommuniziert werden:

Dürfen die Publisher direkt aus den Textanzeigen heraus auf die Website oder den Shop des Merchants verlinken? Für Affiliates ist das wünschenswert, da so die höchsten Conversion Rates erzielt werden können. Für den Merchant bedeutet dies im schlechtesten Fall aber, dass Affiliates die eigenen Anzeigen verdrängen oder die CPC-Gebote nach oben treiben, wenn beide Parteien auf die gleichen Keywords bieten, da in den Suchergebnissen nicht zwei Anzeigen mit der gleichen URL erscheinen können. Da in so einem Fall die Anzeige mit dem höheren

Ad Rank geschaltet wird, kann unter der Annahme, dass beide Parteien einen ähnlichen Qualitätsfaktor für das Keyword haben, der höhere Ad Rank nur durch ein höheres Gebot erreicht werden. Das führt dazu, dass sich Merchant und Affiliate gegenseitig überbieten, was zu deutlich höheren Klickpreisen führt. Darüber hinaus gibt es auch rechtliche Aspekte zu beachten. Da für den potenziellen Endkunden bei Direktverlinkung nicht mehr zu unterscheiden ist, wer die Anzeige schaltet, kann der Merchant bei Rechtsverstößen des Affiliates in den Anzeigen in die Mitstörerhaftung (siehe ➲ *Kapitel 8.2 Merchant*) genommen werden.

Diese Probleme können umgangen werden, indem die Direktverlinkung auf die Seite des Merchants untersagt wird. Dann benötigt der Affiliate aber eine Landing Page, auf die er verlinken kann, was zusätzlichen Aufwand bedeutet und für viele Affiliates ein Ausschlusskriterium ist. Der Merchant kann hier unterstützen, indem er dem Affiliate eine Landing Page zur Verfügung stellt und ihn mit Informationen über gut konvertierende Keywords versorgt. Außerdem können Absprachen getroffen werden, bis zu welcher Position der Partner die Adwords-Anzeige nach oben bieten darf: Beansprucht der Merchant die Positionen 1-3, so kann der Partner beispielsweise auf den Positionen 4-6 agieren. Dadurch kommen sich beide auch hinsichtlich der CPCs nicht in die Quere, der Merchant ist aber mit seinem Angebot zweimal in den Anzeigen vertreten. Solche Regelungen setzen auf beiden Seiten transparente Kommunikation voraus, um wirklich wirksam zu sein.

Ein weiterer wichtiger Aspekt der SEA-Richtlinien ist die Frage, ob Affiliates Anzeigen auf die Marken-Keywords, also den Namen des Shops schalten dürfen: Das sogenannte Brand Bidding. Diese Anzeigen erscheinen nur, wenn ein potenzieller Kunde nach dem Namen des Merchants sucht und somit schon weiß, dass er diese Website besuchen möchte. Da die Wahrscheinlichkeit sehr hoch ist, dass der Kunde ohnehin eine Kaufabsicht verfolgt, ist es in diesem Moment kontraproduktiv, einen Affiliate dazwischenzuschalten, der eine Provision kassiert. Deswegen ist von Brand Bidding generell abzuraten, inklusive aller Variationen, Kombinationen mit anderen Begriffen und Falschschreibweisen des Markennamens. Das sollte in der Programmbeschreibung unbedingt im Detail ausgeführt werden.

Ein SEA-Sonderfall bei Google Adwords sind die Shopping Anzeigen: Hier werden bei der Suche nach konkreten Produkten Produktvorschläge mit Bild, Preis und weiteren Informationen in den Suchergebnissen angezeigt. Diese Art der Anzeige funktioniert sehr gut und wird ebenfalls auf CPC-Basis geschaltet. Damit der Affiliate die Anzeigenschaltung für den Merchant übernehmen kann, benötigt er einen Produktfeed, der genau den Spezifikationen von Google entspricht. Die Erstellung des Feeds kann für den Merchant sehr aufwändig sein, das Aussteuern einer entsprechenden Kampagne aber für Affiliate und Merchant einen Mehrwert bringen.

CHECKLISTE – SEA-AFFILIATES

▸ Potenziale in SEA-Kampagnen können erschlossen werden

▸ Merchant & Affiliate können zwei Plätze in den SEA-Ergebnissen besetzen, was zur doppelten Sichtbarkeit des Onlineshops führt

▸ Gefahr von Brand Bidding besteht

▸ es sollten klare Regeln definiert werden

▸ wichtig ist ein vertrauensvolles Verhältnis zum Affiliate

▸ Unterstützung des Affiliates durch Informationen zu gut konvertierenden Keywords

2.8.2 SEA-Affiliates aus Sicht des Affiliates

Der Vorteil von SEA-Aktivitäten aus Sicht des Affiliates ist die Möglichkeit, Kampagnen kurzfristig aufzusetzen und so sehr schnell Ergebnisse zu sehen. Innerhalb weniger Stunden kann eine Kampagnenstruktur geschaffen, Anzeigen geschrieben und geschalten werden, was zu schnellen Umsätzen führt.

Die wichtigste Voraussetzung ist dabei natürlich die Expertise des Affiliates im SEA. Diese Expertise sollte vorher aufgebaut werden, denn wenn keinerlei oder nur wenig Erfahrung mit Google Adwords vorhanden ist, besteht die Gefahr, lediglich Geld zu verbrennen, aber keine Einnahmen zu erzielen.

Neben dem Adwords Know-How ist auch die Fähigkeit entscheidend, die richtige thematische Nische in Adwords zu finden und diese mit dem optimalen Partnerprogramm zu besetzen. Der Affiliate muss dabei immer versuchen, einen Gewinn zu erwirtschaften, der sich aus der Differenz zwischen den Ausgaben für die Adwords CPCs und den Einnahmen durch die Affiliate Provisionen ergibt. Dafür bedarf es Keywords mit niedrigen CPCs, gleichzeitig aber hoher Conversion Rate. Um die Gewinnchancen zu erhöhen, sind zudem hohe Provisionen bei relativ hohen Warenkörben ein weiteres Erfolgskriterium. Um als Affiliate selbst Einfluss auf kritische Faktoren wie CPC oder Conversion Rate nehmen zu können, kann eine Landing Page zwischengeschaltet werden: Hat diese einen höheren Qualitätsfaktor als die Zielseite des Merchants, sinken die CPCs. Durch geschicktes Layout oder einen Anbietervergleich kann außerdem die Conversion Rate gesteigert werden. Zudem sollten auch weiterführende Kennzahlen wie die Stornoquote mit einkalkuliert werden.

All diese Mechanismen muss ein erfolgreicher SEA-Affiliate verstehen und bedienen können. Auch in der Optimierung von SEA-Kampagnen bedarf es einiger Erfahrung, um diese so effizient wie möglich laufen zu lassen. Gerade im Zusammenspiel mit Affiliate Tätigkeiten gibt es technische Aspekte, die nicht zu vernachlässigen sind (siehe ➲ *Kapitel 3.7.5 Arbeit mit Werbemitteln*).

Im Fazit ist die Tätigkeit als SEA-Affiliate sehr komplex und fordert viel Erfahrung. Sonst besteht die Gefahr, lediglich Geld zu verlieren, da die Kosten die Einnahmen übersteigen oder Einnahmen gar nicht erst zustande kommen. Folglich ist dieses Geschäftsmodell für Einsteiger eher ungeeignet.

WAS BRAUCHT MAN, UM SEA-AFFILIATE ZU WERDEN?

▶ Expertise im Suchmaschinenmarketing

▶ Budget, um in finanzielle Vorleistung zu gehen

▶ hervorragende Kenntnisse in der Kampagnenoptimierung

▶ technische Kenntnisse zum Erstellen von Landing Pages

▶ einen vertrauensvollen Umgang mit dem Merchant

2.9 Social Media Affiliates

Social Media Affiliates nutzen die Reichweiten und Möglich-keiten sozialer Netzwerke wie Facebook oder Twitter zur Be-werbung des Merchants. Dabei werden diese Netzwerke auf verschiedene Art und Weise genutzt. Zum einen werden reine Social Media Communities zu bestimmten Themen aufgebaut und komplett zur Umsatzgenerierung genutzt. Zum anderen können Communities zur Traffic-Steigerung auf der Website des Affiliates genutzt werden. Außerdem gibt es Affiliates, die An-zeigen in sozialen Netzwerken für ihre eigene Seite oder direkt für die Seite und Produkte des Merchants schalten. Dadurch er-gibt sich die Unterscheidung in Social Media Community Affili-ates und Social Media Advertising Affiliates.

BEISPIELE

fb.com/DingeZuhause
fb.com/dddwnb
fb.com/derurlaubsguru

2.9.1 Social Media Community

Social Media Community Affiliates bauen Communities zu einem bestimmten Thema auf, zum Beispiel in Form einer Facebook-Seite. Diese Communities werden dann gezielt mit Affiliate Links zu thematisch passenden Shops und Produkten bespielt. Eine andere Variante ist es, diese Communities zu nut-zen, um Traffic auf die Seite des Affiliates zu leiten und von dort weiter zum Merchant zu schicken. Auch Mischformen beider Modelle existieren.

Social Media Communities können für Merchants sehr sinnvoll sein. Wird beispielsweise eine exklusive Gutscheinaktion mit einem Affiliate durchgeführt, so kann diese in der zugehörigen Community noch weiter kommuniziert und damit die Reichwei-te gesteigert werden. Auch das Veröffentlichen von Produkten zu bestimmten Themen innerhalb einer solchen Community bringt für den Merchant durchaus einen Mehrwert, da die Nut-zer der Community speziell an diesem Thema interessiert sind. Kann hier der Inhalt des Merchant platziert werden, so ist mit einer relevanten Reichweite und Neukunden zu rechnen.

Social Media Community Affiliates aus Sicht des Merchants

Allerdings gibt es auch Stolpersteine, die den Ausschluss des rei-nen Social Media Community Affiliate-Modells mit sich bringen können. Da Bilder ein sehr wichtiges Mittel der Kommunikati-on in sozialen Netzwerken sind, benötigen Affiliates passendes Bildmaterial. Wenn Produktbilder oder andere Grafiken auf-grund von Herstellerbestimmungen nicht in sozialen Netzwerken verwendet werden dürfen, so sollte dieses Geschäftsmodell ausgeschlossen werden. Darf nur ein Teil der Produktbilder und Informationen verwendet werden, empfiehlt es sich, einen separaten Produktdatenfeed für die Social Media Partner anzulegen. Dieser enthält dann nur die Produkte, Informationen und Bilder, die in sozialen Netzwerken ohne Bedenken veröffentlicht werden dürfen. Dabei sollte aber bedacht werden, dass Bilder, die einmal in einer solchen Community gepostet werden, nicht mehr ohne weiteres entfernt werden können. Selbst wenn das Produkt aus dem Produktdatenfeed verschwindet, bleibt es weiterhin bei Facebook sichtbar.

Michael Reiter
Geschäftsführer
New Media,
facebook.com/dddwnb

„Bei Fragen oder Problemen erwarte ich vom Merchant schnelle und konkrete Antworten. Neu- bzw. Erstanmeldungen sollten schnellstmögliche und unkomplizierte Freischaltungsprozesse haben. Dass entsprechende Werbemittel zur Verfügung stehen, setze ich voraus. Allerdings erfordern neue Medien und Technologien oft auch neue Arten von Werbemitteln. Diese sollten dem Affiliate ebenfalls sofort zur Verfügung stehen, um sie auch schnellstmöglich in neuen Netzen effizient einsetzen zu können."

Manche Merchants haben strikte Vorgaben zur Kommunikation innerhalb sozialer Netzwerke, wobei es häufig um den Kommunikationsstil, Markenbildung, aber auch Krisenprävention geht. Die Durchsetzung solcher strikten Vorgaben gegenüber Affiliates ist sehr aufwändig und verdirbt unter Umständen auch den Partnern den Spaß. Auch hier kann es Sinn machen, entsprechende Modelle gleich aus dem Programm auszuschließen, um unnötigen Ärger zu vermeiden.

Social Media Communities aus Sicht des Affiliates

Der Aufbau einer Community in sozialen Netzwerken ist aufwändig und bedarf gewisser Voraussetzungen. So bieten Seiten mit emotionalen, skurrilen und lustigen Themen sicherlich ein großes Potenzial, vor allem um kostenlose Reichweite bei den Nutzern durch Teilen, Interaktionen, Kommentare oder „Gefällt mir"-Angaben zu forcieren. Ein gutes Beispiel dafür ist die Facebook-Seite „Dinge, die die Welt nicht braucht": Hier werden skurrile Produkte vorgestellt, was gleich zwei Fliegen mit einer Klappe erschlägt: Durch die Skurrilität gibt es einen emotionalen Aufhänger und gleichzeitig einen Fokus auf konkrete Pro-

CHECKLISTE – SOCIAL MEDIA COMMUNITIES

▶ große Reichweite möglich

▶ kurzfristige Aktionen können unterstützt werden

▶ benötigen Grafiken, Bilder, Produktinformationen

▶ benötigen ggf. einen speziellen Produktdatenfeed

▶ sensible Merchants mit strengen Social Media Richtlinien sollten auf das Modell verzichten

dukte. Thematisch passende Produkte werden der Community regelmäßig vorgestellt und dabei hin und wieder mit Affiliate Links monetarisiert. Mit derzeit über 115.000 Fans hat das Projekt eine sehr gute Reichweite und damit ein gutes Verdienstpotenzial für Affiliates.

Eine weitere Möglichkeit zur Nutzung einer Social Media Community für Affiliate-Projekte ist der Aufbau eines zusätzlichen Traffic-Kanals für die Seite des Publisher. Dazu wird beispielsweise zu einer Website eine Facebook-Seite erstellt und mit Leben gefüllt, um die nötige Reichweite aufzubauen. Durch interessante und relevante Postings können Nutzer dann direkt auf Facebook angesprochen und zur Website des Affiliates weitergeleitet werden. Dieser Traffic bietet dabei unter Umständen ein höheres Potenzial zur Conversion, da sich die Nutzer bewusst entschieden haben, der zur Website gehörigen Facebook-Seite zu folgen: Sie sehen einen Mehrwert im Thema des Projekts und in den auf Facebook geposteten Inhalten. Der Schritt zur Bestellung über die zugehörige Affiliate Seite ist dann nicht mehr weit. Allerdings ist der Aufbau einer solchen Community sehr zeitaufwändig. Auch hier sind das zugrundeliegende Thema und der Mehrwert für die Nutzer die Schlüsselfaktoren für den Erfolg.

Ein gutes Beispiel für solche Affiliates ist die Seite von myDealZ, die auf Facebook eine enorme Reichweite hat und die Nutzer bei guten Angeboten immer wieder auf das eigene Portal und von dort aus weiter auf die Seite des Merchants verweist. Dabei wird sogar noch nach Themen differenziert, in dem für verschiedene Bereiche wie Sport, Fashion oder Entertainment separate Facebook Communities aufgebaut wurden. Damit steigt sowohl die

Relevanz der Informationen für Nutzer auf diesen themenspezifischen Facebook-Seiten als auch der Erfolg der Maßnahmen und der Umsatz.

WAS BRAUCHT MAN, UM SOCIAL MEDIA COMMUNITY AFFILIATE ZU WERDEN?

▸ Kreativität

▸ ein Thema mit emotionalem Charakter und Produktfokus

▸ eine signifikante Anzahl an Nutzern

▸ hohe Interaktionsraten

▸ Inhalte wie Fotos, Texte, Videos

„Die größte Herausforderung ist es, der Community regelmäßig und konstant ansprechende Inhalte mit „Mehrwert" anzubieten. Das benötigt Zeit und eine intensive Auseinandersetzung mit den Vorlieben seiner User. Die Statistik-Tools, die sämtliche Social Media Kanäle bieten, liefern hier auch wichtige demographische Daten, um seine Zielgruppe noch besser kennenzulernen. Nur wer seine Kunden auch wirklich kennt, wird langfristig erfolgreich sein. Das ist nicht nur im Social Web so."

Michael Reiter
Geschäftsführer
New Media,
facebook.com/dddwnb

2.9.2 Social Media Advertising

Die Reichweite sozialer Netzwerke wird von Affiliates natürlich auch dafür verwendet, Anzeigen zu schalten. Dabei kann es für die Anzeigenschaltung analog zur Suchmaschinenwerbung wieder zwei Gründe geben. Entweder nutzen die Affiliates die Möglichkeit, direkt die Seite des Merchants zu bewerben und bei Abverkäufen Provisionen zu bekommen. Sind diese höher als die Ausgaben für die Anzeigenschaltung, hat sich die Investition gelohnt. Oder sie nutzen die Anzeigenschaltung zur Stärkung der eigenen Community, um zum Beispiel neue Fans zu gewinnen oder zusätzlichen Traffic auf die Website des Affiliates zu lenken.

Social Media Advertising Affiliates stellen besonders dann einen Mehrwert für das Partnerprogramm dar, wenn der Merchant keine oder nur sehr sporadisch eigene Anzeigen in sozialen Netzwerken schaltet. Doch selbst bei ausgebauten Kampagnen bieten sich immer noch Potenziale für Affiliates, da das System auf Zielgruppendefinitionen und nicht auf Keywords wie bei SEA basiert.

Social Media Advertising Affiliates aus Sicht des Merchants

Auch bei diesem Modell sollten für eine reibungslose Partnerschaft Regeln für die Zusammenarbeit definiert werden. Dabei spielen wie im SEA die Themen Direktverlinkung und Mitstörerhaftung eine Rolle. Diesen Problemen kann durch die vorherige Freigabe der Anzeigen und eine transparente Kommunikation zwischen Affiliate und Merchant vorgebeugt werden. Auch sollten Methoden aus dem Grey- und Black-Hat-Bereich ausgeschlossen werden. Dazu gehört bei Facebook zum Beispiel das automatisierte Erfassen von Nutzer-IDs und E-Mail-Adressen, die dann wieder zur Anzeigenschaltung verwendet werden.

Sind die Richtlinien definiert und mit der Strategie des Merchants in Einklang gebracht, können Social Media Advertising Affiliates ein sehr sinnvolles Geschäftsmodell für das Partnerprogramm sein. Wichtig ist, dass der Merchant eng mit dem Affiliate zusammenarbeitet und ihn bei den Maßnahmen unterstützt, indem er zum Beispiel geeignetes Bildmaterial oder Zielgruppeninformationen bereitstellt.

CHECKLISTE – SOCIAL MEDIA ADVERTISING AFFILIATES

▸ Erschließung weiterer Advertising Potenziale möglich

▸ benötigen Grafiken, Bilder, Produktinformationen

▸ es sollten Regeln definiert werden

▸ Anzeigen sollten vorab freigegeben werden

▸ enge, vertrauensvolle Zusammenarbeit notwendig

Social Media
Advertising aus
Sicht des Affiliates Affiliates setzen Social Media Advertising vor allem aus zwei Gründen ein. Der erste Grund kann der Aufbau des eigenen Social Media Profils oder die Generierung von Website Traffic sein. Hier sind die entstehenden Kosten als Investition in zukünftige Einnahmen zu sehen. Eine größere Community oder steigende Bekanntheit der Website werden erst mittelfristig eine erfolgsversprechende Auswirkung für Affiliate und Merchant haben.

Der zweite Anwendungsbereich entspricht dem Prinzip der SEA-Publisher. Affiliates schalten Facebook-Anzeigen für den Merchant und gehen durch die Übernahme der Werbekosten in Vorleistung. Werden Verkäufe über die Anzeigen generiert, erhält der Affiliate eine Provision. Die Differenz zwischen Provisionen und Werbeausgaben stellt den Gewinn des Affiliates dar. Allerdings ist dieses Modell als noch riskanter als der Einsatz von Google Adwords einzuschätzen, da die Werbekosten für die Affiliates meist nicht durch die Provisionen kompensiert werden können. Die Werbekosten (z.B. CPCs) in sozialen Netzwerken sind tendenziell eher hoch, die Provisionen durch günstige Produkte dafür aber häufig zu niedrig. Außerdem sind Facebook-Anzeigen als Display Advertising einzuordnen, was im Vergleich zu Anzeigen in der Google Suche deutlich weiter weg von einer potenziellen Transaktion ist und die Conversion Rates senkt. Gleichzeitig lassen nicht alle Merchants Anzeigenschaltung in sozialen Netzwerken zu oder verbieten zum Beispiel die Direktverlinkung, sodass die Conversion Rate weiter sinkt.

WAS BRAUCHT MAN, UM SOCIAL MEDIA COMMUNITY AFFILIATE ZU WERDEN?

▶ Kreativität

▶ Ein Thema mit emotionalem Charakter und Produktfokus

▶ Eine signifikante Anzahl an Nutzern

▶ Hohe Interaktionsraten

▶ Inhalte wie Fotos, Texte, Videos

Möchten Affiliates dieses Modell nutzen, müssen sie eine sehr spitze Zielgruppe (das führt zu niedrigeren CPCs), gut konvertierende Themen, die nah an einem Kauf sind, und gleichzeitig Produkte, die eine hohe Provision (teure Produkte, Produkte mit hohen Provisionswerten) versprechen, auswählen. Dann kann auch dieses Modell funktionieren.

2.10 Re-Engagement

Relativ neu im Affiliate Marketing sind sogenannte Re-Engagement Modelle, bei denen es um Methoden geht, die Nutzer vom Kaufabbruch im Shop abhalten oder nach dem Kaufabbruch wieder gewinnen sollen. Dafür stellen Affiliates den Merchants eine Reihe hochentwickelter Technologien bereit, die auf der Website integriert werden müssen. Diese Technologien erfassen beispielsweise die Mausbewegung der Website Besucher: Bewegt sich die Maus in Richtung „Tab schließen"-Symbol, so wird über der Website ein Fenster eingeblendet, das dem Nutzer Rabatte beim sofortigen Kauf oder Produktvorschläge anbietet, um ihn im Kaufprozess zu halten. Eine weitere Methode ist das Erfassen von E-Mail-Adressen im Bestellvorgang. Bricht der Nutzer diesen dann ab, kann ihm im Nachhinein eine E-Mail geschickt werden, die doch noch zum Kauf motivieren soll.

BEISPIELE
yieldify.com
veinteractive.com
remintrex.com

2.10.1 Re-Engagement aus Sicht des Merchants

Verschiedene Studien sagen, dass etwa 97% der Besucher eines Onlineshops keinen Kauf tätigen, sondern diesen abbrechen oder den Shop ohne Handlung einfach wieder verlassen.[3] Genau hier setzen Re-Engagement Systeme an, die mit verschiedenen Technologien versuchen, dem Nutzer einen Kaufanreiz zu präsentieren und so den Einkauf zu stimulieren. Ziel dieser Affiliates ist es nicht, neue Nutzer auf die Seite zu bringen, sondern Website Besucher zu Kunden zu transformieren.

Für Merchants ist dieser Ansatz natürlich sinnvoll: Warum nur immer mehr Nutzer auf die Seite schicken, wenn es innerhalb des bestehenden Traffics noch Potenzial gibt. Die Entwicklung von eigenen Re-Engagement Technologien ist aber sehr aufwän-

---

[3] www.chili-conversion.de/aktuelle-conversion-rate-studien

dig und nicht alle Merchants haben die technischen Ressourcen dafür. In diesem Fall kann auf entsprechendes Affiliate Know-How zurückgegriffen werden.

Allerdings sollte sich der Merchant bewusst sein, dass er sensible Daten aus seinem Shop preisgibt. Der Affiliate muss den Shop überwachen und alle Aktivitäten auf der Website des Merchants verfolgen, da nur so Nutzer identifiziert werden können, die die Seite verlassen möchten und mit entsprechenden Angeboten oder Produktvorschlägen zurückgeholt werden sollen. Dafür nutzen die Affiliates kleine Code-Schnipsel, die im gesamten Shop integriert sein müssen. Für so eine Integration muss ein starkes Vertrauensverhältnis zwischen Merchant und Affiliate bestehen.

Gleichzeitig ist kein Affiliate so nah am Verkaufsabschluss wie Re-Engagement Affiliates (siehe ⮱ *Kapitel 7.1.9 Post View Tracking vs. Post Click Tracking* und ⮱ *Kapitel 4.4.1 Vergütungsmodell*). Damit haben sie einen enormen Vorteil im Vergleich zu anderen Affiliate Modellen. Außerdem sollte sich der Merchant klar machen, dass auch Traffic aus anderen Kanälen noch einmal von diesen Affiliates genutzt wird und so zusätzliche Kosten durch Provisionen anfallen können.

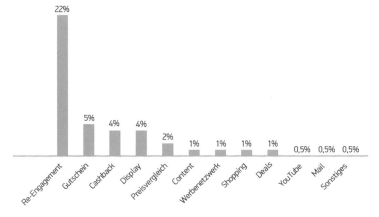

Abb. 2.7 ▶
Durchschnittliche Conversion Rate unterschiedlicher Affiliate-Geschäftsmodelle (Quelle: Analyse der Projecter Partnerprogramme)

Um das Optimum aus einer Re-Engagement Kampagne herauszuholen, muss diese sinnvoll mit dem Affiliate aufgesetzt werden. So ist es unter Umständen angebracht, Re-Engagement Fenster nur bei Produkten einzublenden, die hohe Abbruchraten haben, oder die Ausspielung von vornherein auf einen Teil des Traffics zu begrenzen. Zudem sollten für Verkaufsanreize wie Gutscheine bestimmte Mindestbestellwerte genutzt werden, um ein Abgreifen der Provisionen ohne Mehrwert zu vermeiden. Die Technologien dieser Affiliates erlauben eine sehr individuelle und granulare Aussteuerung solcher Kampagnen.

In der Summe können Re-Engagement Systeme sehr sinnvoll für den Merchant sein. Allerdings gilt es auch hier, genau zu beobachten und auszuwerten, welche Kampagnen sich lohnen und ob die Conversion Rate am Ende tatsächlich angehoben werden konnte.

CHECKLISTE – RE-ENGAGEMENT

▸ Ziel: Steigern der Conversion Rate

▸ Sinnvolle Strategie zur Conversion Optimierung notwendig

▸ Bieten ausgefeilte Technologien für granulare Kampagnen

▸ Benötigen meist einen Gutscheincode

▸ Code-Schnipsel muss im Shop integriert werden

2.10.2 Re-Engagement Affiliates aus Sicht des Affiliates

Die Entwicklung eines Re-Engagement Systems ist eine enorme technologische Herausforderung, für die eine große Anfangsinvestition nötig ist, um den Merchants ein funktionierendes System anbieten zu können. Gleichzeitig stehen die Affiliates vor einigen datenschutzrechtlichen Problemen, die im Vorfeld gelöst werden müssen.

Die Hürden für einen Einstieg in dieses Geschäftsmodell sind groß, dementsprechend ist es schwierig, hier als Affiliate aktiv zu werden. Aktuelle Marktteilnehmer sind meist professionelle Affiliates in Form von Unternehmen. Allerdings ist der Markt erst relativ neu erschlossen worden, sodass die derzeit aktiven Re-Engagement Affiliates sehr unterschiedlich an das Thema herangehen. Innovative Publisher mit einem gewissen Startkapital könnten durchaus noch Fuß in diesem Markt fassen.

„Die größte Herausforderung beim Re-Engagement ist es, im richtigen Moment eine für den User relevante Ansprache auszuspielen. Nur so kann es gelingen, dass der Kunde die Ansprache als Mehrwert sieht und seine Aufmerksamkeit zurück auf das Produkt oder die Marke gelenkt wird."

Sebastian Pitzer
Director DACH
Yieldify, yieldify.com

Der Vorteil eines Re-Engagement Systems ist natürlich, dass sich der Affiliate nicht um die Beschaffung neuer Nutzer kümmern muss. Außerdem stehen entsprechende Affiliates sehr weit am Ende der Customer Journey, was die Conversion- und damit auch die Verdienstmöglichkeiten erheblich steigert.

WAS BRAUCHT MAN, UM RE-ENGAGEMENT AFFILIATE ZU WERDEN?

▸ hohe Anfangsinvestitionen zum Erstellen eines Systems

▸ funktionierendes Re-Engagement System

▸ Ressourcen für Wartung, Merchant Support, Kampagnen-Optimierung usw.

▸ Datenschutzrechtliche Absicherung

2.11 YouTube

BEISPIELE
LyTheBeee
JessVeganLifestyle

Die Videoplattform YouTube bietet auch für das Affiliate Marketing ein großes Potenzial. Es gibt eine Vielzahl von kleinen und großen YouTube-Kanälen zu den verschiedensten Themen, die regelmäßig mit aktuellen Videos bespielt werden. Die Reichweite dieser Kanäle kann enorm sein, einige Kanäle und Videos kommen auf mehrere Millionen Views pro Monat. Für die Betreiber dieser YouTube-Kanäle kann Affiliate Marketing deshalb ein interessantes Geschäftsmodell zur Monetarisierung ihrer Reichweite sein. Egal ob in einem Tutorial, einem Produkttest oder bei der Vorstellung von Workouts: Bei vielen Themen lassen sich Bezüge zu konkreten Produkten oder Dienstleistungen herstellen, die über Affiliate Marketing vermarktet werden können. Dabei bietet YouTube die Möglichkeit, entsprechende Affiliate Links direkt im oder unter dem Video einzubinden.

2.11.1 YouTube Affiliates aus Sicht des Merchants

YouTube Affiliates können für den Merchant sehr interessant sein. Die Reichweite einiger YouTuber ist sehr groß und selbst mittlere und kleine Kanalbetreiber kommen teilweise auf beachtliche View-Zahlen ihrer Videos. Durch diese Reichweiten haben YouTuber explizit die Möglichkeit, Neukunden zu generieren. Da die Videos immer authentisch wirken müssen, benötigen die YouTuber einen Zugang zum beworbenen Produkt, das heißt, sie müssen das Produkt vom Merchant bereitgestellt bekommen oder die Dienstleistung selbst getestet haben. Das erfordert sehr individuelle Absprachen mit den Affiliates. Darüber hinaus ist es häufig der Fall, dass reichweitenstarke YouTuber in professionellen YouTube-Netzwerken organisiert sind. Mit diesen YouTubern und deren Netzwerken müssen unter Umständen zusätzliche Verträge abgeschlossen werden, die auch eine über Affiliate-Provisionen hinausgehende Vergütung vorsehen können.

Die Erschließung entsprechender Partnerschaften bedarf also einiges an zeitlichem und finanziellem Aufwand auf Seiten des Merchants, der sich aber durchaus rechnen kann. Reichweite und Umsätze rechtfertigen in einigen Fällen den Aufwand, wenn das beworbene Thema gut zum Medium passt.

CHECKLISTE – YOUTUBE

▷ liefern qualifizierten Traffic

▷ zeichnen sich durch gute Neukundenrate aus

▷ können große Reichweite erzielen

▷ benötigen Testprodukte & Produktinformationen

▷ sind aufwändig in der Pflege

2.11.2 YouTube Affiliates aus Sicht des Affiliates

Prinzipiell kann jeder ein YouTube Affiliate werden, da es mit einer Kamera und einem YouTube Account direkt losgehen kann. Allerdings sollte vorab recherchiert werden: Welche Themen werden auf YouTube schon behandelt? Wie werden diese bearbeitet? Bietet sich hier eine Nische für die eigene Tätigkeit als Affiliate? Bietet das Thema, das der Affiliate der YouTube Community anbietet, Potenzial, um signifikante Reichweite aufzubauen? Bietet das Thema auch ausreichend Monetarisierungspotenziale in Form von passenden Partnerprogrammen?

Nach der eingehenden Analyse dieser Aspekte kann es direkt losgehen. Die größte Hürde dabei ist der Aufbau der angesprochenen Reichweite. Hier muss der Affiliate sich gezielt mit Themen wie Suchmaschinenoptimierung für YouTube oder dem gezielten Networking innerhalb der Community auseinandersetzen. Das erfordert Kreativität, Ausdauer, Einsatzbereitschaft und Geduld. Es kann also eine ganze Weile dauern, bis über YouTube viele Menschen erreicht und Umsätze erzielt werden können. Und auch dann hört die Arbeit nicht auf, denn ein YouTube Kanal muss gepflegt und regelmäßig mit frischen Inhalten aktualisiert werden.

WAS BRAUCHT MAN, UM YOUTUBE AFFILIATE ZU WERDEN?

▸ Videotechnische Kenntnisse

▸ sinnvolle Themen & Nischen auf YouTube

▸ signifikante Reichweite des YouTube-Kanals

▸ regelmäßige Pflege des Kanals

2.12 Werbenetzwerke, Layer und Pop-Ups

Unter dem Begriff Werbenetzwerke können Banner-Communities, aber auch Metanetzwerke (siehe ➲ *Kapitel 6 Affiliate-Netzwerke*) zusammengefasst werden. Banner-Communities und Metanetzwerke treten als reichweitenstarke Vermarkter für Themen-Websites auf.

Dabei buchen sie Bannerplätze auf Themenseiten und geben einen Teil der CPO-Vergütung an die Website-Betreiber weiter. Außerdem bieten sie den Betreibern der Websites einfache Möglichkeiten, mehrere Affiliate-Programme gleichzeitig in die eigene Seite einzubinden, ohne dass diese sich aufwändig bei mehreren Partnerprogrammen gleichzeitig bewerben müssen. Darüber hinaus haben einige Werbenetzwerke die Möglichkeit, automatisiert bestimmte Begriffe auf der Website mit Affiliate Links zu hinterlegen. All diese Maßnahmen vereinfachen die Monetarisierung der Website, ohne dass der Betreiber selbst bei einem Affiliate-Netzwerk angemeldet sein muss.

Eine Möglichkeit der Werbeinblendung durch Werbenetzwerke sind Pop-Ups und Layer. Pop-Ups sind sich auf Websites selbst öffnende Fenster, die Werbung enthalten. Diese Fenster können auch im Hintergrund geöffnet werden, sogenannte Pop-Unders. Viele Nutzer empfinden diese Art der Werbung als störend und versuchen durch Adblocker dagegen vorzugehen. Das wiederum führt dazu, dass häufig Layer eingesetzt werden. Hier legt sich eine Grafik mit Werbung über den Inhalt der Seite und muss aktiv weggeklickt werden, ehe der Seiteninhalt zu sehen ist.

2.12.1
Werbenetzerke, Layer und Pop-Ups aus Sicht des Merchants

Werbenetzwerke müssen nichts Schlechtes sein. Sie können dabei helfen, Publisher-Potenziale zu erschließen, die durch das Partnerprogramm allein nicht abgedeckt werden könnten. Allerdings ist es schwierig nachzuvollziehen, wo die Werbemittel des Merchants eingebunden werden und auf welche Art Klicks und Sales zustande kommen.

So kann es zum Beispiel sein, dass ein Partner des Werbenetzwerkes die Trackinglinks nutzt, um Brand Bidding zu betreiben. Durch die fehlende Kontrollmöglichkeit fällt dies vielleicht erst sehr spät oder gar nicht auf. Auch kann die Art und Weise der Werbeschaltung intransparent sein, da die Werbemittel unter Umständen in Pop-Ups und Layern dargestellt werden. Klickt der Nutzer dann beispielsweise auf den Layer, um diesen zu schließen, kann bei diesem Klick ein Tracking Cookie gesetzt oder ein neues Fenster mit der Seite des Merchants im Hintergrund geöffnet werden. Das kann beim Nutzer einen negativen Eindruck bezüglich des Merchants hinterlassen, es werden Cookies gesetzt, denen keine Werbeleistung zugrunde liegt (Cookie Dropping) und es entsteht irrelevanter Traffic.

Diese fehlende Transparenz erschwert die Zusammenarbeit mit einigen solcher Werbenetzwerke. Die großen Marktteilnehmer haben diese Probleme erkannt und erlauben den Merchants einen Einblick in die Tätigkeit ihrer Subpartner. So können bestimmte Publisher-Modelle (z.B. SEA) oder Werbeformen (Layer, Pop-Ups) in den Netzwerken durch den Merchant abgeschaltet werden. Auch gibt es Möglichkeiten, Einblicke in die Statistiken zu bekommen. Damit passen sich die professionellen Werbenetzwerke den Bedürfnissen der Merchants an und sorgen für mehr Transparenz.

CHECKLISTE – WERBENETZWERKE, LAYER & POP-UPS

▸ Werbenetzwerke können weiteres Potenzial erschließen

▸ Pop-Ups & Layer sollten untersagt werden

▸ Zusammenarbeit nur mit seriösen Werbenetzwerken

▸ Achtung: In Werbenetzwerken können betrügerische Aktivitäten wie z.B. Brand Bidding besser versteckt werden

2.12.2
Werbenetzerke, Layer und Pop-Ups aus Sicht des Affiliates

Ein eigenes Werbenetzwerk zu eröffnen ist alles andere als einfach. Es bedarf einer großen technischen Infrastruktur, um mehrere Partnerprogramme zu bündeln und den Bedürfnissen der eigenen Partner und des Merchants gerecht zu werden. Gleichzeitig benötigt der Betreiber eines Werbenetzwerkes ein großes Inventar an Partnern, die seine Technologie integriert haben, um selbst signifikante Einnahmen zu erzielen. Diese Voraussetzungen sind alles andere als „mal eben so" zu schaffen.

Neben den technischen sind auch die finanziellen Aspekte nicht zu vernachlässigen. Viele Betreiber von Werbenetzwerken vergüten ihre Affiliates auf Basis des CPO, aber bei Einblendungen von Layern, Pop-Ups und Bannern auch auf TKP- oder CPC-Basis. Hier befindet sich der Betreiber des Werbenetzwerkes wieder im Arbitragegeschäft. Die Provision muss also größer sein als der TKP oder CPC, womit die Gefahr von Verlusten deutlich steigt.

WAS BRAUCHT MAN, UM WERBENETZWERK-AFFILIATE ZU WERDEN?

▶ technische Kenntnisse

▶ Programmierkenntnisse

▶ kritische Masse an Merchants und Nutzern

▶ fundierte Trackingkenntnisse

▶ automatisierte Auszahlungssysteme

Für kleine Website-Betreiber bietet es sich unter Umständen an, mit bestehenden Werbenetzwerken zusammenzuarbeiten. Ob dabei aber Layer oder Pop-Ups zum Einsatz kommen sollten, ist fraglich, denn aus Nutzersicht kann das eher abschreckend wirken. Andere Technologien wie zum Beispiel das einfache Hinterlegen von Schlüsselbegriffen mit Trackinglinks auf der Website können Website-Betreibern eine große Hilfe sein.

2.13 Toolbars und Browser Plugins

Toolbars und Browser Plugins sind Erweiterungen für den Browser, die der Affiliate seinen Nutzern zum Download anbietet. Häufig nutzen Cashback- und Gutscheinanbieter diese Erweiterungen, um Nutzer regelmäßig an ihre Angebote zu erinnern: Wenn sich ein Nutzer auf der Seite des Merchant befindet, bekommt er durch die Toolbar einen Hinweis zu einem möglicherweise vorhandenen Gutschein. Außerdem können Toolbars auch als Preisvergleich eingesetzt werden: Das Plugin schlägt beim Aufrufen eines Produktes in einem Onlineshop wiederum andere Shops vor, die das Produkt billiger anbieten. Auch die Einbindung von Cashback-Systemen ist möglich.

BEISPIELE
foxydeal.de
qipu.de
aklamio.com

Klickt der Nutzer in die Toolbar, um den günstigeren Preis, Cashback oder den Gutschein zu bekommen, erfolgt eine Weiterleitung auf die Seite des Affiliates oder direkt zum Merchant. Bei einem getätigtem Kauf erhält der Affiliate die Provision.

2.13.1
Toolbars und Browser Plugins aus Sicht des Merchants

Von den zuvor genannten Szenarien ist nur das Browser Plugin als Preisvergleich für den Merchant wirklich sinnvoll. Hier findet eine echte Werbeleistung statt, da ein kaufwilliger Nutzer dazu motiviert wird, beim Merchant zu kaufen statt in einem anderen Shop. Allerdings muss diese Methode zur Strategie des Merchants passen, da sich nicht jeder Shop-Betreiber im Niedrigpreissegment einordnen möchte.

Alle anderen Szenarien schaden dem Merchant mehr, als dass sie Gewinn bringen. Sowohl der offensive Hinweis auf einen vorhandenen Gutschein als auch das Proklamieren von Cashback durch die Toolbar reduziert in vielen Fällen unnötig die Marge auf das Produkt. Der Nutzer ist bereits auf der Seite und will kaufen, unabhängig davon, ob ihm vom Affiliate noch ein Gutschein oder Cashback Angebot gezeigt wird. Außerdem muss auch hier wieder Provision an den Affiliate gezahlt werden, wobei diese Kosten unter Umständen ohne die Toolbar gar nicht erst entstanden wären. Natürlich kann argumentiert werden, dass der Nutzer ohne die Vorstellung des Gutscheins und den zusätzlichen Kaufanreiz nicht gekauft hätte und der Affiliate so die Conversion Rate gesteigert hat. Das sollte aber genau überprüft werden.

CHECKLISTE – TOOLBARS & BROWSER PLUGINS

▶   Toolbars haben meist wenig Nutzen für den Merchant

▶   lediglich Preisvergleiche könnten interessant sein

▶   dafür benötigen Affiliates einen gepflegten Produktdatenfeed

▶   Weitere Toolbars sollten vermieden werden

Es gibt noch einen Grund, der gegen den Einsatz von Toolbars und Browser Plugins im Partnerprogramm spricht: Mithilfe von Toolbars können Klicks im Browser des Nutzers simuliert und so Tracking Cookies gesetzt werden, ohne dass eine Werbeleistung erfolgt, was ein erhöhtes Risiko für Cookie Dropping mit sich bringt.

2.13.2 Toolbars und Browser Plugins aus Sicht des Affiliates

Aus Sicht von Preisvergleich-, Cashback- und Gutschein-Affiliates kann die Erstellung eines Browser Plugins durchaus Sinn machen. Natürlich ist es im Interesse dieser Affiliates, die Nutzer permanent auf ihre Dienstleistungen hinzuweisen und damit die eigenen Verdienste zu erhöhen. Allerdings muss im Sinne einer guten Partnerschaft die Möglichkeit bestehen, diese Modelle auf Wunsch des Merchants abzuschalten. Außerdem ist die Entwicklung einer Toolbar oder eines Browser Plugins mit einem gewissen Aufwand verbunden.

Unter Umständen bietet es sich auch für Anbieter von bereits bestehenden Plugins an, zusätzliches Monetarisierungspotenzial durch Affiliate Marketing zu erschließen. Hat man einmal ein Plugin geschaffen, kann mit nur wenigen Handgriffen sinnvoll und sauber Werbung integriert werden. Die Betonung liegt auch hier auf sauber, denn nur so kann der Affiliate nachhaltig von der Kooperation mit dem Merchant profitieren.

WAS BRAUCHT MAN, UM TOOLBAR-AFFILIATE ZU WERDEN?

▶ es gibt kaum reine Toolbar-Affiliates

▶ Programmierkenntnisse notwendig

▶ Toolbar oder Browser Plugin muss dem Nutzern einen Mehrwert bringen

▶ signifikante Masse an Nutzern notwendig

2.14 Weitere Affiliate-Geschäftsmodelle

Neben den genannten Affiliate-Geschäftsmodellen gibt es natürlich noch einige weitere, die sich nicht direkt kategorisieren lassen. Exemplarisch sollen im Folgenden zwei dieser Modelle vorgestellt werden.

Empfehlungssysteme Die persönliche Weiterempfehlung von Produkten gehörte schon immer zu den erfolgreichsten Marketingmethoden. Problematisch dabei ist, dass Unternehmen nur schwer Einfluss darauf ausüben können, ob und wie Konsumenten ihre Produkte weiterempfehlen. Dennoch wird immer wieder versucht, die persönliche Produktempfehlung positiv zu beeinflussen. Eine Möglichkeit dafür ist die Incentivierung von Weiterempfehlungen durch Rabatte, Prämien oder ähnlichem für denjenigen, der eine Empfehlung ausspricht. Zum Beispiel empfiehlt Kunde A seinem Bekannten den Onlineshop X. Der Bekannte kauft daraufhin im Onlineshop ein, Kunde A erhält dafür einen Gutschein. Gerade für Onlineshops kann die Belohnung von Weiterempfehlungen neue Kundenpotenziale erschließen, wobei der technische Aufbau und das Tracking der Empfehlungen nicht für jeden Shop umsetzbar sind.

Genau dort setzen die Geschäftsmodelle von Affiliates wie aklamio.com an: Sie stellen die technische Plattform zur Umsetzung des Empfehlungsmarketing zur Verfügung und kümmern sich um alle Angelegenheiten der Weiterempfehlung, vom Aufbau von Landing Pages bis hin zum Tracking und der Abwicklung einer Empfehlung. Für diese Dienstleistung werden sie auf Provisionsbasis vergütet. Der Onlineshop muss lediglich einige kleine Zuarbeiten leisten und ein Incentive zur Verfügung stellen.

Aus Sicht des Merchants sind diese Modelle sehr interessant, da sie sich an potenzielle Neukunden richten. Hin und wieder möchten solche Affiliates ihren eigenen Empfehlungs-Button im Shop des Merchants integriert haben. Mit dieser technischen Herausforderung sollte der Merchant aber leben, da so das System am besten funktionieren kann.

Aus Sicht des Affiliate ist die größte Hürde die technische Komponente. Die Schaffung einer solchen Plattform ist nicht ohne Weiteres möglich, auch muss eine entsprechende Zahl von Nutzern aufgebaut und mit einer signifikanten Anzahl von Merchants kooperiert werden.

Sparen ist ein charakteristischer Motivationsfaktor von Onlineshoppern. Diese Motivation nutzen Preisalarmsysteme wie spottster.com. Nutzer können hier ein gewünschtes Produkt auf ihrer Merkliste speichern und dazu den Preis vermerken, zu welchem sie bereit wären, dieses Produkt zu kaufen. Das Preisalarmsystem überprüft dann regelmäßig die Produkte und Preise der angebundenen Merchants über deren Produktdatenfeed (siehe ⮑ *Kapitel 4.5.3 Produktdaten*). Unterschreitet das Produkt bei einem der angebundenen Shops die Preisgrenze des Nutzers, bekommt dieser eine Information. Der Nutzer kauft dann idealerweise das Produkt und das Preisalarmsystem erhält eine Provision.

Aus Sicht des Merchant sind auch diese Modelle sehr interessant. Natürlich können darüber nur Umsätze erzielt werden, wenn die Produkte regelmäßig die günstigsten am Markt sind, was zur Gesamtstrategie des Merchants passen muss. Allerdings können dadurch Kunden gewonnen werden, die den Merchant bisher überhaupt noch nicht auf dem Schirm hatten.

Die Einstiegshürden in den Bereich der Preisalarmsysteme sind für Affiliates ähnlich hoch wie bei den Empfehlungssystemen: Es bedarf einer komplexen technischen Infrastruktur und sowohl einer kritischen Masse an Nutzern als auch an Merchants.

Freya Oehle
Geschäftsführerin
vidiventi GmbH,
spottster.com

„Die größte Herausforderung ist die intelligente Aufbereitung und Sortierung der Shopangebote, sodass daraus ein leicht durchsuchbares und übersichtliches Gesamtangebot von segmentübergreifenden Shops entsteht.

Vom Merchant benötigen wir dazu einen fehlerfreien, qualitativ hochwertigen und jederzeit aktualisierten Produktdatenfeed, um zuverlässiger und vor allem in Hinblick auf gesetzliche Vorgaben vollständig werben zu können. Derzeit wird ein Großteil unserer Ressourcen für die Datenpflege, -verbesserung und -kontrolle eingesetzt, da viele Shops das Thema Datenfeed noch vernachlässigen."

2.15 Fazit und Überblick

Die Bandbreite von Affiliate-Geschäftsmodellen ist groß. Das macht den Affiliate Marketingkanal so attraktiv für Merchants, denn es können innerhalb eines Marketingkanals eine Vielzahl von Online Marketing Disziplinen bedient und gesteuert werden. Hier bieten sich für Merchants und Affiliates große Chancen.

Gerade diese Vielfalt macht den Kanal aber auch so komplex. Jedes Affiliate-Modell hat seine eigenen Ansprüche, jeder Publisher benötigt bestimmte Voraussetzungen, um sinnvoll aktiv werden zu können. Gleichzeitig kombinieren viele Affiliates mehrere der zuvor vorgestellten Geschäftsmodelle oder erschaffen neue Varianten der Umsatzgenerierung. So können Affiliates mit einer Content Website auch als vertikaler Preisvergleich innerhalb der Nische oder Aggregator mehrerer themenrelevanter Produktdaten auftreten. Darüber hinaus erzeugen sie vielleicht zusätzlichen Traffic über SEA-Maßnahmen und haben eine eigene Social Media Community aufgebaut, in der sie auch passende Rabattgutscheine anbieten. Das macht Affiliate Marketing so dynamisch und ist der Grund dafür, dass es als Inkubator für neue Methoden im Online Marketing gilt.

Die wichtigste Erkenntnis für Merchants aus diesem Kapitel sollte darin liegen, dass es für jedes Partnerprogramm ganz unterschiedliche potentielle Partner gibt und jeder dieser Partner individuelle Bedürfnisse hat. Gleichzeitig passt nicht jedes Affiliate-Modell zur eigenen Strategie. Entsprechend sollte vorab definiert werden, welche Modelle im eigenen Partnerprogramm zugelassen sind beziehungsweise welche Richtlinien für zugelassene Modelle gelten. Dabei sollten diese aber nur so eng wie unbedingt notwendig gefasst werden, da sonst Affiliates das Interesse an der Teilnahme am Partnerprogramm verlieren können. Außerdem sollte nicht von vornherein zu viel ausgeschlossen werden, da so unter Umständen Potenzial für das Partnerprogramm unnötigerweise beschnitten wird.

Abschließend noch eine Übersicht mit Empfehlungen, welche Affiliate-Geschäftsmodelle zu welchem Merchant passen könnten:

	Klassische Händler	Individua-lisierbare Produkte	Preis-getriebene Produkte	Preis-intensive Produkte	Lead-generierung
Content Website	●	●		●	●
Preisvergleich	●		●		
Performance- und Display-Retargeting	●	○	●	●	●
Cashback	●	●	●		
Gutschein	●	●	●		●
Deal	●	●	●		●
E-Mail und Paidmail		●	●		●
SEA	●				●
Social Media	○	●		●	●
Re-Engagement	●	●	●	●	
YouTube	○	●		●	●
Werbenetzwerke	●	○	●		○

Legende: ● geeignet

○ zum Teil geeignet

Kapitel 3 – Wie werde ich Affiliate?

3.1 Das Gerücht vom schnellen Geld

Mit Affiliate Marketing lässt sich tatsächlich online Geld verdienen: Das hat sich herumgesprochen. Vielleicht schwebt dem einen oder anderen das Bild vom Millionär am sonnigen Sandstrand vor. Diese Erfolgsgeschichten mag es vereinzelt geben, die Mehrheit der Affiliates erwirtschaftet sich mit der Tätigkeit jedoch eher ein Nebeneinkommen. Stimmen Gesamtkonzept und Engagement, ist es realistisch, als Publisher auf Basis des Affiliate Marketing ein kleines oder mittelständisches Unternehmen zu führen. Wie erfolgreich ein Affiliate mit seinen Projekten wird, hängt von zahlreichen Faktoren ab. Neben seiner Motivation und dem technischen Geschick sind auch Projektkonzeption und Marktsituation entscheidend.

Im folgenden Kapitel lernen Merchants, die Arbeitsweise der Affiliates besser zu verstehen. Werdenden Affiliates wird aufgezeigt, was notwendig ist, um ein erstes kleines Projekt aufzubauen oder eine bereits vorhandene Seite mit einfachen Mitteln zu monetarisieren. Als Geschäftsmodell sind für diese Gruppe der Einsteiger vor allem Content-Seiten, idealerweise ergänzt um Social Media Marketing Aktivitäten, geeignet. Weitere Affiliate-Geschäftsmodelle mögen attraktiv sein (siehe ↻ *Kapitel 2*), sind aber nur mit großem Vorwissen realisierbar, da sie technisch komplex in der Umsetzung sind und sich häufig in einem umkämpften Markt bewegen.

3.2 Fähigkeiten

3.2.1 Leidenschaft und Ausdauer

Technische Vorkenntnisse sind hilfreich und nötig, um erfolgreich Affiliate Marketing zu betreiben. Viel wichtiger ist jedoch die Affinität und Leidenschaft für die Welt des Internets. Es bedarf Ausdauer und Geduld, um sich nachhaltig Reichweite aufzubauen und Leser für die eigenen Inhalte zu gewinnen. Affiliate Marketing ist Empfehlungsmarketing. Empfehlungen resultieren nur dann in Verkäufen, wenn es gelingt, Mehrwert zu schaffen und Vertrauen aufzubauen. Für ein erfolgreiches Projekt kommen so schnell mehrere Stunden Arbeit pro Woche zusammen.

Robert Rosenfeldt
u.a. Betreiber von
amadamo.de

„Für mich persönlich ist die permanente Eigenmotivation eine große Herausforderung. Da ich alleine arbeite, habe ich keine Mitstreiter. So muss ich mich selbst motivieren und antreiben. Beim Schreiben von Texten habe ich auch die Schwierigkeit, dass man zumeist keine oder nur sehr wenig Rückmeldung von den Lesern erhält. Auch ob Texte für Google interessant oder doch nicht von Relevanz sind, bekommt man mitunter erst Wochen oder Monate später mit."

Sehr hilfreich in Sachen Motivation und Ausdauer ist der Anschluss an Gleichgesinnte, die besonders beim Einstieg Fragen beantworten und weiterhelfen können.

 TIPP Die Nischenseiten-Challenge von Peer Wandiger unterstützt Learning by Doing unter Gleichgesinnten und findet einmal pro Jahr statt.

✈ www.projecter.de/affiliate-ebook/nischenseiten-challenge/

3.2.2 Inhalte erstellen

Gute Inhalte sind die Basis des Affiliate Marketing, nicht umsonst geistert die Feststellung "Content is King" seit geraumer Zeit durch die Netzwelt. Gute Inhalte zeichnen sich durch hohen Mehrwert aus, der Informations- oder Unterhaltungscharakter haben kann. Affiliates sollten in der Lage sein, Geschichten zu erzählen, Menschen mit Worten zu fesseln und eine schlüssige Botschaft zu transportieren.

Moritz Breiding
Geschäftsführer
Netzwunder UG &
Co.KG, u.a. Betreiber
von erlebnisessen.net

„Eine große Herausforderungen des Content-Affiliate besteht darin, einen Mix aus Text, Tabellen, Grafiken und Videos in einen optisch ansprechenden Rahmen (Websitedesign) zu fassen, der sich von der Konkurrenz abhebt und die Suchabsicht des Nutzers befriedigt. Nur so geht's in Google nach oben, und so „einfach" ist die Zauberformel für SEO"

Wer sich mit dem Texten schwer tut, findet Unterstützung bei diversen Textmarktplätzen. Dort lassen sich unter Berücksichtigung der eigenen Vorstellungen (Texterbriefing) zu fairen Preisen Texte einkaufen. Einige Plattformen bieten in ihren Blogs zusätzlich Hilfestellungen für das Texten.

BEISPIELE FÜR MARKTPLÄTZE UND TEXTERBÜROS

Textmarktplätze inkl. Blog	**Professionelle Texterbüros**
content.de	texterkolonie.de
textbroker.de	etexter.de
textprovider.de	sophiatext.de

Neben ansprechenden Texten begünstigen vor allem gute Bilder den Reichweitenaufbau. Wer fotografisches Talent mitbringt, ist klar im Vorteil. Alle anderen können Inhalte zukaufen oder teilweise kostenlos beziehen.

MÖGLICHE QUELLEN FÜR BILDMATERIAL

Kostenloses Material	Kostenpflichtiges Material
pixelio.de	deutsch.istockphoto.com
unsplash.com	de.fotolia.com
gratisography.com	prime.500px.com

Wo Bilder Verwendung finden, ist zwangsläufig auch Bildbearbeitung ein Thema. Zahlreiche Blogs und Tutorials bieten hier Hilfestellung. Das Angebot an geeigneter Gratissoftware mit grundlegenden Funktionen ist so vielfältig, dass an dieser Stelle keine konkrete Empfehlung ausgesprochen werden soll.

Wer bei Texten und Bildern sattelfest ist, kann sich an der Erstellung von Videos versuchen. Bild, Wort und Ton machen den Transport einer Botschaft einfach wie nie. In den vergangenen Jahren hat sich gezeigt, dass ein gut gemachtes Video durch Viralität mehr Reichweite erzeugen kann als jedes andere Format. Gerade für Video-Novizen ist die Erstellung und Bearbeitung aber ziemlich komplex. Einfach zu bedienende Gratistools helfen bei Videoschnitt und Komprimierung. Mittlerweile lässt sich auch mit einem Smartphone durchaus ansehnliches Material erzeugen. Mit etwas Übung, der richtigen Beleuchtung und Kameraführung lässt sich der nachträgliche Bearbeitungsaufwand reduzieren.

Auch Outsourcing ist möglich. Trotz hoher Komplexität sind die Kosten in der Regel überschaubar.

MÖGLICHE PLATTFORMEN FÜR VIDEOSCHNIPSEL

shutterstock.com/de/video/
de.123rf.com/stock-video/
de.depositphotos.com/
stock-videos.html

3.2.3 Beziehungen knüpfen

Wie bereits erwähnt, entscheidet der Traffic, also die Zahl der Besucher, über Wohl und Weh des eigenen Projekts. Traffic fließt über Verlinkungen, weshalb man in vielerlei Hinsicht von anderen abhängig ist. Auch bei der Platzierung in den Google-Suchergebnissen sind Links von Bedeutung, da sie als Empfehlung für die Seite gewertet werden. Wer es versteht, freundlich auf andere zuzugehen, ins Gespräch zu kommen und Beziehungen aufzubauen, bringt eine der wichtigsten Voraussetzungen mit, um schnell mit seinem Projekt erfolgreich zu werden.

3.2.4 Umgang mit Social Media

Social Media Plattformen ermöglichen, auch ohne Erstellung einer eigenen Website, Einnahmen mit Affiliate Marketing zu generieren. Ein Social Media Profil mit großer Reichweite genügt, um Affiliate Links zu platzieren und Produkte zu empfehlen. Aber Achtung: Einige Plattformen wie Pinterest untersagen das Posten von Werbelinks.

Wege und Strategien, sich eine nennenswerte Reichweite aufzubauen, gibt es viele. Im Bereich der Social Networks ist, wie es der Name vermuten lässt, ein gutes Netzwerken von großer Bedeutung. Es empfiehlt sich, verschiedenen Social Media Blogs zu folgen und von zahlreichen Tipps und Case Studies zu lernen.

EMPFOHLENE SOCIAL MEDIA BLOGS

projecter.de/blog/social-media/
allfacebook.de
thomashutter.com
socialmediarecht.de
futurebiz.de

3.2.5 Website erstellen

Die Erstellung einer eigenen Website mag für nicht so technisch versierte Personen als größte Hürde wahrgenommen werden, doch Baukasten- und kostenlose Content Management Systeme (CMS) mit unkomplizierten Eingabeoberflächen ermöglichen auch Laien den Einstieg. Ein gewisses Grundverständnis für die

Funktionsweise der wichtigsten Programmiersprachen HTML und CSS lässt sich mit überschaubarem Aufwand erarbeiten. Im Netz finden sich hierzu zahlreiche kostenlose Tutorials und Kurse. Bei konkreten Problemen helfen Foren weiter, die sich mit Content Management Systemen oder speziellen Programmiersprachen beschäftigen. Die Communities sind sehr aktiv und helfen gern, sofern ersichtlich wird, dass man vorher Eigenrecherche betrieben hat und bereit ist zu lernen.

EINSTIEG IN HTML & CSS

wiki.selfhtml.org
htmldog.com/guides
codecademy.com

Ein einfaches und für Einsteiger gut geeignetes Content Management System (Wordpress) wird in ⊃ *Kapitel 3.5.5* kurz vorgestellt.

3.2.6 Suchmaschinenoptimierung

Für den Start eines Projekts mit eigener Website ist Google eine der wichtigsten Trafficquellen. Über keinen anderen Kanal lässt sich auf lange Sicht, mit vergleichbar niedrigen Kosten, so viel Traffic erzielen wie über Suchmaschinen. Da Google in Deutschland über 90% aller Internetsuchen auf sich vereint, geht es hier hauptsächlich um die Frage, welche Hebel es für eben jenen Suchmaschinenriesen umzulegen gilt, um in die Top 10 der Suchergebnisse aufzusteigen.

Hier hat sich die Situation spätestens seit 2011 radikal geändert. Während es früher einschlägige Methoden gab, um sicher in die Spitze der Platzierungen vorzustoßen, ist dafür heute hochwertiger Content nötig. Der Wettbewerb um Suchanfragen mit hohem Suchvolumen ist gigantisch. Sogenannte Longtail Suchanfragen (Suchphrasen mit mehreren Wörtern) haben hingegen weiterhin viel Potenzial, weshalb das Thema auch für Einsteiger interessant ist.

Die Rankingfaktoren sind vielfältig und die Arbeitsweise des Google Algorithmus komplex und dynamisch. Eine regelmäßige Lektüre der vielen SEO Blogs im Netz ist zu empfehlen. Ein

Klassiker über die Grundlagen der Suchmaschinenoptimierung wird von onpage.org angeboten: ↗ *www.projecter.de/affiliate-ebook/onpage-seo-grundlagen/*. Das webbasierte Tool zur Onpage Analyse von onpage.org ist zudem für Seiten mit bis zu 100 URLs kostenlos und Einsteigern sehr zu empfehlen.

TIPP In unserem Blog haben wir wichtige Adressen für SEO Interessierte zusammengefasst.

↗ www.projecter.de/affiliate-ebook/seo-blogs/

3.3 Einstieg in die Bürokratie

Wo Geld fließt, da ist auch der Fiskus nicht weit. Für alle Arten von Einnahmen muss dem Finanzamt Rechenschaft abgelegt werden. Als Werbetreibender kommt man also um das Thema Selbstständigkeit mit all seiner Bürokratie nicht herum. Dabei spielt es keine Rolle, ob die Tätigkeit als Haupt- oder Nebenerwerb ausgeführt wird.

In Deutschland gibt es mehrere Arten von Einkünften, die es erlauben, durch selbstständige Tätigkeit Einnahmen zu erzielen: Dazu zählen der Betrieb eines Gewerbes und Freiberuflichkeit. Da Online Marketing Tätigkeiten in der Regel nicht unter die Definition des Freiberufs fallen, muss ein Gewerbeschein her.

3.3.1 Gewerbeanmeldung

Die Pflicht zur Anmeldung eines Gewerbes ergibt sich aus den folgenden drei Punkten:

1. Die Tätigkeit ist für Dritte nach außen offen erkennbar. Das ist in der Regel bei Affiliates der Fall.

2. Die Tätigkeit muss auf Dauer angelegt sein, wird also nicht nur einmalig ausgeübt. Auch dieser Punkt trifft auf Affiliates zu.

3. Es muss eine Gewinnerzielungsabsicht bestehen. Dabei ist die Absicht entscheidend, eine tatsächliche Gewinnerzielung ist für den Anfang nicht erforderlich. Überwiegen nach längerer Geschäftstätigkeit die Kosten noch immer die Einnahmen, kann die Tätigkeit jedoch als Liebhaberei (Hobby) eingestuft werden.

TIPP

Wer sich bezüglich der erzielbaren Umsätze unsicher ist, sollte größere Investitionen erst angehen, wenn Traffic und Einnahmen stabil und kalkulierbar sind. So lassen sich spätere Steuerrückzahlungen vermeiden, falls die Tätigkeit als Affiliate keine Früchte trägt.

Werdende Affiliates müssen sich besonders mit Punkt 3 auseinandersetzen. Wird die Tätigkeit aufgenommen, um Einnahmen im kleinen Stil zu erzielen und damit ein Hobby zu finanzieren oder soll tatsächlich auf Dauer ein Überschuss erwirtschaftet werden? Unabhängig davon, wie man sich seine Affiliate Tätigkeit vorstellt, ist entscheidend, wie die Einnahmen dem Finanzamt gegenüber deklariert werden. Wird eine ursprünglich als Gewerbe angemeldete Tätigkeit im Nachgang als Liebhaberei eingestuft, kann das teuer werden. In solchen Fällen sind alle Steuervorteile, die durch das Absetzen von Aufwendungen entstanden sind, zu erstatten.

Für Einsteiger ist es ratsam, mit der Gewerbeanmeldung zu warten, bis klar ist, ob überhaupt Gewinne erzielt werden. Fließen regelmäßige Einnahmen, sollte das Gewerbe angemeldet werden. Auch wenn dieser Punkt noch nicht erreicht ist, müssen die Beträge dennoch in der Steuererklärung als Einnahmen deklariert werden!

Die Gewerbeanmeldung wird bei der zuständigen Gewerbestelle in der Gemeindeverwaltung bzw. dem Ordnungsamt beantragt. Die Antragsformulare sind häufig online verfügbar und können so in aller Ruhe zu Hause ausgefüllt werden. Bei manchen Kommunen lässt sich das gesamte Prozedere online abwickeln. Im Regelfall muss man jedoch persönlich vorstellig werden und neben den Antragsformularen seinen Personalausweis vorlegen. Den Gewerbeschein erhält man anschließend per Post oder als Ausdruck direkt von der Behörde. Für die Anmeldung entstehen Gebühren, je nach Region zwischen 15 und 65 Euro.

TIPP

Der Gewerbezweck sollte nicht zu eng definiert werden.

Neben persönlichen Informationen muss auf dem Antragsformular der Gewerbezweck vermerkt werden. Hier gilt die Faustregel „So eng wie nötig, so weit wie möglich". Sehr allgemeine Umschreibungen wie „Beratung" oder „Dienstleistungen" werden nicht akzeptiert. Wird der Zweck zu eng gewählt, kann es später Probleme geben, wenn das Tätigkeitsfeld ausgeweitet wird. Ein gutes Mittelmaß wäre beispielsweise der Zweck „Online Marketing Dienstleistungen".

Beim Startdatum des Gewerbes ist nicht der Zeitpunkt der Anmeldung, sondern der Beginn der gewerblichen Tätigkeit einzutragen. Dieser kann bis zu drei Monate vor der Antragsstellung liegen. Alle angefallenen Kosten in diesem Zeitraum dürfen als

Betriebsausgaben in der späteren Einkommenssteuererklärung geltend gemacht werden.

Im Anschluss an die Anmeldung kontaktiert die Gewerbestelle das Finanzamt sowie die Industrie- und Handelskammer, die sich anschließend mit weiteren Instruktionen melden. Da es für selbstständig Erwerbstätige eine Meldepflicht beim Finanzamt gibt, sollte man sich nicht darauf verlassen, dass dieser Prozess funktioniert. Wer vom Finanzamt nach der Gewerbeanmeldung nichts hört, sollte sich aktiv dort melden.

3.3.2 Das Finanzamt

Spätestens mit der Meldung beim Finanzamt wird man mit den unterschiedlichsten Steuerpflichten konfrontiert. Wirft das Projekt ausreichend Gewinn ab, kann man die Bürokratie einem Steuerberater überlassen. Bis dahin heißt es: Selbst ist der Mann/die Frau.

Torben Leuschner
Leuschner Marketing OHG, u.a. Betreiber von was-soll-ich-schenken. net

„Die steuerlichen Angelegenheiten sind für Affiliates nicht aufwändiger als ein anderes Gewerbe zu betreiben. Alle Netzwerke, aber auch fast alle Inhouse-Partner, schickten auf Anhieb korrekte Gutschriften mit sauber ausgezeichneter Mehrwertsteuer. Die Auszahlung erfolgte stets zeitnah. Von daher kann ich mich an der Stelle wirklich nicht beschweren."

Sobald ein Gewerbe angemeldet ist, gilt die Buchführungspflicht. **Buchführungspflicht** Wenn das Unternehmen nicht im Handelsregister eingetragen ist oder bei anderen Unternehmensformen keine 500.000 Euro Umsatz oder 50.000 Euro Gewinn erzielt, genügt eine einfache Buchführung in Form einer Einnahmen-Überschuss-Rechnung (EÜR). In einer einfachen Tabelle werden Ausgaben und Einnahmen aufgelistet und so der Gewinn bzw. Verlust ermittelt. Günstige Software hilft bei der Erstellung. Mittels einer Eingabemaske werden Umsätze und Ausgaben erfasst. Die Software kümmert sich schließlich um alle Berechnungen und die korrekte Aufbereitung.

Das Gegenüberstellen von Einnahmen und Ausgaben klingt recht einfach, kann bei größeren Anschaffungen jedoch komplexer ausfallen, da die Kosten je nach Anschaffung über einen längeren Zeitraum schrittweise geltend gemacht werden müssen (Abschreibung).

Die doppelte Buchführung ist ein ganzes Stück komplizierter und arbeitet mit verschiedenen Buchungskonten. Wer keine kaufmännische Ausbildung absolviert hat, sollte spätestens jetzt einen Steuerberater hinzuziehen.

TIPP

Einnahmen und Ausgaben sollten fortlaufend erfasst werden - nicht erst mit der Fälligkeit der Steuererklärung.

Die Ergebnisse der Buchführung sind dem Finanzamt gemeinsam mit der jährlichen Einkommensteuererklärung vorzulegen. Auch wenn das Finanzamt konkrete Zahlen erst mit der Steuererklärung einfordert, muss jederzeit Auskunftsfähigkeit bestehen. Die Buchführung sollte daher direkt vorgenommen werden, sobald Einnahmen oder Ausgaben anfallen und nicht erst am Ende des Geschäftsjahres.

Bei der Buchung ist größte Sorgfalt an den Tag zu legen. Zu jedem Vorgang muss es einen Beleg geben. Die Einnahmen kann man als Affiliate über den Gutschriftenbeleg aus dem Netzwerk nachweisen. Für Ausgaben müssen alle Quittungen und Rechnungen aufbewahrt werden, dabei gilt für Transaktionen ab 2015 eine Archivierungspflicht von 7 Jahren. Es ist möglich, dass das Finanzamt bei einer Steuerprüfung vorbeikommt und die Belege für einen gewissen Zeitraum prüfen möchte.

Einkommenssteuer-pflicht

Die Anmeldung der Selbstständigkeit geht mit der Einkommensteuerpflicht einher. Diese ist das Pendant zur Lohnsteuer, die dem Arbeitnehmer direkt vom Lohn abgezogen wird. Die Einkommensteuer kann im Voraus zu zahlen sein. Das Finanzamt würde in diesem Fall rechtzeitig einen Vorauszahlungsbescheid zustellen.

Es ist nicht ungewöhnlich, während des ersten Geschäftsjahres keine Vorauszahlung zu leisten. Diese wird allerdings im Anschluss an die Einkommensteuererklärung als Nachzahlung fällig. Hier sollte vorgesorgt und entsprechende Rücklagen gebildet werden. Je nach häuslicher und familiärer Situation liegt die Einkommensteuer zwischen 25% und 35% des Gewinns.

Mit der Registrierung als Gewerbe fällt auch eine Gewerbesteuer an, deren Höhe vom Gewerbeertrag abhängt. Agiert man als Einzelunternehmen, gilt ein Freibetrag von 24.500 Euro. Die tatsächliche Belastung variiert von Gemeinde zu Gemeinde, da der Hebesatz als Faktor individuell festgelegt wird. Bei einem Ertrag, der knapp über dem Freibetrag liegt, ist mit einer Steuer in Höhe von 7 bis 13% zu rechnen.

Gewerbesteuerpflicht

Seit 2001 kann die Gewerbesteuer für Einzelunternehmen auf die Einkommenssteuer angerechnet werden. Eine wirkliche Belastung durch die Steuer fällt dadurch erst an, wenn der Hebesatz der Gemeinde höher als 380% liegt oder die veranlagte Einkommensteuer durch hohe Freibeträge und ein niedriges Familieneinkommen sehr gering ausfällt.

Auch für die Gewerbesteuer gibt es Vorauszahlungspflichten, über die die Gemeinde per Vorauszahlungsbescheid informiert.

Affiliates, die als Kleinunternehmer agieren, können diesen Abschnitt überspringen. Kleinunternehmer führen für ihre Leistungen keine Umsatzsteuer ab und können entsprechend auch keine Umsatzsteuer für eingekaufte Waren oder Dienstleistungen absetzen. Für einen sanften Einstieg ins Affiliate Marketing mit ein bis zwei Testprojekten ist der Weg über das Kleinunternehmertum zu empfehlen, denn er spart viel Bürokratie.

Umsatzsteuer

Die Umsatzsteuer oder auch Vorsteuer bezeichnet eine Steuer, die der Konsument für gekaufte Waren oder Dienstleistungen an den Staat abführen muss. Umgangssprachlich ist sie auch als Mehrwertsteuer bekannt. Da häufig nicht im Voraus klar ist, wann ein Produkt den Endkonsumenten erreicht hat, wird die Umsatzsteuer durch alle Produktionsinstanzen für ein Produkt oder eine Dienstleistung durchgereicht. Die Steuer ist insofern eine Belastung, als dass Vorauszahlungen notwendig sind und zur Bewältigung der Bürokratie einiges an Zeit eingeplant werden muss.

Am einfachsten erklärt sich das Prinzip an einem Beispiel: Der Affiliate hat in einem Geschäftsjahr Provisionen in Höhe von 2000 Euro generiert. Für seine Arbeit sind Kosten für seinen Webspace in Höhe von 30 Euro sowie Kosten für eine Digitalkamera in Höhe von 368,90 Euro angefallen.

In den Rechnungen für Webspace und Digitalkamera ist die Umsatzsteuer automatisch enthalten. Der Webspace kostet tatsächlich 25,21 Euro (Nettopreis). Die 4,79 Euro Differenz entsprechen den 19% Umsatzsteuer. Gleiches gilt für die Digitalkamera. In den 368,90 Euro Bruttopreis sind 310 Euro Nettowarenwert sowie 58,90 Euro Umsatzsteuer enthalten.

Tab. 3.1
Vergleichsrechnung
Kleinunternehmer

Für den Fall, dass der Affiliate die Kleinunternehmerregelung nicht in Anspruch nimmt, gilt Rechnung A. Ohne Umsatzsteuer im Rahmen der Kleinunternehmerregelung gilt Rechnung B.

Rechnung A		Nettowerte	Umsatzsteuer
EINNAHMEN			
Affiliate Provisionen	2.380,00 €	2.000,00 €	380,00 €
AUSGABEN			
Webspace	- 30,00 €	- 25,21 €	- 4,79 €
Digitalkamera	- 368,90 €	- 310,00 €	- 58,90 €
USt Forderung des Finanzamts	- 316,31 €		- 316,31 €
Umsatzsteuerbelastung			0,00 €
Ertrag	**1.664,79 €**		

Rechnung B			
EINNAHMEN			
Affiliate Provisionen	2.000,00 €		
AUSGABEN			
Webspace	- 30,00 €		
Digitalkamera	- 368,90 €		
Ertrag	**1.601,10 €**		

In Fall A wird deutlich, dass die Umsatzsteuer auf dem Papier zunächst keine Kosten verursacht. Die Provisionen werden zuzüglich Umsatzsteuer ausgeschüttet und mit der Umsatzsteuer verrechnet, die man im Zuge der eigenen Ausgaben abgeführt hat. Der Überschuss in Höhe von 316,31 Euro wird an das Finanzamt abgeführt. Die Merchants werden den Posten Umsatzsteuer wiederum mit der Umsatzsteuer verrechnen, die die Kunden beim Kauf von Waren an das Unternehmen zahlen. Am Ende liegt die Zahllast ganz beim Endkunden. Nur vorübergehend wird die Umsatzsteuer zur Belastung, denn im Zuge der Vorauszahlungen kann es sein, dass der Affiliate die 316,31 Euro bzw. einen annähernden Schätzwert zu zahlen hat, bevor er die Umsatzsteuer tatsächlich als Einnahme verbuchen kann. Die Umsatzsteuer muss also schon an das Finanzamt abgeführt werden, bevor sie auf dem eigenen Konto landet, was einen Liquiditätsnachteil bedeutet.

In Fall B entfällt die Bürokratie zur Umsatzsteuer. Die Gewinne fallen allerdings geringer aus, da die Umsatzsteuer der eigenen Ausgaben nicht zurückerstattet wird. Die Kleinunternehmerregelung lohnt sich daher vor allem bei geringen Ausgaben.

Sollte das Geschäft besser laufen als angenommen, muss unbedingt vermieden werden, gegen Ende des Geschäftsjahres den Freibetrag für die Befreiung von der Umsatzsteuer zu überschreiten. Das Finanzamt wird ansonsten für das gesamte Jahr auf alle Einnahmen eine Nachforderung in Höhe von 19% stellen. In diesem Fall muss versucht werden, die Umsatzsteuer von Kunden und den Affiliate-Netzwerken nachzufordern, doch es bedarf guter Kontakte und noch besserer Nerven, bis alle Betroffenen einlenken und ihre Buchhaltung korrigieren.

Damit sind die wichtigsten bürokratischen Vorgänge skizziert. Es empfiehlt sich, den Papierkram nicht zu lange liegen zu lassen und sich rechtzeitig Hilfe zu holen, falls Unklarheiten auftreten. Das Finanzamt lässt durchaus Gnade walten und gewährt Fristverlängerungen und Abschlagszahlungen. Als erster Ansprechpartner muss kein kostenpflichtiger Dienstleister engagiert werden - oft hat bereits das Servicecenter des Finanzamts eine klärende Antwort parat.

TIPP Das Bundesministerium für Wirtschaft und Energie bietet weiterführende Hilfestellungen im Netz:
www.projecter.de/affiliate-ebook/existenzgründung/

3.4 Konzepte und Ziele

Wer als Affiliate startet, sollte zuvor grundlegende strategische Fragestellungen klären. Von der Wahl der Plattform über die Formen der Inhalte bis hin zur Frage, woher eigentlich der Traffic kommen soll, ist einiges zu berücksichtigen, um ein erfolgreiches Projekt zu starten. Wer sich am Anfang eine Strategie zurechtlegt und gezielt vorgeht, kann sich später manchen Rückschlag ersparen.

3.4.1 Werbeplattform

Grundsätzlich kommen für einen Einsteiger zwei Affiliate Modelle in Frage. Neben der klassischen Website kann Affiliate Marketing auch mit einem Social Media Profil betrieben werden. Besonders auf Facebook und YouTube tummeln sich zahlreiche Affiliates, die eine große Community aufgebaut haben und diese durch Produktempfehlungen mit Affiliate Marketing monetarisieren. Manch ein YouTube Channel von angesagten Fashionistas ähnelt dabei sehr einem Teleshopping Kanal. Solange die rechtlichen Vorschriften jedoch eingehalten und Schleichwerbung vermieden wird, sind der Phantasie der Contentgestaltung kaum Grenzen gesetzt.

Vor- und Nachteile von Social Media als Werbeplattform Der Vorteil von Social Media Netzwerken sind die geringen technischen Anforderungen. Nach der Einrichtung eines Profils oder einer Seite kann es sofort losgehen. Vorsicht bei der Wahl der Profilart: Wer gewerbliche Absichten verfolgt, darf bei Facebook und Google+ kein privates Profil für seine Werbetätigkeiten nutzen.

Die Aussage, dass Social Media nicht dem Abverkauf dient, sondern die Stärke in der Kommunikation und Interaktion mit Fans und Followern liegt, ist nach wie vor nicht verkehrt. Neue Werbemöglichkeiten und funktionierende Social Media Affiliate Modelle zeigen jedoch, welch großes Marketingpotential in den sozialen Netzwerken steckt. Entscheidend für den Erfolg ist der Content sowie die Beschaffenheit der Community des jeweiligen Social Media Auftritts.

Ein deutlicher Vorteil von Social Media Content ist die extrem hohe Reichweite, die innerhalb kürzester Zeit erzeugt werden kann. Von allein wird das Geschäft dennoch nicht laufen. Für einen nachhaltigen Aufbau von Fans und Followern ist regelmäßig guter und emotionaler Content notwendig. Dieser muss über lange Zeiträume hinweg in hoher Qualität geboten werden. Im Gegensatz zu Content Websites ist die Content Erstellung allerdings bei weitem nicht so aufwändig, da ein Bild oder kurzer Videoclip schon genügen können.

Michael Reiter
Geschäftführer
New Media,
facebook.com/dddwnb

„Die größte Herausforderung ist es, der Community regelmäßig und konstant ansprechende Inhalte mit „Mehrwert" anzubieten. Das benötigt Zeit und eine intensive Auseinandersetzung mit den Vorlieben seiner User. Die Statistik Tools, die sämtliche Social Media Kanäle bieten, liefern wichtige demographische Daten, um seine Zielgruppe noch besser kennenzulernen. Nur wer seine Kunden auch wirklich kennt, wird langfristig erfolgreich sein. Das ist nicht nur im Social Web so."

Wer Reichweite allein über Social Media aufbaut, muss sich des Risikos bewusst sein, stark von der jeweiligen Plattform abhängig zu sein. Facebook beispielsweise ändert regelmäßig den Algorithmus für die Erstellung des News Feeds, was bislang meist negative Folgen für die Sichtbarkeit von Firmenseiten hatte. Mittlerweile müssen Posts durch ein Werbebudget „hervorgehoben" werden, um bei gleicher Fananzahl und gleicher User-Interaktion eine ähnliche Reichweite wie früher zu erzielen. Auch ist nicht ausgeschlossen, dass eine Plattform an Beliebtheit verliert oder Affiliate Werbung gänzlich verbietet. Schnelle Erfolge, die sich über Social Media erzielen lassen, stehen einem hohen Grad an Abhängigkeit und den damit verbundenen Risiken gegenüber.

Wesentlich selbstständiger lässt sich mit einer eigenen Website agieren. Die inhaltlichen und gestalterischen Spielräume übersteigen bei weitem die Möglichkeiten, die Social Media bietet. Hier kann nicht nur der Content, sondern auch sein Kontext aktiv gestaltet werden. Positiv auf das Empfehlungsmarketing als Affiliate wirkt sich aus, dass Content länger und umfassender ausfallen kann. Eine Website kann zudem über verschiedene Quellen Traffic erhalten, wodurch Inhalte langlebiger und nachhaltiger werden und nicht nach kurzer Zeit schon in den Tiefen eines Newsfeeds verschwinden.

Vor- und Nachteile einer Content Website als Werbeform

Bei all den Vorteilen sind der technische Aufwand und die damit verbundenen Kosten zu bedenken. Domain, Webhosting, Content Management System und Layout wollen gebucht, eingerichtet und entwickelt werden. Um ausreichend Traffic zu generieren, muss die Seite vernetzt werden. Während Social Media ganz auf das Teilen und Vernetzen von Inhalten ausgelegt ist, gestaltet sich dieser Prozess bei Websites ungleich schwieriger. Hat man Content jedoch erst einmal prominent platziert, beispielsweise in einer Suchmaschine, profitiert man langfristig von gutem Traffic bei überschaubarem Arbeitsaufwand.

Entscheidungshilfe Welche Plattform für das eigene Projekt geeignet ist, hängt von der Zielstellung ab. Wird ein kleines, dauerhaftes Nebeneinkommen angestrebt, das auf lange Sicht mit wenig Aufwand aufrechtzuerhalten ist, bietet sich eine kleine Nischenwebsite an. Wer ständig etwas zu erzählen hat, für ein Thema brennt und ein Händchen dafür mitbringt, Menschen zu unterhalten, kann Social Media Netzwerke als Plattform wählen. Wer ein größeres Themengebiet umfassend behandeln und Angebote dauerhaft unter einer eigenen Marke etablieren möchte, der sollte sich ohnehin breit aufstellen und Aktivitäten nicht auf eine Plattform beschränken. So sind Social Media Netzwerke der ideale Kanal, um den Content einer Affiliate Website einem größeren Publikum vorzustellen.

3.4.2 Traffic-Quellen

Besonders für Websites als Werbeplattform ist entscheidend, wie sich Besucher generieren lassen, die letztendlich umworben werden können. Ohne Besucher hat auch eine schön gestaltete Seite keinen Nutzen. Im Folgenden werden die wichtigsten fünf Traffic-Quellen kurz erläutert.

Traffic von Suchmaschinen

Weltweit bearbeitet die Suchmaschine Google über 3 Milliarden Suchanfragen pro Tag. Wer auf der Suche nach Produkten oder Informationen ist, kommt an Suchmaschinen kaum vorbei. Da Google in Deutschland über 90% Marktanteil hält, ist der potentielle Traffic äußerst hoch.

Referrer Traffic

Der sogenannte Referrer Traffic beschreibt Besucher, die von anderen Seiten über Links auf die eigene Seite gelangen. Diese Links entstehen in der Regel nicht von alleine. Es benötigt zum einen relevante Inhalte, die einen Mehrwert bieten und verlinkungswürdig sind. Zum anderen gilt es, sich mit anderen Seitenbetreibern zu vernetzen, um auf deren Seiten erwähnt zu werden.

Social Media Traffic

Social Media Traffic ist Referrer Traffic besonderer Art, denn hier geht es um Links, die auf Social Media Plattformen geteilt werden. Durch die Schnelllebigkeit von Social Media und den hohen Vernetzungsgrad der Nutzer lässt sich schnell und über einen kurzen Zeitraum hoher Traffic erzielen. Auch hierfür benötigt es Vernetzung und relevante Inhalte, um erwähnt und geteilt zu werden.

Bezahlter Traffic

Bezahlter Traffic entsteht, wenn Werbung geschaltet wird und darüber Nutzer auf die Seite finden. Es gibt unzählige Werbeformen im Netz. Von individuell vereinbarten Bannerplatzierungen bis hin zur Anzeigenschaltung bei Google oder Facebook ist hier vieles möglich. Als Affiliate muss man die Werbekosten durch Provisionen refinanzieren. Nur bei geringen Klickpreisen und hoher Conversion Rate kann wirtschaftlich gearbeitet werden. Für Einsteiger ist bezahlter Traffic aufgrund des recht hohen finanziellen Risikos nicht zu empfehlen.

Direct Traffic

Diese Form des Traffics bezeichnet Seitenbesucher, die über Direkteingaben der URL auf die Seite kommen. Direct Traffic kann zum einen durch Offline Werbung zustande kommen, die den Betrachter dazu motiviert, eine URL in den Browser einzutippen. Zum anderen wird dieser Traffic von wiederkehrenden Besuchern erzeugt. Letztere sind besonders wertvoll, denn sie kennen das Angebot und wollen es gezielt in Anspruch nehmen. Wächst der Anteil des Direct Traffic, ist dies ein Indiz für gute Inhalte und steigende Bekanntheit.

Die verschiedenen Traffic-Quellen sollten bei der Planung eigener Projekte stets im Hinterkopf behalten werden. Ist entschieden, welche Art Traffic für das Projekt generiert werden soll, lassen sich gezielt Maßnahmen ergreifen.

3.4.3 Traffic-Qualität

Jeder Internetnutzer hat in dem Moment, in dem er surft und eine Seite aufsucht, einen ganz konkreten Lebenskontext. Möglicherweise hat er gerade frei und bewegt sich ohne konkretes Ziel im Netz. In vielen Fällen wird er oder sie jedoch auf der Suche nach Informationen sein. Dieser Kontext ist entscheidend dafür, ob der Nutzer Zeit und Interesse für Empfehlungen und Werbung hat. Das bedeutet: Traffic ist nicht gleich Traffic. In der Branche wird in diesem Zusammenhang häufig von „Traffic-Qualität" gesprochen.

Ein Affiliate empfiehlt Produkte oder Dienstleistungen weiter und ist daran interessiert, dass der Nutzer diese kauft. Qualitativ hochwertiger Traffic bedeutet für ihn in diesem Kontext, dass Nutzer auf seine Seite kommen, die ein hohes Interesse am Thema haben und gleichzeitig offen für Produktempfehlungen sind. Das Gegenteil stellen Nutzer dar, die weder Interesse noch die Zeit zum Kauf mitbringen. Traffic mit hoher Qualität ist empfänglich für Empfehlungen und wird schneller konvertieren. Bei Traffic mit niedriger Qualität ist hingegen viel Überzeugungsarbeit zu leisten, da beim Seitenbesucher erst ein Bedürfnis geweckt werden muss. Diese Art von Werbung ist in der Regel teuer, da sie ihren Zweck nur bei wenigen Adressaten erreicht.

3.4.4 Content-Formen

Welcher Traffic auf einer Seite generiert wird, kann ein Stück weit über die Inhalte gesteuert werden. Ein Portal, das Informationen zur Parkplatzsituation von deutschen Badeseen zur Verfügung stellt, versammelt automatisch jede Menge Eltern auf der Website. Diese Gruppe mag kaufstark sein und Bedürfnisse haben, die sich durch verschiedene Produkte oder Dienstleistungen befriedigen lassen. In Moment der Ausflugsplanung aber haben Eltern vieles im Sinn, nur das Onlineshopping wird in der Regel nicht dazugehören. Selbst wenn Bedarf an Badebekleidung und -spielzeug besteht, erwischt man die Zielgruppe einfach im falschen Augenblick. Eine Seite, die über Kinderfahr-räder berichtet und über relevante Kaufmerkmale informiert, wird ebenfalls von Eltern aufgesucht. Hier allerdings in einem Moment, indem sowohl der Bedarf als auch die Zeit, sich mit diesem Bedarf auseinanderzusetzen, vorhanden sind.

Diese Unterschiede müssen in der Content-Strategie berücksichtigt werden. Wer von Anfang an Inhalte und Zielgruppen als Einheit begreift, baut sich eine Stammleserschaft auf, die sowohl am Content als auch an den Produktangeboten Interesse zeigt.

Neben Texten existieren natürlich weitere Arten von Inhalten:

▷ Videos
▷ Infografiken
▷ Whitepaper
▷ Apps
▷ Studien
▷ Vergleichstabellen
▷ Testberichte
▷ Rezensionen
▷ Interviews
▷ Ratgeber
▷ uvm.

3.4.5 Zielgruppenkenntnis

Die Ausführungen zum Traffic und den Inhalten verdeutlichen, wie wichtig es ist, eine möglichst konkrete Vorstellung von der Zielgruppe zu haben.

Eine genaue Zielgruppenbeschreibung erleichtert die Content-Erstellung enorm. Dabei geht es nicht nur um die Frage nach Alter, familiärem Stand oder Geschlecht, sondern um die Erfassung alltäglicher Probleme samt emotionaler Situation. Wer die Probleme, Ängste, Wünsche und Hoffnungen der Zielgruppe genau kennt, kann Inhalte darauf ausrichten und somit einen hohen Mehrwert bieten. Dieser ist Grundlage für den Erfolg eines Affiliate-Projekts, denn er macht den Unterschied zwischen Relevanz und Belanglosigkeit. Relevanz wiederum schafft wiederkehrende Besucher, das nötige Vertrauen und ist Grundlage, um in die Top 10 bei Google aufzusteigen.

Ein erster Zielgruppenüberblick lässt sich mithilfe sozialer Studien und Modelle gewinnen. Mit Kreativität und Empathie ist es möglich, sich den Adressaten weiter zu nähern. Aufschluss geben auch regelmäßige Auswertungen des Benutzerverhaltens auf der Seite. Informationen darüber, welche Inhalte besonders gut funktionieren, wie die Seitenbesucher klicken und für welche Produkte ein besonderes Interesse besteht, können weitere Erkenntnisse zur Zielgruppe liefern. Google Analytics liefert zudem mittlerweile Daten über zusätzliche Interessen der Seitenbesucher.

3.5 Start eines neuen Projekts

3.5.1 Vorüberlegungen

Im Folgenden werden für Neueinsteiger die Schritte hin zum ersten Projekt beschrieben: Von der Themenfindung über die Erstellung einer einfachen Website bis hin zum Kontakt mit Merchants und der Arbeit mit Partnerprogrammen. Eine vollständige Konzeptionierung würde den Rahmen dieses Handbuchs sprengen. Daher stehen praktische Orientierungshilfen und Tipps für den Start im Vordergrund.

Wer keine Erfahrungen mit bestehenden Webprojekten hat, ist zu Beginn mit einer Nischenseite am besten beraten. Dazu wird eine Seite gebaut, die sich voll und ganz auf eine eng definierte Gruppe von Produkten konzentriert. Besonders beliebt ist das Konzept von Vergleichs- und Testseiten. Bei der Suche nach Waschmaschinen finden sich beispielsweise gleich mehrere Nischenseiten, die über das Affiliate-Modell monetarisiert werden.

Peer Wandiger
u.a. Betreiber von
selbstaendig-im-
netz.de

„Nischenseiten sind ein gutes Einsteigerprojekt, weil sich mit überschaubarem Aufwand schnell erste Resultate erzielen lassen. Viele Anfänger scheitern bereits an der Planung überdimensioniert angelegter Projekte. Mit Nischen-Websites kann man in relativ kurzer Zeit starten, viel testen und so für zukünftige größere Projekte lernen."

3.5.2 Nische finden

So kann bei der Themenfindung vorgegangen werden:

Gefragte Themen erkennen

> Beim Surfen im Internet oder im Kontakt mit Bekannten, Freunden und Verwandten tauchen immer wieder Problemstellungen auf, die mit gut aufgearbeitetem Inhalt auf einer Nischenseite abgehandelt werden können.

Motivation

> Wie eingangs erwähnt, ist es von Vorteil, sich mit Themen auseinanderzusetzen, für die ein persönliches Interesse besteht. Je größer die Leidenschaft, desto größer das Durchhaltevermögen.

Wissen und Vorkenntnisse

> Von Vorteil sind Vorkenntnisse in der gewählten Nische. Um Vertrauen aufzubauen, muss eine Seite dem Besucher einen Mehrwert bieten. Wer sich in einem Thema gut auskennt, hat es leichter, die Rolle des Beraters zu übernehmen und passende Inhalte zu erstellen. Zeitaufwändige Recherchen zur Themenfindung entfallen.

Wichtig ist, sich nicht nur nach Partnerprogrammen mit besonders lukrativen Provisionen, wie Versicherungen, Konten-, DSL- oder Mobilfunkanbietern, umzuschauen. Zu viele Affiliates jagen diesen hohen Provisionen hinterher, wobei ein Überangebot von Vergleichs- und Beratungsseiten entsteht. Viele dieser Seiten werden von professionellen Affiliates betrieben, mit denen sich gerade als Anfänger kaum mithalten lässt.

Ist ein spannendes Thema gefunden, spielt neben Motivation und Vorkenntnissen vor allem das Potential eine wichtige Rolle.

Eine Nische mit hohem Potential zeichnet sich durch folgende Punkte aus:

1. Suchbegriffe für die Nische haben ein gewisses Suchvolumen, so dass sich Traffic über Suchanfragen bei Google generieren lässt.
2. Rund um das gewählte Thema existieren Problemstellungen und Informationsbedarf. Die eigene Seite muss Lösungen anbieten können und dadurch für potenzielle Käufer einen hohen Mehrwert bieten. Zudem muss es Produkte geben, die dem Besucher konkret weiterhelfen. Diese Produkte müssen über das Sortiment eines Shops mit Partnerprogramm verfügbar sein.
3. Die Produkte sind nicht zu günstig, sonst würden sich Provisionen bei erfolgreicher Vermittlung nur im Cent-Bereich bewegen.
4. Der Wettbewerb ist nicht zu groß, so dass sich das eigene inhaltliche Angebot abhebt und Chancen hat, in die Top 10 der Google Suchergebnisse zu kommen.

Die Vorbereitungszeit sollte nicht ausufern. Es bietet sich an, hierfür einen konkreten Zeitplan zu erstellen, um schnellstmöglich praktisch durchzustarten. Zwei Fragen sind entscheidend, um das Potential einer Nische einzuschätzen: Sind die bisher vorhandenen Inhalte und Tipps zu einem Thema gut? Kann ich es besser machen?

Ein eher schlecht geeignetes Thema wären beispielsweise Batterien. Zwar gibt es hier ein hohes Suchvolumen, die Warenkörbe sind jedoch eher gering. Informationsbedarf ist vorhanden, für wirklich guten Content müssten allerdings aufwändige Langzeittests durchgeführt werden. Bei einem Blick auf die Suchergebnisse wird zudem deutlich, dass die vorderen Plätze von großen Portalen bis hin zur Stiftung Warentest belegt sind.

3.5.3 Praktische Beispiele

3.5.3.1 Tierfutter und Tierbedarf

Ein gutes Beispiel ist das Thema Tiernahrung. Tiere sind emotionale Begleiter des Menschen. Fragen zu Lifestyle und Ernährung, die gerade stark im Trend sind, werden direkt auf das eigene Haustier übertragen. Es gibt zahlreiche Futtermittelmarken, die mittlerweile sogar Allergikernahrung und veganes Tierfutter im Sortiment haben. Der Markt ist riesig und die Produktvielfalt groß. Daraus resultiert ein hoher Beratungsbedarf, den ein Affiliate bedienen kann.

Laut Statista gibt es bezüglich der Anzahl an Haustieren in deutschen Haushalten einen positiven Trend. Allein mit Katzenfutter wurde 2014 ein Umsatz von 1,57 Mrd. Euro erzielt. Der Umsatz mit Hundefutter lag bei 1,27 Mrd. Euro. Insgesamt ist der Umsatz mit Tiernahrung in den letzten acht Jahren stark gestiegen. Der durchschnittliche Warenkorb liegt zwischen 50 und 60 Euro, denn Tiernahrung wird häufig in Großpackungen bestellt, um sich den Transport in die Wohnung zu sparen. Diverse Partnerprogramme staffeln ihre Provisionen von 6% bis 15%. Pro Bestellung lässt sich somit eine Provision zwischen 3 und 9 Euro erzielen. Die Stornorate ist im Vergleich zu anderen Marktsegmenten gering, da Tiernahrung ein Verbrauchsgut ist, bei dem selten Mängel auftreten.

Umsatzpotenzial

Weitere Auskünfte über die Attraktivität des Themas lassen sich aus dem Keyword-Planer von Google ablesen. Um Zugang zu erhalten, muss ein Adwordskonto mit einer ersten Kampagne angelegt werden. Pausiert man diese direkt nach der Erstellung, entstehen keine Kosten. Der Keyword-Planer gibt Suchvolumina zu vorgegebenen Begriffen aus, kann aber auch der Recherche neuer Keywords und Themen dienen.

Suchverhalten und Suchvolumen

◄

Abb. 3.1
Keywordideen und
Suchvolumen aus dem
Google Keyword-
Planer

Bei der Nutzung des Keyword-Planers ist zu beachten, dass sich die Daten nur auf die Suche des exakten Begriffs beziehen. Sie vermitteln damit lediglich eine grobe Vorstellung davon, welche Themen gefragt sind. Neben diesen sogenannten Short-Tail-Suchen gibt es Suchanfragen, die mehrere Wörter aneinander reihen und viel spezifischer ausgerichtet sind. Man spricht hier von sogenannten Long-Tail-Suchanfragen.

Die Spalte Wettbewerb in Abbildung 3.1 gibt die Konkurrenzsituation für die Anzeigenschaltung wieder und lässt auch erste Rückschlüsse auf die Wettbewerbssituation in den organischen Suchergebnissen zu. Am Beispiel Tierfutter wird deutlich, dass der Wettbewerb bei generischen Begriffen stark ausgeprägt ist. Dies bestätigt sich bei der Eingabe einzelner Begriffe in das Suchfeld. Praktisch jeder angezeigte Title ist auf das Keyword „Hundefutter" optimiert.

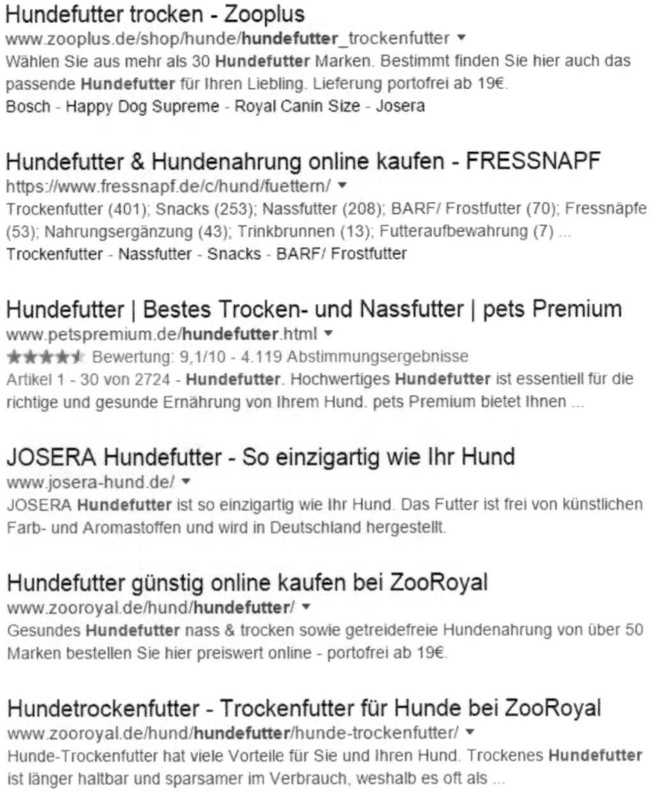

Abb. 3.2
Hundefutter-
Suchergebnisse

Hundefutter trocken - Zooplus
www.zooplus.de/shop/hunde/**hundefutter**_trockenfutter ▾
Wählen Sie aus mehr als 30 **Hundefutter** Marken. Bestimmt finden Sie hier auch das passende **Hundefutter** für Ihren Liebling. Lieferung portofrei ab 19€.
Bosch - Happy Dog Supreme - Royal Canin Size - Josera

Hundefutter & Hundenahrung online kaufen - FRESSNAPF
https://www.fressnapf.de/c/hund/fuettern/ ▾
Trockenfutter (401); Snacks (253); Nassfutter (208); BARF/ Frostfutter (70); Fressnäpfe (53); Nahrungsergänzung (43); Trinkbrunnen (13); Futteraufbewahrung (7) ...
Trockenfutter - Nassfutter - Snacks - BARF/ Frostfutter

Hundefutter | Bestes Trocken- und Nassfutter | pets Premium
www.petspremium.de/**hundefutter**.html ▾
★★★★☆ Bewertung: 9,1/10 - 4.119 Abstimmungsergebnisse
Artikel 1 - 30 von 2724 - **Hundefutter**. Hochwertiges **Hundefutter** ist essentiell für die richtige und gesunde Ernährung von Ihrem Hund. pets Premium bietet Ihnen ...

JOSERA Hundefutter - So einzigartig wie Ihr Hund
www.josera-hund.de/ ▾
JOSERA **Hundefutter** ist so einzigartig wie Ihr Hund. Das Futter ist frei von künstlichen Farb- und Aromastoffen und wird in Deutschland hergestellt.

Hundefutter günstig online kaufen bei ZooRoyal
www.zooroyal.de/hund/**hundefutter**/ ▾
Gesundes **Hundefutter** nass & trocken sowie getreidefreie Hundenahrung von über 50 Marken bestellen Sie hier preiswert online - portofrei ab 19€.

Hundetrockenfutter - Trockenfutter für Hunde bei ZooRoyal
www.zooroyal.de/hund/**hundefutter**/hunde-trockenfutter/ ▾
Hunde-Trockenfutter hat viele Vorteile für Sie und Ihren Hund. Trockenes **Hundefutter** ist länger haltbar und sparsamer im Verbrauch, weshalb es oft als ...

Derartige Short Tail Suchbegriffe sind nur sehr schwer zu besetzen. Für den Start eines neuen Projekts sollte man sich auf weniger stark gesuchte Begriffe sowie den Long Tail Bereich konzentrieren. Interessante Hinweise zu weiteren gesuchten Begriffen gibt beispielsweise die Autovervollständigung (Google Suggest) des Google Suchfelds.

◀
Abb. 3.3
Themenrecherche
über Google Suggest

Leider wurde angekündigt, dass die Schnittstelle zum automatisierten Auslesen dieser Daten bei Google demnächst abgeschaltet wird. Es existieren aber diverse Tools, die nach wie vor automatisiert Keywordvorschläge liefern. Dazu zählen beispielsweise ✈ *ubersuggest.org* oder ✈ *hypersuggest.com* die teilweise auf anderen Datenquellen basieren.

Offensichtlich nehmen Tierbesitzer die Futterwahl sehr ernst und informieren sich vorab über Erfahrungsberichte. Die Recherche im Keyword-Planer bestätigt diesen Eindruck und bringt Suchbegriffe wie „Hundefutter Fleischanteil Vergleich" zutage, deren Suchintention von keinem der gelisteten Google Suchergebnisse in angemessener Weise bedient wird. Hier schlummert Informationspotential, das erschlossen werden kann.

◀
Abb. 3.4
Suggest Ergebnisse
von hypersuggest.com

Generell ist das Thema Ernährung ein Trendthema, mit dem man derzeit offene Türen einrennt. Ein wenig Recherche in diversen Foren bringt zu Tage, dass selbst über die vegetarische Ernährung von Hunden stark debattiert wird. Die Unsicherheit beim Thema ist groß, so dass sich viele Beratungsansätze anbieten. Eine Nischenseite könnte sich ganz auf die gesunde Ernährung von Hunden konzentrieren und dort von gesunden Snacks bis hin zum täglichen Futterbedarf Tests, Vergleiche und Tipps anbieten.

Auf die Kriterien zur Auswahl von Partnerprogrammen wird in ⮕ *Kapitel 3.7.1* genauer eingegangen. Ein grober Überblick bezogen auf das gewählte Beispiel soll dennoch gegeben werden. Im Prinzip sind alle großen Shops für Tiernahrung von fressnapf.de bis zu zooplus.de mit einem Affiliate-Programm vertreten. Darüber hinaus existieren spannende Geschäftsmodelle wie z.B. individuelles Futter von futalis.de, die für eine Nischenseite interessant sind.

PARTNERPROGRAMME FÜR TIERBEDARF

petnatur.de

▶ Netzwerk:
Belboon

▶ Provision:
7 bis 11 %

▶ SEA:
erlaubt

▶ Produktdaten:
vorhanden

lucky-pet.de

▶ Netzwerk:
Affilinet

▶ Provision:
15% pro Sale
1 € pro Neukunde

zooplus.de

▶ Netzwerke:
Affilinet, Tradedoubler,
Zanox

▶ Provision:
1 bis 5 %

▶ SEA:
mit Einschränkung
erlaubt

▶ Produktdaten:
vorhanden

▶ SEA:
mit Einschränkung
erlaubt

▶ Produktdaten:
vorhanden

3.5.3.2 Verkleidung und Partybedarf

Eine weitere attraktive Nische stellt der Bereich Verkleidung und Partyzubehör dar. Mottoparties erfreuen sich zunehmender Beliebtheit und um internationale Trends wie Halloween oder Zombie Walks haben sich in Deutschland längst eigene Fest- und Partykulturen etabliert.

Der durchschnittliche Warenkorb im Party- und Scherzartikelsegment liegt im mittleren Bereich bei 30 bis 50 Euro. Zur Karnevalssaison steigen die Warenkörbe exponentiell an, denn echte Jecken investieren viel Geld in Outfit und Partyzubehör. Ein Kostüm fällt schon mal eine Nummer zu klein aus, so dass Stornos nicht ausbleiben. Da häufig kurzfristig und spontan gekauft wird, ist die Rate mit ca. 20% geringer als im Modebereich. Die Provisionen bewegen sich in den verschiedenen Partnerprogrammen zum Thema zwischen 6 bis 15%. Pro Bestellung liegen die Provisionen somit ungefähr zwischen 1,80 und 7,50 Euro.

Umsatzpotenzial

Das Suchvolumen zu Begriffen wie Karneval, Fasching, Party etc. ist riesig. Selbstverständlich ist es für ein erstes Affiliateprojekt unrealistisch, für diese generischen Begriffe zu ranken. Das hohe Suchvolumen bietet allerdings genug Potential für Long-Tail-Suchanfragen wie z.B. Kostümtrends, Ideen für Mottoparties oder 90er Jahre Party-Outfits . Der Screenshot in Abbildung 3.5 liefert einige Ideen und weist dazu das durchschnittliche Suchvolumen aus.

Suchverhalten und Suchvolumen

Keyword (nach Relevanz)	Durchschnittl. Suchanfragen pro Monat	
zombie walk		18.10
ausgefallene faschingskostüme		1.60
mottoparty ideen		1.90
80er jahre outfit		1.00
90er jahre outfit		72
70er jahre outfit		59
sexy krankenschwester kostüm		48
kostüme 2015 trends		21

◀
Abb. 3.5
Interessantes Suchvolumen zum Thema Verkleidung

Besonders das Keyword „Zombie Walk" lässt hohes Potenzial erkennen: Das Thema liegt im Trend. Es gibt zahlreiche lokale Veranstaltungen, über die sich auf separaten Unterseiten berichten
lässt. Google listet bei der einfachen generischen Suche nach
„Zombie Walk" bereits Seiten mit lokalen Events. Das macht
deutlich, dass nur wenige Seiten mit übergreifender Perspektive
im Netz existieren.

Worauf bei der Auswahl des Partnerprogramms im Detail geachtet werden sollte, zeigt ⮑ *Kapitel 3.7.1*. Von racheshop.de über
karneval-megastore.de, horrorklinik.de bis hin zu karneval-uni-
verse.de und buttinette-fasching.de existieren diverse Programme mit guter Produktauswahl.

**PARTNERPROGRAMME FÜR VERKLEIDUNG
UND PARTYZUBEHÖR**

racheshop.de

- ▶ Netzwerk:
  Affilinet, SuperClix,
  Zanox

- ▶ Provision:
  6 bis 15 %

- ▶ SEA:
  nicht erlaubt

- ▶ Produktdaten:
  vorhanden

horrorklinik.de

- ▶ Netzwerk:
  Affilinet, Belboon,
  SuperClix

- ▶ Provision:
  6 bis 15 %

- ▶ SEA:
  nicht erlaubt

- ▶ Produktdaten:
  vorhanden

karneval-megastore.de

- ▶ Netzwerke:
  Affilinet, Belboon,
  SuperClix, Zanox

- ▶ Provision:
  6 bis 15 %

- ▶ SEA:
  nicht erlaubt

- ▶ Produktdaten:
  vorhanden

karnevalsgigant.de

- ▶ Netzwerke:
  Affilinet

- ▶ Provision:
  10 %

- ▶ SEA:
  eingeschränkt erlaubt

- ▶ Produktdaten:
  vorhanden

3.5.4 Domain registrieren und Webhosting Anbieter buchen

Für das Projekt muss zuerst eine geeignete Domain gebucht werden. Noch immer ist es so, dass Keywords in Domains positive Effekte für das Ranking haben. Für eine Nischenseite wäre eine Domain wie tiernahrung-test.com also immer noch eine gute Wahl. Wer langfristig denkt und seine Seite später ausbauen möchte, sollte bedenken, dass eine derartige Keyword Domain schlecht einprägsam ist und den thematischen Fokus auf Dauer begrenzt. Soll später ein breites Portal rund um Tierprodukte aufgebaut werden, ist ein einprägsamer Name die bessere Wahl, da er als Marke etabliert werden kann.

Die Domain muss mit einem Server im Netz verknüpft werden, auf dem das Content Management System der Wahl installiert wird. Hosting-Anbieter gibt es viele, die angebotenen Pakete unterscheiden sich nur in Details. Während eine Domain, die sich bei Google einmal etabliert hat, später nur mit Rankingverlusten auf eine neue Domain weitergeleitet werden kann, lässt sich der Server hinter der Domain beliebig oft wechseln. Für den Beginn genügt ein sogenanntes Shared Hosting, bei dem der Server mit vielen anderen Nutzern geteilt wird. Es empfiehlt sich, nicht zum günstigsten Angebot zu greifen, da die Servergeschwindigkeit ebenfalls ein Rankingfaktor ist. Der Server sollte die aktuellste Version der Programmiersprache PHP unterstützen und eine MySQL Datenbank zur Verfügung stellen, damit moderne Content Management Systeme installiert werden können. Mit etwas Recherche lassen sich Hosting-Angebote finden, die Content Management Systeme wie Wordpress vorinstalliert haben. Somit kann die Seitenerstellung gleich beginnen. Weitere wichtige Funktionen sind FTP Unterstützung sowie die Möglichkeit, Emailadressen einzurichten. Ein wichtiges Kriterium ist zudem die Erreichbarkeit des Servers. Besonders bei günstigen Anbietern ist die Ausfallzeit hoch, was für Google und Besucher gleichermaßen ein schlechtes Zeichen ist.

3.5.5 Content Management System einrichten

Selbstverständlich lässt sich eine statische Website auch auf gute alte Art und Weise Zeile für Zeile programmieren. Die Arbeit mit den erwähnten Content Management Systemen (CMS) ist jedoch wesentlich komfortabler. Diese webbasierten Programme bieten einen passwortgeschützten Bereich, in dem man jede Unterseite mit dem Komfort eines Texteditors und einer Verwaltung von Medienformaten bearbeiten kann. Besonders einfach gestrickt und aufgrund der vielen Erweiterungsmöglichkeiten unter Affiliates sehr beliebt ist das CMS „Wordpress".

Peer Wandiger
u.a. Betreiber von
selbstaendig-im-netz.de

„Ich nutze Wordpress seit Jahren für alle meine Projekte. Dafür gibt es viele Gründe. Es ist schnell und einfach installiert. Es gibt viele kostenlose Themes und Plugins. Zudem ist es einfach zu bedienen und gut für Google zu optimieren. Für mich bietet Wordpress die beste Kombination aus vielen Möglichkeiten, einfacher Bedienbarkeit und geringem Aufwand."

Das CMS kann kostenlos unter ⤴ *www.projecter.de/affiliate-ebook/wordpress/* heruntergeladen werden. Für die Installation existieren zahlreiche Anleitungen und Hilfestellungen im Netz. Überdies ist es möglich, sich auf wordpress.com anzumelden und dort direkt mit einem eigenen Blog zu starten. Bei dieser Variante bestehen einige Nachteile, die auch für andere Blogdienste wie blogspot.de gelten.

1. Nicht alle Blogdienste erlauben Affiliate Links. Affiliate Marketing wäre damit von vornherein ausgeschlossen.
2. Die Inhalte sind nur über eine Subdomain wie *BLOGNAME.wordpress.com* verfügbar. Diese ist wenig einprägsam und erschwert die Markenbildung.
3. Es ist schwieriger, organischen Suchmaschinentraffic zu erhalten, da sich das System nicht so flexibel an die nötigen SEO Voraussetzungen anpassen lässt.

Templates Die optische Verfeinerung der Seite über ein CMS erfolgt mithilfe sogenannter Templates, die als kostenlose und zahlungspflichtige Varianten im Netz erhältlich sind. Ein Template beinhaltet die Grunddefinition eines Layouts verschiedener Seitentypen und kann individuell angepasst werden. Die meisten Templates kommen mit eigenem Einstellungsbereich. Fortgeschrittene Anwender können so eine eigene CSS Datei hinzufügen und diese mit individuellen Formatdefinitionen versehen.

Bei der Verwendung kostenloser Templates ist darauf zu achten, dass auch die kommerzielle Nutzung eingeräumt wird.

ANLAUFSTELLEN FÜR WORDPRESS-TEMPLATES

de.wordpress.org/themes/
themeshock.com
presscoders.com

Neben unzähligen Templates finden sich im Netz zahlreiche **Plugins**
kostenlose und kostenpflichtige Plugins, die das CMS um zusätzliche Funktionen erweitern. Von Social-Media-Erweiterun-
gen über automatische Backup-Funktionen bis hin zu Plugins,
die SEO relevante Einstellungen an Unterseiten erlauben, gibt
es diverse Möglichkeiten.

3.5.6 Inhalte planen, strukturieren und erstellen

Ist das CMS installiert und mit allen notwendigen Konfigurationen versehen, kann die inhaltliche Arbeit beginnen. Noch
einmal sei hier betont, dass Klarheit zu strategischen Fragestellungen wie Zielgruppe, Trafficquellen etc. eine wichtige Basis für
das Gelingen ist.

„Ich denke, für viele Content Publisher liegt
die größte Herausforderung darin, seinen Besuchern gegenüber einen echten Mehrwert zu
schaffen. Also einen Grund, warum ein Besuch
der Affiliate-Seite im Vorfeld wichtiger ist als
ein Direktaufruf des Onlineshops. Erst wenn
man dies wirklich schafft, hat die eigene Affili-
ate-Website eine nachhaltige Daseinsberechtigung. Dabei muss guter Content nicht immer
klassischer Text- oder Bildinhalt sein. Auch eine
Zusammenstellung von Produkten aus verschiedenen Onlineshops oder Preisvergleiche
generieren Mehrwerte beim Besucher."

Torben Leuschner
Leuschner Marketing
OHG, u.a. Betreiber von
was-soll-ich-schenken.
net

Vor der Content-Erstellung muss folgendes beachtet werden:

1. Content sollte nie ziellos erstellt werden, sondern einen
   Bedarf decken und der definierten Zielgruppe Mehrwert
   bieten.
2. Es sollte auf eine ästhetische und gut lesbare Präsentation
   geachtet werden. Gut aufbereiteter Content wird eher geteilt und sorgt für positive Rankingsignale.

3. Neben der Aufbereitung für den Menschen muss auch die Aufbereitung für Google im Auge behalten werden. Eine gut strukturierte Seitengliederung hilft dem Algorithmus, die Inhalte korrekt zu interpretieren. An dieser Stelle sei noch einmal auf die weiterführenden SEO Lektüreempfehlungen von ↻ *Kapitel 3.2.6* hingewiesen.

4. Google ist eine textbasierte Suchmaschine und liebt Texte, die sich einem Thema in umfassender Weise aus verschiedenen Perspektiven nähern.

5. Wie in ↻ *Kapitel 3.4.4* beschrieben, kann Content in der Customer Journey an unterschiedlichen Punkten vor dem Kaufabschluss eine Rolle spielen.

Die Recherche zur Potenzialanalyse sollte in der Regel schon viele Ansatzpunkte für mögliche Inhalte aufgedeckt haben. Während die Arbeit mit den Tools zur Keywordrecherche einen groben Eindruck zum Suchverhalten gegeben hat, kann die tiefere Recherche in Foren, Facebook-Communities und Produktbewertungen auf diversen Plattformen detaillierte Einblicke in die Problemwelten der Zielgruppe geben. Steht fest, welche Themen und Content-Arten bedient werden sollen, ist zunächst eine logische Navigationsstruktur für die geplanten Unterseiten zu entwerfen. Anschließend kann die Erstellung der Inhalte beginnen.

Im Beispiel der Seite für Tiernahrung könnte sich beispielsweise ein Content-Projekt dem Vergleich des Fleischanteils im Hundefutter widmen. Neben einer Tabelle, die für gängige Produkte die gesuchten Informationen zusammenträgt und vergleicht, könnten Tiermediziner zur Bedeutung des täglichen Fleischbedarfs bei Hunden interviewt oder Studien zum Thema vorgestellt werden. Möglicherweise lässt sich ein Kooperationspartner finden, der eine Umfrage zu den Fütterungsphilosophien deutscher Hundebesitzer durchführt. Das Ergebnis könnte repräsentativ Auskunft darüber geben, wie viele Hundebesitzer ihre Hunde tatsächlich nur mit kaltgepresstem Trockenfutter, Trockenfutter ohne Getreide oder mit Rohfleisch ernähren. Auch die Qualität des Fleisches im Hundefutter, die in großangelegten Tests untersucht wurde, könnte in Zusammenhang mit diesem Thema aufgegriffen werden.

Im Fall der Seite zum Thema Kostüm- und Partyzubehör könnte der Trend des Zombie Walks genauer unter die Lupe genommen werden. Neben einer allgemeinen Perspektive auf das Thema könnte für jede Veranstaltung in Deutschland eine eigene Unterseite gestaltet werden. Diese Unterseiten müssten stets aktuell gehalten werden und sollten über Datum, Uhrzeiten, Startpunkte, Anreisemöglichkeiten und weitere organisatorische Details informieren. Daneben sollte Content integriert werden, der näher an eine Kaufvermittlung heranführt. Hier wären Zombie Style Guides und Interviews mit Organisatoren über Outfits und deren Bedeutung ein mögliches Mittel. Auch Tests zur Haltbarkeit und Verarbeitung der Utensilien wären denkbar. Dafür könnten für verschiedene Long-Tail-Suchanfragen eigene Unterseiten angelegt und mit informativen und beratenden Texten gefüllt werden.

3.6 Arbeit mit bestehenden Webprojekten: Inhalte und deren Zielgruppe analysieren

Wer bereits ein bestehendes Webprojekt mit einer stabilen Zahl an Nutzern hat, sollte seine Affiliate-Werbestrategie auf die vorhandenen Gegebenheiten abstimmen. Dabei geht es in erster Linie darum, einen Content Audit durchzuführen. Was kompliziert klingt, ist im Prinzip denkbar einfach. Es geht darum, eine nüchterne Bestandsaufnahme aller bisher erstellten Inhalte durchzuführen.

Anschließend ist die Zielgruppe der Inhalte näher zu bestimmen. Wer sind die Konsumenten der Inhalte? Wo kommen sie her? Was sind ihre demographischen Merkmale? Zu welchen Tageszeiten nutzen sie die Inhalte? Welches Interesse verbirgt sich hinter der Nutzung der Inhalte? Welche Inhalte sind besonders beliebt? Welche Suchbegriffe geben sie in die interne Suche ein? Mit welchen Begriffen erreichen Nutzer die Seite über die organische Suche?

Zur Erhebung dieser Daten dienen zum einen Tracking Tools wie Google Analytics (*www.projecter.de/affiliate-ebook/analytics/*), die mittlerweile auch demographische Daten liefern. Zum anderen können Nutzungsstatistiken einzelner Seiten zeigen, welche Interessen bei der Nutzergruppe besonders ausgeprägt sind. Um ganz sicher zu gehen und Daten direkt von den Nutzern einzuholen, können Umfragen auf der Seite platziert werden. Hilfreich für die bisherige Aufstellung bei Google ist die Search Console (*www.projecter.de/affiliate-ebook/search-console/*), die weitere Daten parat hält.

Je mehr Informationen über die Zielgruppe vorhanden sind, desto besser lässt sich die Werbestrategie darauf ausrichten. Wer seine Nutzer gut kennt, kann Inhalte viel gezielter erstellen und passende Empfehlungen und Werbung platzieren. Mehr zur Auswahl passender Partnerprogramme und Werbemittel findet sich in ➲ *Kapitel 3.7.1*.

Die Analyse ist als kontinuierlicher Lernprozess zu verstehen. Viele Erkenntnisse ergeben sich erst aus Tests mit verschiedenen Content-Formen, Partnerprogrammen und Werbemittelarten.

3.7 Inhalte monetarisieren

Im Prinzip ist die Strategie zur Monetarisierung schon bei der Potenzialanalyse des gefundenen Themas grob abzustecken, denn über die Inhalte sollen schlussendlich erfolgreich Produkte und Dienstleistungen empfohlen werden. Ob dieser Plan aufgeht, lässt sich durch kontinuierliches Monitoring herausfinden. Um ein Projekt effizient zu monetarisieren, bleiben regelmäßige Tests und das Probieren neuer Partnerprogramme und Produkte nicht aus, wie in ➲ *Kapitel 3.8* näher erläutert wird.

3.7.1 Partnerprogramm finden

Neben den zahlreichen Partnerprogrammen, die auf Plattformen wie Affilinet, Zanox oder Belboon betrieben werden, gibt es große Partnerprogramme, die in einem sogenannten Inhouse-Netzwerk untergebracht sind. ➲ *Kapitel 6* gibt eine ausführliche Einführung in das Thema Netzwerke.

Glücklicherweise gibt es Kataloge, die Partnerprogramminformationen verschiedener Partnerprogramme sammeln und diese über eine Suchfunktion übersichtlich aufbereitet zugänglich machen. Der wichtigste Katalog wird auf 100partnerprogramme.de bereitgehalten. Dort lassen sich über die Eingabe von Stichworten oder konkreten Shopdomains Partnerprogramme aufspüren. 100partnerprogramme.de erlaubt sogar das Durchsuchen der Produktdaten. Wer also nach einer bestimmten Hundefuttermarke sucht, wird dort fündig. Neben grundlegenden Informationen zu Vorteilen und Provisionen eines Partnerprogramms ist dort auch aufgeführt, bei welchen Netzwerken das Partnerprogramm vertreten ist. Nicht alle Partnerprogrammbetreiber achten allerdings darauf, dass die Informationen in den Katalogen aktuell sind. Wer Programme vergleichen möchte, um die Attraktivität einzuschätzen, sollte die hinterlegten Informationen deshalb mit der Partnerprogrammseite in den Netzwerken abgleichen. Ab und zu sind die Konditionen eines Partnerprogramms, das bei mehreren Netzwerken vertreten ist, unterschiedlich. Das ist darauf zurückzuführen, dass die Merchants in verschiedenen Netzwerken unterschiedliche Kosten haben und günstigere Konditionen manchmal durch höhere Provisionen an die Affiliates weitergeben.

3.7.2 Partnerprogramme vergleichen

Es ist empfehlenswert, ein Projekt über mehr als nur ein Partnerprogramm zu monetarisieren, um das Risiko zu streuen. Verlässt man sich nur auf einen Partner, wird man von eventuellen Änderungen des Vergütungsmodells stark getroffen. Solange ein Preisvergleich nicht Teil des Geschäftsmodells werden soll, wird sich die Zusammenarbeit kaum auf alle Partnerprogramme einer Branche erstrecken. Der Platz für die sinnvolle Unterbringung von Werbemitteln, die auch gut wahrgenommen und geklickt werden, ist begrenzt. Deshalb sollte eine Auswahl der besten Partnerprogramme erfolgen.

Ralf Liebs
Director Customer
Service affilinet
GmbH, affili.net

„Die Attraktivität eines Programms im Vergleich zu Mitbewerbern hängt von den Verdienstmöglichkeiten für den Publisher ab, abzüglich dessen Aufwand für den Erfolg. Je weniger bekannt die eigene Brand, desto höher die notwendige Vergütung. Bei vergleichbaren Brands hängt die erwartete Vergütungshöhe vom markt- und branchenüblichen Niveau des Wettbewerbs ab. Wichtig: Da nur erfolgreiche Transaktionen vergütet werden, muss die Storno- und Rücksendequote des Kunden einbezogen werden. Daher unterzieht Affilinet jede Partnerprogramm-Voranmeldung einer Einzelprüfung, bei der diese Chancen unverbindlich und ohne Kosten bewertet werden und ein entsprechendes Angebot unterbreitet wird."

Das für die eigenen Ziele am besten geeignete Partnerprogramm ist nicht automatisch das Programm mit den höchsten Provisionen. Es gibt mehrere Faktoren, die bei der Auswahl eine Rolle spielen.

Pflege und Support   Ein Partnerprogramm sollte gut gepflegt sein. Sind die Werbemittel aktuell? Ist die Programmbeschreibung auf dem neusten Stand? Informiert ein Newsletter in regelmäßigen Abständen über Top-Seller, Aktionen oder auch rechtliche Aspekte? Versäumt ein Merchant, die Publisher zu informieren, wenn z.B. Nutzungsrechte ehemals freigegebener Bilder erloschen sind, drohen dem Affiliate empfindliche Abmahngebühren, die er sich bei unterlassener Information des Merchants später auf rechtlichem Wege wiederholen müsste.

Schlecht gepflegte Partnerprogramme leiden oft darunter, dass die Provisionen nicht in regelmäßigen Abständen verarbeitet werden. So kann es vorkommen, dass man bis Ablauf des sogenannten Autofreigabezeitraums warten muss, bis Provisionen automatisch vom Netzwerk freigegeben werden. In guten Partnerprogrammen wird dafür Sorge getragen, dass Transaktionen zeitnah verifiziert und anschließend storniert oder freigegeben werden.

Ein schlecht gepflegtes Partnerprogramm lässt sich recht schnell identifizieren: Eine Programmbeschreibung mit spärlichen Informationen ohne Nennung eines persönlichen Ansprechpartners ist ein erstes Merkmal. Zudem sind kaum vorhandene oder veraltete Werbemittel ein weiteres Indiz.

Nicht unerheblich ist auch der Support. Gibt es einen persönlichen Ansprechpartner, der in angemessener Zeit antwortet, so können Fragen und Wünsche schnell geklärt werden. Oft ist es möglich, auf Wunsch angepasste Werbemittel zu erhalten oder für eine besondere Promotion Sonderkonditionen auszuhandeln, wenn die eigene Seite eine gewisse Reichweite erzielt.

Bekanntheit   Bekannte Marken genießen ein höheres Vertrauen, weshalb ein vermittelter Seitenbesucher dort eher und möglicherweise auch mehr einkauft. Bei unbekannten Marken muss das Vertrauen erst hergestellt werden. Dennoch sollten kleinere Partnerprogramme nicht von vornherein ausgeschlossen werden. Gut geführte kleine Shops bieten besondere Produkte, die sie eventuell sogar exklusiv führen. Außerdem freuen sich viele Nutzer, wenn sie ab und zu neue Produkte oder Shops entdecken können.

Ebenfalls wichtig sind der erste Eindruck und die Usability auf der Seite des Merchants. Findet der Benutzer sich gut zurecht? Weiß er, was er als nächstes tun soll? Bekommt er alle Informationen, um eine Kaufentscheidung zu treffen oder einen Lead auszuführen? Laden die Seiten schnell oder wird die Geduld des Besuchers stark strapaziert? All diese Faktoren beeinflussen die Stimmung des potenziellen Käufers.

Ersteindruck und Usability

Auch das Provisionsmodell und weitere KPIs sollten genauer betrachtet werden, ohne sich zu sehr von hohen Prozentsätzen oder Leadvergütungen täuschen zu lassen. Selbst 20% Provision nützen nichts, wenn nach 500 Klicks noch immer kein Kauf stattgefunden hat. Neben der Provision ist also die Conversion Rate im Partnerprogramm ein entscheidender Faktor. Nicht zu vernachlässigen ist zudem die Stornorate. Leads, die nicht valide sind oder zurückgesendete Waren, werden nicht vergütet, soweit in den Partnerprogrammbedingungen nichts anderes ausgewiesen ist. Ein Partnerprogramm mit hoher Stornorate führt dazu, dass generierte Provisionen vor der Freigabe wieder stark zusammenschmelzen. Eine weitere beachtenswerte Kennzahl ist der durchschnittliche Warenkorb pro Bestellung, der trotz ähnlichem Produktsortiment mehrerer Shops verschieden sein kann. Einige Shopbetreiber verfolgen ein optimiertes Cross Selling, so dass der eine oder andere Artikel zusätzlich im Warenkorb landet.

Weitere wichtige Kennzahlen

Wer effizient optimiert, konzentriert sich vor allem auf seinen EPC. Dieser gibt an, wie viel Provision auf einen Klick herunter gerechnet ausgeschüttet wurde. In diese Kennzahl fließen hohe oder niedrige Warenkörbe, Provisionsraten, Conversion Rates und Stornoraten mit ein. Bei vielen Netzwerken lassen sich wichtige Kennzahlen vorab einsehen. Dazu muss teilweise eine erfolgreiche Bewerbung im Partnerprogramm erfolgt sein. Führend bei der Transparenz sind die Netzwerke Zanox und Affilinet, wo der Affiliate Daten über Conversion Rate, Stornorate, EPC und Bestätigungszeitraum bekommt. Detaillierte Informationen zu KPIs finden sich in unserem Blogbeitrag unter
✈ *projecter.de/affiliate-ebook/partnerprogramm-kpi/*

Es erscheint sinnvoll, sich zu Beginn auf die Partnerprogramme zu konzentrieren, die unter Berücksichtigung der Kennzahlen den besten Eindruck machen. Nach und nach sollten aber weitere Partnerprogramme getestet werden, um so die Einnahmen zu optimieren.

3.7.3 Anmeldung bei einem Affiliate-Netzwerk

Ist die Wahl auf ein Partnerprogramm gefallen, muss sich der Affiliate einen Account beim jeweiligen Affiliate-Netzwerk anlegen. Ist ein Partnerprogramm in mehreren Netzwerken vertreten, sei ➲ *Kapitel 6* empfohlen, das einen Blick auf die Unterschiede wirft. Die Anmeldung verläuft recht unkompliziert. Zu beachten ist, dass gute Netzwerke mit der Anmeldung bereits erste Überprüfungen durchführen, um die Spreu vom Weizen zu trennen und Betrügern nach Möglichkeit keinen Zugang zu gewähren. Es sollte daher auf die korrekte Schreibweise von Kontakt- und Bankdaten geachtet werden.

3.7.4 Bewerbung im Partnerprogramm

Nach abgeschlossener Registrierung kann gezielt nach einem Partnerprogramm gesucht werden, um sich dort zu bewerben. Die Bewerbung wird in der Regel vom Partnerprogrammbetreiber geprüft, bevor eine Freigabe erfolgt. Merchants haben allen Grund bei der Freigabe vorsichtig vorzugehen, denn im Zuge der Mitstörerhaftung können sie für wettbewerbsrechtliche Verstöße von Affiliates möglicherweise auch in Haftung genommen werden. Einige Aspekte in der Außendarstellung sollten beachtet werden, um keinen falschen Eindruck zu erwecken und dadurch eine Ablehnung herauszufordern.

1. Die Programmbedingungen sollten genau gelesen werden, da manche Affiliate-Geschäftsmodelle von vornherein ausgeschlossen werden. Mogelt man sich dennoch durch die Freigabe, können später Schadensersatzansprüche geltend gemacht werden, sollte der Merchant entdecken, dass Provisionen auf unzulässigem Wege erzeugt wurden.

2. Das Impressum ist der erste Anlaufpunkt bei einer Prüfung der Website. Hier ist darauf zu achten, dass Name und Adresse mit den Daten im Affiliate Account identisch sind und das Impressum ansonsten den gängigen Vorschriften entspricht.

3. Die Bewerbung bei einem Partnerprogramm sollte erst stattfinden, wenn die Seite einen betriebstüchtigen Eindruck macht. Das bedeutet: Das Layout ist fertig, es sind erste Inhalte zu sehen, alle Links funktionieren und Platzhalter wie „lorem ipsum dolor" sind entfernt.

4. Eine Marke, die Wert auf ihr Image legt, achtet darauf, in welcher Umgebung ihre Logos und Werbung erscheinen. Je „billiger" eine Seite aussieht, desto genauer wird sich der Programmbetreiber überlegen, ob eine Partnerschaft in Frage kommt. Wer auf das fertige Template eines Content Management Systems setzt, kann hier nicht allzu viel falsch machen. Vermieden werden sollte eine Überfrachtung der Seite mit Werbemitteln. Diese sogenannten Bannerwüsten liefern einem Partnerprogrammbetreiber keinen Mehrwert.

5. In der Regel kann eine Kurzbeschreibung im Affiliate Account hinterlegt werden. Dort sollte das eigene Geschäftsmodell kommuniziert werden, also wie konkret Werbeleistungen erbracht werden sollen. Bei der Beschreibung ist auf Aktualität zu achten. Soll neben dem Webauftritt ergänzend SEA, Newsletter Marketing oder Social Media Marketing eingesetzt werden, sollte das auch so kommuniziert werden.

6. In jedem Affiliate Account ist nur eine Hauptdomain anzugeben. Weitere Domains offenbaren sich dem Merchant erst durch zusätzliche Klicks. Wer in sehr verschiedenen Themenbereichen unterwegs ist, sollte sich überlegen, mehrere Accounts zu erstellen, da sich viele Betreiber vor allem an der Hauptdomain orientieren. Gibt man ein Projekt auf und pflegt es nicht weiter, sollte es auch im Affiliate Account nicht mehr auftauchen.

7. Außerdem sollten die Websites nicht mit den Meta Tags „noindex, nofollow" gekennzeichnet sein. Seiten vor dem Google Index zu verbergen, ist in der Regel ein Hinweis für Betrugsversuche, da der Affiliate damit meist verdecken möchte, dass Inhalte anderer Seiten entwendet wurden.

3.7.5 Arbeit mit Werbemitteln

Mit der Freigabe im Partnerprogramm erfolgt der Zugriff auf diverse Werbemittel. Diese beinhalten einen Link, der den User über den Server des Affiliate-Netzwerks auf die Zielseite weiterleitet. Die Konstruktion dieser Trackinglinks soll kurz näher erläutert werden.

Trackinglinks

Ein Trackinglink besteht aus verschiedenen Teilen. Im Folgenden zeigen wir je einen Link von Zanox und Affilinet.

https://partners.webmasterplan.com/click.asp?ref=431645&site=9064&type=text&tnb=4

https://ad.zanox.com/ppc/?31884142C2049096161

Der Affilinet Link besteht aus:

Abb. 3.6
Trackinglink von
Affilinet (oben) und
Zanox (unten)

❶ Der Angabe des Trackingservers
❷ Der eigenen Publisher ID
❸ Der ID des Advertisers
❹ Dem Werbemitteltyp
❺ Der ID des hinterlegten Werbemittels, die von Affiliates nicht abgeändert werden darf.

Der Zanox Link besteht aus:

❶ Der Angabe des Trackingservers
❷ Der Angabe der verwendeten Zanox Trackingtechnologie. PPC steht dabei für Klick-Applikationen und ist der Standard für kleinere Affiliate Seiten, die keine Post View Werbemittel verwenden.
❸ Einer verschlüsselten ID, die Informationen über den Publisher, Advertiser sowie das Werbemittel enthält.

Es kommt vor, dass ein Trackinglink weitere Parameter enthält, die an keiner Stelle im Support- und Hilfebereich der Netzwerke dokumentiert sind. In der Regel handelt es sich dabei um Parameter, die der Partnerprogrammbetreiber manuell hinterlegt hat, um die Resultate des Affiliate Marketing besser auswerten zu können. Möglich ist darüber hinaus, dass einzelne Parameter eine Trackingweiche aktivieren oder steuern. Diese Parameter sollten unbedingt unverändert übernommen werden. Im schlimmsten Fall wird die korrekte Funktion einer Trackingweiche blockiert, was dazu führt, dass am Ende keine Provisionen fließen können.

Wem die Affiliate Links zu kryptisch sind, der kann mit Linkverkürzung und -maskierung arbeiten. Ein Blogartikel, der sich diesem Thema widmet, findet sich unter
✒ *www.projecter.de/affiliate-ebook/linkmaskierung/*.

Ein Deeplink bezeichnet einen Link, der auf eine tiefere Navigationsebene der Website verweist. Ein gutes Partnerprogramm wird bereits eine Reihe verschiedener Deeplinks hinterlegt haben, damit Affiliates bei der Wahl der Zielseite flexibel sein können. Da in den Werbemitteln nicht jedes Produkt und jede Unterkategorie mit einem eigenen Textlink bedacht werden kann, gibt es die Möglichkeit, einen Trackinglink individuell anzupassen. Für dieses sogenannte Deeplinking stellen die Netzwerke unterschiedliche Parameter zur Verfügung. Bei Zanox wird beispielsweise der Parameter ULP genutzt, während bei Affilinet die Verwendung von DIURL erforderlich ist. Informationen zu weiteren Netzwerken stellen wir in unserem Blog unter
✒ *www.projecter.de/affiliate-ebook/deeplinking/* bereit.

Deeplinking

Häufig findet sich in den Werbemitteln eines Partnerprogramms ein Linkgenerator, mit dem sich Deeplinks automatisiert erstellen lassen.

Um genauer nachverfolgen zu können, welcher Link letztendlich eine Provision zur Folge hatte, lassen sich bei den meisten Netzwerken individuelle SubIDs übergeben, die sich anschließend in den Statistiken wiederfinden. Jedes Netzwerk nutzt andere Parameter für diese Trackingerweiterung. Informationen zu weiteren Netzwerken stellen wir in unserem Blog unter
✒ *www.projecter.de/affiliate-ebook/subid-tracking/* bereit.

Übergabe von SubIDs

Affiliate-Netzwerke bieten in der Regel eine Dokumentation für den korrekten Einsatz von Trackingparametern an. Folgende Links verweisen auf die Dokumentation der beiden größten Netzwerke.

SubID Dokumentation bei Zanox

(User Guides für Publisher > SubID-Verwaltung mit GGP)
✒ *www.projecter.de/affiliate-ebook/zanox-subid/*

Leitfaden für Affiliates bei Affilinet

✈ www.projecter.de/affiliate-ebook/affilinet-subid/

Überprüfung individuell erstellter Trackinglinks

Vor allem bei Einsteigern schleichen sich schnell Verlinkungs-fehler ein, in deren Folge Besucher auf einer 404 Fehlerseite landen oder das Tracking beim Kauf nicht korrekt auslöst. Ob der Link den ersten Schritt des Trackings (das Setzen eines Cookies) korrekt ausführt, kann leicht überprüft werden. Die folgenden Erläuterungen gelten nicht für session-basiertes Tracking wie es im Amazon Partnerprogramm beispielsweise anzutreffen ist.

Zur Überprüfung des Links müssen ein Browser geöffnet und zunächst alle Cookies gelöscht werden. Die Vorgehensweise variiert und kann auf den Hilfeseiten nachgelesen werden. Sind alle Cookies gelöscht, wird die erstellte Tracking-URL geöffnet. Es sollte sich nun die gewünschte Zielseite öffnen. Anschließend ist zu prüfen, ob es ein neues Cookie vom Trackingserver des Affiliate-Netzwerkes gibt. Ob das Tracking vollständig funktioniert, lässt sich nur durch eine Testbestellung oder einen Testlead herausfinden. In der Regel achten die Partnerprogrammbetreiber sowie alle Netzwerke selbst auf die korrekte Funktionsweise und führen in regelmäßigen Abständen Trackingtests durch. Affiliates sollten deshalb nur bei begründeten Zweifeln und unbedingt erst nach vorheriger Absprache eine Testbestellung bzw. einen Testlead durchführen. Im ersten Schritt sollte immer das Gespräch mit dem Programmbetreiber oder dem Netzwerk gesucht werden.

Sollten wegen zusätzlicher Parameter des Merchants Zweifel bestehen, ob das Tracking korrekt auslöst, können dem Ansprechpartner des Partnerprogramms einige Beispiellinks zur Überprüfung zugesendet werden.

Werbemittelarten

Die Trackinglinks können mit unterschiedlichen Arten von Werbemitteln verknüpft werden. Netzwerke und Partnerprogrammbetreiber versuchen dabei, den Affiliates entgegenzukommen, damit der Aufwand der Werbemittelintegration gering gehalten wird. Der Quellcode für die Einbindung eines grafischen Banners muss daher nicht händisch eingefügt und mit einem Trackinglink verknüpft werden, sondern ist als fertiges Snippet im Netzwerk zu beziehen. Die Werbemittel sind bei einem gepflegten Partnerprogramm thematisch nach Werbemittelart in Kategorien sortiert. Speziellere Formen der Werbemittel sind oftmals in einem separaten Navigationspunkt zu finden. Es werden unterschieden:

1. Textlinks

Textlinks bestehen aus einem Linktext und einer Ziel-URL. Der Linktext kann nach den eigenen Bedürfnissen angepasst werden. Die Textlinks werden hauptsächlich eingesetzt, um wichtige Deeplinks zur Startseite, den Kategorien sowie besonderen Landing Pages zu hinterlegen.

2. Linkgeneratoren

Nicht jede Unterseite kann mit einem Textlink im Affiliate-Netzwerk hinterlegt werden. In vielen Partnerprogrammen wird daher ein Linkgenerator angeboten, mit dem sich automatisch ein individueller Deeplink erstellen lässt.

3. Landing Pages

Landing Pages sind genau genommen kein eigenes Werbemittel, sondern lediglich eine besondere Zielseite. Diese Zielseiten zeichnen sich dadurch aus, dass sie mit Fokus auf eine bestimmte Botschaft, Dienstleistung oder ein Produkt geschaffen wurden und entsprechend Conversion-optimiert sind.

4. Grafische Werbemittel

Darunter sind HTML5-Banner sowie Bild-Banner zu verstehen. Auch hier beinhaltet das Code Snippet bereits alle notwendigen HTML Tags inklusive Link, so dass es nur noch in die eigene Seite eingefügt werden muss. Häufig findet man in den Werbemitteln eine Kategorie, die Rotationsbanner anbietet. Hier ist darauf zu achten, was bei einzelnen Partnerprogrammen gemeint ist. Es kann sich um eine Gruppe von Bannern handeln, die auf der Website stetig durchrotieren. Möglich ist jedoch auch, dass damit Banner gemeint sind, die vom Partnerprogrammbetreiber saisonal überschrieben werden.

5. Aktionen und Gutscheincodes

Viele Netzwerke bieten einen eigenen Bereich für Gutscheine und Aktionen an. Dort hinterlegen die Partnerprogrammbetreiber Sonderaktionen, die ein Affiliate für seine Werbetätigkeit nutzen darf. Neben Informationen zur Laufzeit einer Aktion sind auch eventuelle Rabattcodes sowie eine empfohlene Zielseite mit Deeplink hinterlegt.

6. Sonderwerbemittel

Sonderwerbemittel können individuelle Applikationen sein, die von Partnerprogrammen oder Affiliate-Netzwerken zur Verfügung gestellt werden. Die Bandbreite der Möglichkeiten ist groß. Von fertigen Versicherungsvergleichen über Affiliate Shop Lösungen bis hin zu Reiseplanern sind diverse Tools vollständig funktionsfähig, oftmals grafisch individualisierbar und mit wenig Aufwand in die eigene Seite zu integrieren. Darüber hinaus bieten diverse Netzwerke kleine Tools, die aus den Produktdaten eines Merchants individuelle Produktbanner bauen. Wird Newsletter-Marketing im Partnerprogramm gestattet, finden sich teilweise auch vorgefertigte Templates, die zur Verwendung freigegeben sind.

Produktdatenfeed Der Produktdatenfeed enthält Daten über sämtliche im Shop gelisteten Produkte. Produktnamen, Hersteller, Farbe, Größe, URLs zu Produktbildern, Affiliate Link zum Produkt, Verfügbarkeit und Lieferzeit werden in großen Tabellen aggregiert und wahlweise im CSV- oder XML-Format zum Download zur Verfügung gestellt. Diese Datenbasis ist enorm wertvoll. Wer programmieren kann, hat damit weitreichende Möglichkeiten, um von Preisvergleichen bis hin zu eigenen kleinen Affiliate Shops viele Projekte zu bauen.

Bei einigen Partnerprogrammen muss man sich für den Zugriff auf den Produktdatenfeed separat bewerben. Der Merchant freut sich, wenn parallel dazu eine kurze Nachricht verschickt wird, die Auskunft über den geplanten Verwendungszweck gibt.

Sinnvolle Werbemittel-platzierungen Es gibt (wie in ↻ *Kapitel 3.7.4* beschrieben) einige Platzierungen von Werbemitteln, die sehr aufdringlich wirken und in den meisten Partnerprogrammen nicht willkommen sind. Dazu zählen Pop-Ups und Overlays sowie große Werbemittelflächen, die zentral platziert sind und durch kräftige Farben und bewegte Elemente förmlich schreien. Diese aggressiven Varianten gefährden nicht nur die Partnerschaft, sondern sind auch schädlich für den Webauftritt. Google wertet Seiten mit aufdringlichen Werbeformen mittlerweile ab. Darüber hinaus verschreckt man auf Dauer die Seitenbesucher.

Gute Werbung konfrontiert den Nutzer nicht aufdringlich mit einem Thema, sondern holt ihn bei seinen Interessen ab und schafft größtmögliche Relevanz. Standardisierte Bannerformate lassen sich recht gut am Rand der Inhalte platzieren. Die Erfahrungen zeigen jedoch, dass Klicks über Banner in den meisten Branchen nur einen kleinen Teil der Umsätze ausmachen. Die größten Effekte erzielen Klicks über Textlinks und den Produktdatenfeed. Das hat Gründe: Es sind Textlinks, die am Ende einer ausführlichen Shopvorstellung oder eines informativen Produkttests den Nutzer dezent abholen und ihm den letzten Schritt in den Shop erleichtern. Wiederum machen es Produktdaten möglich, eine relevante Anzahl von Produkten in besonderer Form aufzubereiten und zu vergleichen. Textlinks und Daten aus dem Produktdatenfeed lassen sich am besten ohne störende Effekte in den Content einfügen, der den Nutzer in seiner Customer Journey berät und voranbringt.
Entscheidend für erfolgreiche Werbung ist somit eine Werbemittelstrategie, die den Nutzer nicht aggressiv konfrontiert und ablenkt, sondern ihn an den entscheidenden Stellen im nächsten Schritt unterstützt.

3.7.6 Kommunikation mit Programmbetreibern

Merchants, die mit ihrem Partnerprogramm wirklich wachsen wollen, freuen sich über jeden Affiliate, der Kontakt aufnimmt und Interesse am Partnerprogramm zeigt. In der Regel wird über Newsletter und besondere Provisionsaktionen aktiv Kontakt mit den Affiliates gesucht. Sollten sich hier Anknüpfungspunkte für Feedback oder Wünsche ergeben, so sind diese herzlich willkommen.

Immer gern gesehen sind Vorschläge für gemeinsame Aktionen. Denkbar sind hier besonders prominente Platzierungen auf gut besuchten Seiten oder die Promotion über Facebook, Newsletter oder andere Kanäle. Oft sind hier Sonderkonditionen in Form von erhöhten Provisionen oder ab und zu auch ein exklusiver Gutscheincode möglich, die die Werbung für den Affiliate lukrativer machen. Wichtig ist, dass beide Seiten davon profitieren. Es ist hilfreich, zur Beurteilung gewisse Mediadaten wie Seitenaufrufe, die Anzahl von Fans in Social Media Profilen oder auch konkrete Erfahrungswerte zu Interaktionsraten der angedachten Platzierungen mitzuliefern. Wer ein halbes Jahr nach Projektstart seinen 1.000. Besucher feiert, bietet eher wenig Mehrwert. Ab 5.000 Besuchern monatlich kann eine engere Kooperation hingegen schon attraktiv werden – besonders für Partnerprogramme von kleineren Marken.

Falls Fehler oder Missstände im Partnerprogramm auftreten, ist auch hier jeder Hinweis hilfreich. Nur wer die Probleme der Affiliates kennt, kann langfristig an der Verbesserung seines Partnerprogramms arbeiten.

3.8 Monitoring und Strategieprüfung

Romantiker des Affiliate Marketing versprechen oft, nach einmaligem Aufwand ein Leben lang von den Früchten des Projekts leben zu können. Dieser Wunsch tritt leider in den wenigsten Fällen ein. Um die eigenen Umsätze konstant zu halten und zu steigern, gilt es, die richtigen Stellschrauben und Möglichkeiten zur Nachjustierung zu kennen.

Welche Kennzahlen relevant sind, hängt zu einem großen Maße vom Geschäftsmodell und den eigenen Ansprüchen ab.

3.8.1 Die Performance der eigenen Website beobachten

Gerade die ersten Projekte sind zu großen Teilen vom organischen Traffic der Suchmaschinen abhängig. Dementsprechend wichtig ist es, im Blick zu haben, ob schwerwiegende Änderungen in den Rankings wichtiger Keywords auftreten. Ebenso sollten Änderungen im Backlink-Profil überprüft und eventuell Maßnahmen eingeleitet werden. Eine der einfachsten und besten Lösungen, Keywords und Backlinks zu beobachten, ist die Google Search Console (✐ *www.projecter.de/affiliate-ebook/search-console/*). Der Traffic kann mit dem kostenlosen Google Analytics im Auge behalten werden (✐ *www.projecter.de/affiliate-ebook/analytics/*). Je nach Professionalität lassen sich hier einzelne Kampagnen, Klicks auf ausgehende Links oder sogar die Conversion Rates verschiedener Werbemittel messen.

Besteht eine Abhängigkeit von anderen Traffic-Quellen, wie z.B. Zugriffen über Social Media oder Email-Verteiler, bedarf es anderer Monitoring Maßnahmen, zum Beispiel über utm Parameter. Google bietet zur Erstellung ein hilfreiches Tool an (✐ *www. projecter.de/affiliate-ebook/utm-tool/*). In jedem Fall muss der Gesamttraffic der Web-Präsenz im Auge behalten werden, um im Zweifelsfall schnell reagieren zu können.

3.8.2 Die Affiliate Performance beobachten

Die bisher genannten Faktoren sind nicht durch ein Partnerprogramm bzw. den Merchant beeinflussbar und bestimmen nicht zwangsläufig über den Erfolg des Affiliate-Projekts. Anders sieht es bei den Affiliate-spezifischen Kennzahlen aus, die bereits im ⟳ *Kapitel 3.7.2* benannt wurden. Kenngrößen wie Umsatz (erhaltene Provisionen), durchschnittlicher Warenkorb, Conversion Rate und natürlich der EPC bieten hier die Grundlage für Optimierungen. Im Folgenden werden Lösungsansätze vorgestellt. Da Umsatz und EPC maßgeblich von den restlichen Werten abhängen, werden sie vorerst nicht betrachtet.

Durchschnittlicher Warenkorb

Ein unterdurchschnittlicher Warenkorb spricht dafür, dass die Nutzer, die für den Merchant generiert wurden, nur sehr günstige oder wenige Produkte kaufen. Ein Lösungsansatz wäre, hochpreisige Produkte zu bewerben oder Produkt-Bundles zusammenzustellen, also mehrere Produkte z.B. in einem Outfit zu kombinieren. Es sollte in Erwägung gezogen werden, auch andere Partnerprogramme mit gleichen oder ähnlichen Produkten zu testen. Möglicherweise wird dort effizienteres Cross Selling betrieben, was sich positiv auf den Warenkorb auswirkt.

Auch der Content, der die Käufer auf die Affiliate Seite holt, ist auf den Prüfstand zu stellen. Gibt es möglicherweise Zusammenhänge zwischen den Inhalten und einer Zielgruppe, die vorrangig günstige Produkte präferiert?

Conversion Rate

Eine unterdurchschnittliche Conversion Rate kann viele Ursachen haben. Eine ist, dass der Traffic, welcher zum Merchant geschickt wird, nicht qualifiziert genug ist. Das bedeutet, dass die Erwartungen der Nutzer beim Besuch der Seite des Merchants nicht erfüllt werden oder womöglich gar kein konkreter Kaufanreiz geboten wird. Das kann zum Beispiel der Fall sein, wenn mit Pop-Ups gearbeitet wird, bei denen der Nutzer eher ungewollt klickt und auf die Seite des Merchants gelangt.

Um die Conversion Rate zu steigern, lohnt es sich zu prüfen, ob die Zielseite die Produkte bietet, die im Werbemittel oder im unmittelbaren Umfeld beworben werden. Die Conversion Rate kann auch negativ beeinflusst werden, wenn z.B. falsche Preise oder falsche Informationen kommuniziert werden.

In der Customer Journey spielt der Merchant eine maßgebliche Rolle, da er dafür verantwortlich ist, den Nutzer letztendlich zum Kaufabschluss zu bewegen. Daher sollte auch die Website des Merchants nicht ungeprüft bleiben: Ist sie nutzerfreundlich aufgebaut? Betreibt der Merchant Cross Selling? Ist der Checkout-Prozess intuitiv oder gibt es Stellen, an denen der Nutzer leicht aussteigen könnte? Funktioniert das Affiliate Tracking beim Merchant? Sind mehrere dieser Fragen negativ zu beantworten, könnte es die richtige Entscheidung sein, das Partnerprogramm zu wechseln und die Produkte eines anderen Merchants einzubinden. Allerdings freut sich der Partnerprogrammbetreiber häufig auch über konstruktive Kritik an seiner Website und die Chance zur Nachbesserung.

Umsatz und EPC Da diese beiden Größen direkt vom Warenkorb und der Conversion Rate abhängen, dienen sie eher als genereller Indikator, der Auskunft gibt, ob ein Partnerprogramm für die eigene Seite gut funktioniert.

Um alle Größen zu messen, hält jedes Affiliate-Netzwerk Statistiken zu Klicks, Sales etc. bereit. Durch den Export in eine Tabelle können die Daten in die gewünschte Form konvertiert und nach Belieben ausgewertet werden. Bei entsprechenden Kenntnissen lassen sich auch eigene Monitoring Tools bauen, mithilfe derer die Daten aus den Netzwerken über eine API-Anbindung aggregiert und ausgewertet werden. Wem das zu aufwändig ist, für den halten Toolanbieter wie affiliate-dashboard.de fertige Lösungen bereit.

3.8.3 Testen! Testen! Testen!

Wie so oft lässt sich die optimale Konfiguration aus Partnerprogrammen, Werbeplätzen, Nutzern usw. nur durch langwieriges
Testen finden. Um direkte Schlüsse auf die Wirkung eines Fak-
tors ziehen zu können, müssen verschiedene Konfigurationen
gegeneinander getestet werden. Mögliche Einflussfaktoren oder
Effekte können beispielsweise sein:

▷ Partnerprogramm A kann für die Nutzer der eigenen Seite
  besser funktionieren als Programm B, da das Sortiment
  weitere Artikel für den Nutzer bereithält.
▷ Die Bewerbung eines Produktes in sozialen Medien kann
  besser funktionieren, wenn die Nutzer mit „Du" angesprochen werden als wenn ein förmliches „Sie" gewählt wird.
▷ Ein Banner mit rotem Hintergrund kann besser performen
  als eines mit blauem Hintergrund.
▷ Ein Startseitenslider mit starker Reduzierung kann Nutzer
  besser qualifizieren als ein langweiliges Brandbanner.
▷ Wird ein Produkt beworben, das 100 Euro kostet, ist der
  zu erwartende durchschnittliche Warenkorb größer als bei
  einem Produkt, das 50 Euro kostet.
▷ Wird ein Newsletter Freitag um 18:00 Uhr verschickt, kann
  dieser besser funktionieren als wenn er Montag um 7:00
  Uhr versendet wird.
▷ Wird dem Nutzer bei einer Auswahl mehrerer Produkte
  eine konkrete Empfehlung geliefert, kauft er wahrscheinlich eher, als wenn ihm einfach 5 nahezu gleiche Produkte
  präsentiert werden.
▷ Wird dem Nutzern ein Incentive für den Kauf geboten (z.B.
  ein Gutschein), ist die Wahrscheinlichkeit höher, dass er
  tatsächlich kauft.
▷ Ein guter Ruf erhöht die Wahrscheinlichkeit, dass die eigene Webpräsenz der letzte Kontakt in der Customer Journey ist, was nachhaltig die Conversion Rate steigern wird.
▷ Weniger Ablenkung bei der Beratung (z.B. durch blinkende
  Banner) kann den Fokus des Nutzers und dessen Conversi-
  on-Wahrscheinlichkeit steigern.
▷ ...

In Absprache mit dem Merchant ließe sich auch eine eigene Landing Page im Shop oder ein eigener Datenfeed einrichten, der nur passende Produkte im richtigen Format ausliefert. Dies sind Optimierungen, die ein gewisses Umsatzvolumen voraussetzen, denn schließlich muss der Merchant auch wirtschaftlich bleiben und kann nicht für jedes Anliegen die richtige Lösung bereithalten.

3.9 Fazit

Von technischen Kenntnissen bis hin zur Produktion von Inhalten ist die anfallende Arbeit für Affiliates sehr vielfältig. Wurde die Bedienung der Affiliate-Netzwerke und des Content Management Systems einmal erlernt, wird die Arbeit für den Affiliate schnell zum Vergnügen. Das ist vor allem dann der Fall, wenn ein Thema bearbeitet wird, mit dem sich der Affiliate identifizieren kann.

Der Schlüssel zum langfristigen Erfolg sind Motivation und Ausdauer. Wer sich mit Gleichgesinnten zusammentut und die ersten Schritte gemeinsam geht, kann von gegenseitiger Motivation und Reflektion stark profitieren.

CHECKLISTE

▸ Motivation klären. Was soll erreicht werden?

▸ HTML Kenntnisse aneignen

▸ Über Suchmaschinenoptimierung informieren

▸ Umgang mit Grafikprogramm üben

▸ Gewerbe anmelden

▸ Über relevante Steuern informieren

▸ Erstes Projekt planen und Strategie festlegen

▸ Webhosting-Anbieter wählen

▸ Domain registrieren

▸ Content Management System installieren

▸ Inhalte erstellen

▸ Werbemittel der relevanten Partnerprogramme einbinden

Kapitel 4 – Wie werde ich Merchant?

Der Onlinevertrieb von Waren und Dienstleistungen ist derzeit einer der am stärksten wachsenden Wirtschaftsbereiche.[4] Allerdings betreiben nur die wenigsten Onlinehändler und andere Internet-Geschäftsmodelle gezielt Affiliate Marketing. Glaubt man der iBusiness Shop-Marketing Studie 2015/2016, betreiben lediglich 46% der deutschen Onlineshops ein eigenes Partnerprogramm.[5] Tausende Onlinehändler haben das Affiliate Marketing demzufolge noch nicht erschlossen, die Gründe dafür sind vielfältig: Vielen Online-Akteuren ist das Thema zwar bekannt, gerade aber Startups und Gründer scheuen häufig die Komplexität des Themas. Andere Online Marketing Disziplinen scheinen einfacher durchschaubar, schneller skalierbar und damit attraktiver. Aus diesem Grund wird Affiliate Marketing oft auf später vertagt. Auf der anderen Seite gibt es eine große Anzahl von Onlinehändlern, die sich zwar über Affiliate Marketing informiert haben, aber von Erfahrungsberichten über zwielich-

---

[4] www.einzelhandel.de/index.php/presse/zahlenfaktengrafiken/item/110185-e-commerce-umsaetze

[5] www.ibusiness.de/aktuell/db/943708sh.html

tige Maßnahmen, Betrug und Abzocke verschreckt wurden. In diesem Kapitel sollen zur Klärung der genannten Probleme folgende Themen behandelt werden:

▹   Für wen eignet sich ein Partnerprogramm?
▹   Was ist nötig, um ein Partnerprogramm zu starten und zu betreiben?
▹   Wie geht man dabei am besten vor?
▹   Mit welchem Aufwand ist zu rechnen?

Der erste Schritt sollte immer eine Potenzialanalyse sein. Dabei dreht sich alles um die Frage, ob sich Affiliate Marketing für das eigene Unternehmen lohnt oder die Marketingressourcen lieber in andere Disziplinen investiert werden sollten. Ergibt die Analyse, dass ein Partnerprogramm durchaus sinnvoll sein kann, so gilt es, die nächsten Schritte zu gehen und Entscheidungen zu treffen: Wird das Partnerprogramm vom Betreiber selbst oder von einer Agentur betreut? Sind Affiliate-Netzwerke für das Partnerprogramm sinnvoll und wenn ja, welche? Welche Vergütungsmodelle sind für die Partner attraktiv? Welche Werbemittel sollten den Affiliates zur Verfügung gestellt werden? Und mit welchem finanziellen und zeitlichen Ressourceneinsatz ist beim Betreiben eines Partnerprogramms zu rechnen?

4.1 Vorbereitung

Bevor es an den Aufbau eines Partnerprogramms geht, muss eine eingehende Analyse des Status Quo und der geplanten Maßnahmen durchgeführt werden. Dabei soll herausgefunden werden, ob sich für die gesteckten Online Marketing Ziele ein Partnerprogramm eignet, ob es überhaupt Potenzial für ein Partnerprogramm gibt und wie die Konkurrenz aufgestellt ist. Unter Umständen kann diese Analyse ergeben, dass Affiliate Marketing nicht der geeignete Kanal ist und das Budget somit sinnvoller investiert werden kann. Aus diesem Grund sollte die Analyse möglichst objektiv und gründlich durchgeführt werden. Darüber hinaus ist sie die Basis, um die Rahmenbedingungen für das zukünftige Partnerprogramm festzulegen.

4.1.1 Potenzialanalyse

Im ersten Schritt der Potenzialanalyse sollten das Ziel und die Zielgruppen des Partnerprogramms genau definiert und evaluiert werden. Für welche Plattformen kommt Affiliate Marketing überhaupt infrage und welche Ziele können damit erreicht werden? Ein Onlineshop kann zum Beispiel ganz klassisch Produkte über Affiliate Marketing verkaufen, aber auch die Zahl seiner Newsletter-Anmeldungen steigern. Beim Aufbau einer Community, wie zum Beispiel bei einem Datingportal, könnte es um relevante Neuanmeldungen gehen. Im Versicherungsbereich sind häufig Anfragen potenzieller Neukunden interessant. Vielleicht soll aber auch die Nutzung von kostenpflichtigen Online Tools das Ziel der Maßnahme sein. Nur mit einer klar messbaren Zielsetzung kann ein Vergütungsmodell für das Programm festgelegt werden und eine Vergütung der Partner erfolgen. Das wiederum ist essentiell notwendig, um die Partner zur Teilnahme zu motivieren. Damit ist ein klar messbares Ziel die grundlegende Voraussetzung für den sinnvollen Betrieb eines Partnerprogramms.

Bei der Analyse der Zielgruppen wird zunächst zwischen End- und Geschäftskunden, also B2C und B2B unterschieden. Affiliate Marketing im B2B Bereich wird in vielen Fällen von vornherein ausgeschlossen, da die Zielgruppen hier häufig sehr klein sind und sich der Kanal entsprechend nicht rechnen würde. Demzufolge gibt es auch nur eine sehr überschaubare Anzahl von Affiliates, die im B2B tätig sind. Auch die Netzwerke lehnen solche Programme aufgrund mangelnder Erfolgsaussichten vielfach ab. Ausnahmen gibt es aber natürlich: Wenn zum Beispiel eine Software beworben werden soll, die sich an viele kleine und mittlere Unternehmen oder Freelancer richtet, ist die Zielgruppe breit genug aufgestellt und häufig auch entsprechend online-affin. Hier können durchaus passende Partner gefunden und ein funktionierendes Programm aufgebaut werden.

Stellen sich Ziel und Zielgruppe als geeignet heraus, geht es zum nächsten Schritt der Analyse, bei dem Marktpotenzial und Markenbekanntheit betrachtet werden sollten. Ist der Zielmarkt zu klein, werden sich auch nur wenige potenzielle Affiliates finden, was insbesondere bei Nischenthemen häufig der Fall sein kann. Aber auch bei dieser Regel gibt es Ausnahmen: Eine hohe Markenbekanntheit kann dazu führen, dass in einem kleinen Markt ein erfolgreiches Partnerprogramm aufgebaut werden kann. Dabei kann die Markenbekanntheit von der Marke des Merchants oder den Marken der verkauften Produkte ausgehen. Eine starke Marke sorgt für Vertrauen beim Konsumenten und steigert damit die Verkaufswahrscheinlichkeit. Das wiederum wirkt auch auf Affiliates anziehend, besteht doch die Chance, zusammen mit dem Merchant gute Umsätze zu erzielen. Gleichzeitig kennen auf dieses Thema spezialisierte Affiliates die Marke des Merchants und binden diesen so auch mit einer größeren Wahrscheinlichkeit und deutlich schneller in ihre Projekte ein. Auch Herstellermarken im Produktsortiment eines bisher unbekannten Merchants können diesen Effekt haben, wenn zum Beispiel der Merchant der einzige Marktteilnehmer mit einem Partnerprogramm ist, in dem diese Produkte beworben werden können. Weitere Möglichkeiten sind besonders günstige Preise oder Servicekonditionen des Merchants, die ihn für Endkunden und damit auch für Affiliates interessant machen.

Die Markenbekanntheit des Shops oder der Produkte objektiv abzuschätzen, ist dabei nicht immer ganz einfach. Hier kann zum Beispiel der Google AdWords Keyword Planner helfen, der die monatlichen Suchanfragen zum entsprechenden Markenbegriff bei Google anzeigt. Darüber hinaus kann auch die Entwicklung der Markenbekanntheit durch Google Trends abgeschätzt werden. Affiliate Marketing ist eine Performance Marketing Disziplin und wird allein nicht zum Durchbruch im Markt führen. Allerdings wird es mit steigender Markenbekanntheit immer besser funktionieren und so mit der Marke wachsen. Das heißt jedoch im Umkehrschluss nicht, dass ohne Markenbekanntheit kein Partnerprogramm gestartet werden kann. Gehört der Markt, in der der Merchant aktiv ist, zu einem übergeordneten, attraktiven Themenbereich, können dadurch eine Vielzahl von Affiliates infrage kommen. Der Schokoladenshop Chocri.de startete zum Beispiel ein erfolgreiches Partnerprogramm, obwohl weder die Produkte selbst noch der Shop eine große Markenbekanntheit hatten. Dafür besetzte Chocri eine Nische, die vorher im Internet kaum vertreten war: Schokolade selbst kreieren und online bestellen. Diese Schokolade eignet sich gut als Geschenk, womit Chocri den großen Themenbereich „Geschenke und Geschenkideen" ansprechen konnte. Das stellte einen enormen Vorteil dar, da es zahlreiche Affiliates in diesem Segment gibt. Bedingt durch Public Relations und Marketingmaßnahmen stiegen in der Folgezeit die Markenbekanntheit von Chocri und damit einhergehend auch das Leistungsniveau und die Umsätze des Partnerprogramms.

Eng mit dem Marktpotenzial verbunden ist die Frage, ob es für das geplante Partnerprogramm passende Affiliates gibt. Bei Chocri wurde deutlich, dass durch das übergeordnete Thema „Geschenke" bereits eine breite potenzielle Partnerbasis vorhanden war. In anderen Segmenten kann es mangels Themen aber ganz anders aussehen. Der Merchant sollte sich deswegen genau überlegen, in welchen Themenbereichen seine Präsenz sinnvoll ist. Innerhalb dieser Bereiche gilt es, Seiten zu recherchieren, auf denen der Merchant platziert werden möchte. Ist ersichtlich, dass eine signifikante Anzahl an potenziellen Partnern vorhanden ist, kann ein Partnerprogramm sinnvoll sein. Hier können auch die Netzwerke aus ihren Erfahrungen heraus Einschätzungen abgeben. Darüber hinaus muss geprüft werden, welche weiteren Partnermodelle infrage kommen (siehe ↻ Kapitel 2 Affiliate-Geschäftsmodelle). Machen viele unterschiedliche Partnermodelle für das zu startende Partnerprogramm Sinn, steigt natürlich wiederum das Potenzial. Werden jedoch aus strategischen Gründen viele Partnermodelle ausgeschlossen, wird auch das Potenzial des Partnerprogramms beschnitten und die Entscheidung kann in der Folge gegen Affiliate Marketing ausfallen.

Werden für das Partnerprogramm bestimmte Partnermodelle zugelassen, sollte abgeschätzt werden, ob diese überhaupt ausreichend Potenzial besitzen. Das kann zum Beispiel auf Basis der Erkenntnisse aus anderen, bereits betriebenen Online Marketing-Kanälen geschehen: Hat der Merchant bereits SEA ausprobiert und herausgefunden, dass diese Maßnahme nicht gewinnbringend funktionieren kann, da zum Beispiel nach wichtigen Begriffen nicht gesucht wird oder die CPCs sehr hoch sind - wie soll das dann für den Affiliate funktionieren? Ähnliches gilt für Facebook-Anzeigen oder Erfahrungen mit Preisvergleichen. Vielleicht wurde aber auch in der bisherigen PR und Blogger Relations Arbeit festgestellt, dass infrage kommende Websitebetreiber Werbemittel nur auf Festpreisbasis oder überhaupt nicht einblenden. Dann entfällt auch dieses Affiliate-Geschäftsmodell und die Gruppe potenzieller Partner wird wieder kleiner.

Eignen sich also Ziel und Zielgruppe für ein Partnerprogramm, sind Marktpotenzial und Markenbekanntheit des Merchant oder der Produkte vorhanden, gibt es ausreichend adäquate Affiliates und lassen die Erkenntnisse aus eigenen Online Marketing Maßnahmen Potenziale erkennen, dann spricht vieles dafür, dass Affiliate Marketing ein sinnvoller Kanal sein könnte. Um eine abschließende Entscheidung treffen zu können, muss aber noch tiefer in die Analyse gegangen werden.

4.1.2 Konkurrenzanalyse

Im nächsten Schritt sollte die Konkurrenz analysiert werden, wobei natürlich in erster Linie die direkten Konkurrenten interessant sind. Gibt es (noch) keine direkten Konkurrenten wie im Beispiel Chocri aus ↻ *4.1.1 Potenzialanalyse*, konkurriert der Merchant dennoch mit anderen Partnerprogrammbetreibern um ähnliche Affiliates. Chocri beispielsweise spricht ähnliche Affiliates wie der Erlebnisgeschenkeanbieter mydays an, auch wenn beide unterschiedliche Produkte verkaufen.

PARTNER-PROGRAMM-DATENBANKEN

100partnerprogramme.de
affilixx.com
affiliate-marketing.de

Um herauszufinden, ob die relevanten Konkurrenten eigene Partnerprogramme betreiben, kann in Partnerprogrammdatenbanken recherchiert werden.

Ist hier kein direkter Konkurrent zu finden, können daraus zwei Schlüsse gezogen werden: Zum einen könnte das ein Hinweis darauf sein, dass sich ein Partnerprogramm in diesem Bereich nicht lohnt. Zum anderen ist der Merchant der erste Akteur in diesem Segment und muss genau prüfen, ob es ausreichend Affiliates für sein Vorhaben gibt (siehe ↻ *4.1.1 - Potenzialanalyse*). Dafür werden natürlich auch indirekte Konkurrenten betrachtet. Sind auch diese nicht mit Partnerprogrammen vertreten, dann wird es wahrscheinlich schwer, geeignete Partner zu finden.

Gibt es direkte oder indirekte Konkurrenten, die ein Partnerprogramm betreiben, geht die Analyse wieder eine Ebene tiefer. Nun sollten die Ziele der Konkurrenzpartnerprogramme betrachtet werden:

▸ Was wird vergütet?
▸ Wie wird die Vergütung zwischen unterschiedlichen Zielen differenziert?

▷ Werden nur Bestellungen vergütet?

▷ Gibt es eine andere Vergütungsstruktur für Neukunden?

▷ Werden Newsletter-Anmeldungen oder Registrierungen vergütet?

▷ Werden Interessenten eines Produktes vergütet oder nur Bestellabschlüsse?

Aufschluss darüber geben ebenfalls die genannten Partnerprogrammdatenbanken. Decken sich die Ziele der Konkurrenten mit denen des zu startenden Partnerprogramms, so scheinen die Affiliates mit diesem Ziel umgehen und dieses auch gut erreichen zu können.

Außerdem sollten die gezahlten Provisionen betrachtet werden. Zahlen alle Konkurrenten ähnliche Provisionssätze, dann muss das zu startende Partnerprogramm mit vergleichbaren Konditionen starten, um konkurrenzfähig zu sein. Abweichungen davon sind möglich, wenn zum Beispiel die Markenbekanntheit des zu startenden Partnerprogramms im Vergleich zur Konkurrenz deutlich größer ist. Durch das so gesteigerte Vertrauen beim Endkunden und die steigende Abverkaufswahrscheinlichkeit kann die Provision unter Umständen unter dem Marktschnitt festgesetzt werden. Ist keine Markenbekanntheit vorhanden, muss den Affiliates ein monetärer Anreiz geboten werden, um als Partnerprogrammbetreiber attraktiv zu wirken. Diese Erkenntnisse zur nötigen Provisionshöhe können wiederum zu einem Entscheidungskriterium gegen ein Partnerprogramm werden.

Dazu ein Zahlenbeispiel: Der Merchant hat abzüglich aller Kosten eine Gewinnmarge von 10% pro verkauftem Produkt. Um noch etwas Gewinn zu erzielen, möchte er deshalb maximal 8% für Affiliate Marketing investieren. Die marktüblichen Provisionen liegen bei 6%, besonders wichtige Premiumpartner bekommen 8%. Im Durchschnitt müssen so zum Beispiel 7% Provision gezahlt werden. Aber damit noch nicht genug: Die meisten Netzwerke veranschlagen pro Monat 30% der ausgeschütteten Publisher-Vergütungen als Honorar (siehe ➲ *Kapitel 6 Affiliate-Netzwerke*). Damit steigen die Kosten fürs Affiliate Marketing auf 9,1%, liegen so über der 8%-Grenze des Merchant und fressen fast die gesamte Marge auf. Würde noch eine Agentur und deren Vergütung hinzukommen, dann können die Kosten schnell über der Marge liegen. Damit wird Affiliate Marketing zu teuer und die Entscheidung kann gegen ein Partnerprogramm ausfallen. Da durch Affiliate Marketing aber auch signifikant viele Leads gewonnen werden können, lassen sich die Kosten auch als Investition in meist teure Neukunden rechnen. Hier muss vorab auf Basis der ermittelten Vergleichswerte immer genau kalkuliert und mit verschiedenen Szenarien gerechnet werden.

Die Konkurrenzanalyse gibt ebenfalls Aufschluss darüber, bei welchen Netzwerken die Partnerprogramme der Konkurrenz betrieben werden. Zeichnet sich ab, dass die Programme der meisten Konkurrenten bei ein und demselben Netzwerk zu finden sind, dann ist dies natürlich im Umkehrschluss ein starker Indikator dafür, dass bei genau diesem Netzwerk die für das eigene Themenfeld relevanten Publisher erreicht werden können. Leider lässt sich aber nur schwer ablesen, wie erfolgreich die jeweiligen Konkurrenzprogramme tatsächlich laufen. Hierfür können nur Indizien herangezogen werden, indem man sich einen Publisher-Zugang zu dem jeweiligen Netzwerk anlegt und sich dort einloggt. Schaut man dann beispielsweise bei Affilinet auf die Partnerprogrammseite, dann werden dort verschiedene Kennzahlen des Programms ausgewiesen, zum Beispiel die EPC (Earnings per Click, also Einnahmen, mit denen ein Affiliate pro Klick im Durchschnitt rechnen kann) oder die Stornorate. Anhand dieser Zahlen kann der Erfolg des Programms abgeschätzt werden: Ein höherer EPC und eine geringe Stornorate können ein erfolgreiches Partnerprogramm vermuten lassen, wenngleich diese Zahlen bei übermäßiger Abweichung vom Konkurrenzdurchschnitt auch für ein ungepflegtes Programm stehen können oder für die häufige Nutzung von Partnermodellen wie Paidmail oder Post View. Zanox subsumiert die bereits genannten und weitere Kennzahlen in den AdRank eines Partnerprogramms. Dieser kann zwischen null und zehn liegen - je höher er ist, desto erfolgreicher ist ein Partnerprogramm aus Sicht der Affiliates. Das Fluege.de Partnerprogramm verzeichnet derzeit einen AdRank von 9,1 und ist damit unter den Top-Programmen in Deutschland. Die meisten Programme liegen aber eher bei einem AdRank von zwei bis drei, zum Beispiel das Lidl Partnerprogramm. Bewegen sich die Konkurrenten auf einem ähnlichen Niveau, so kann von einem erfolgreichen Partnerprogramm bei Zanox ausgegangen werden.

Damit ergibt sich die abschließende Erkenntnis aus der Analyse, nämlich die Antwort auf die Frage, bei wie vielen Netzwerken gestartet werden sollte. Generell macht es Sinn, bei vorerst einem Netzwerk zu beginnen und hier zuerst das mögliche Potenzial an Partnern voll auszuschöpfen. Stößt man in diesem Netzwerk an seine Grenzen und kann gewisse Partner nicht für das Partnerprogramm gewinnen, dann kann das Potenzial dieses Netzwerkes erschöpft sein. Dieser Effekt tritt aber im Regelfall erst nach 12 bis 24 Monaten ein. Laufen die Partnerprogramme der Konkurrenz hauptsächlich bei einem Netzwerk, dann sollte man sich am Anfang auch auf dieses fokussieren. Im nächsten Schritt kann ein weiteres Netzwerk eröffnet werden, das zusätzliches Potenzial für das Partnerprogramm verspricht. Eine andere Herangehensweise ist, sich auf eines der großen Netzwerke zu konzentrieren, um reichweitenstarke Partner (siehe ⮑ *Kapitel 2 Affiliate Geschäftsmodelle*) anzusprechen und gleichzeitig bei einem themenspezifischen Netzwerk (siehe ⮑ *Kapitel 6 Affiliate-Netzwerke*) zu starten, um passgenaue Partner zu erreichen (siehe ⮑ *Kapitel 4.3.3 Auswahl eines Affiliate-Netzwerkes*).

Ein weiterer Aspekt der Konkurrenzanalyse ist die Laufzeit der Cookies (siehe ⮑ *Kapitel 7.1.3 Cookie Tracking*). Dieser Wert kann bei der Analyse der Konkurrenzpartnerprogramme gleich mit erfasst werden und gibt Aufschluss darüber, welche Zeiträume dort gewählt wurden. Bei der Festlegung der eigenen Laufzeit kann man sich an diesen orientieren. Ein weiteres Kriterium ist natürlich der allgemeine Zeithorizont vom ersten Kontakt potenzieller Kunden mit dem eigenen Shop bis hin zum Kauf. Bei schnelldrehenden Produkten (z.B. Konsumgüter des täglichen Bedarfs) kann dieser Zeitraum sehr kurz sein, bei Produkten mit langen Entscheidungszyklen (Autos, Versicherungen usw.) muss die Laufzeit des Cookies ebenfalls entsprechend lang gewählt werden.

4.1.3 Zeitlicher Horizont

Wurden alle Informationen der vorangestellten Analyse zusammengetragen und zeigen die Erkenntnisse daraus, dass sich ein Partnerprogramm lohnen kann, da die Rahmenbedingungen zur Strategie des Merchant passen, geht es an die Umsetzung. Diese ist theoretisch sehr schnell erledigt, da ein Partnerprogramm innerhalb weniger Tage gestartet werden kann. Allerdings zeigt die Praxis, dass dafür realistisch etwas mehr Zeit eingeplant werden muss. Häufig sind der Einbau von Tracking Codes, die Implementierung von Container Tags, die Erstellung von Produktlisten oder die Kreation passender Werbemittel zeitaufwändiger als zunächst vermutet. Natürlich müssen auch Themen wie die Affiliate Vergütung noch einmal genau kalkuliert und überprüft werden, denn ein einmal aufgesetztes Vergütungsmodell sollte nicht so schnell wieder geändert werden. Wenn alle beteiligten Parteien – von Netzwerk über Techniker und Grafiker bis hin zum Affiliate Marketing Verantwortlichen – zügig und zielorientiert arbeiten, so muss meist dennoch mit einem Implementierungszeitraum von drei bis fünf Wochen gerechnet werden.

4.2 Agentur oder selbst betreuen?

Diese Frage stellt sich meist spätestens kurz vor dem Programmstart. Hat der Merchant selbst die Ressourcen, ein Partnerprogramm zu starten und zu betreiben oder sollte eine spezialisierte Agentur ins Boot geholt werden? Für beide Varianten gibt es gute Argumente. Entscheidend sind die individuellen Vorrausetzungen im Unternehmen und die langfristige Online Marketing Strategie.

4.2.1 Was spricht für eine Inhouse-Betreuung

Wenn die zuvor angestellte Analyse zeigt, dass sich Affiliate Marketing zwar lohnen kann, das zu erwartende Umsatzvolumen aber relativ klein ist, ist dies ein erstes Argument für eine Betreuung des Partnerprogramms im eigenen Unternehmen (Inhouse). Bei einer Agenturbetreuung fallen zu einem gewissen Grad monatliche Fixkosten an. Diese stehen dem zu erwartenden kleinen Umsatzvolumen des Partnerprogramms gegenüber, sodass sich finanzieller Aufwand und Nutzen nicht die Waage halten und der Kanal unter Umständen nicht profitabel betrieben werden kann.

Ein weiteres Argument für eine Inhouse-Betreuung sind Lerneffekte und der Aufbau von Know-How im eigenen Unternehmen. Das Wissen kann so langfristig genutzt werden. Allerdings muss für den Start eines Partnerprogramms bereits eine Basis an Affiliate-Kenntnissen im Unternehmen vorhanden sein, um das Programm aufzubauen, effizient zu betreiben und zielgerichtet voranzubringen.

Darüber hinaus wird neben Wissen auch ein Netzwerk von Affiliate-Kontakten aufgebaut. Wenn dies Inhouse vorhanden ist, werden die Affiliates langfristig an das eigene Unternehmen und das Partnerprogramm gebunden. Natürlich ist die Bindung ans Programm die wichtigste Komponente, die auch eine Agentur für den Merchant sicherstellen kann. Ein persönliches Kontaktenetzwerk muss jedoch immer selbst erschlossen und gepflegt werden. Bei einer eventuellen Übernahme des Partnerprogramms von der Agentur zur Inhouse-Betreuung kann ein fehlendes Netzwerk später eines der größten Probleme sein.

Wird eine Agentur vom Merchant mit der Betreuung des Partnerprogramms beauftragt, wird eine weitere Instanz zwischengeschaltet. Jede Kommunikation zwischen Netzwerk und Merchant oder Publisher und Merchant verlängert sich um mindestens eine Person, was natürlich zur Verlangsamung von Kommunikations- und Entscheidungsprozessen führen kann. Um diesem Problem zu begegnen, sollte eine enge und schnelle Kommunikation die Basis der Zusammenarbeit mit einer Agentur sein. Dies gelingt über regelmäßige, auch kurzfristige Telefontermine, kurze Feedback-Schleifen, die Nutzung von Projektmanagement-Tools und die klare Definition von Entscheidungskompetenzen.

Affiliate Agenturen werden meist leistungsabhängig bezahlt. Dabei wird die Leistung häufig als der im Partnerprogramm generierte Umsatz definiert, mit steigendem Umsatz steigt auch die Vergütung der Agentur. Was aus Sicht des Merchants zunächst gut und wünschenswert ist, hat auch eine Kehrseite, da es durch diese Konstellation für die Agentur zu Zielkonflikten kommen kann. Der höchstmögliche Umsatz im Partnerprogramm, liegt nicht immer im Interesse des Merchants. Es können beispielsweise Umsätze getrackt werden, die auch ohne Partnerprogramm zustande gekommen sein könnten (siehe zum Beispiel ↻ 2.5.1 *Gutschein-Websites aus Sicht des Merchants*). Die Aufgabe des Affiliate Managers muss es also sein, solche Verschiebungen in den Affiliate-Kanal so minimal wie möglich zu halten und zu versuchen, nur mehrwertbringende Umsätze zu generieren. Diese Zielkonflikte können aber natürlich auch bei Inhouse Affiliate Managern auftreten, wenn diese (teilweise) leistungsabhängig vergütet werden oder eine permanente Umsatzsteigerung im Kanal als Leistungsnachweis erwartet wird.

4.2.2 Was spricht für eine Affiliate Agentur

Die Beauftragung einer Affiliate Agentur lohnt sich meist dann, wenn das zu erwartende Umsatzpotenzial groß genug für ein gutes Aufwand-Nutzen-Verhältnis ist, es sich aber gleichzeitig nicht lohnt, einen eigenen Mitarbeiter im Unternehmen mit diesem Thema zu beschäftigen. Grundsätzlich empfiehlt sich eine Agentur also bei Programmen mit mittlerem bis großem Umsatzpotenzial.

Auch empfiehlt sich eine Agentur, wenn intern kein Mitarbeiter mit dem nötigen Affiliate Know-How vorhanden ist, da diese Situation sonst meist zu Unzufriedenheit bei allen beteiligten Parteien führt. Ein interner Mitarbeiter muss einschlägige Erfahrungen im Affiliate Marketing haben, allerdings sind genau diese Mitarbeiter häufig schwer zu finden. Die Agentur hingegen hat bereits fertig ausgebildete Fachkräfte in ihren Reihen und kann dem Merchant diese Aufgaben effizient abnehmen. So bleibt der Merchant flexibel und kann sich auf seine Kernaufgaben, also die Entwicklung des eigenen Geschäfts, konzentrieren. Ein weiteres Argument für eine Agenturbetreuung ist das wachsende Fachwissen der Agentur. Durch die Betreuung verschiedenster Partnerprogramme und die Arbeit mit unterschiedlichen Affiliates, Publisher-Modellen und Netzwerken können vielfältige Erfahrungen aufgebaut werden, die einem Unternehmen in der Regel nicht zur Verfügung stehen. Die Agentur weiß sowohl, welche Themen den Affiliates wichtig und welche Methoden gängig sind, als auch, wie sie damit umgehen muss. Außerdem werden Mitarbeiter guter Agenturen regelmäßig weitergebildet, sind auf Branchenevents vertreten, lesen und schreiben Blogs und bleiben damit immer auf dem Laufenden.

Darüber hinaus spricht auch das vorhandene Branchennetzwerk für eine Agentur. Durch das Management vieler verschiedener Partnerprogramme in unterschiedlichsten Bereichen wird durch die Agentur und deren Mitarbeiter ein breites Netzwerk aufgebaut. Man kennt sich in der Branche und kann so viele Dinge schneller und auf einer anderen Ebene angehen. Auch treten dadurch Synergieeffekte auf, über die ein Unternehmen nicht verfügt: Interessante Partner und Erkenntnisse können aus einem Partnerprogramm auf ein passendes weiteres Programm übertragen werden.

Michael Jany
Senior Manager
Online Marketing/
Affiliate & Coopera-
tions, mydays

„Besondere Unterstützung durch die Affiliate Agentur erhalten wir im operativen Tagesgeschäft, z.B. Freischalten von Publishern, Akquisition von neuen Partnern, Support und Überwachung der Affiliates, fortlaufende Programmoptimierung, Erstellen von Partnernewslettern, Pflege der Werbemittel sowie monatliche Reportings."

Agenturen kennen aber nicht nur bewährte Methoden und Strategien der Partnerprogrammentwicklung, sondern auch die Strategien einzelner Partner und können somit einschätzen, welche Partnermodelle zu welchem Ziel eines bestimmten Merchants passen. Ferner verfügen sie meist über Blacklists von Partnern, welche im Programm unerwünscht oder sogar mit Betrugsversuchen auffällig geworden sind.

Zudem haben Agenturen gegenüber den Netzwerken und Partnern häufig eine bessere Verhandlungsposition, da sie mit diesen bereits in engem Kontakt stehen und schon länger zusammenarbeiten. Außerdem kennen Agenturen in Hinsicht auf die Netzwerkkonditionen Vergleichswerte aus anderen Programmen und können sich bei der Verhandlung auf diese berufen.

4.2.3 Eine gute Agentur finden

Hat die Analyse des Merchants ergeben, dass er das Partnerprogramm Inhouse starten und betreuen möchte, dann ist das folgende Kapitel nicht relevant. In diesen Abschnitten wird es darum gehen, wie ein Merchant eine geeignete Agentur finden kann und worauf bei der Suche geachtet werden sollte.

Die Basis der Zusammenarbeit mit einer guten Affiliate Agentur ist Transparenz. Dazu gehört, dass der Merchant jederzeit Zugriff auf alle relevanten Daten und Vorgänge erhält. Auch ist es wichtig, dass eine Agentur ehrlich mit dem Merchant umgeht und auch dann in seinem Interesse handelt, wenn sich das negativ auf die Agenturvergütung auswirkt. Nur so kann eine vertrauensvolle Zusammenarbeit auf Augenhöhe entstehen. Wie findet man nun vor einem Vertragsabschluss heraus, ob eine Agentur diesen Anforderungen genügt?

Einer der aussagekräftigsten Ansatzpunkte ist die Befragung anderer Kunden der Agentur. Welche Erfahrungen haben diese Kunden gemacht, wie sprechen sie über die Zusammenarbeit mit der Agentur? Auch die Website der Agentur, ihre Publikationen oder der Blick mit einem Publisher Account in die von ihr betreuten Programme können erste Anhaltspunkte liefern. Tritt die Agentur schon hier transparent auf?

Eine gute Vernetzung innerhalb der Branche ist im Affiliate Marketing unerlässlich und für den Merchant einer der wichtigsten Vorteile von Agenturen. An vielen Stellen ist das „Vitamin B" der Agentur gewinnbringend für den Partnerprogrammbetreiber. Daher ist es eine für die Agentur notwendige Voraussetzung, immer wieder auf Branchenveranstaltungen präsent zu sein und mit Geschäftspartnern in persönlichen Kontakt zu treten. Hier kann der Merchant versuchen nachzuvollziehen, auf welchen relevanten Online Marketing Veranstaltungen die Agentur aktiv ist. Dazu eignen sich Teilnehmerlisten bei Xing oder Facebook, aber auch ein Veranstaltungskalender auf der Agenturwebsite oder Berichte über Branchenevents im eventuell vorhandenen Agenturblog. Aus dem Blog kann zudem ein weiterer Hinweis zur Vernetzung der Agentur herausgelesen werden: Wie häufig publiziert die Agentur im Blog, wie oft werden die Beiträge geteilt, wer verbreitet diese weiter und wer kommentiert die Beiträge?

Natürlich sollte auch der Blick in die Referenzen der Agentur nicht fehlen. Allerdings ist hier Vorsicht geboten, denn große Namen auf der Kundenliste stehen nicht automatisch für eine hohe Qualität. Hier empfiehlt sich, wie eingangs schon erwähnt, ein genauer Blick in die dazugehörigen Partnerprogramme. Dazu kann man sich als Merchant einfach einen „Undercover" Account bei einem Affiliate-Netzwerk anlegen und so die Programme aus Sicht des Affiliates von innen ansehen: Wie gepflegt wirkt das Programm, wird die Bewerbung zügig freigeschaltet, sind die Werbemittel in Ordnung und antwortet die Agentur zügig auf Test-E-Mails des Undercover Affiliates?

Ein weiteres Auswahlkriterium können diverse Zertifikate sein. In der Affiliate-Branche stehen besonders die Siegel der Affiliate-Netzwerke und des Bundesverbands der Digitalen Wirtschaft (BVDW) hoch im Kurs. Die Aussagekraft dieser Zertifikate ist allerdings beschränkt. Während die Netzwerkzertifikate meist einen guten operativen Umgang mit den einzelnen Netzwerken signalisieren, werden bei der Vergabe des BVDW-Siegels auch Abschätzungen zu inhaltlichen und qualitativen Aspekten der Agenturarbeit getroffen. Nichtdestotrotz bleiben diese Zertifizierungen nur ein kleiner Baustein im Gesamteindruck, da weder die Netzwerke, noch der Bundesverband eingehend und kontinuierlich die Qualität einer Agentur prüfen.

4.2.4 Agenturvergütung

Agenturen müssen für ihre Dienstleistung adäquat vergütet werden. Natürlich empfiehlt es sich hier, mehrere Angebote einzuholen und diese zu vergleichen. Allerdings sollte für den Merchant der Preis nicht das einzig ausschlaggebende Kriterium sein. Die Entscheidung für ein „billiges" Angebot kann den Merchant später teuer zu stehen kommen, da geringe Grundgebühren oder Agenturprovisionen bei gleicher Arbeitsbelastung früher oder später von der Agentur kompensiert werden müssen. Der beste Weg der Kompensation wäre natürlich besonders gute Leistung und somit sehr hohe Umsätze im Partnerprogramm. Allerdings bewegt man sich im Affiliate Marketing auch in einem vorgegeben Rahmen und kann nur in den strategischen Schranken des Merchants natürlich wachsen. Somit bleibt diese Kompensation zwar theoretisch machbar, wahrscheinlicher ist aber, dass entweder weniger Aufwand in das Partnerprogramm investiert wird oder - viel schlimmer - dass Betrugsfälle, die den Umsatz künstlich erhöhen, toleriert werden.
Die Ausgestaltung von Agenturvergütungen hängt von verschiedenen Faktoren ab, u.a.:

▹ Läuft das Programm bereits oder muss es neu gestartet werden?
▹ Welches Potential gibt es für ein Partnerprogramm in der Branche, gibt es marktbeherrschende Wettbewerber?
▹ Bei wie vielen Netzwerken läuft das Partnerprogramm und mit welchem Aufwand ist zu rechnen?

Viele Agenturen rechnen mit einer Kombination aus fixer monatlicher Grundgebühr und leistungsorientierter Komponente ab. Hintergrund ist, dass in einem Partnerprogramm häufig eine Vielzahl von Tätigkeiten anfallen, die sich nicht direkt kurzfristig in einer Umsatzsteigerung widerspiegeln, für den Betrieb eines Partnerprogramms aber unerlässlich sind. Dieser

Aufwand muss von der Agentur zum Beispiel mit einer Grundgebühr kompensiert werden:

- monatliche fixe Grundgebühr
- prozentuale Umsatzprovision als Leistungskomponente
- die Grundgebühr sinkt dabei häufig mit steigender Leistungskomponente

Zusätzlich kann bei neu zu startenden Programmen auch eine einmalige Einrichtungsgebühr anfallen. Wenn das Partnerprogramm allerdings ein gewisses Umsatzvolumen erreicht, sollte es möglich sein, die Agentur rein leistungsorientiert zu vergüten, also nur auf Provisionsbasis.

4.3 Affiliate-Netzwerk oder eigenes Partnerprogramm?

Diese Frage wurde bisher überhaupt noch nicht gestellt, da es ausschließlich um Affiliate-Netzwerke ging. Zu diesen gibt es allerdings Alternativen, wenn der Merchant sich entscheidet, ein eigenes Partnerprogramm mit Hilfe einer Software zu betreiben. Hierbei spricht man häufig von einem Inhouse-Partnerprogramm oder einem Private Network. Der Merchant bzw. eine von ihm gekaufte/ gemietete Software übernimmt die Aufgaben des Netzwerks. Im ⟲ *Kapitel 6 Affiliate-Netzwerke* wird auf beide Alternativen im Detail eingegangen.

Nichtsdestotrotz sollen an dieser Stelle kurz die Vorteile von Affiliate-Netzwerken und Inhouse-Partnerprogrammen beleuchtet werden.

4.3.1 Vorteile von Affiliate-Netzwerken

Ein großer Vorteil von Affiliate-Netzwerken ist die Bereitstellung der technischen Infrastruktur für den erfolgreichen Betrieb eines Partnerprogramms. Das Netzwerk kümmert sich angefangen von der Auslieferung der Werbemittel über die Aufbereitung des Produktdatenfeeds bis hin zur Sicherstellung eines funktionierenden Trackings um alle Aspekte. Dabei wird die technische Infrastruktur kontinuierlich gewartet und regelmäßig weiterentwickelt. Außerdem übernehmen die Affiliate-Netzwerke die Abrechnung der Transaktionen und damit auch alle buchhalterischen Angelegenheiten gegenüber einer Vielzahl von Partnern. Gleichzeitig bündeln sie viele Partnerprogramme und eine Vielzahl von Partnern auf einer Plattform, was beiden Seiten Synergieeffekte ermöglicht. Bei auftretenden Streitfällen nehmen die Affiliate-Netzwerke auch die Funktion einer neutralen Instanz ein. Ferner bieten sie durch ihre Reichweite unter den Affiliates Raum zur Darstellung und Promotion von Partnerprogrammen. Darüber hinaus entwickeln sich die Affiliate-Netzwerke auch als technische Plattform konstant weiter. So baut Affilinet mit seinen Performance Ads ein Werbenetzwerk für Content-Partner auf. Die einzelnen Affiliate-Netzwerke und deren Besonderheiten und Spezialisierungen finden sich im ➲ *Kapitel 6 Affiliate-Netzwerke.*

4.3.2 Vorteile von Inhouse-Partnerprogrammen

Der größte Vorteil aus Sicht des Merchants ist zweifellos die Einsparung der laufenden Netzwerkkosten, wodurch zum Beispiel die Ausschüttung höherer Partnerprovisionen ermöglicht wird. Auf der anderen Seite steigt aber auch der Betreuungsaufwand (z.B. technischer und buchhalterischer Natur) und es fallen Mietkosten bzw. einmalige Investitionen für das Inhouse-Programm an, so dass genau überprüft werden muss, wie hoch der Einsparungseffekt tatsächlich ist. In einem eigenen Netzwerk ist der Merchant natürlich der Herr im Haus und kann unter anderem festlegen, welche Angaben die Affiliates bei der Anmeldung machen müssen, um so mehr Transparenz zu erlangen, als es in einem öffentlichen Netzwerk möglich wäre. Auch existieren keine technischen Schranken, wie sie die öffentlichen Netzwerke durch die Notwendigkeit der allgemeinen Kompatibilität haben müssen. So können individuelle Lösungen für Werbemittel geschaffen, spezifischere Vergütungsmodelle angeboten oder komplexere Ansprüche an Produktdaten bedient werden. Möglichkeiten für die Umsetzung eines Inhouse-Netzwerkes finden sich im ➲ *Kapitel 6 Affiliate-Netzwerke.*

Michael Jany
Senior Manager
Online Marketing/
Affiliate & Coopera-
tions, mydays

„Mit der Inhouse-Lösung möchten wir unsere Publisher noch stärker an die Marke mydays binden. Die Partner im 7Travel Inhouse-Programm profitieren von exklusiven Endkunden- und Affiliate-Aktionen. Ein weiterer großer Vorteil ist der Einsatz von First Party Tracking, mit dem ein lückenloses Tracking sichergestellt wird."

4.3.3 Auswahl eines Affiliate-Netzwerkes

Welches Affiliate-Netzwerk ist das richtige für das Partner-programm? Im ➲ *Kapitel 6 Affiliate-Netzwerke* finden sich vie-le Informationen, die bei der Entscheidung für ein Netzwerk hilfreich sind. Vorab sollen aber bereits hier einige Kriterien genannt werden, anhand derer eine Vorentscheidung für ein Netzwerk getroffen werden kann.

Ein zentraler Aspekt der Netzwerkauswahl ist das Budget. Da das Affiliate Marketing zum Performance Marketing zählt, er-folgt eine Vergütung nur bei erzielten Erfolgen. Allerdings gilt dies – ähnlich wie bei der Vergütung der Agenturen – nicht in jedem Fall. Die größeren Netzwerke berechnen vor dem Start eines Partnerprogramms häufig Einrichtungsgebühren, die sich zwischen mittleren dreistelligen bis mittleren vierstelligen Be-trägen bewegen können. Darüber hinaus können monatliche Fixgebühren oder Mindestprovisionen anfallen, die häufig im unteren bis mittleren dreistelligen Bereich liegen. Verfügt der Merchant nicht über ein solches Budget, fällt die Wahl eher auf ein kleines Netzwerk, das rein leistungsorientiert abrechnet. Dies sollte allerdings unterlassen werden, wenn später ein Part-nerprogramm bei einem großen Netzwerk geplant ist: Durch den Start bei einem kleinen Netzwerk wird bereits Umsatzpo-tenzial erschlossen, das dann im größeren Netzwerk später un-ter Umständen nicht mehr zur Verfügung steht. Dadurch sinkt die Attraktivität des Programms für dieses Netzwerk, was zu Problemen beim Start und einer schlechteren Verhandlungspo-sition des Merchants führen kann.

Christian Laukat
Affiliate Manager
momox GmbH,
momox.de

„Bei technischen Features unterscheiden sich die Netzwerke eher wenig, beim Drang zu Inno-vationen leider auch. Ich setze also einen nicht weiter definierten Branchenstandard voraus. Darüber hinaus gibt es wenige USPs von Seiten der Netzwerke. Am Ende läuft es leider oft auf eine reine Budget- und Kostenfrage hinaus, bei der über den Preis verhandelt wird. Schade ei-gentlich.“

Zuvor wurde bereits das Thema der Potenzialanalyse für ein Partnerprogramm besprochen. Diese Analyse ist auch die Basis für die Auswahl eines geeigneten Netzwerks. Wird durch das geplante Partnerprogramm nur eine kleine Nische bedient, reicht es in den meisten Fällen aus, bei einem oder mehreren kleineren Netzwerken zu starten. Hier sind Setup- und monatliche Gebühren niedriger, so dass sich diese schneller amortisieren und das Partnerprogramm rentabel betrieben werden kann. Wird durch den Merchant ein breiter Markt mit konkurrenzfähigen Produkten bedient, so ist es meist ratsam, sich bevorzugt an ein größeres Netzwerk zu wenden. Diese verfügen häufig auch über eine größere Reichweite und helfen so, das Marktpotenzial besser zu erschließen und eine größere Aufmerksamkeit für das Partnerprogramm zu erzeugen. Durch die größere Reichweite lohnen sich in aller Regel auch die Mehrkosten. Ein Tipp: Wird das Partnerprogramm für einen gewissen Zeitraum exklusiv nur bei einem großen Netzwerk betrieben, so sind im Regelfall vergünstigte Setupkosten möglich.

Wie bereits in der Konkurrenzanalyse dargestellt, kann auch die Wettbewerbssituation ein Entscheidungskriterium für ein oder mehrere Netzwerke sein. Dabei ist es meist wenig sinnvoll, bewusst ein anderes Netzwerk als die meisten Konkurrenten zu wählen, da viele Affiliates nicht nur exklusiv mit einem Merchant zusammenarbeiten. Manche Affiliate-Geschäftsmodelle wie z.B. Preisvergleiche erfordern sogar eine Kooperation mit mehreren Partnerprogrammen. Vielmehr ist die häufige Wahl eines bestimmten Netzwerks durch Konkurrenten ein Indikator dafür, dass über dieses die passenden Affiliates besonders gut erreicht werden können. Viele der passenden Partner müssen also nicht mehr erst davon überzeugt werden, sich bei dem Netzwerk anzumelden.

Ebenfalls schon angesprochen wurde der thematische Schwerpunkt der Netzwerke. So gibt es beispielsweise auf den Finance- und Versicherungsbereich, auf Reisethemen oder das Erotiksegment spezialisierte Netzwerke. Weitere Schwerpunkte finden sich im ⮑ *Kapitel 6 Affiliate-Netzwerke*. Entspricht das zu startende Partnerprogramm dem thematischen Schwerpunkt eines Netzwerks, dann ist dieses natürlich in die engere Wahl zu ziehen.

Ein letzter Aspekt bei der Auswahl der Netzwerke kann eine geplante Internationalisierung sein. Soll das Partnerprogramm zukünftig auch in anderen Ländern betrieben werden, sollte dies von vornherein berücksichtigt werden. So könnte der Start in einem international gut aufgestellten Netzwerk wie Trade-doubler, Zanox oder CJ eine sinnvolle Wahl sein, da sich hier ggf. bessere Konditionen aushandeln lassen, wenn ein Start in anderen Ländern in Aussicht gestellt wird.

„Das richtige Affiliate-Netzwerk ist entscheidend für den späteren Erfolg des Advertisers. Ausschlaggebend für mydays ist die Reichweite und der Support, den wir über das Netzwerk erfahren, sowie der technologische Fortschritt gegenüber anderen."

Michael Jany
Senior Manager
Online Marketing/
Affiliate & Coopera-
tions, mydays

4.4 Konditionen im Partnerprogramm

Für jedes Partnerprogramm müssen zum Start Rahmenbedingungen abgesteckt werden. Das betrifft im Wesentlichen zwei Säulen: Eine Säule ist finanzieller Natur und umfasst alle Regelungen zur Vergütung der Partner für deren Leistung. Die zweite tragende Säule sind die Teilnahmebedingungen, die von allen Partnern eingehalten werden müssen.

4.4.1 Vergütungsmodell

Das Vergütungsmodell ist elementarer Bestandteil des Partnerprogramms und regelt, welche Leistungen der Affiliates in welchem Umfang honoriert werden. Gerade bei der Frage nach dem richtigen Vergütungsmodell tun sich aber viele Merchants schwer. In der Tat ist diese auch nicht pauschal zu beantworten, da dies von verschiedensten Faktoren abhängt. Zum einen muss die Vergütung attraktiv sein, da der Erfolg des Programms maßgeblich von ihr abhängt. Gleichzeitig kann sie nicht kurzfristig und jederzeit nach Belieben wieder über den Haufen geworfen werden, da dadurch die Partner verschreckt werden.

CPO Die Grundlage eines Vergütungsmodells bildet das Abrechnungsmodell mit dem Affiliate. Das mit Abstand häufigste Abrechnungsmodell im Affiliate Marketing ist die CPO (Cost per Order) Vergütung, die vor allem bei Onlineshops eingesetzt wird. Dabei entstehen für den Merchant nur Kosten für durch den Affiliate vermittelte Bestellungen. Üblicherweise wird dem Affiliate dabei eine prozentuale Provision auf Basis des durch ihn herbeigeführten Umsatzes gezahlt. Wenn der prozentuale

CPO beispielsweise bei 10% liegt und der Affiliate einen Kunden an den Shop vermittelt, der für 100€ (ohne MwSt.) einkauft, dann bekommt der Affiliate 10€ Provision. Manche Merchants vergüten Bestellungen auch pauschal, also in unserem Beispiel etwa mit 10€. Hier kommt der Affiliate besser weg, wenn der Umsatz im Vergleich zur relativen Vergütung niedriger ist. Folglich könnte der Affiliate geneigt sein, eher günstigere Produkte aus dem Sortiment des Merchants, die gleichzeitig eine höhere Kaufwahrscheinlichkeit aufweisen, zu bewerben.

Ein ebenso gängiges Abrechnungsmodell ist die CPL (Cost per **CPL** Lead) Vergütung. Sie findet dann Anwendung, wenn der Partner nicht für Umsätze vergütet werden soll oder kann, sondern andere messbare Aktionen honoriert werden. Dem Merchant entstehen also Kosten für Zielaktionen. Anwendungsfälle für eine Leadvergütung sind zum Beispiel Anmeldungen von Nutzern in einer Community, die Registrierung für einen Newsletter, Anfragen nach weiteren Informationen oder die Teilnahme an Gewinnspielen. Die Zielaktion wird vom Merchant definiert und pauschal vergütet. So kann der Partner beispielsweise 1€ bekommen, wenn er einen neuen Newsletter Empfänger vermittelt.

Außerdem ist die Abrechnung auf CPC (Cost per Click) Basis **CPC** möglich. Für jeden Besucher (Klick), der durch einen Affiliate auf die Website des Partnerprogrammbetreibers gelangt, wird ein kleiner Betrag gezahlt, so dass für jeden Klick Kosten entstehen. Dieses Modell ist im Affiliate Marketing nicht so häufig zu finden wie CPO oder CPL. Da es aber in anderen Online Marketing Disziplinen sehr verbreitet ist, findet es auch in Partnerprogrammen zum Teil Anwendung. Nachteilig ist ein relativ hohes Betrugspotenzial, so dass eine entsprechende Abrechnung nur mit einzelnen vertrauensvollen Affiliates mit hochwertigen Besuchern genutzt werden sollte. Dabei kann dies als Individuallösung jederzeit im Partnerprogramm zugeschaltet werden, so dass man nicht von Anfang an eine CPC Vergütung anbieten muss. Gerade Anfänger sollten die Finger davon lassen.

Wenn auch im Affiliate Marketing kaum relevant, soll der CPM **CPM** (Cost per Mille) bzw. TKP (Tausenderkontaktpreis) nicht unerwähnt bleiben. Diese Abrechnungsart beschreibt die Kosten für die Einblendung eines Werbemittels für 1.000 Personen und ist vor allem bei reichweitenstarken Display-Kampagnen relevant.

Entsprechend kaufen betreffende Affiliates (z.B. aus dem Retargeting-Segment) ihre Werbeflächen auf Basis der CPM Abrechnung ein. Der Merchant wiederum rechnet mit dem Affiliate auf CPO Basis ab, so dass der Merchant mit diesem Abrechnungsmodell nur in anderen Online Marketing Disziplinen direkt in Kontakt kommt.

Hybride Modelle Auch Mischungen aus den zuvor genannten Abrechnungsvarianten sind möglich und werden als „hybride Modelle" bezeichnet. So ist es bei Onlineshops zum Teil üblich, Bestellungen auf CPO Basis zu vergüten, zusätzlich aber eine Neukundenvergütung (CPL) auszuschütten, um für die Generierung von Neukunden gegenüber dem Affiliate einen ganz besonderen Anreiz zu setzen. Auch gibt es hin und wieder CPC + CPO Kombinationen, die mit einzelnen Publishern ausgehandelt werden. Diese bekommen dann eine Basisvergütung für ihren Traffic (CPC) und noch einen zusätzlichen CPO Anteil, wenn Bestellungen zustande kommen.

Was soll vergütet werden? Ein Abrechnungsmodell ist erst komplett, wenn feststeht, auf welcher Grundlage und für welche Aktion die Provisionen berechnet und ausgeschüttet werden.

Bei der CPO Vergütung ist es elementar, genau zu überlegen, auf Basis welcher Werte die Vergütung erfolgt. So sollte bei der prozentualen Umsatzbeteiligung der Netto-Umsatz die Berechnungsgrundlage sein. Der Netto-Umsatz schließt dabei die Umsatzsteuer, die Versandkosten und eventuelle Rabatte aus: Versandkosten werden in der Regel zum Selbstkostenpreis an den Endkunden weitergereicht und vor allem die Umsatzsteuer ist für den Merchant ein durchlaufender Posten, durch den keine zusätzlichen Einnahmen erzielt werden. Rabatte, beispielsweise durch Gutscheinaktionen, sind entgangene Einnahmen, die ebenfalls vom Umsatz abgezogen werden sollten, bevor dieser als Berechnungsgrundlage für die Provision verwendet wird. Die Entscheidung für die Provisionsbasis manifestiert sich beim prozentualen CPO schlussendlich in der Integration des Trackingpixels. Hier wird in einer Variable der Umsatz an das Affiliate-Netzwerk übermittelt, das dann die Provisionsberechnung durchführt. Entsprechend muss genau an dieser Stelle der Netto-Umsatz durch den Merchant an das Netzwerk übertragen werden. (siehe ➲ *Kapitel 7 Trackingverfahren und technische Aspekte*)

Für die CPL Abrechnung ist eine genaue Zieldefinition extrem wichtig. Während beim CPO feststeht, dass Bestellungen vergütet werden, wird beim CPL eine gewünschte Aktion des Besuchers provisioniert. Diese Aktion muss genau definiert werden, um eventuellen Missverständnissen gegenüber dem Affiliate oder sogar Betrug vorzubeugen. Ist das Ziel beispielsweise die Generierung von Newsletter-Anmeldungen, dann sollte das weiter ausdifferenziert werden. So kann einerseits die reine Eintragung einer E-Mail-Adresse in die Datenbank des Merchants vergütet werden. Einen wirklichen Nutzen für den Merchant hat letztendlich aber erst die Double Opt-in Bestätigung. Daher ist es überlegenswert, unter Umständen diese höherwertigen Newsletter-Anmeldungen besser zu provisionieren. Wenn das Lead-Ziel die Generierung von Kundenanfragen ist, muss definiert werden, welche Qualität von einer Anfrage erwartet wird, um eine Provision zu rechtfertigen. Beispielsweise sollten die besonders wichtigen Formularfelder auf jeden Fall korrekt ausgefüllt sein, da der Lead für den Merchant andernfalls wertlos sein kann.

Lifetime-Vergütung

Anstatt den Partnern nur einen Verkauf oder einen Lead zu vergüten, ist auch eine Lifetime-Vergütung denkbar. Hier werden Affiliates nicht nur für die Erstbestellung vergütet, sondern automatisch auch für alle Folgebestellungen. Natürlich kann dabei auch eine geringere Vergütung für Folgebestellungen ausgeschüttet werden. Dennoch ist das Partnerprogramm für Affiliates so deutlich attraktiver im Vergleich zu einer einmaligen CPO Abrechnung. Für Onlineshops ist ein Lifetime-Modell zwar eher unüblich, bei virtuellen Dienstleistungen wie Tools oder Hosting, aber auch für Online Kreditvermittlungen oder Datingportale sehr weit verbreitet. Die Einrichtung eines solchen Abrechnungsmodells ist jedoch technisch aufwändiger. Außerdem muss dieses Modell durch den Merchant genau kalkuliert werden, um eine nachträgliche Anpassung nach unten – und damit eine Verärgerung der Affiliates – zu vermeiden.

Höhe der Vergütung

Das Abrechnungsmodell steht und auch seine Basis wurde genau definiert. Nun geht es darum, die Höhe der Vergütung festzulegen.

Unter ↻ 4.1.2 wurde bereits die Konkurrenzanalyse besprochen. In vielen Fällen gibt es in der betrachteten Branche bereits ähnliche Partnerprogramme, an denen sich die Merchants orientieren können oder müssen. Wenn ein direkter Wettbewerber eine gewisse Provisionshöhe ausschüttet, müssen die Affiliates durch sehr gute Argumente (Markenbekanntheit, Sortimentsauswahl, höhere Conversion Rate usw.) von der Teilnahme an einem Partnerprogramm mit niedrigeren Provisionen überzeugt werden.

Natürlich ist auch die Marge des Merchant nicht unerheblich bei der Festlegung der Vergütungshöhe. Es können auf Dauer nicht mehr Provisionen ausgezahlt werden als die Gewinnspanne des Merchants hergibt. Damit ist die Gewinnspanne in den meisten Fällen die Obergrenze für die Summe aus Provision und alle anderen Kosten wie Agentur- und Netzwerkvergütung. Einzig denkbares Szenario für Provisionen, die über der Gewinnspanne liegen, sind Geschäftsmodelle, die nach der anfänglichen Investition in den Neukunden langfristig für Gewinne sorgen, zum Beispiel Abomodelle, Kredite oder Onlineshops mit hohen Wiederbestellraten.

Ein weiterer wichtiger Aspekt ist die Differenzierung des Modells. In vielen Fällen ist ein Lead nicht gleich ein Lead und ein Verkauf nicht gleich ein Verkauf. Sind dem Merchant bestimmte Umsätze mehr oder weniger wert, sollte dies im Vergütungsmodell berücksichtigt werden. So kann es vorkommen, dass ein Merchant in seinem Sortiment Produktgruppen hat, die ganz unterschiedliche Margen hergeben. Für diese Produktgruppen sollten entsprechend differenzierte Provisionswerte festgelegt werden, wofür Optionen wie das Basket Tracking (siehe ⊃ *7.1.8 Basket Tracking*) genutzt werden können. Wichtig ist dabei aber, dass das Modell für die Partner verständlich bleibt und trotzdem einfach gehalten ist. Aus diesem Grund sollte bei kleinen Margenunterschieden in den Produktgruppen mit einem Mittelwert kalkuliert werden. Ein weiterer Differenzierungsaspekt für die Provision kann der Einsatz von Rabattgutscheinen sein. Kommen Gutscheine zum Einsatz, verliert der Merchant einen weiteren Teil seiner Gewinnspanne. Wird dies nicht bedacht, können die Kosten in einer ungünstigen Konstellation mit den Provisionen die Marge übersteigen. Da dies nicht im Sinne des Merchants sein kann, sollten für Bestellungen mit Gutscheineinsatz geringere Provisionen gezahlt werden. Auch eine Differenzierung der Provisionshöhe zwischen Neukunden und Bestandskunden ist denkbar.

Über Konkurrenz, Marge und Differenzierung hinaus gibt es weitere Aspekte, die beachtet werden müssen. Wie bei jeder anderen Online Marketing Disziplin werden auch in einem Partnerprogramm Bestellungen und Leads vergütet, die auch in anderen Kanälen einlaufen und dort bezahlt werden. So werden Kunden beispielsweise über einen Affiliate auf die Seite des Merchants geschickt, verlassen diese wieder, gelangen später über eine SEA-Anzeige zurück und kaufen. Hier fallen Provisionen für Affiliate und Klickpreise für Google an. Der Kunde taucht in den AdWords- und Affiliate-Statistiken auf.

Durch eine Last Cookie Trackingweiche (siehe ➲ *Kapitel 7.1.10 Trackingweichen und Customer Journey Tracking*) der Kanäle untereinander kann diese Doppelzuordnung vermieden werden. Ideal ist das aber keinesfalls, da immer mindestens ein Kanal und vorgelagerte Berührungspunkte mit dem Shop benachteiligt werden. Um dieses Problem zu lösen, muss ein Customer Journey Tracking und anschließend eine entsprechende Verteilung der Provisionen stattfinden. Diese Thematik ist aber technisch sehr aufwändig und inhaltlich äußerst komplex (siehe ➲ *Kapitel 4.4.1 Vergütungsmodell*). Daher eignet sie sich nicht für jeden Merchant und eventuelle Doppelvergütungen müssen vorab einkalkuliert werden.

Der zentrale Gedanke des Affiliate Marketing als Teil des Performance Marketing ist eine leistungsabhängige Vergütung: Leistung soll belohnt werden. In vielen Partnerprogrammen hat sich aus diesem Grund eine Provisionsstaffel bewährt. Je mehr ein Affiliate für den Merchant tut, desto höher steigt die Provision. Für den Merchant besteht die Herausforderung in der Kalkulation eines solchen Modells: Die Einstiegsprovision muss für die meisten Affiliates attraktiv genug sein. Gleichzeitig muss die Staffel einen Anreiz zur Leistungssteigerung bieten, darf in der Summe aber die Margen des Merchants nicht überstrapazieren. In der Praxis wird die Incentivierung unterschiedlich gehandhabt. Im Normalfall steigt jeder neue Partner auf der Standard-Provisionsstufe ein. Steigert der Partner die Leistung, so wird er entweder für den Folgemonat in eine höhere Provisionsstufe eingruppiert oder erhält mit steigender Gesamtleistung höhere Provisionen: Die Standardprovision beträgt beispielsweise 10%, ab 10.000€ Umsatz steigt diese dann auf 11%, bei 30.000€ auf 12% usw. Hier wird der Partner nicht jeden Monat neu bewer-

Incentivierung

tet, sondern über die gesamte Kooperation hinweg betrachtet und langfristig immer stärker an das Programm gebunden.

Ziel der Incentivierung ist immer, die Partner für über das normale Niveau hinausgehende Leistungen zu belohnen und an das Programm zu binden. Außerdem können Partner mit einer höheren Provision zum Teil weitere Potenziale erschließen: SEA, Social Media Advertising oder Display Affiliates steht so beispielsweise ein höheres Budget zur Verfügung, das in eine größere Reichweite und damit im Idealfall wiederum in einen größeren Erfolg investiert werden kann. Auch kann das Partnerprogramm durch die höhere Provision für den Affiliate attraktiver werden, so dass er dieses gegenüber Wettbewerbern bevorzugt einbindet.

Neben der öffentlich kommunizierten Provisionsstaffel sollten Merchants noch einen kleinen Spielraum für besonders wichtige Partner haben. Sehr gute Partner, die sich ihrer Bedeutung für das Partnerprogramm bewusst sind, verhandeln gerne über eine zusätzliche Provision.

Attribution der Vergütung

Eine Erweiterung der Vergütungsmodelle ist die sogenannte Attribution. Diese leitet sich aus dem Customer Journey Tracking (siehe ⊃ *Kapitel 7.1.10 Trackingweichen und Customer Journey Tracking*) ab. Beim Customer Journey Tracking geht es darum, jeden Kontaktpunkt des Kunden zu erfassen, womit der gesamte Weg des Kunden vom ersten Kontakt mit dem Shop bis hin zum Kauf beschrieben wird. Im Folgenden wird eine solche Customer Journey exemplarisch dargestellt:

▸
Abb. 4.1
Darstellung einer einfachen Customer Journey mit zwei Kontaktpunkten

Der Nutzer in der zuvor dargestellten Customer Journey landet auf der Website von Affiliate A und klickt dort auf einen Textlink, der ihn zum Merchant leitet. Er verlässt die Seite des Merchants wieder und gelangt im nächsten Schritt auf die Seite des Affiliate B. Hier klickt er auf einen Banner des Merchants und landet wieder im Shop. Dort kauft er letztendlich das Produkt. Nun stellt sich die Frage, welcher der beiden Affiliates wieviel Provision bekommt: Das regelt die Attribution. Dabei beschreibt die Attribution die Zurechnung des Marketingbudgets (im Affiliate Marketing der Provision) zu den einzelnen Kontaktpunkten.

In der bisher gängigen Praxis wird dies nach der Prämisse Last Cookie Wins geregelt. Das bedeutet, dass der letzte Kontaktpunkt den kompletten Kauf zugerechnet und damit auch 100% der Provision ausgezahlt bekommt. Affiliate A geht leer aus, siehe folgende Darstellung:

◄
Abb. 4.2
Attribution nach
Last Cookie Wins im
Affiliate Marketing

Dieses Prinzip wird dabei durch Trackingweichen (siehe ⮑ *7.1.10 Trackingweichen und Customer Journey Tracking*) vielfach auch über das Affiliate Marketing hinaus auf alle Online Marketing Kanäle des Shops ausgeweitet:

◄
Abb. 4.3
Attribution nach
Last Cookie Wins über
alle Online Marketing
Kanäle

Richtigerweise müssten bei der zuvor dargestellten Variante beide Kontaktpunkte, also der Affiliate und die SEA-Anzeige, die Conversion zugerechnet bekommen. Damit würde der Merchant aber bei unsauberer Kalkulation gegebenenfalls ein zu hohes Marketingbudget für ein und dieselbe Bestellung investieren. Um dies zu vermeiden, greifen viele Merchants zur Trackingweiche und wenden auch kanalübergreifend das Last- Cookie-Wins-Prinzip an. Der letzte Kontaktpunkt bekommt also die Conversion zugerechnet.

In beiden zuvor genannten Beispielen war der Affiliate A an der Customer Journey beteiligt, geht jedoch leer aus. Schlimmer noch im zweiten Szenario, hier wird das komplette Affiliate Marketing außen vor gelassen. Verdient der Affiliate dadurch zu wenig, ist klar, dass er die Lust an der Zusammenarbeit verliert und seine Werbeplätze lieber anderen Merchants mit höherem Verdienstpotenzial zur Verfügung stellt. Gleichzeitig bricht dem Merchant ein für den Kauf unter Umständen entscheidender Kontaktpunkt weg, was sich wiederum negativ auf dessen Umsätze auswirkt. Aus diesem Grund hat sich die Attribution weiterentwickelt und bietet mittlerweile viele Möglichkeiten, die Marketingbudgets und Provisionen entsprechend der geschätzten oder tatsächlichen Werbewirkung eines Kontaktpunktes auf die Kaufentscheidung zu verteilen. Ziel ist es, eine gerechte Zurechnung der Werbeleistung (und damit der Provisionen) unter allen beteiligten Affiliates und Online Marketing Kanälen zu schaffen und dadurch mögliche Abgreifeffekte zu reduzieren. Die folgenden Attributionsmodelle versuchen der zuvor genannten Problematik zu begegnen und stellen Alternativen zum klassischen Last-Cookie-Wins-Prinzip dar.

First Cookie Wins ist ein weiteres statisches und einfach gehaltenes Modell. Allerdings besteht hier das gleiche Problem, wie beim Last-Cookie-Wins-Modell: Nur ein Kontaktpunkt bekommt die volle Aufmerksamkeit, alle anderen gehen leer aus.

▶
Abb. 4.4
Attribution nach
First Cookie Wins im
Affiliate Marketing

Auch dieses Modell ist nicht der Weisheit letzter Schluss. Naheliegend ist stattdessen, die Gewichtung der einzelnen Kontaktpunkte gleich zu verteilen. Dieses Modell wird lineare Attribution genannt:

▲ **Abb. 4.5** Attribution auf Basis eines linearen Modells

Dabei stellt sich allerdings ebenfalls die Frage, ob dieses Modell der Realität gerecht wird, da häufig angenommen wird, dass der initiale Kontaktpunkt 1 und der letzte Kontaktpunkt 3 den größten Einfluss auf die Kaufentscheidung haben. Dafür gibt es das Badewannenmodell:

▲ **Abb. 4.6** Das Badewannenmodell als Form der Attribution

Auch gibt es Modelle, die den Zeitverlauf der einzelnen Kontaktpunkte hin zur Conversion beachten, sogenannte Time-Decay-Modelle.

▲ **Abb. 4.7** Beispiel für ein Time-Decay-Modell

Der Nachteil bei all den zuvor vorgestellten Attributionsmodellen ist, dass sie alle statisch festgelegt sind. Jeder Kontaktpunkt bekommt entsprechend der Reihenfolge eine Zurechnungshöhe festgelegt. Es wird weder beachtet, ob ein Klick auf ein Werbemittel oder nur eine Einblendung stattgefunden hat, noch wie lange sich ein Nutzer anschließend mit den Produkten des Merchant auseinandergesetzt hat. Aus diesem Grund werden dynamische Attributionsmodelle entwickelt. Basierend auf einer Vielzahl an Daten zu einem einzelnen Kauf wird den einzelnen Kontaktpunkten ein Wertbeitrag bemessen, der sich dann in Form des zugerechneten Budgets ausdrückt. Dabei spielen verschiedenste Faktoren eine Rolle, beispielsweise die Anzahl der Kontaktpunkte in der Customer Journey, die zeitliche Länge zwischen dem ersten Kontaktpunkt und der Kaufentscheidung, der Abstand eines jeden Kontaktpunktes zum Kauf, die Dauer des Aufenthalts beim Merchant nach einem Kontaktpunkt, Click- oder View-Kontakt, usw. Dynamische Attributionsmodelle machen natürlich nur Sinn, wenn sie shop- und kanalübergreifend implementiert werden. Die zugrundeliegende Technik ist dabei sehr komplex und muss in fast allen Fällen durch externe Dienstleister abgewickelt werden. Allerdings kann der Merchant nur so Doppelvergütungen vermeiden und gleichzeitig all seine Marketingaktivitäten sowie Affiliates entsprechend deren Leistung bemessen.

Abb. 4.8
Beispiel für eine
Customer Journey in
einer dynamischen
Attribution

4.4.2 Weitere Konditionen

Laufzeit der Cookies Neben der Vergütung müssen zum Start des Partnerprogramms weitere Rahmenbedingungen wie die Laufzeit der Cookies definiert werden. Diese beschreibt den Zeitraum, in dem eine Bestellung und die damit verbundene Provision einem Affiliate zugeordnet wird und liegt häufig zwischen 30 und 90 Tagen. Klickt also ein potenzieller Kunde auf das Werbemittel eines Affiliates, hat er beispielsweise 30 Tage Zeit bis zum Kauf. Innerhalb dieser 30 Tage bekommt der Affiliate eine Provision. Ab dem 31. Tag läuft die Bestellung nicht mehr im Netzwerk ein und die Vergütung fällt weg.

Je kürzer die Laufzeit des Cookies ist, desto weniger Provision muss unter Umständen ausgezahlt werden. Allerdings schauen sich potenzielle Affiliates die Laufzeit genau an, hier sollte das Partnerprogramm konkurrenzfähig sein. Außerdem zeigt der Merchant den Partnern mit einer langen Laufzeit des Cookies, dass er an der Partnerschaft interessiert ist und diese honorieren möchte. Ein weiterer Aspekt bei der Festlegung der Laufzeit ist zudem die Erklärungsbedürftigkeit bzw. der durchschnittliche Entscheidungszyklus der Endkunden bis zum Kauf: Die Entscheidung zum Kauf eines T-Shirts wird in den meisten Fällen schneller gefällt als die Entscheidung für den Abschluss einer Lebensversicherung.

Eine weitere wichtige Rahmenbedingung ist der Autofreigabezeitraum. Dieser beschreibt, wie lange der Merchant Zeit hat, im Netzwerk eingegangene Bestellungen zu bearbeiten (Storno, Teilstorno, Freigabe), bis das Netzwerk die Provisionen automatisch freigibt. Dieser Mechanismus ist wichtig, um die Affiliates vor der Zurückhaltung von Provisionen zu schützen und den Merchant zur Bearbeitung von Sales anzuhalten. Häufig steht der Autofreigabezeitraum bei den Netzwerken bei 30 Tagen, was aber für einige Partnerprogrammbetreiber zu kurz sein kann. Der tatsächlich sinnvolle Zeitraum ist davon abhängig, wie lange der Merchant benötigt, um definitiv eine Aussage über die Validität eines Kaufs treffen zu können. So haben einige Shops beispielsweise einen freiwilligen Widerrufzeitraum von 30 Tagen, hinzu kommen zwei bis vier Tage, bis das Produkt versendet wurde. Hier sollte ein Autofreigabezeitraum von 40 bis 45 Tagen gewählt werden, um eine gewisse Zeit zur Bearbeitung der Bestellungen zu haben. Andere Onlineshops, zum Beispiel aus dem Möbelsegment, benötigen sechs bis acht Wochen, bis die Bestellung versendet werden kann. Hat der Nutzer dann noch 30 Tage Widerrufsfrist, kann ein Autofreigabezeitraum von 90 bis 100 Tagen sinnvoll sein.

Autofreigabezeit

4.4.3 Teilnahmebedingungen

Neben den aufgestellten Konditionen und Rahmenbedingungen müssen auch Teilnahmebedingungen definiert werden. Diese können, um eine gewisse Rechtssicherheit zu schaffen, in Form von umfangreichen AGB formuliert sein (➲ *Kapitel 8.2.1 Allgemeine Geschäfts- und Programmbedingungen*). In der Praxis kann dies aber vor allem für kleinere Merchants im Umgang mit den Partnern hinderlich sein. Kurze, knackige und für die Partner gut verständlich formulierte Programmrichtlinien reichen in der Regel völlig aus. Dabei sollte auf die wichtigsten Bedingungen zur Bewerbung des Partnerprogramms eingegangen werden.

Die Affiliate-Netzwerke verweisen in ihren AGB, die die Affiliates bei der Anmeldung bestätigen müssen, bereits darauf, dass Betrug (Fraud) jeglicher Art untersagt ist. Dazu gehören unter anderem Betrugsmethoden wie Cookie Dropping, Ad Hijacking, Typosquatting, Fake Bestellungen oder Fake Leads. Es geht prinzipiell darum, dass jegliche Manipulation des Trackings unterbunden werden soll, so dass nur valide Klicks zugelassen werden. Zum zusätzlichen Schutz des Merchants sollten die gängigen Betrugsmethoden in den Teilnahmebedingungen noch einmal explizit genannt und untersagt werden. Zudem sollte ein Hinweis erfolgen, dass das View- und Klick-Tracking des Netzwerks in keiner Weise manipuliert werden darf.

SEA-Richtlinien Für das Partnerprogramm sollten zudem SEA-Richtlinien aufgestellt werden. Diese können von Merchant zu Merchant unterschiedlich sein, sind aber wichtig, um Probleme mit den Partnern (siehe ➲ *Kapitel 2 Affiliate-Geschäftsmodelle*) zu vermeiden. Entsprechend ist eine individuelle Definition unablässig. Dabei geht es vor allem darum, ob und in welcher Form Affiliates Anzeigen bei Google AdWords und anderen Suchmaschinen für den Merchant schalten dürfen. Aspekte der SEA-Richtlinien sind:

▷ **Ist SEA erlaubt:**
Ja / Nein / nur für ausgewählte Partner

▷ **Darf der Markenname des Merchants (meist der Name des Shops) in der Display URL verwendet werden:**
Ja / Nein

▹ **Darf der Markenname des Merchants im Anzeigentitel verwendet werden:**
Ja / Nein

▹ **Darf der Markenname im Anzeigentext verwendet werden:**
Ja / Nein

▹ **Darf der Markenname als Keyword verwendet werden (Brand Bidding):**
Ja / Nein, wir empfehlen in jedem Fall „Nein"

▹ **Dürfen Affiliates direkt auf den Merchant verlinken:**
Ja / Nein

Je nach Strategie des Partnerprogramms und den eigenen SEA-Kapazitäten müssen die oben genannten Punkte festgelegt und in den Teilnahmebedingungen kommuniziert werden.

Wie bereits bei den Affiliate-Geschäftsmodellen (siehe **Gutscheinrichtlinien** ↻ *Kapitel 2 Affiliate-Geschäftsmodelle*) erwähnt, sind Gutscheine kaum noch wegzudenken. Um die Vorteile von Gutscheinen im Affiliate Marketing zu nutzen, Nachteile aber zu reduzieren, sollten Gutscheinrichtlinien aufgestellt werden:

▹ **Sind Gutschein-Affiliates im Partnerprogramm zugelassen:**
Ja / Nein / nur ausgewählte Partner

▹ **Welche Gutscheine dürfen kommuniziert werden:**
Alle Gutscheine und Angebote des Shops / nur explizit im Partnerprogramm freigegebene Gutscheine und Angebote

▹ **Welche Provisionen bekommen Gutscheinpartner:**
Standardprovision / reduzierte Provision, aber für Aktionen eine höhere Provision / nur reduzierte Provision

▹ **Gilt eine mögliche Provisionsstaffel auch für Gutscheinpartner:**
Ja / Nein

„Gutschein-Publisher können als Multiplikator für globale Aktionen wirken oder bei exklusiven Aktionen einen Mehrwert schaffen. Voraussetzung ist die Steuerung auf Kampagnenbasis mit eher wenigen als vielen Partnern. Ohne Steuerung überwiegen die bekannten Mitnahmeeffekte, bei denen der Erfolg des jeweiligen Gutscheinpartners stark mit dem Ranking auf „Merchant Gutschein" in den SERPs korreliert. "

Christian Laukat
Affiliate Manager
momox GmbH,
momox.de

Daneben gibt es eine ganze Reihe weiterer Richtlinien, die für verschiedene Partnermodelle wichtig sein können:

Cashback Richtlinien

▷ **Sind Cashback Affiliates im Partnerprogramm zugelassen:**
Ja / Nein / nur ausgewählte Partner

▷ **Welche Provisionen bekommen Cashback Partner:**
Standardprovision / reduzierte Provision, aber für Aktionen eine höhere Provision / nur reduzierte Provision

▷ **Gilt eine mögliche Provisionsstaffel auch für Cashback Partner:**
Ja / Nein

▷ **Wie viel Cashback dürfen die Partner an die Endkunden maximal weitergeben:**
volle Provision / maximal XX%

E-Mail und Paidmail Richtlinien

▷ **Sind Paidmail Affiliates im Partnerprogramm zugelassen:**
Ja / Nein / nur ausgewählte Partner

▷ **Sind E-Mail-Affiliates im Partnerprogramm zugelassen:**
Ja / Nein / nur ausgewählte Partner

▷ **Darf nur das im Partnerprogramm zur Verfügung gestellte E-Mail Template genutzt werden:**
Ja / Nein / im Ausnahmefall sind auch eigene Templates möglich

▸ **Soll jeder E-Mail-Versand von der Programmbetreuung freigegeben werden:**
Ja / Nein

▸ **Müssen Double Opt-Ins für die Empfängerlisten nachgewiesen werden:**
Ja / Nein

▸ **Sind Social Media Advertising Affiliates im Partnerprogramm zugelassen:**
Ja / Nein / nur ausgewählte Partner

Social Media Richtlinien

▸ **Sind Social Media Community Affiliates im Partnerprogramm zugelassen:**
Ja / Nein / nur ausgewählte Partner

▸ **Müssen Anzeigen der Advertising Affiliates vorab freigegeben werden:**
Ja / Nein

▸ **Müssen Posts der Community Affiliates vorab freigegeben werden:**
Ja / Nein

▸ **Welche Zielgruppen dürfen von Advertising Affiliates (nicht) verwendet werden?**

▸ **Welche Bilder und Inhalte dürfen von Community Affiliates (nicht) verwendet werden?**

▸ **Ist die Bewerbung des Partnerprogramms in Toolbars, Browserbars, Browser Addons oder anderer Software erlaubt:**
Ja / Nein

Toolbars und Browser Addons

Auch Einschränkungen und Richtlinien zur Bewerbung des Merchants in bestimmten Themenumfeldern können sinnvoll sein. So untersagen viele Partnerprogrammbetreiber die Bewerbung der eigenen Seite auf Websites mit rassistischen, pornografischen oder illegalen Inhalten. Auch werden Websites mit

Gewaltdarstellungen, diskriminierenden Darstellungen von Personen, beleidigenden, extremistischen, radikalpolitischen oder jugendgefährdenden Inhalten, mit Verharmlosung oder Verherrlichung von Drogen sowie aus ethisch bedenklichen Umfeldern ausgeschlossen. Je nachdem, wie wichtig dem Merchant die Außendarstellung auf den Websites des Affiliate ist, sollten entsprechende Hinweise in die Teilnahmebedingungen aufgenommen werden.

4.5 Werbemittel

Mit Hilfe von Werbemitteln bewerben die Affiliates die Produkte und Dienstleistungen des Merchants. Durch die Einbindung auf der Seite und den Werbeflächen des Partners wird die Aufmerksamkeit potenzieller Kunden auf den Merchant gelenkt. Ziel dabei ist natürlich, dass die potenziellen Kunden auf das Werbemittel klicken und anschließend beim Merchant kaufen oder eine andere gewünschte Aktion durchführen. Die Bandbreite der Werbemittel, die in einem Partnerprogramm zur Verfügung gestellt werden, ist groß. Sie reicht von einfachen Textlinks über klassische Banner bis hin zu umfangreichen Produktdaten. Je nach Affiliate-Geschäftsmodell (siehe ↺ *Kapitel 2 Affiliate-Geschäftsmodelle*) benötigen die Partner unterschiedliche Werbemittel und setzen diese auf unterschiedliche Art und Weise ein.

4.5.1 Banner und Logos

Jedes Partnerprogramm benötigt zum Start eine gute Basis an Bannern. Es gibt zwar auch eine Reihe von Partnermodellen, die keine Banner nutzen (Preissuchmaschinen, YouTube Affiliates, SEA-Publisher oder Gutschein-Websites), gerade aber für Content Partner, Newsletter Affiliates, Display Publisher oder Werbenetzwerke sind Banner essentiell. Gleichzeitig bestehen auch die Netzwerke auf die Bereitstellung von Bannern vor dem Start eines Partnerprogramms.

Banner werden meist in Form von Grafikdateien angeboten. Für animierte Banner bietet sich das GIF-Format an, für statische Banner JPG. Der Vorteil beider Grafikformate ist, dass sie gängigen Web-Standards entsprechen und damit beispielsweise auch auf mobilen Endgeräten wie Tablets oder Handys angezeigt werden können. Im Gegensatz dazu gibt es mit Flash-Werbemitteln häufig Probleme. Diese können GIF-Banner optisch zwar deutlich in den Schatten stellen, da viel bessere Animationen, aber auch Interaktionen mit dem Werbemittel möglich sind, allerdings werden sie auf vielen mobilen Endgeräten nicht dargestellt. Auch Computer ohne installiertes Flash stellen diese Banner nicht dar. Als Alternative bewähren sich deshalb immer häufiger HTML5-Banner, die ein noch größeres Maß an Animation und Interaktion erlauben. Das Problem dabei ist jedoch, dass diese auf alten Endgeräten und Browsern häufig nicht funktionieren, auch wenn die Zahl der betroffenen Geräte immer kleiner wird. In Kürze werden HTML5-Banner also Flash-Banner überholt haben. In der Herstellung verursachen interaktive HTML5-Banner im Vergleich zu GIF-Grafiken einen deutlich größeren Aufwand für den Merchant. Diese sollten also nur dann erstellt werden, wenn viele Affiliates auf diese Banner angewiesen sind oder der Mehrwert und damit die Conversion Rate des Banners deutlich ansteigt. Anderenfalls rechnet sich der Mehraufwand im Vergleich zu einem GIF für den Merchant wahrscheinlich nicht.

Neben den technischen Aspekten bei der Bannererstellung ist auch deren Abmessung ein wichtiges Kriterium, da die Auswahl der am Markt gebräuchlichen Bannergrößen sehr umfangreich ist. Hier gilt es, sich auf die für Publisher wichtigsten Größen zu fokussieren. Zwei Aspekte sind dabei relevant: Die Empfehlungen der Netzwerke, da diese aus ihrer Erfahrung heraus wissen, welche Werbemittel bei den Partnern gefragt sind und gut funktionieren. Daneben spielt auch Google und sein AdSense Netzwerk eine entscheidende Rolle: Hierüber bespielen sehr viele Website-Betreiber ihre Werbeflächen und gestalten diese entsprechend nach den von Google empfohlenen Größen. Will man als Partnerprogrammbetreiber ebenfalls auf diesen Werbeflächen präsent sein, dann sollte man diese Größen vorhalten. Entsprechend werden im Folgenden Bannergrößen vorgestellt, wie sie Google und exemplarisch Affilinet empfehlen. Dabei spiegelt die Listung in den jeweiligen Kategorien „Desktop" und „Mobile" eine absteigende Priorisierung wider. Je nachdem wie wichtig Banner für das Partnerprogramm sind, können mehr oder weniger unterschiedliche Formate angeboten werden, wobei die Top 5 immer dabei sein sollten.

Abmessungen

Desktop

- 728×90
  (von **Google** als leistungsstark empfohlen | von **affilinet** empfohlen)
- 300×250
  (von **Google** als leistungsstark empfohlen | von **affilinet** empfohlen)
- 468×60
  (von **affilinet** empfohlen)
- 120×600
  (von **affilinet** empfohlen)
- 160×600
  (von **affilinet** empfohlen)
- 234×60
  (von **affilinet** empfohlen)
- 125×125
  (von **affilinet** empfohlen)
- 336x280
  (von **Google** als leistungsstark empfohlen)
- 300x600
  (von **Google** als leistungsstark empfohlen)
- 320x100
  (von **Google** als leistungsstark empfohlen)
- 728×300
- 180×150
- 200×600
- 420x600
- 400×400

Mobile

- 320x50
  (von **Google** als leistungsstark empfohlen | von **affilinet** empfohlen)
- 300x50
  (von **Google** empfohlen | von **affilinet** empfohlen)
- 216x36
  (von **Google** empfohlen | von **affilinet** empfohlen)
- 168x28
  (von **Google** empfohlen | von **affilinet** empfohlen)
- 120x20
  (von **affilinet** empfohlen)
- 320x250
- 320x100
- 300x75

- 300x160
- 216x54
- 168x42

Neben Werbebannern müssen auch Logos in verschiedenen Formaten angeboten werden, da unterschiedliche Affiliates wie zum Beispiel Gutscheinpartner oder Cashback-Systeme diese Logos benötigen, um das Partnerprogramm zu präsentieren. Folgende Größen eignen sich dafür:

- 88×31
- 120×40
- 120×60
- 125×125
- und in sehr großer Auflösung bis ca.
  800 px Kantenlänge der größten Seite

Über die Abmessungen der Banner hinaus ist auch deren Dateigröße wichtig. Generell gilt: So klein wie möglich. Dabei empfiehlt der BVDW eine maximale Größe von 40 kB, laut Google können Banner sogar eine Dateigröße von maximal 150 kB aufweisen.

Dateigröße

Neben den technischen Spezifikationen spielen auch inhaltliche Aspekte eine große Rolle. Hier sollte der Merchant genau überlegen, was auf den Banner in welcher Form dargestellt und wie es kommuniziert werden soll. Dies beeinflusst entscheidend die Leistung des Banners. Grundlegende Vorüberlegungen bei der inhaltlichen Gestaltung sind: Was ist das Ziel? Welche Zielgruppe gibt es? Was gefällt der Zielgruppe? Wie wird die Werbung verbreitet? Wie arbeitet die Konkurrenz? Hält die Werbung, was sie verspricht?

Inhalt

Innerhalb dieses Rahmens müssen die Botschaften richtig kommuniziert werden. Dabei helfen die Positionierung des eigenen Logos, wichtige Produkte, Alleinstellungsmerkmale des Shops und Kaufanreize wie z.B. versandkostenfreie Bestellung oder Gutscheine. Auch eine Handlungsaufforderung (Call to Action) sollte nicht fehlen.

Weitere inhaltliche Gestaltungsmöglichkeiten bieten Buttons auf den Bannern. Ihr Einsatz geht Hand in Hand mit der Handlungsaufforderung. Sie sind ein gutes Signal dafür, dass der

Nutzer auch auf die Werbung klicken kann. Daneben spielen Überschriften eine wichtige Rolle. Hier sollte sich kurzgefasst werden, insbesondere beim Nutzenversprechen innerhalb des Banners. Kurze und einfache Formulierungen sind schnell aufzugreifen, gut zu verstehen und bleiben besser in Erinnerung.

Außerdem können Umrandungen helfen, die Aufmerksamkeit zu steigern, noch wichtiger ist aber die Farbgestaltung. Hier muss der Merchant einiges beachten: Auf jeden Fall sollten die Farben der Zielseite bzw. des Unternehmens einfließen. Es kann recht irritierend sein, wenn der Nutzer von einer roten Werbung auf eine blaue Seite weitergeleitet wird. Darüber hinaus steht jede Farbe in der Farbpsychologie für verschiedene Eigenschaften, beispielsweise Rot für Aufregung, Gelb für Optimismus oder Grün für Gesundheit. Gleichzeitig sind diese Farben mit weiteren Eigenschaften belegt. Orange soll den Appetit anregen und Grün symbolisiert neben Hoffnung auch Natur und Frische. Einige Farben wie Rot erregen sofort viel Aufmerksamkeit. Elemente, die mit ihnen gefüllt sind, können schnell erfasst werden. Hier gilt es, den Spagat zwischen Corporate Design, Farbpsychologie und Aussage des Banners zu meistern.

Weitere Hinweise zur Optimierung und Erstellung von Bannern können unter *www.projecter.de/affiliate-ebook/ banner-gestalten/* eingesehen werden.

Abschließend soll auf das Hosting der Banner eingegangen werden. Hier empfiehlt es sich, diese auf dem eigenen Image-Server abzulegen. Zwar bieten einige Netzwerke die Möglichkeit, die Banner direkt im Netzwerk hochzuladen, das ist aber in der langfristigen Verwaltung deutlich aufwändiger. Spätestens wenn mehrere Werbemittel aktualisiert und durch neue Varianten überschrieben werden sollen, ist es einfacher, das im eigenen System zu tun. Dabei sollte der Partnerprogrammbetreiber darauf achten, dass der Image-Server SSL-fähig ist und die Werbemittel somit über eine https-URL erreichbar sind. Immer mehr Websites, auch von Affiliates, laufen auf einer sicheren SSL-Umgebung. Sollen hier die Banner des Partnerprogramms fehlerfrei dargestellt werden, dann müssen diese ebenfalls in einer SSL-Umgebung liegen.

4.5.2 Textlinks

Textlinks gehören zu den meistgenutzten, effizientesten und gleichzeitig einfachsten Werbemitteln. Partner verlinken ganz klassisch mit einem Textlink von ihrer Seite auf die Seite des Programmbetreibers. Der einzige Unterschied zu herkömmlichen Verlinkungen ist, dass das Affiliate Tracking zwischengeschaltet wird. Textlinks werden beispielsweise in Blogbeiträgen verwendet, in denen die Produkte des Programmbetreibers vorgestellt und direkt verlinkt werden.

Textlinks können in den verschiedenen Affiliate-Netzwerken schnell angelegt werden. Wichtig ist dabei, dass über die Textlinks die wichtigsten Seiten des Merchant abgebildet und erreicht werden können. Dabei ist der Ankertext des Links nicht so entscheidend, da er von den Partnern meist angepasst wird. Wichtiger ist eine korrekte und dauerhafte Verlinkung auf eine funktionsfähige URL. In einem Onlineshop können das neben der Startseite wichtige Produktkategorien, Unterkategorien und Top-Seller-Produkte sein. Auch bietet es sich an, wichtige Markenseiten und Landing Pages als Textlinks zur Verfügung zu stellen.

4.5.3 Produktdaten

Für Onlineshops sind Produktdaten das mit Abstand wichtigste Werbemittel, das unter anderem von Preisvergleichen, Aggregatoren und Retargeting-Partnern genutzt wird. Produktdaten sollten von Beginn an im Partnerprogramm als Werbemittel angeboten werden. Dabei sind Produktdaten, auch „Datenfeed" oder nur „Feed" genannt, eine sich ständig aktualisierende Tabelle mit allen Informationen zu den im Shop angebotenen Produkten. In jeder Zeile dieser Tabelle wird ein Produkt mit den zugehörigen Attributen wie Produktname, Produktbeschreibung, Bild, Preis, EAN / MPN, aber auch Lieferzeit, Material, Abmessungen, Umtauschinformationen oder Zahlarten abgebildet. Die Produktdaten sollten so viele Informationen wie möglich enthalten, um den Affiliates ein umfangreiches Werkzeug an die Hand zu geben, mit dem sie zielgerichtet für das Partnerprogramm werben können.

Die Tabelle mit den Informationen wird im CSV-, XML- oder TXT-Format zur Verfügung gestellt und regelmäßig (mindestens einmal täglich) mit der Datenbank des Shops abgeglichen. Bei einem großen Sortiment oder regelmäßigen Änderungen der Preise empfiehlt sich eine häufigere Aktualisierung des Feeds. Über eine Export-URL werden die Produktdaten dann an das Netzwerk und somit an die Partner übertragen. Damit ist es jedem Partner möglich, nicht nur den Shop als Ganzes, sondern gezielt auch einzelne Produkte zu bewerben.

Jedes Netzwerk und jede Branche hat eigene Anforderungen an den Aufbau der Produktdaten, die in den Spezifikationen zu finden sind. Das bedeutet, dass in der Regel für jedes Netzwerk anders aufgebaute Produktdaten (mit gleichem Inhalt) angeboten werden müssen. Mittlerweile können aber immer mehr Netzwerke auch bereits bestehende Feeds, wie den Google Shopping Feed verarbeiten, so dass kein weiterer angelegt werden muss. Um den Partnern einen wirklich hilfreichen Feed zur Verfügung zu stellen, muss dieser aber mehr Informationen als für Google Shopping enthalten, so dass die Erstellung eines eigenen Affiliate-Feeds zweckmäßig ist.

Zu den Produktdaten sei noch angemerkt, dass den Partnern andere Produktbeschreibungen übergeben werden sollten, als die im Shop hinterlegten, da sonst auf den Partnerwebsites und auf der Shopseite gleiche Inhalte vorhanden wären. Das würde aus SEO-Sicht zu Problemen mit Duplicate Content führen. Weitere Infos zu Produktdaten finden sich unter ➲ *7.2.1 Bereitstellen von Produktdaten.*

„Produktdaten sind für uns als Betreiber elementar, um die Vielzahl an Angeboten darstellen und automatisiert aktuell halten zu können. Daher gehören sie aus unserer Sicht zur Grundausstattung eines Partnerprogrammes."

Moritz Breiding
Geschäftsführer
Netzwunder UG ®
Co.KG, u.a. Betreiber
von erlebnisessen.net

4.5.4 Weitere Werbemittel

Über die bereits vorgestellten Werbemittel hinaus können Merchants den Affiliates mit weiteren Optionen unter die Arme greifen.

Michael Jany
Senior Manager
Online Marketing/
Affiliate & Coopera-
tions, mydays

„Deeplink Generator, Produktfeeds, Logos und Image-Banner gehören zu den wichtigsten Werbemitteln. Die meisten Partner generieren sich ihre Links mittlerweile selbst über unseren Deeplink Generator oder sie arbeiten automatisiert über die Produktfeeds. Darüber hinaus integrieren viele Partner die aufmerksamkeitsstarken Image-Banner einmalig auf ihrer Seite. Wir halten die Banner stets aktuell und es ist kein manueller Austausch mehr nötig. Die Zahlen sprechen für die automatisierten Image-Banner."

Eine der wichtigsten ist der Deeplink Generator, der es den Partnern ermöglicht, jeden Link der Merchant Website ganz einfach in einen Trackinglink umzuwandeln: Findet der Affiliate ein interessantes Produkt im Shop, muss er nur die URL kopieren, in den Deeplink Generator einfügen und erhält sofort den zugehörigen Trackinglink. Das macht den Partnern das Leben deutlich leichter. Deeplink Generatoren können selbst erstellt werden, viele Netzwerke bieten sie aber auch für die Partnerprogramme an. In Absprache mit dem Netzwerk kann der Generator konfiguriert und für die Partner freigeschalten werden.

Rabattgutscheine sind ebenfalls als Werbemittel zu verstehen. Insbesondere Gutscheinpartner greifen darauf zurück, aber auch alle anderen Affiliates haben die Möglichkeit, diese zu verwenden. Dabei können sie nur einem, nur bestimmten oder allen Affiliates zur Verfügung gestellt werden. Dafür bieten die meisten Netzwerke spezielle Gutschein-, Aktions- oder Incentive Tools an.

Content Partner können darüber hinaus auch mit Texten unterstützt werden. Für die Partner ist es häufig sehr aufwändig, einen Text über einen Merchant zu erstellen und auf der eigenen Seite zu veröffentlichen. Hier kann der Programmbetreiber ansetzen und dem Affiliate helfen, so dass dieser die Tätigkeit für das Programm aufnimmt.

Wenn der Partnerprogrammbetreiber selbst keine Kapazitäten hat, Texte für den Partner zu schreiben, können die Partner auch mit der Herausgabe interessanter Keywords unterstützt werden. Affiliates können zwar auch selbst relevante Keywords recherchieren, doch dieser Aufwand ist eine Hürde mehr auf dem Weg zum Partnerprogramm. Außerdem können Außenstehende vor allem im Long-Tail-Bereich schlecht einschätzen, welche Keywords gut funktionieren. Darüber hinaus sind Keywords natürlich auch für (potentielle) SEA-Affiliates interessant.

Redaktionell arbeitende Affiliates wie Content oder Social Media Partner sind auf gutes Bildmaterial angewiesen. Dabei helfen zum einen Produktbilder aus den Produktdaten, besser ist aber darüber hinausgehendes Bildmaterial, das die Produkte im Einsatz zeigt, eine gewisse Stimmung erzeugt oder Menschen in Kombination mit den Produkten darstellt. Menschen, die eine Sonnenbrille tragen, wirken deutlich lebendiger als eine Sonnenbrille auf weißem Hintergrund.

Einige Merchants schalten Fernsehwerbung und stellen den Affiliates die Werbespots als Videos zur Verfügung. Darüber hinaus bietet sich das Werbemittel Video auch für erklärungsbedürftige Produkte an. Natürlich ist es aufwändig (und teuer), ein gutes Video zu produzieren, und für die meisten Partnerprogramme wird sich der Aufwand nicht lohnen. Wenn allerdings ohnehin bereits Videomaterial vorhanden ist, sollte dieses auch den Affiliates zur Verfügung gestellt werden.

Wenn für das Partnerprogramm Newsletter Affiliates relevant sind, dann können diese durch die Bereitstellung von Newsletter Templates unterstützt werden. Für Affiliates ist es sehr aufwändig, selbst ein Template zu erstellen, das zu den Produkten des Merchant passt. Im Zweifel erhalten bei Mailing-Kampagnen deshalb Merchants den Vorzug, die ein optimiertes Template zur Verfügung stellen. Außerdem kann damit bereits einigen Problemen vorgebeugt werden, die beim Newsletter-Versand durch Affiliates auftreten können (siehe ⮑ *Kapitel 8 Rechtliche Aspekte*).

Der Kreativität des Merchants sind bei den Affiliate-Netzwerken allenfalls technische Grenzen gesetzt. Mit den bisher vorgestellten Werbemitteln ist ein Partnerprogramm bereits sehr gut aufgestellt und kann sich von vielen Wettbewerbern absetzen.

4.6 Außendarstellung

Das beste Partnerprogramm funktioniert nicht, wenn es diesen guten Eindruck nicht nach außen vermitteln kann. Die Außendarstellung kann dabei auf verschiedenen Ebenen stattfinden.

4.6.1 Programminfo im Netzwerk

Ein zentrales Element ist die Programmbeschreibung bei den Affiliate-Netzwerken, die die meisten potenziellen Affiliates als erstes lesen werden. In unserer Projecter Affiliate Umfrage gaben knapp 40% der Affiliates an, diese Seite zu nutzen, um sich über ein Partnerprogramm zu informieren. Damit ist die Beschreibung sozusagen das Schaufenster des Partnerprogramms und sollte genutzt werden, um das Programm umfassend zu präsentieren.

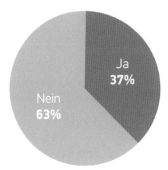

◀
Abb. 4.9
Nutzen Affiliates Partnerprogrammbeschreibungen im Netzwerk, um sich über neue oder bestehende Partnerprogramme am Markt zu informieren? (Quelle: Projecter Affiliate Umfrage, 2015)

Außerdem richtet sich die Partnerprogrammbeschreibung nicht an den Endkunden, sondern an potenzielle Werbepartner, was die Anforderungen an die enthaltenen Informationen deutlich verändert: Wo für Kunden oft der Preis an erster Stelle steht, interessiert sich der Affiliate eher für das Verdienstpotenzial. Was die Versandkosten für den Käufer sind, ist für den Werbepartner der Zeitraum bis zur Freigabe der Provisionen. Das bedeutet nicht, dass der Affiliate nicht auch an Informationen zu Preisen, Versandkosten etc. interessiert ist, da er diese seinen Nutzern präsentieren möchte. Seine Prioritäten liegen aber an anderen Stellen.

In der Einleitung der Programmbeschreibung sollte der Merchant vorgestellt werden. Die Beschreibung kann beispielsweise auf das Sortiment eingehen und allgemeine Informationen zum Shop geben. Der Shop könnte zum Beispiel eine lange Tradition haben oder besonders stark in seinem Wettbewerbsumfeld aufgestellt sein. Dabei sollten aber keine Allgemeinplätze verbreitet, sondern USPs herausgearbeitet werden.

Wichtiger als die Einleitung sind die Vorteile für die Affiliates. Dies ist sozusagen der Werbeteil, mit dem das Partnerprogramm seinen zukünftigen Affiliates schmackhaft gemacht werden kann. Hier sollten die Punkte aufgelistet werden, in denen das eigene Partnerprogramm besonders stark ist. Beispiele dafür sind die Breite des Sortiments, eine niedrige Stornoquote, hohe Warenkörbe, ein detaillierter Produktdatenfeed, umfangreiche Werbemittel, ein persönlicher Ansprechpartner für Affiliates oder eine schnelle Provisionsfreigabe. Hier ist Kreativität gefragt, wobei aber immer die Frage im Vordergrund stehen sollte, ob die Informationen für die Partner tatsächlich relevant sind.

Daneben sind Kennzahlen zum Programm äußerst wertvoll. Anhand dieser harten Fakten können potenzielle Partner ihre etwaigen Verdienstmöglichkeiten kalkulieren. Für Partner spannende Kennzahlen sind das Provisionsmodell, der durchschnittliche Warenkorb, die Conversion Rate, die Stornorate, die EPC (Earnings per Click) und die durchschnittliche Zeit bis zur Freigabe von Provisionen.

Ebenso wichtig für die zukünftige Zusammenarbeit sind die Angaben zu Einschränkungen und Richtlinien im Programm. Diese sollten kurz und knackig und vor allem gut verständlich für die Affiliates in der Programmbeschreibung aufbereitet werden. Um Transparenz gegenüber den Affiliates zu gewährleisten, sollte – insofern eine Trackingweiche oder andere Technologien, die das Tracking beeinflussen, zum Einsatz kommen – an dieser Stelle außerdem darüber berichtet werden, welchen Einfluss diese Technologie auf die Vergütung von Sales haben kann.

Natürlich sind auch Informationen zu den potentiellen Zielgruppen für den Affiliate Gold wert. Je detaillierter die Werbepartner über die Zielgruppe informiert sind, um so gezielter können diese ihre Werbemaßnahmen steuern. Zusätzlich können noch weitere Informationen zum Partnerprogramm in der

Beschreibung zur Verfügung gestellt werden wie zum Beispiel Publisher Rallyes, Sondervergütungen im Partnerprogramm oder Regionen und Länder, in die der Shop liefert.

4.6.2 Programminformation im Shop

Jeder Shop, der ein Partnerprogramm betreibt, sollte auch innerhalb des Shops auf dieses verweisen, da sich immerhin knapp 30% der Affiliates im Shop selbst über das Partnerprogramm informieren. Dafür bietet sich eine eigene Unterseite im Shop an, die beispielsweise über den Footer mit dem Linktext „Affiliate-Programm" oder „Partnerprogramm" verlinkt ist. Auf dieser Unterseite können die Infos aus ↻ 4.6.1 präsentiert werden. Da im eigenen System mehr Gestaltungsspielraum ist, können die Informationen umfangreicher sein und grafisch aufbereitet werden. Tabellen, Grafiken und Diagramme helfen den Affiliates dabei, das Partnerprogramm schneller zu überblicken. Natürlich darf auf dieser Seite auch ein Link zum Anmeldeformular für das Programm in den Affiliate-Netzwerken nicht fehlen.

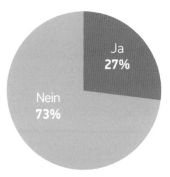

◀
Abb. 4.10
Nutzen Affiliates die Websites der Partner-programmbetreiber, um sich über neue oder bestehende Partner-programme am Markt zu informieren? (Quelle: Projecter Affiliate Umfrage, 2015)

4.6.3 Partnerprogrammsuchmaschinen

Es gibt verschiedene Partnerprogrammsuchmaschinen, die von über 40% der Affiliates genutzt werden, um sich strukturiert über Partnerprogramme zu informieren. Dazu gehören 100partnerprogramme.de oder affilixx.com. Diese Suchmaschinen bekommen ihre Informationen aus den Affiliate-Netzwerken. Es gibt eine Reihe von Möglichkeiten, die Darstellung des eigenen Programms zu modifizieren.

Eines der relevantesten Partnerprogrammverzeichnisse ist 100partnerprogramme.de, so dass sich eine Eintragung in diese Plattform in der Außendarstellung lohnen sollte. Merchants haben hier sehr gute Präsentationsmöglichkeiten für das eigene Programm. Auch zusätzliche Informationen zu Zielgruppen des Partnerprogramms können hinterlegt werden.

Die Basiseinträge in solchen Suchmaschinen sind in der Regel kostenfrei, ebenso wie die Anpassung bestehender Einträge. Optional sind kostenpflichtige Hervorhebungen und Promotions innerhalb der Verzeichnisse möglich.

▶
Abb. 4.11
Nutzen Affiliates Partnerprogramm-verzeichnisse, um sich über neue oder bestehende Partner-programme am Markt zu informieren? (Quelle: Projecter Affiliate Umfrage, 2015)

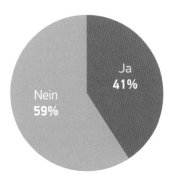

4.6.4 Weitere Möglichkeiten der Außendarstellung

Neben den genannten Möglichkeiten gibt es weitere Kommunikationswege, die Affiliates nutzen, um sich über Partnerprogramme zu informieren:

Newsletter

▷ Partnernewsletter über das Netzwerk: Die meisten Netzwerke bieten eigene Newsletter-Systeme innerhalb eines Partnerprogramms an. Damit können Nachrichten an bestehende Affiliates gesendet werden, die von 30% der Affiliates als Informationsquelle genutzt werden.

▷ E-Mail-Verteiler für Top-Partner: In einigen Netzwerken landen die Newsletter der Programmbetreiber in einer Inbox im Affiliate Account innerhalb des Netzwerks. Entsprechend werden diese gerade von den großen Partnern kaum wahrgenommen, da sie in dieser Inbox täglich sehr viele Nachrichten erhalten. Aus diesem Grund empfiehlt sich ein eigener E-Mail-Verteiler für Top-Partner, ggf. kategorisiert nach Partnermodell, um diese über Änderungen und Aktionen zielgerichtet zu informieren.

▷ Netzwerk-Newsletter: Viele der Affiliate-Netzwerke versenden in regelmäßigen Abständen Newsletter an alle Affiliates. Damit bieten diese Newsletter eine Präsentationsplattform mit einer sehr großen Reichweite, die von immerhin 43% der Affiliates genutzt wird. Allerdings ist es nicht ganz einfach, als Merchant eine Platzierung in den Newslettern zu bekommen. Möglichkeiten sind sehr gute Affiliate Aktionen im Programm oder die bezahlte Buchung einer Platzierung.

▷ Newsletter der Partnerprogrammsuchmaschinen: Auch die Partnerprogrammsuchmaschinen bieten Newsletter an, die sich gezielt an Affiliates richten. In den meisten Fällen kann hier eine Platzierung nur kostenpflichtig gebucht werden.

▷ Kundennewsletter des Merchants: Affiliates können auch Kunden des Merchants sein bzw. können Kunden des Merchants auch Affiliates werden. Hier kann ein kleiner Hinweis in den Kundennewslettern auf das Partnerprogramm oder Neuigkeiten sinnvoll sein.

▷ Soziale Netzwerke für das eigene Partnerprogramm: Manche Partnerprogramme nutzen soziale Netzwerke wie Facebook oder Twitter, um mit einem eigenen Profil regelmäßig Informationen über das Partnerprogramm zu verbreiten. Affiliates des Programms können sich in dem Netzwerk mit dem Profil verknüpfen und bekommen so schnell Änderungen und Neuigkeiten mit. Außerdem kann die Bindung der Affiliates an das Programm erhöht werden.

Social Media

▷ Partnerprogrammblog: Ähnlich wie mit den sozialen Netzwerken verhält es sich auch mit einem Partnerprogrammblog, auf dem Informationen und Neuigkeiten kommuniziert werden können.

▷ Social Media der Netzwerke: Natürlich betreiben auch die Affiliate-Netzwerke eigene Accounts in den sozialen Netzwerken und zum Teil auch eigene Blogs. Diese Präsentationsflächen können aber meist nur bei sehr guten Aktionen angefragt oder gegen Buchung eines Werbepakets genutzt werden.

▷ Affiliate Community: Es gibt eine eigene Affiliate Community für Affiliates, Merchants, Agenturen und Netzwerke: affiliatepeople.com. Hier kann ein Partnerprogrammbetreiber regelmäßig aktiv sein, sich mit Affiliates vernetzen, Neuigkeiten aus dem Programm posten und dadurch die Reichweite des Programms erhöhen.

▶ Social Media des Merchants: Auch die eigenen Social Media Kanäle des Merchants bieten Raum zur Außendarstellung des Programms: In regelmäßigen Abständen kann auf das Partnerprogramm hingewiesen werden. So wird vielleicht ein Blogger, der bisher nur „Gefällt mir" auf der Facebook-Seite des Merchant geklickt hatte, auch zum neuen Affiliate, der sich gemeinsam mit dem Merchant entwickelt.

Bezahlte Buchungen ▶ Anzeigenplätze der Netzwerke: Die meisten Netzwerke bieten Präsentationsmöglichkeiten innerhalb des Netzwerks an, die kostenpflichtig gebucht werden können. Dies sind zum Beispiel die Partnerprogramm-Empfehlungen nach dem Login in das Netzwerk, die von 38% der Affiliates beachtet werden.

▶ Anzeigenplätze auf Fachblogs: 35% der Affiliates informieren sich über Affiliate Marketing Fachblogs. Entsprechend bieten sich diese auch zur Präsentation eines Partnerprogramms an. Die wenigsten Merchants werden jedoch das Glück haben, eine kostenfreie (positive) Erwähnung oder sogar einen kompletten Artikel gewidmet zu bekommen. Viele der Blogs bieten aber die Möglichkeit der Anzeigenschaltung für das Programm an.

▶ Anzeigenplätze auf Partnerprogrammsuchmaschinen: Neben den Einträgen in Partnerprogrammsuchmaschinen bieten diese auch Anzeigenplätze an. Entsprechend können sie auch zur Außendarstellung des Partnerprogramms gebucht werden.

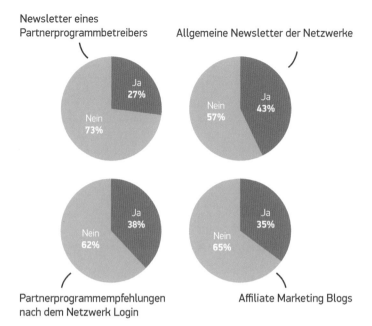

Newsletter eines
Partnerprogrammbetreibers

Allgemeine Newsletter der Netzwerke

Ja 27%

Nein 73%

Ja 43%

Nein 57%

Ja 38%

Nein 62%

Ja 35%

Nein 65%

Partnerprogrammempfehlungen
nach dem Netzwerk Login

Affiliate Marketing Blogs

Abb. 4.12
Welche weiteren Informationsquellen nutzen Affiliates, um sich über neue oder bestehende Partnerprogramme am Markt zu informieren? (Quelle: Projecter Affiliate Umfrage, 2015)

4.7 Benötigte Ressourcen

Um ein Partnerprogramm zu starten, sind gewisse Ressourcen nötig, die zum Teil im eigenen Unternehmen zur Verfügung gestellt werden müssen, während ein anderer Teil an Dienstleister ausgelagert werden kann. Wichtig ist jedoch, dass sich der Merchant vor dem Start des Partnerprogramms über den entstehenden Aufwand und die damit benötigten Ressourcen bewusst ist.

Natürlich ist das Budget ein elementarer Faktor beim Start eines neuen Partnerprogramms. Je nachdem bei welchem Affiliate-Netzwerk gestartet werden soll, müssen unterschiedliche Setup- und monatliche Kosten kalkuliert werden (siehe ➲ *Kapitel 6 Affiliate-Netzwerke*). Wenn weitere der folgenden Leistungen wie zum Beispiel die Erstellung der Werbemittel nicht vom Unternehmen selbst abgedeckt werden können, muss auch für den nötigen Dienstleister ein Budget einkalkuliert werden.

Zum Start eines Partnerprogramms müssen den Affiliates adäquate Werbemittel angeboten werden (siehe ➲ 4.5), die von einem Grafiker erstellt und zum Teil von der internen IT angelegt werden müssen. Besteht keine Möglichkeit, eigene Mitarbeiter mit diesen Aufgaben zu betrauen, sind Budgets für externe Dienstleister einzuplanen.

Auch die Technik ist ein wesentlicher Bestandteil beim Start und beim laufenden Unterhalt eines Partnerprogramms. Zu Beginn muss der Trackingpixel oder besser noch ein Tracking Container implementiert werden (siehe ⮑ *Kapitel 7 Trackingverfahren und technische Aspekte*). Wird mit sehr technischen Partnermodellen wie Retargeting oder Re-Engagement Systemen zusammengearbeitet, dann benötigen diese Informationen aus dem Shop, die über einen Trackingpixel übermittelt werden. All diese Tätigkeiten sind schnell erledigt, benötigen aber im Arbeitsalltag die entsprechende Aufmerksamkeit und freie Ressourcen in der IT des Merchants oder bei einem Dienstleister.

Während der Betreuung eines Partnerprogramms fallen eine Reihe von weiteren Tätigkeiten an (siehe ⮑ *Kapitel 5 Arbeit mit einem Partnerprogramm*). Diese sind zum Teil obligatorisch (Bearbeitung von Stornos, Fraud Monitoring, usw.), aber auch zum Teil fakultativ (Affiliate Rallyes, Partnerumfragen, usw.). Je besser diese Aufgaben umgesetzt werden, desto gepflegter ist das Partnerprogramm, was sich direkt oder indirekt auf die Affiliates und deren Leistung auswirkt. Mehr zum Thema Ressourcenmanagement findet sich im ⮐ *Kapitel 4.2 Agentur oder selbst betreuen*.

4.8 Fazit

In diesem Kapitel wurde ein umfangreicher Überblick über alle relevanten Aspekte zum Start eines Partnerprogramms gegeben. Auf dem Weg zum Merchant müssen viele Kleinigkeiten beachtet werden, entscheidend sind aber vor allem die strategischen Fragen, die zu Beginn geklärt werden müssen: Macht ein Partnerprogramm überhaupt Sinn? Kann der Merchant es selbst verwalten oder sollte es von einer Agentur betreut werden? Welche Netzwerke sind für das eigene Partnerprogramm am besten geeignet? Die folgende Grafik soll dabei helfen, zu erkennen, ob der Start eines Partnerprogramms sinnvoll ist. Darüber hinaus sollen die folgenden Checklisten die wichtigsten Schritte auf dem Weg zum Merchant aufzeigen und ein strukturiertes Vorgehen ermöglichen.

Macht der Start eines Partnerprogramms Sinn?

Ist das Ziel des Partnerprogramms
sinnvoll mess- und vergütbar?

Ja / Nein

Eignet sich die Zielgruppe für
ein Partnerprogramm?

Nein

Ja

Bieten der Markt und die Markenbekanntheit
Potential für ein Partnerprogramm?

Nein

Ja

Gibt es zum Partnerprogramm
passende Affiliates?

Nein

Ja

Arbeitet der Merchant bereits mit einer Vielzahl
möglicher Affiliates in Direktkooperation?

Ja

* Mit welchem Netzwerk soll das
Partnerprogramm gestartet werden?

* Ist genügend Budget für den Start vorhanden?

Wahrscheinlich **Ja**   Wahrscheinlich **Nein**

CHECKLISTE
Vorbereitung eines Partnerprogramms: Analyse

	❓ Fragestellung	✏️ Analyse-Ergebnis
Ausgangssituation allgemein	Für welche Plattform kommt Affiliate Marketing infrage?	
	Welche Zielgruppe wird angesprochen?	
	Was ist das Ziel der Maßnahmen?	
	Welche anderen (Online) Marketing Maßnahmen laufen bzw. sind geplant?	
	Welche Marketing Kanäle funktionieren gut?	
	Welches Budget / Kostenanteil steht zur Verfügung?	
Ausgangssituation Publisher	Gibt es zum Merchant und zur Strategie passende Partner?	
	Welche Partnermodelle kommen infrage?	
	Welche Partnermodelle passen nicht zur Strategie?	
	Wie viel Provision kann an die Partner gezahlt werden, wie viel Provision zahlt die Konkurrenz?	
Ausgangssituation Netzwerke	Bei welchen Netzwerken laufen die Partnerprogramme der Konkurrenz?	
	Bei welchen Netzwerken können die relevanten Publisher erreicht werden?	
	Bei wie vielen Netzwerken sollte gestartet werden?	
	Welche Konditionen haben diese Netzwerke?	

CHECKLISTE
Start eines Partnerprogramms: Setup & Start

	☑ ToDos
Rahmen des Programms	☐ Netzwerk-Auswahl
	☐ Anfrage beim Netzwerk
	☐ Gebührenverhandlungen
	☐ Netzwerkvertrag unterschreiben
	☐ Netzwerkkonto aufladen
	☐ Laufzeit der Cookies
	☐ Autofreigabe der Bestellungen
	☐ Provisionen
	☐ Partnerbedingungen
Technik	☐ Integration des Trackingpixels auf allen Bestellbestätigungsseiten des Shops
	☐ noch besser: Integration des Container Tags der Netzwerke
	☐ Erstellung eines Produktfeeds
	☐ Erstellung der Werbemittel
Programm-beschreibung	☐ Infos zum Merchant, Sortiment, USPs
	☐ Vorteile für Affiliates
	☐ Kennzahlen
	☐ Einschränkungen & Richtlinien
	☐ Zielgruppen-Infos
	☐ Sonstiges: Werbemittel, Besonderheiten, Aktionen usw.
	☐ direkter Ansprechpartner
Start-Aktion	☐ Inhalt: Provisionserhöhungen, Sonderprovisionen, Verlosungen von Preisen, Sales-Rallye usw.
	☐ Ziel: Aufmerksamkeit für das Partnerprogramm
	☐ Promotion:
	• Netzwerk: Newsletter, Blog, Publisher Login, Banner
	• eigene Kanäle: Newsletter, Social Media, Shop-Seite
	• Affiliate Seiten: affiliate-deals.de, 100partnerprogramme.de, affiliatepeople.com, affiliate-marketing.de

Kapitel 5 – Arbeit mit einem Partnerprogramm

Ist das Partnerprogramm einmal eingerichtet, muss einiges getan werden, um es zu entwickeln und zu pflegen. Häufig wird diese Arbeit unterschätzt. Eine Beziehung zwischen Merchant und Affiliate ist nichts anderes als eine Geschäftsbeziehung, die gepflegt werden will. In einem Partnerprogramm werden diese Beziehungen hundertfach eingegangen und es braucht schon einiges an Erfahrung und Empathie, um den verschiedenen Interessen gerecht zu werden. Dieses Kapitel wird sich mit der Partnerprogrammpflege und -entwicklung auseinandersetzen. Tools, die dabei unterstützen, werden abschließend näher beschrieben.

Die Ergebnisse der Projecter-Umfrage (siehe Anhang) unter Affiliates helfen, die Bedürfnisse und Beweggründe von Affiliates besser zu verstehen und geben Hinweise, wie ein Partnerprogramm gemeinsam mit den Affiliates sinnvoll weiterentwickelt werden kann. In diesem Kapitel werden die wichtigsten Erkenntnisse vorgestellt.

5.1 Wer agiert als Affiliate?

Jedes Partnerprogramm steht mit anderen Programmen im Wettbewerb um die stärksten Affiliates. Um bei diesem Vergleich gut abzuschneiden, ist mehr nötig als hohe Provisionen auszuschütten. Beziehungen müssen geknüpft und die Vorteile des Partnerprogramms immer wieder kommuniziert werden. Um mit ihren Anliegen Gehör zu finden, sollten Advertiser ihre Publisher kennen, um bestmöglich auf deren Interessen und Wünsche eingehen zu können.

Die Altersstruktur der Befragten spiegelt unter Berücksichtigung von Online-Affinität und Geschäftstüchtigkeit die Erwartungen wider. 38% sind im Alter zwischen 25 und 34 Jahren. Mit 24% folgt die Altersgruppe zwischen 35 und 44. 62% der Befragten sind männlich, während Frauen mit lediglich 14% in der Umfrage vertreten waren. Die verbleibenden 24% machten zu dieser Frage keine Angaben. 46% der Affiliates besitzen einen Hochschulabschluss.

62% sehen in Ihrer Tätigkeit ein Hobby oder Nebenberuf, was bedeutet, dass die Mehrzahl aller Affiliates einer anderen Hauptbeschäftigung nachgeht. Das deckt sich mit den Erfahrungen aus der Praxis. Im Gegensatz zu Top-Publishern sind viele kleinere Affiliates schwieriger erreichbar. Merchants müssen hier mit längeren Antwortzeiten rechnen. Auch die Durchführung von Sonderaktionen sollte immer vor dem Hintergrund geplant werden, dass kleinere Affiliates Teile ihrer Freizeit investieren oder oft sogar nur am Wochenende ihren Affiliate-Projekten nachgehen.

Die Verdienstspanne, die Affiliates erwirtschaften, ist breit gefächert. 35% aller Befragten gaben an, maximal 200 Euro im Monat zu verdienen. 19% erwirtschaften zwischen 200 und 1000 Euro. Weitere 10% verzeichnen Einnahmen von 1000 bis 3000 Euro. Immerhin 21% gaben mehr als 3000 Euro monatlich an. Auch das deckt sich mit den Erfahrungen aus der Agentur. In einem Partnerprogramm tragen in der Regel 20% der Affiliates 80% des Umsatzes bei. Wer als Merchant gute Arbeit leistet und attraktive Bedingungen im Partnerprogramm bietet, kann seine Sichtbarkeit über kleinere Publisher stark erhöhen und in der Menge auch hier einen bedeutenden Anteil des Umsatzes erwirtschaften.

Die Branchen, in denen Affiliates tätig sind, sind recht homogen verteilt. Lediglich die Sparte Technik und Entertainment konnte sich mit 14% deutlich von anderen Branchen absetzen. Die folgende Grafik gibt Auskunft über weitere Details.

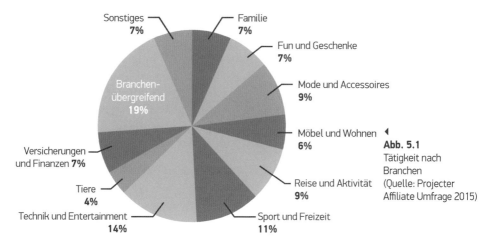

Abb. 5.1
Tätigkeit nach
Branchen
(Quelle: Projecter
Affiliate Umfrage 2015)

Zum beliebtesten Affiliate-Netzwerk wurde mit 48% Affilinet gekürt. 17% der befragten Affiliates bevorzugen Zanox. 9% arbeiten am liebsten mit Netzwerken zusammen, die namentlich nicht abgefragt wurden. Dies bedeutet nicht, dass Tradedoubler, Webgains, SuperClix, AdCell, Belboon, TradeTracker und Retailerweb unbeliebt sind, denn die Antwortmöglichkeit war auf nur eine Option begrenzt.

In der Branche wird aktuell viel über die Last-Cookie-Wins-Vergütung und die daraus entstehenden Nachteile für Affiliates und Merchants diskutiert. Wie stehen die Affiliates zu diesem Thema? Lediglich 15% der Teilnehmer bevorzugen das Attributionsmodell. Ein Viertel der Befragten spricht sich für die Last-Cookie-Wins-Abrechnung aus, 34% machen die Präferenz vom Partnerprogramm abhängig und fast 19% konnten oder wollten keine Angaben zum Thema machen. Das lässt darauf schließen, dass die Diskussion um Customer Journey und Attribution bei vielen Affiliates noch nicht angekommen zu sein scheint.

Mit wie vielen Merchants arbeiten Affiliates im Schnitt zusammen? 57% der befragten Affiliates sind für bis zu 20 Merchants tätig, 17% für bis zu 100 Merchants und 22% gehen sogar darüber hinaus. Die Schlussfolgerung, die Merchants daraus ziehen können: Ein recht großer Teil der Affiliates wählt seine Partnerschaften mit Bedacht aus und limitiert sich. Um dem eigenen Partnerprogramm einen Anteil an diesen begrenzten Werbeflächen zu sichern, sollte die Partnerschaft möglichst attraktiv gestaltet werden.

Da die meisten Affiliates die Anzahl ihrer Kooperationen beschränken, ist davon auszugehen, dass auch die Anzahl der Netzwerke, in denen sie aktiv sind, möglichst klein gehalten wird. Wir haben gefragt, wie zufrieden die Affiliates mit der Partnerprogrammauswahl in den einzelnen Netzwerken sind. Mit 64% ist die Zufriedenheit bei Affilinet am größten, gefolgt von Zanox mit 53%. Weitere Details zu dieser Frage, besonders im Hinblick auf die anderen Netzwerke, finden sich in ➲ *Kapitel 6.*

Wie lassen sich neue und bestehende Affiliates mit Informationen versorgen? Diese Frage ist zentral für die Entwicklung des Partnerprogramms. Laut unserer Befragung sind die Präferenzen der Affiliates breit gestreut: Von allgemeinen Newslettern der Netzwerke über Partnerprogrammverzeichnisse, Partnerprogrammempfehlungen nach dem Login bis hin zur Partnerprogrammbeschreibung im Netzwerk. Details lassen sich aus der folgenden Abbildung entnehmen.

Abb. 5.2
So werden Informationsquellen von Affiliates genutzt. (Quelle: Projecter Affiliate Umfrage 2015)

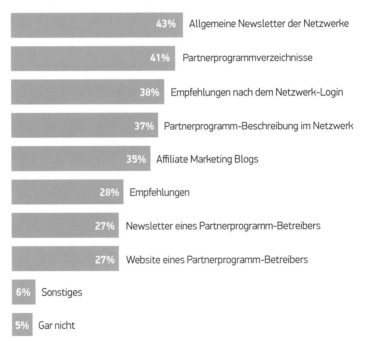

43% Allgemeine Newsletter der Netzwerke

41% Partnerprogrammverzeichnisse

38% Empfehlungen nach dem Netzwerk-Login

37% Partnerprogramm-Beschreibung im Netzwerk

35% Affiliate Marketing Blogs

28% Empfehlungen

27% Newsletter eines Partnerprogramm-Betreibers

27% Website eines Partnerprogramm-Betreibers

6% Sonstiges

5% Gar nicht

Alle Ergebnisse der Projecter Affiliate Umfrage können in unserem Blog unter ✐ *www.projecter.de/affiliate-ebook/affiliate-umfrage/* nachgelesen werden.

5.2 Pflege des Partnerprogramms

Zur Pflege des Partnerprogramms zählen alle Aufgaben, die im laufenden Betrieb anfallen. Es geht hier besonders darum, Umsätze und Kosten im Blick zu behalten, Betrug zu verhindern, Kontakt mit den Partnern zu pflegen und in der Außendarstellung eine gute Figur abzugeben.

5.2.1 Partnerfreigabe

Eine Aufgabe, die zur täglichen Routine gehört, ist die Partnerfreigabe. Affiliates, die Interesse an einem Partnerprogramm haben, bewerben sich und gehen damit den ersten Schritt zu einer aktiven Partnerschaft. Die Freigabe findet im Netzwerk statt und sollte täglich erfolgen, damit Affiliates, die gut zum Partnerprogramm passen, möglichst schnell Zugriff erhalten und das Partnerprogramm nicht wieder aus den Augen verlieren. Wer sich als Affiliate bei einem Partnerprogramm bewirbt, hat in der Regel bereits eine Prüfung durch das Netzwerk bestanden. Bei der Freigabe sollte dennoch Sorgsamkeit walten, denn wer hier gut aufpasst, kann Betrüger fernhalten, die dem Netzwerk bisher noch nicht aufgefallen sind.

Ralf Liebs
Director Customer
Service affilinet
GmbH, affili.net

„Das Thema Sicherheit steht bei uns ganz oben und wir haben über viele Jahre hinweg unsere Maßnahmen zur Fraud-Verhinderung ausgebaut. Ein eigenes Team kontrolliert manuell jede einzelne Registrierung. Zudem führen wir kontinuierlich Auszahlungskontrollen und Trafficanalysen durch."

Grundsätzlich sind zwei Strategien denkbar. Wird eine restriktive Vorgehensweise gewählt, erspart man sich Betrugsfälle um den Preis, möglicherweise Potenzial zu verschenken. Eine lockerere Herangehensweise gibt vielen Affiliates Raum, ihr Können unter Beweis zu stellen, erhöht aber gleichzeitig das Betrugsrisiko.

Worauf muss bei der Partnerfreigabe geachtet werden?

Segmentierung der Publisher

Bei fast allen Netzwerken können Publisher in verschiedene Cluster zusammengefasst werden. Hier sollten beim Programmstart geeignete Unterteilungen wie zum Beispiel nach Affiliate-Geschäftsmodellen eingerichtet werden. Wichtige Segmente wie Content Publisher können darüber hinaus noch detaillierter nach ihrer konkreten Ausrichtung sortiert werden. Die Unterteilung erleichtert später das Reporting sowie die Kommunikation mit den Partnern. Je nach Provisionsstaffel des Partnerprogramms ist bei der Freigabe eventuell eine Zuordnung zu einer Provisionsrate vorzunehmen.

Eigenheiten der Netzwerke

Jedes Netzwerk hat seine Eigenheiten und gestaltet Freigabeprozesse unterschiedlich. Es ist wichtig, die Funktionsweise zu verstehen, bevor man loslegt. Im Zweifelsfall hilft eine Nachfrage beim Support.

Bei Zanox müssen Bewerbungslisten zum Beispiel in mehreren Schritten bearbeitet werden. Hier sollten zunächst alle Bewerbungen durchgeschaut und unpassende Affiliates selektiert und abgelehnt werden. In einem zweiten Schritt werden passende Affiliates in die korrekten Segmente eingeordnet und alle gemeinsam freigegeben.

Bei Affilinet ist zu berücksichtigen, dass neben einer Hauptdomain weitere Nebendomains für einen Account hinterlegt werden können. Diese sollten unbedingt geprüft werden, da sich darunter teilweise Geschäftsmodelle verbergen, die im Partnerprogramm ausgeschlossen sind.

▶
Abb. 5.3
Mehrere Trafficquellen
bei Affilinet

Beim Start eines Partnerprogramms wird vorab festgelegt, **Geschäftsmodell prüfen**
welche Affiliate-Geschäftsmodelle erlaubt sind. Auch wenn die
Programmbeschreibung deutlich kommuniziert, dass beispielsweise Cashback-Modelle vom Partnerprogramm ausgeschlossen
sind, tauchen dennoch regelmäßig solche Bewerbungen auf.
Manche Geschäftsmodelle wie SEA Publisher, Werbenetzwerke oder Cashback lassen sich nicht immer auf den ersten Blick
erkennen. Im Beispiel des Cashbacks gibt es sogenannte VIP
Shoppingclubs, die erst ein Login erfordern, bevor zu erkennen
ist, wie die Werbeleistung erbracht wird. Im Zweifelsfall muss
hier Kontakt mit dem Publisher aufgenommen und eine Erläuterung bzw. ein Gastzugang für interne Bereiche eingefordert
werden. Auskunft kann der Affiliate auch selbst geben, indem
er sich im Netzwerk einem Geschäftsmodell zuordnet oder in
seinem Kurzkommentar weitere Informationen hinterlegt, wie
er die Werbeleistung zu erbringen gedenkt.

Diese Angaben sind jedoch mit Vorsicht zu genießen, da sie von
schwarzen Schafen vorsätzlich falsch hinterlegt werden können,
einige Publisher aber auch aus Unwissenheit falsche Einstellungen wählen. Ein Blick auf die Seite und die individuelle Einschätzung des Geschäftsmodells sollte in jedem Fall erfolgen, bevor
Partner freigegeben werden.

Auch das Impressum der Website sollte überprüft werden und **Kontaktdaten und Impressum prüfen**
Namen, Adresse sowie Emailadresse enthalten, damit der Pub-
lisher bei Rückfragen kontaktiert werden kann. Viele Netzwerke
geben Namen und Adresse des Affiliates an, was wiederum mit
dem Impressum verglichen werden sollte. Ein sorgsamer Affiliate achtet darauf, dass es hier nicht zu Diskrepanzen kommt.
Ist dies der Fall, hilft eine Nachfrage oder eine Freigabe mit an-
schließender besonderer Beobachtung der Aktivitäten. Tatsache
ist leider, dass es unter Seiten mit ausländischem Impressum
besonders häufig Betrugsversuche gibt, so dass hier genau geprüft werden sollte.

Was eine gute und übersichtliche Seite im Netz ausmacht, muss **Inhalt und Ersteindruck**
hier nicht erläutert werden. Die Frage ist vielmehr, wo die Gren-
ze zu Seiten gezogen wird, die so unprofessionell betrieben werden, dass der Merchant seine Marke in diesem Umfeld nicht
platziert sehen möchte. Eine Premiummarke mit Anspruch an
Qualität und Design muss sicherlich restriktiver vorgehen als
kleine Shops, die ganz auf den Preis als Wettbewerbsvorteil

setzen. Wichtig ist, dass nicht nur die äußere, sondern auch die innere Qualität überprüft wird. Bietet der Affiliate einen Mehrwert? Wirkt er auf den potenziellen Kunden vertrauenswürdig? Auch eine Seite mit schlichter Gestaltung kann durch großartige Inhalte punkten.

Skepsis ist angebracht, wenn Seiten mit Werbemitteln überflutet sind (sogenannte Bannerwüsten) und nervende Overlays oder Pop-Ups bzw. Pop-Under Elemente eingesetzt werden. Overlays führen häufig dazu, dass Tracking Cookies platziert werden, selbst wenn der Seitenbesucher das Angebot nicht wahrnimmt. Bannerwüsten überfluten den Nutzer mit Eindrücken. Eine Platzierung von Werbemitteln wird in diesem Kontext kaum einen Mehrwert für Nutzer und Merchant bringen. Stets sollten ein paar Unterseiten aufgerufen werden, um dort stichprobenartig zu prüfen, wie die Seite in ihrer Gesamtstruktur aufgestellt ist. Ab und an findet man schlechte, automatisiert übersetzte Texte oder Inhalte, die absolut nicht zum Partnerprogramm passen. In anderen Fällen ist die Seite noch unvollständig und im Aufbau begriffen. In solchen Fällen bietet es sich an, in Kontakt mit dem Seitenbetreiber zu treten und sich über die geplanten Werbemaßnahmen auszutauschen.

Indexierbarkeit und Reichweite prüfen Seiten, die Suchmaschinen-Bots kategorisch ausschließen, stehen von vornherein unter Generalverdacht. Im Grunde sollte sich jeder Affiliate darüber freuen, wenn die Seite Traffic über Suchmaschinen bekommt. Das Browser Plugin Seerobots hilft dabei, sich schnell über die Indexierbarkeit einer Seite zu informieren. Das Symbol sollte in beiden Feldern mit grüner Farbe signalisieren, dass das robots Meta Tag auf index, follow steht, so dass ein Crawler die Seite einsehen und indexieren kann. Ein Zugriffsverbot für Crawler macht nur in wenigen Fällen Sinn, weswegen das robots-Attribut als Indikator für Betrugsabsichten dienen kann.

 TIPP Kommen aufgrund von Impressum und Inhalten Zweifel auf, kann mit einer site: Abfrage bei Google getestet werden, ob von der Domain Inhalte indexiert sind. Dazu muss in das Suchfeld der Befehl site:domain.tld eingegeben werden.

Um die Reichweite einer Seite zu prüfen, kann auch ein Blick auf den Sichtbarkeitsindex eines SEO Tools und die geschätzten Trafficdaten des Browser Plugins SimilarWeb geworfen werden.

Beide Indikatoren dürfen nicht überbewertet werden, helfen aber Publisher zu identifizieren, die für das Partnerprogramm relevant werden könnten. Hier empfiehlt sich die Kontaktaufnahme für eine engere Zusammenarbeit. Eine geringe Reichweite sollte nicht automatisch zur Ablehnung führen, da Seitenbetreiber sich weiter entwickeln und dabei vom Merchant auch unterstützt werden können.

Wird nach Aufruf der URL oder etwas zeitverzögert eine Weiterleitung ausgeführt, muss geprüft werden, ob diese nicht für Betrugsversuche verwendet wird (siehe ➲ *Kapitel 5.2.6 Prüfung der Partneraktivitäten*). Weitere verdächtige Aktivitäten können mit dem Browser Plugin Ghostery erkannt werden. Wird mithilfe dieses Plugins deutlich, dass zahlreiche Daten im Hintergrund nachgeladen werden, kann das ebenfalls ein Zeichen für dubiose Aktivitäten sein.

Weiterleitungen und verdächtige Aktivitäten

Brand Bidder werden auf unterschiedliche Art und Weise aktiv, es gibt allerdings eine bestimmte Art von Website, die sofort verdächtig ist. In der Regel wird solch ein Portal in unzähligen Sprachen angeboten und verfügt über sehr einfach gestrickte Artikel, die über viele Themenfelder gestreut sind. Solche Seiten bieten ihren Nutzern kaum Mehrwert und können schon hinsichtlich ihrer Konzeption kaum echte Werbeleistungen erbringen. Weitere Merkmale von Brand Biddern werden in ➲ *Kapitel 5.2.6* näher erläutert.

Brand Bidder erkennen

5.2.2 Provisionsfreigabe

5.2.2.1 Validierungsvorgang

Sind Sales oder Leads im Konto eingelaufen, müssen diese geprüft und anschließend freigegeben werden. Jedem getrackten Vorgang wurde im Trackingpixel auf der Abschlussseite eine eindeutige Transaktionsnummer zugeordnet. Anhand dieser Nummer lässt sich eine Transaktion im Netzwerk dem entsprechenden Vorgang in der Warenwirtschaft oder Verwaltungssoftware des Merchants zuordnen. Vor der Freigabe der Provision im Netzwerk ist die Bestellung oder der Lead durch den Merchant auf Validität zu prüfen. Sofern in den Programm-AGB nichts anderes festgelegt wurde, sind bei einer Provisionsbearbeitung folgende Gründe für ein Storno oder Teilstorno zulässig:

▶ Die Ware wurde innerhalb der Widerrufsfrist zurückgesandt (Storno bzw. Teilstorno).

▶ Die Bezahlung der Ware erfolgt trotz Erinnerung und Mahnung nicht bzw. wird zurückgezogen.

▶ Lead oder Sale wurden mit ungültigen oder unvollständigen Daten durchgeführt.

▶ Lead oder Sale sind mit Verstoß gegen die Richtlinien des Partnerprogramms generiert worden (Verwendung nicht freigegebener Gutscheine, Brand Bidding).

▶ Die gleiche Transaktion wurde in zwei verschiedenen Netzwerken erfasst.

Das Stornieren von Transaktionen, die unter Mitwirkung weiterer bezahlter Werbemaßnahmen (z.B. Klick auf Google AdWords Werbung) zustande gekommen sind, ist untersagt. Überschneidungen verschiedener Werbemaßnahmen lassen sich nicht vermeiden und wachsen mit der Komplexität des Internets, z.B. durch neue Geräte und verzweigter Customer Journeys. Gegenüber den Affiliates wäre es jedoch nicht fair, wenn erhöhte Marketingkosten durch Stornos allein zu ihren Lasten reduziert würden. Überschneidungen müssen vielmehr bereits bei der Budgetierung und Vergütung im Marketing-Mix eingeplant werden. Das Thema Attribution ist in diesem Zusammenhang wichtig, bisher jedoch nur mit vereinzelten Netzwerken oder mit aufwändig selbst entwickelten Lösungen umsetzbar.

5.2.2.2 Umsetzung der Validierung

Manuelle Validierung

Der Aufwand für den manuellen Abgleich der Daten nimmt mit zunehmendem Umsatz oder Zahl der Leads im Partnerprogramm drastisch zu. Das gilt besonders für Programme, die in mehreren Netzwerken laufen. Es ist sehr unübersichtlich, für jeden Datensatz zwischen den Netzwerken und dem eigenen Datensystem hin und her zu springen, so dass es hier zu empfehlen ist, die Provisionen aller Netzwerke in einer Excel-Liste zusammenzuführen. Wird anschließend nach der Transaktionsnummer sortiert, wird ersichtlich, welcher Kunde Kontakt mit mehreren Affiliates über verschiedene Netzwerke hatte. Bei dieser Doppelerfassung kann je nach gewähltem Attributionsmodell ein Teil der Provisionen storniert werden (Deduplizierung). Im Falle des weit verbreiteten Last-Cookie-Wins-Modell wird nur der Affiliate mit dem letzten Kontakt (Klickzeitpunkt) vergütet.

TIPP

Der Einsatz einer Trackingweiche kann die Deduplizierung stark vereinfachen. Weitere Informationen in ⮑ Kapitel 7.1.10 Trackingweichen und Customer Journey Tracking.

Aufgrund des Aufwands sollten automatisierte Lösungen früh-zeitig in Betracht gezogen werden. Im Idealfall lässt sich eine Software entwickeln, die über die Webservices des Netzwerks Provisionsdaten exportiert, mit den Daten in der Verwaltungs-software abgleicht und anschließend Provisionen im Netzwerk freigibt oder storniert. Auch teilautomatisierte Lösungen sind denkbar. Die Netzwerke verfügen über Exportfunktionen, mit denen sich die Bestelldaten als Liste ausgeben lassen. Ein Tool kann diese Listen mit den Daten der Verwaltungssoftware ab-gleichen. Als Resultat können Stornos und Freigaben expor-tiert und anschließend in das Netzwerk übertragen werden. Die meisten Netzwerke bieten die Möglichkeit, Tabellen im richti-gen Format als Massenimport einzulesen.

Automatische Validierung

Solche Automatisierungen müssen in der Regel aufwändig ent-wickelt werden, amortisieren sich aber auf lange Sicht, da der Einsatz von Dienstleistern und fertigen Tools häufig umsatzba-siert bezahlt werden muss.

Angesichts des Aufwands kann es unter Umständen günstiger sein, komplett auf Stornos zu verzichten und sich damit die Ar-beitszeit für die Validierung zu sparen. Dies ist besonders dann der Fall, wenn Stornos nicht automatisiert bearbeitet werden können wie zum Beispiel bei Katalogbestellungen, wo fehler-hafte Adressen der Rückläufer manuell erfasst werden müssten. Die Stornofreiheit kann als Vorteil des Partnerprogramms in der Programmbeschreibung kommuniziert werden. Allerdings ist zu bedenken, dass die Offenlegung der Stornofreiheit unter Umständen auch Betrüger anzieht und damit die Kosten wieder steigen. Die Stornofreiheit ist deshalb nur in Ausnahmefällen zu empfehlen.

Verzicht auf Validierung

5.2.2.3 Kommunikation bei der Validierung

Aus Sicht der Affiliates ist die Validierung von Provisionen ein sehr intransparenter Vorgang. Sie müssen darauf vertrauen, dass tatsächlich nur unrechtmäßige Provisionen storniert wer-den. Es ist daher zu empfehlen, die wenigen Möglichkeiten zu nutzen, um ein Mindestmaß an Transparenz zu schaffen. Die meisten Netzwerke bieten die Option, einen Grund für das Stor-no anzugeben. Mit Stichworten wie „Dublette", „Kundenstor-no", „Teilstorno durch Kunden" oder „Ware nicht bezahlt" erhält der Affiliate immerhin rudimentäre Informationen darüber, wa-rum seine Provision zusammenschrumpft. Eine weitere Möglichkeit der Transparenz ist der Einsatz des Basket Trackings. Der Affiliate sieht so, welche Waren storniert wurden und kann daraufhin seine Werbetätigkeit optimieren.

Besteht Verdacht auf Betrug, sollte vor der Stornierung von Provisionen zuerst der Kontakt mit dem Affiliate gesucht werden, um die Hintergründe zu klären und dem Affiliate die Möglichkeit der Erklärung einzuräumen.

5.2.2.4 Bearbeitungszeitraum

Beim Start eines Partnerprogramms wurden mit dem Netzwerk auch Widerrufsfristen vereinbart. Werden Transaktionen nicht bearbeitet, greift nach diesem Zeitraum die Autofreigabe. Es kommt dann zur Ausschüttung der Provision, selbst wenn die Transaktionen nicht valide sind. Korrekturen sind anschließend nicht mehr möglich.

TIPP

Die Bearbeitung der Provisionen sollte mindestens im 14-tägigen Rhythmus erfolgen. Die Widerrufsfrist sollte nicht zu kurz gewählt werden.

Der Freigabezeitraum sollte sich am Vergütungsmodell orientieren. Bei Bestellungen mit 14-tägigem Rückgaberecht und einem Zahlungsziel von 30 Tagen kann einige Zeit verstreichen, bis nach dem Mahnungsvorgang klar ist, dass offene Forderungen abgeschrieben werden müssen. Der Autofreigabezeitraum sollte so lang wie nötig und so kurz wie möglich gewählt werden. Weit verbreitet ist ein Zeitraum von 40 Tagen. Sollte der Mahnungsvorgang länger dauern als der Autofreigabezeitraum zulässt, muss die Provision vorläufig storniert werden. Wird der Geldeingang später ordnungsgemäß verzeichnet, kann die stornierte Provision wieder freigegeben werden. Leads dagegen müssen oft nicht zusätzlich qualifiziert werden und lassen sich in kürzeren Abständen validieren.

Valide Transaktionen sollten mit Hinblick auf die automatische Freigabe nie unbearbeitet bleiben. Die Geduld der Affiliates, die auf die Ausschüttung ihrer Provision warten, sollte nicht überstrapaziert werden. Besonders Top-Publisher betreiben selbst einen großen finanziellen Aufwand für ihre Werbetätigkeit, so dass die verzögerte Auszahlung ihre Liquidität negativ beeinflusst. Die Geschwindigkeit der Freigabe ist auch ein Wettbewerbsvorteil des Partnerprogramms. Einige Netzwerke wie Affilinet zeigen den Affiliates an, wie lange sie durchschnittlich auf eine Provision warten müssen. Im Zweifelsfall ist das ein Grund, das Partnerprogramm der Konkurrenz auszuprobieren.

5.2.3 Monitoring und Reporting

Um den Zustand des Partnerprogramms einschätzen zu können, ist ein regelmäßiges Reporting der wichtigsten Kennzahlen nötig. Nur so können unerwünschte Entwicklungen erkannt und das Partnerprogramm gezielt weiterentwickelt werden.

Wie bereits erwähnt, sollten Affiliates in verschiedene Kategorien eingeteilt und beim Reporting anhand dieser Segmente betrachtet werden. Während beispielsweise bei Cashback-Modellen Conversion Rates von 25% und mehr für Bestellungen normal sind, wäre dieser Wert bei Content Seiten recht auffällig. Über die Segmentierung lässt sich auch erkennen, welchen Partnermodellen Umsatzwachstum zuzuschreiben ist. Im Folgenden sind die wichtigsten Kennzahlen beschrieben, die ein Programmbetreiber im Blick haben sollte:

Anzahl der Partner

Die Entwicklung der Zahl der Publisher zeigt, ob das Partnerprogramm in der Basis wächst, stagniert oder schrumpft. Besonders eine kontinuierlich sinkende Zahl signalisiert Unzufriedenheit und Probleme im Partnerprogramm. Wichtiger ist aber die Zahl der aktiven Partner, die Klicks oder Conversions generiert haben. Je älter das Partnerprogramm wird, desto mehr inaktive Affiliates finden sich im Partnerprogramm. Es ist eine der wichtigsten Aufgaben eines Programmmanagers, die Zahl der aktiven Publisher mit verschiedenen Maßnahmen zu erhöhen.

Impressionen

Die Zahl der Impressionen gibt Auskunft darüber, wie oft Werbemittel eingeblendet wurden. Dieser Kenngröße wird im Affiliate Marketing nur wenig Beachtung geschenkt. Häufig sind die im Netzwerk erfassten Werte ungenau, da für die korrekte Erfassung von Views der Tracking Code von Werbemitteln vollständig – inklusive des View Trackings – beim Publisher eingebaut sein muss. Dieser Teil wird von erfahrenen Affiliates jedoch häufig weggelassen, da so die Ladezeiten der Website verkürzt werden können. Wird außerdem eine Maskierung oder Verkürzung von Affiliate Links eingesetzt, sind die Daten nicht mehr belastbar. Weitere Informationen zu diesem Thema unter
↗ *www.projecter.de/affiliate-ebook/linkmaskierung/*.

Klicks

Im Gegensatz zu den Impressionen werden die Klickdaten zuverlässiger erfasst. Jeder Klick ist ein (eventuell wiederkehrender) Besucher. Diese Kennzahl für sich genommen hat ebenfalls wenig Aussagekraft, denn ein Klick ist je nach Geschäftsmodell des

Affiliates unterschiedlich viel wert. Entscheidend ist, wie stark der Traffic vorqualifiziert ist – ob also bereits ein Interesse an Thema oder Produkt besteht. 100 Besucher über ein Cashback-Portal werden mehr Umsatz erzeugen als 1000 Besucher, die über einen Newsletter erstmalig mit dem Produkt in Kontakt kommen. Dafür wird die Neukundenquote über ein Cashback-Portal eher gering sein, während der Newsletter möglicherweise zehn wertvolle Erstkäufer generiert, die in der Customer Lifetime weiteren Umsatz bringen können.

Mit der Auswertung des Traffics nach Segmenten lassen sich Entwicklungen besser beurteilen. Sowohl bei einem stärkeren Absinken als auch bei einem ungewöhnlichen Anstieg des Traffics muss gehandelt werden. Im ersten Fall wurden möglicherweise Werbemittel ausgebaut oder reduziert und es empfiehlt sich die Kontaktaufnahme, um die Partnerschaft wieder zu intensivieren. Im zweiten Fall kann möglicherweise ein neuer starker Affiliate identifiziert werden, mit dem sich eine Intensivierung der Partnerschaft ebenfalls lohnt. Ein starker Anstieg des Traffics kann auch auf betrügerische Aktivitäten hinweisen.

Conversion Rate Die Conversion Rate gibt an, wieviel Prozent der Besucher tatsächlich eine Transaktion ausgeführt haben. Hier schlägt sich die Qualität des Traffics nieder. Vorqualifizierte Besucher haben ein konkretes Interesse am Shop oder Produkt und kaufen eher als Besucher, die nur klicken, um sich im Rahmen eines incentivierten Modells Bonuspunkte zu verdienen. Durch die Unterschiede zwischen den verschiedenen Segmenten lässt sich die Conversion Rate nicht mit der Gesamtperformance auf der eigenen Website vergleichen. Ändert sich die Conversion Rate im Partnerprogramm, sollte ein genauer Blick auf die Partnerstruktur geworfen werden. Sinkt die Conversion Rate, gibt es möglicherweise neue Partner, die unqualifizierten Traffic schicken. Steigt sie, hat der qualifizierte Traffic über das Partnerprogramm zugenommen. Zu prüfen ist in diesem Fall, ob die Qualifizierung wirklich durch erwünschte Aktivitäten zustande kommt. Denkbar wäre zum Beispiel, dass Preisvergleiche oder starke Content Partner ihre Aktivitäten erhöht haben. Aber auch Partner, die Provisionen eher abgreifen anstatt eine Werbeleistung zu erbringen, könnten Grund für die Steigerung sein. Hierzu zählen zum Beispiel Publisher, die Browser Toolbars einsetzen und aktiv werden, wenn der Kunde schon längst im Shop ist. Auch Veränderungen an der eigenen Website können Einfluss auf die Conversion Rate haben. Bei starken Ausschlägen nach oben oder unten ist zudem eine Fraudprüfung zu empfehlen.

Die Conversion Rate ist auch für Affiliates eine wichtige Kennzahl. Sie senden Besucher von ihren Seiten mit dem Vertrauen darauf, dass im Shop alles getan wird, um potenzielle Kunden erfolgreich zum Sale oder Lead zu begleiten. Nicht immer passt die Produktempfehlung des Affiliate zum Bedürfnis des Besuchers. Es liegt aber vor allem am Shop selbst, wenn Dienstleistungen nicht vollständig beschrieben sind, Produktbilder wichtige Details nicht preisgeben oder im Warenkorb Preise durch Aufschläge und Versandkosten steigen, die vorher nicht kommuniziert wurden. Es gibt viele Faktoren, die auch qualifizierte Besucher vom Kauf abhalten. Schlechte Conversion Rates schlagen sich direkt in einer schlechten Gesamtvergütung für die Affiliates nieder, was dazu führen kann, dass sie sich dem Partnerprogramm der Konkurrenz widmen.

Leads

Leads sind neben Sales und Umsatz die wichtigste Kennzahl im Partnerprogramm, da häufig das Ziel ist, in Kontakt mit potenziellen (Neu-)Kunden zu treten.

Sales und Umsatz

Diese Kennzahlen zeigen die Anzahl von Verkäufen und generiertem Nettoumsatz an. Sie gehören im E-Commerce zu den wichtigsten Größen. Es sollte darauf geachtet werden, diese KPIs „sauber" zu halten. Der finanzielle Schaden für das Unternehmen kann enorm sein, wenn Umsätze und Sales im Partnerprogramm durch Betrug in die Höhe getrieben werden.

Provisionen

Die Provisionen stellen neben den Ressourcen für die Pflege des Partnerprogramms (Agentur oder Mitarbeiter) und den Gebühren für die Netzwerke den größten Kostenfaktor dar. Durch Premiumprovisionen für Top-Partner sowie Bonusausschüttungen kann dieser Wert schnell in die Höhe getrieben werden. Neben der absoluten Provision ist auch die durchschnittliche Provision pro Lead und Sale im Blick zu behalten. Je nachdem wie die Partnerbasis beschaffen ist, kann die durchschnittliche Provision recht hoch werden, wenn hauptsächlich Top-Partner mit Sonderprovisionen im Partnerprogramm aktiv sind. Die Gesamtmarge sollte hier unbedingt im Blick behalten werden, damit der Kanal nicht unprofitabel wird.

Eine Kostenreduktion durch Senkung der Provisionen sollte gut durchdacht werden, da das Partnerprogramm damit für die Affiliates an Attraktivität verliert und es in der Folge zu substantiellen Umsatzeinbußen kommen kann. Wichtig ist an dieser Stelle auch, wie die Partnerprogramme der Konkurrenz aufgestellt sind. Soll eine Kostenreduktion angestrebt werden, ist im Performance Marketing immer von relativen Werten wie der Kosten-Umsatz-Relation auszugehen. Absolute Kostenobergrenzen wären mit steigenden Umsätzen nicht mehr in Einklang zu bringen.

Stornoquote Die Stornoquote gibt an, wie viel Prozent der Provisionen bei der Validitätsprüfung zurückgezogen werden. Einige Netzwerke machen diese Kennzahl den Affiliates zugänglich, damit diese die Attraktivität des Partnerprogramms besser einschätzen können. Je geringer die Stornoquote desto besser, wobei die Werte immer im branchenüblichen Kontext bewertet werden müssen. Im Bereich Fashion zum Beispiel lässt sich ein überdurchschnittlich hoher Anteil an Rücksendungen nicht vermeiden.

Durchschnittlicher Warenkorb Der durchschnittliche Warenkorb gibt Auskunft über den durchschnittlichen Umsatz pro Sale. Dieser Wert ist wichtig für Rückschlüsse über Schwankungen des Umsatzes. Nicht immer ist ein Rückgang der Transaktionen für sinkenden Gesamtumsatz verantwortlich, sondern auch größere Schwankungen des Warenkorbs durch Rabattaktionen, Gutscheine oder saisonale Unterschiede im Sortiment können die Ursache sein. Sind Schwankungen nicht durch Sonderaktionen oder durch allgemeine Trends zu erklären, sollte ein Trackingtest durchgeführt werden.

 TIPP Die Vorgehensweise bei einem Trackingtest erläutern wir ausführlich in unserem Blog unter ✈ www.projecter.de/affiliate-ebook/tracking-test/

Weitere Kennzahlen Zur Überprüfung der Wirtschaftlichkeit ist mit den Zahlen Umsatz und Sales (oder Leads) die Kosten-Umsatz-Relation zu ermitteln. Auch der CPA (Kosten pro Bestellung) ist ein interessanter Wert zur Beurteilung der Profitabilität der Aktivitäten.

Wer mit Post View Partnern zusammenarbeitet, sollte diese besonders im Blick behalten. Neben der Provision und den

Umsätzen bzw. Leads ist hier vor allem die Klickrate (Klicks im Verhältnis zu Impressionen) eine wichtige Kennzahl. Liegt diese deutlich unter dem Durchschnitt der sonst bekannten Klickraten für ein Post View Werbemittel, ist die Einbindung wahrscheinlich nicht ideal und die Werbeleistung damit eher gering. Verglichen werden sollte auch mit den anderen Post View Partnern im Programm, um ein Gefühl für die Korrektheit der Werte zu bekommen. Dabei ist darauf zu achten, den Vergleich nur bei Post View Partnern mit ähnlichem Geschäftsmodell durchzuführen. Displaywerbung ohne zusätzliches Targeting weist andere Kennzahlen auf als beim Einsatz von Retargeting. Relevant bei Post View Partnern ist auch das Verhältnis von Impressionen zu Sale bzw. Lead, wobei es ebenfalls keine großen Abweichungen zu anderen Post View Partnern geben sollte.

Manche Affiliates arbeiten nicht auf Basis von CPO Vergütung, sondern verlangen fixe Klickpreise für die Buchung ihrer Werbeflächen. Entscheidend für die Wirtschaftlichkeit dieser Kooperationen ist die Conversion Rate des so gekauften Traffics. Um herauszufinden, ob sich dieser im Rahmen des sonst üblichen CPOs bewegt, empfiehlt sich ein Testzeitraum mit gedeckeltem Budget, der anschließend ausgewertet wird.

5.2.4 Partnerkommunikation

Zur Pflege des Partnerprogramms gehört auch die regelmäßige Kommunikation mit den Affiliates. Da ein größeres Programm schnell zwischen 10.000 und 50.000 Publisher haben kann, ist es nahezu unmöglich, mit allen individuell Kontakt zu halten. Ein Großteil der Kommunikation läuft daher einseitig ab, ohne Reaktion der Affiliates. Wenn besondere Kanäle wie Blog oder Social Media zur Kommunikation mit den Affiliates genutzt werden, sollte darauf in der Programmbeschreibung hingewiesen werden.

5.2.4.1 Newsletter

Der Newsletter ist das Minimum, um regelmäßig Kontakt zu den Publishern zu suchen. Die meisten Netzwerke stellen ein Tool zur Verfügung, mit dem Affiliates angeschrieben werden können. Einige Netzwerke bieten die Möglichkeit zur Segmentierung, so dass ein Newsletter beispielsweise nur an die Content Partner verschickt werden kann. Teilweise lässt sich die Empfängerliste sogar aufgrund von Performancedaten einschränken. So lassen sich beispielsweise alle Partner anschreiben, die im letzten halben Jahr keine Aktivität gezeigt haben.

Nicht alle Netzwerke versenden Newsletter direkt per E-Mail. Affilinet und Commission Junction stellen Nachrichten in ein eigenes Affiliate-Postfach zu. Die Benachrichtigungsfunktion über neue Nachrichten können Affiliates dort abstellen, so dass diese Newsletter in der Regel weniger gelesen werden. Die Netzwerke verschicken zudem eigene Newsletter, in denen Aktionen der Merchants erwähnt werden können und dadurch größere Reichweite erzielen.

5.2.4.2 Partnerprogrammblog

Bei größeren Partnerprogrammen bietet sich ein eigener Blog für die Affiliates an. Ein gutes Beispiel ist der Blog von mydays:
🖈 *www.mydays-partnerprogramm.de*

Mögliche Themen für den Blog (aber natürlich auch für Newsletter) sind:

▹ Werbemittel vorstellen und deren Integration erklären
▹ Auf Werbemitteländerungen hinweisen
▹ Neue Produkte vorstellen, die beworben werden können
▹ Änderungen an Produkten bzw. dem Sortiment kommunizieren
▹ Endkundenaktionen promoten
▹ Affiliate Rallyes oder andere Incentivierungsaktionen ankündigen bzw. auswerten
▹ Auf Saisonalitäten und Top-Seller eingehen, zum Beispiel: Was sollen Affiliates vor Weihnachten bewerben? Welche Produkte werden zum Valentinstag gekauft?
▹ Tipps zur Optimierung
· Tipps zu SEO, SMM und SEA
· Auf relevante Keywords hinweisen
· Conversion-Optimierung für Blogs
▹ Über Partnerevents, Messen, Branchenevents usw. berichten
▹ Umfragen, um Feedback zum Partnerprogramm zu bekommen
▹ Probleme, Wartungen, Pannen mit dem Server, Produktdaten usw. kommunizieren

Der Blog muss in regelmäßigen Abständen mit neuen Artikeln aktualisiert werden. Um Affiliates auf diesen Kanal aufmerksam zu machen, sollte darauf in der Programmbeschreibung, in den regelmäßigen Newslettern sowie in der Signatur des Partnerprogrammmanagers hingewiesen werden.

5.2.4.3 Social Media

Eine Präsenz in Social Media Kanälen macht Sinn, da Affiliates online-affin und über die sozialen Netzwerke gut erreichbar sind. Inhalte, die für den Newsletter aufbereitet werden, können ebenso auf Facebook oder Twitter veröffentlicht werden. Aufwand und Nutzen sollten dabei aber in einem angemessenen Verhältnis stehen. Muss der Affiliate Manager zu viele Kommunikationskanäle pflegen, fehlt ihm die Zeit für andere Aufgaben.

5.2.4.4 Direktkontakt

Die wichtigste Kommunikationsform ist der Direktkontakt. Wie aus unserer Affiliate Umfrage hervorgeht, arbeiten die meisten Affiliates mit mehreren Partnerprogrammen zusammen, deren Merchants alle bestrebt sind, Informationen an die Affiliates weiterzugeben. Dazu kommen Newsletter, Akquise-E-Mails und sonstige Nachrichten von verschiedenen anderen Parteien. Entsprechend groß ist die Flut allgemeiner Informationen und standardisierter Mails. Nur durch Direktkontakt kann individuell auf die Bedürfnisse und Wünsche der Affiliates eingegangen werden. Dabei lässt sich zeitnah herauszufinden, warum sich die Performance verschlechtert hat oder Werbemittel ausgebaut wurden. Allein der freundliche und unkomplizierte Kontakt kann einen Wettbewerbsvorteil verschaffen. Aus Sicht des Affiliates können weniger Ärger und kürzere Wartezeiten sogar das ein oder andere Prozent Mindereinnahmen aufwiegen.

Folgende Auflistung skizziert geeignete Anlässe, um mit Affiliates in Kontakt zu treten:

▸ Kaltakquise: Einladung ins Partnerprogramm
▸ Individuelle Begrüßung im Partnerprogramm
▸ Glückwunsch zum ersten Sale oder ersten Lead
▸ Auffällige Änderung der Klick-, Sale- oder Leadzahlen
▸ Fehler bei der Integration von Werbemitteln

▸ Optimierungsvorschläge für die Werbemitteleinbindung
▸ Angebot von (Exklusiv-)Kooperationen
▸ Mitteilung über Anpassungen im Tracking
▸ Mitteilung über Provisionsanpassungen
▸ Partnerprogramm Newsletter mit Tipps und Hintergrundinformationen zu Produkten und dem Unternehmen
▸ Erweiterung von Shopfunktionen
▸ Geburtstage
▸ Erkundigungen über geplante Aktionen zu besonderen Anlässen
▸ Ankündigungen von Partnerprogramm-Aktionen wie Sales Rallyes oder Sondervergütungen
▸ Austausch von Werbemitteln

5.2.5 Qualitätscheck

Neben der ständigen Überwachung der Aktivitäten der Affiliates und wichtiger Kennzahlen sollten weitere Kontrollen durchgeführt werden. Es bietet sich an, in Abständen von drei bis sechs Monaten einen umfassenden Qualitätscheck für das Partnerprogramm zu etablieren, da es immer wieder zu Änderungen bezüglich Vergütung, Ansprechpartnern, Aktionen, Werbemitteln usw. kommt. Je größer das Partnerprogramm ist und je mehr Verantwortliche es gibt, desto schneller treten Ungereimtheiten auf, die die Arbeit im Partnerprogramm erschweren oder für Diskrepanzen in der Außendarstellung sorgen. Neben einer Prüfung der Statistiken auf Trash und Fraud gibt es weitere Punkte, die regelmäßig betrachtet werden sollten:

Außendarstellung des Partnerprogramms

▸ Überprüfung der Programmbeschreibung in den Netzwerken: Stimmen Provisionsstaffel, Ansprechpartner und alle erwähnten Besonderheiten und Alleinstellungsmerkmale noch? Sind Besonderheiten hinzugekommen (zum Beispiel neue Zahlungsarten)?
▸ Überprüfung des Eintrags auf anderen Online-Portalen wie 100partnerprogramme.de: Sind auch hier alle Angaben aktuell? Gibt es Differenzen zur Programmbeschreibung? Ist die Angabe der Netzwerke noch korrekt?
▸ Partnerprogrammseite auf der eigenen Website: Prüfung der Staffel, Ansprechpartner und weiterer Angaben. Funktioniert die Verlinkung zur Anmeldeseite des Netz-

werkes? Gibt es Spuren alter Aktionen, die entfernt werden müssen?

▸ Bei manchen Netzwerken lassen sich individuelle Nachrichten für standardisierte Ereignisse erstellen. Werden diese Nachrichten genutzt? Sind die Angaben einschließlich der Signatur aktuell?

▸ Signatur der Partnerprogrammmanager auf Aktualität prüfen

▸ Prüfung der Publisherbasis auf Trash und Fraud (siehe ⮌ *Kapitel 5.2.6*)

Prüfung der Publisherbasis

▸ Partnersegmente kontrollieren: Sind alle Partner einem Segment zugeordnet? Ist die Unterteilung für die aktuelle Strategie im Partnerprogramm noch zielführend?

▸ Dient die Staffelung der Strategie des Partnerprogramms?

Kontrolle der Provisionsstaffel

▸ Überprüfung der Publisher mit Sonderkonditionen: Gibt es Publisher, die unrechtmäßig erhöhte Provisionen erhalten? Gibt es Publisher mit guter Performance, die Sonderkonditionen erhalten sollten?

▸ Funktioniert der Automatismus eines eventuell eingesetzten Staffeltools korrekt?

▸ Ist die Werbemittelkategorisierung sinnvoll? Enthält jede Kategorie Werbemittel?

Überprüfung der Werbemittel

▸ Sind die hinterlegten Banner aktuell? (Preise und Werbeslogans prüfen, ggf. Änderungen an der Corporate Identity in die Banner einarbeiten lassen)

▸ Sind die hinterlegten Deeplinks aktuell und verweisen auf die richtige Zielseite?

▸ Ist ein Linkgenerator vorhanden? Sind die hinterlegten Links noch korrekt? Sind alle wichtigen Parameter mit den Links verknüpft?

▸ Gibt es bei den Werbemitteln ausreichend Variation?

▸ Wann fand die letzte Aktualisierung statt?

Überprüfung des Produktdatenfeeds

▸ Sind die Spalten ausreichend mit Daten gefüllt?

▸ Stichprobe: Sind Deeplinks, Bild-URLs und weitere Daten wie Verfügbarkeit, Preis, Hersteller, Farbe etc. korrekt?

TIPP Eine Liste von Deeplinks oder Bild-URLs lässt sich mit Tools wie dem Screaming Frog SEO Spider automatisiert auf Aktualität prüfen.

Michael Jany
Senior Manager
Online Marketing/
Affiliate & Coopera-
tions, mydays

„Deeplink Generator, Produktfeeds, Logos und Image-Banner gehören zu den wichtigsten Werbemitteln. Die meisten Partner generieren sich ihre Links mittlerweile selbst über unseren Deeplink Generator oder sie arbeiten automatisiert über die Produktfeeds. Darüber hinaus integrieren viele Partner die aufmerksamkeitsstarken Image-Banner einmalig auf ihrer Seite. Wir halten die Banner stets aktuell und es ist kein manueller Austausch mehr nötig. Die Zahlen sprechen für die automatisierten Image-Banner."

Sales Clearing prüfen

▸ Funktioniert der Prozess zur Bearbeitung der offenen Provisionen korrekt?

▸ Laufen Provisionen unbemerkt in die Autofreigabe? (Manche Cashback Publisher wie Payback erhalten vom Netzwerk besondere Freigabezeiträume, die kürzer ausfallen können als im Partnerprogramm eingestellt.)

Trackingtest durchführen

▸ Werden nach wie vor alle Sales erfasst? Sowohl verschiedene Zahlungsarten als auch die Bedienung über Desktop und Mobilgerät sind einzeln mit einem Trackingtest zu prüfen.

▸ Wird der Nettowarenkorb korrekt übergeben? Tests unter Verwendung von Gutscheinen und verschiedenen Warenkorbwerten mit und ohne Versandkostenfreiheit sind zu empfehlen.

5.2.6 Prüfung der Partneraktivitäten

5.2.6.1 Trash und Fraud

Es bleibt nicht aus, dass einzelne Partner im Affiliate Marketing unerwünschte oder verbotene Methoden anwenden. Die Partnerfreigabe kann noch so sorgsam erfolgen – derartige Fälle treten immer wieder auf. Statt Affiliates immer restriktiver zu beurteilen und so das Wachstum des Programms zu behindern, lautet unsere Empfehlung: Lieber den einen oder anderen Partner mehr zulassen und dafür die Statistiken aufmerksam kontrollieren! Tendenziell ist der Betrug im Affiliate Marketing in den letzten Jahren zurückgegangen, was sicherlich vor allem auf einen zunehmend besseren Informationsstand bei den Merchants zurückzuführen ist.

Martin Rieß
Country Manager DACH
ZANOX AG,
zanox.de

„Wir konnten in den vergangenen Jahren nochmal einen deutlichen Rückgang missbräuchlichen Verhaltens, der Verletzung von Programmrichtlinien und allgemeinen Geschäftsbedingungen feststellen. Die Branche hat sich weiter professionalisiert – bei den Netzwerken vor allem durch noch gezieltere Mechanismen und Standards."

Unerwünschte Aktivitäten können grob in zwei Kategorien eingeteilt werden: Trash und Fraud.

Trash (Müll) bezeichnet Aktivitäten, die sich negativ auf das Partnerprogramm auswirken, aber keinen böswilligen Hintergrund haben.

Fraud bedeutet Betrug und bezeichnet Aktivitäten, die gezielt versuchen, unrechtmäßig Provisionen zu erschleichen.

Beide Formen lassen sich nicht immer sauber auseinander halten. Wird beispielsweise hoher Traffic verzeichnet, der keine oder kaum Conversions mit sich bringt, kann das zwei Gründe haben:

1. Der Partner schickt unqualifizierten Traffic, der kein Interesse am eigentlichen Thema hat. Denkbar wären incentivierte Klicks eines Paidmail-Anbieters. Die Besucher klicken dabei nur auf Links in den Werbemails, um sich minimale Cent-Beträge als Cashback zu verdienen. Dieser Fall würde in die Kategorie Trash fallen.

2. Denkbar ist ebenfalls, dass der Partner Klicks simuliert, die gar nicht stattgefunden haben. Es werden so Cookies an User im Internet verteilt, ohne dass sie jemals Werbung von diesem Partner zu Gesicht bekommen haben. In diesem Fall hat man es mit Fraud zu tun.

Gelegentlich ist detektivischer Spürsinn nötig, um herauszufinden, ob Betrug oder lediglich unqualifizierter Traffic vorliegt. Wie kann Betrug erkannt werden und welche Gegenmaßnahmen sind möglich?

5.2.6.2 Cookie Dropping - Die Basis des Frauds

Grundsätzlich geht es bei den Betrugsversuchen fast immer darum, das Affiliate Tracking ohne tatsächlich erbrachte Werbeleistung auszulösen. Dafür sind drei Szenarien denkbar.

A: Der Affiliate leitet den Trackingvorgang selbst ein (zum Beispiel durch den Aufruf eines Trackinglinks wobei das Tracking Cookie gespeichert wird) und führt eine vorgetäuschte Transaktion durch (Lead oder Einkauf, zum Beispiel Bestellung von Waren mit falscher Adresse).

B: Der Affiliate automatisiert dieses Vorgehen und leitet den Trackingvorgang durch ein Tool ein, das im Anschluss eine einfache Transaktion durchführt (meist Leads, zum Beispiel in Form einer Newsletter-Anmeldung).

C: Der Affiliate leitet den Trackingvorgang für die Besucher seiner Seite heimlich im Hintergrund ein und erhofft sich, für deren Transaktionen Provisionen zu verdienen.

Alle Szenarien haben gemeinsam, dass Tracking Cookies künstlich und ohne reale Werbeleistung gesetzt werden, um den Trackingvorgang einzuleiten. Man spricht deshalb von Cookie Dropping.

5.2.6.3 Szenario A: Manueller Fraud

Bei manuellem Fraud ist der Schaden meist überschaubar. Wird ein Kauf vorgetäuscht, so scheitert der Betrugsversuch spätestens im Validierungsprozess. Hier fallen Bestellungen auf, die wegen falscher Adresse storniert werden. Bleibt die Bezahlung bei Versand an eine korrekte Adresse aus, so ist das zwar ärgerlich, wird sich allerdings nicht in Masse wiederholen lassen, da andere Sicherheitsmechanismen im Unternehmen greifen.

Da der Betrug über vorgetäuschte Einkäufe bei einem guten Validierungsprozess kaum möglich ist, tritt manueller Fraud besonders bei Leadvergütungen auf. Newsletter-Anmeldungen oder Katalogbestellungen lassen sich leicht vortäuschen und sind schwer prüfbar. Bei einer Leadvergütung sollte daher darauf geachtet werden, dass der Leadprozess verschiedene Kontrollinstanzen beinhaltet. So sollte eine Newsletter-Anmeldung erst erfasst werden, wenn das Opt-in durchlaufen wurde. Alternativ kann bei der Provisionsfreigabe geprüft werden, ob das Opt-in nachträglich stattgefunden oder die erste E-Mail zumindest ein Postfach erreicht hat.

Durch künstliche Vorgänge werden Muster erzeugt, die sich unter Umständen erkennen lassen. Wer sich manuell eine nennenswerte Summe an Provisionen erschleichen möchte, muss automatisch eine gewisse Effizienz an den Tag legen: Trackingvorgang einleiten, Lead durchführen, evtl. Cookies löschen und im Anschluss wieder von vorn. Auffällig ist dabei:

▷ Der Zeitraum zwischen Klick und Lead ist meist unnatürlich kurz.
▷ Das Verhältnis von Klicks zu Leads (Conversion Rate) ist sehr hoch, denn fast jedem Klick folgt eine Transaktion.
▷ Falls Impressionen erfasst werden, ist das Verhältnis zu den Klicks (Click-Through-Rate) oft unnatürlich hoch, da auf fast jede Impression auch ein Klick folgt.
▷ Es werden oft mehrere Leads in kurzer Folge hintereinander ausgelöst.
▷ Die Leads stammen in auffälligem Maße aus der gleichen Region (identifizierbar über die IP-Adresse).
▷ Die Leads weisen bezüglich der Tageszeit ein Muster auf.

5.2.6.4 Szenario B: Automatischer Fraud

Automatisierter Fraud erfordert höhere Programmierkenntnisse. Die Masse der automatisierten Betrugsversuche ist allerdings plump und leicht erkennbar. In seltenen Fällen wird mit aufwändig erstellter Betrugssoftware gearbeitet, wobei es selbst dabei eindeutige Erkennungsmerkmale gibt. Wer viele Transaktionen generiert, ohne eine Seite mit adäquater Reichweite und entsprechend eingebundenen Werbemittel zu betreiben, macht sich verdächtig. Zur Feststellung der Reichweite sind verschiedene Tools zu empfehlen, die in ⮫ *Kapitel 5.5* näher beschrieben werden. Ist die Herkunft der Transaktionen nicht ersichtlich, sollte zuerst der Kontakt zum Publisher gesucht werden. Oft lassen sich Unklarheiten auf dem direkten Weg beseitigen. Von Erklärungsversuchen wie „high performing newsletter campaigns" sollten sich Merchants jedoch nicht täuschen lassen. Bleibt die Aktivität eines Affiliates intransparent, kann er beim Support des Netzwerks zur Überprüfung gemeldet werden. Große Netzwerke haben ein ausgeklügeltes Überwachungssystem entwickelt, das die Aktivitäten eines Affiliates in vielerlei Hinsicht durchleuchtet. Hierbei werden über einen längeren Zeitraum Daten der Klicks und Transaktionen aufgezeichnet und nach Auffälligkeiten durchsucht.

Wie für den manuellen Betrug gilt auch für automatisierte Software, dass sich ein Kauf schlecht vortäuschen lässt, weswegen auch hier Leadvergütungen Hauptziel des Betrugs sind. Schlecht programmierte Betrugssoftware erkennt man an folgenden Mustern:

▹ Der Zeitraum zwischen Klick zu Lead ist sehr kurz und häufig identisch.
▹ Die Conversion Rate ist auffällig hoch. Vorsicht, aufwändigere Software generiert auch Klicks ohne folgenden Lead.
▹ Klicks und Leads steigen in kurzer Zeit auffällig stark an.
▹ Schlechte Software agiert aus nur einer Region, weshalb sich in den Referrer-Daten Auffälligkeiten zeigen (IP-Adressbereiche).

5.2.6.5 Szenario C: Klassisches Cookie Dropping

Am häufigsten werden Leads allerdings weder automatisch noch manuell vorgetäuscht, sondern Tracking Cookies, die eigentlich beim Klick auf ein Werbemittel gesetzt werden, an beliebige Nutzer im Netz verteilt. Ziel dieser Betrugsform ist, dass Nutzer später eine zum Cookie passende Transaktion ausführen und somit Provisionen fließen. Da dieses Prinzip mehr oder minder auf Zufall baut, sind sehr viele Cookies notwendig. In der Regel suchen sich die Täter daher besonders große und bekannte Marken aus, da dort die Wahrscheinlichkeit für eine „zufällige" Transaktion höher ist.

Diese Form des Frauds weist in den Statistiken folgendes Muster auf:

▹ Überdurchschnittlich hohe Klickzahlen (für jedes platzierte Cookie muss mindestens ein Klick simuliert werden) bei sehr geringer Conversion Rate

Da das ziellose Verteilen von Tracking Cookies wenig effizient und zudem auffällig ist, wird häufig versucht, den Traffic, der mit Cookies versehen wird, „vorzusortieren". Das kann z.B. durch den Betrieb einer Website, die sich auf ein Thema fokussiert und so wirklich Nutzer mit einem gewissen Interesse anzieht, erfolgen. Um die Aktivitäten zu verschleiern, wird oft tatsächlich ein Banner des Merchants eingebunden. Der vermeintliche Klick wird dann ohne das Wissen des Nutzers im Hintergrund simuliert.

Ein weiteres Beispiel sind Toolbars, die Cookies passend zum Surfverhalten des Nutzers im Hintergrund verteilen. „Qualifizierter" Traffic lässt sich auch erzielen, indem Anzeigen bei Suchmaschinen auf passende Begriffe geschaltet werden. Auf der Zielseite werden dann Cookies gesetzt, unabhängig davon, ob der Nutzer überhaupt einen Werbelink zu Gesicht bekommen hat.

Das klassische Cookie Dropping ist schwer zu erkennen. Weitere Anhaltspunkte, auf die geachtet werden sollte:

▸ niedrige Conversion Rate
▸ Anzahl von Klicks, die mit der Reichweite der Seite schwer erklärbar sind
▸ falls Impressionen erfasst werden: ein auffällig hohes Verhältnis von Klicks zu Impressionen
▸ eventuell sehr lange Zeiten zwischen Klick und Conversion

Am einfachsten lässt sich Traffic qualifizieren, indem Nutzer abgefangen werden, die bereits wissen, wo sie kaufen wollen. Das geschieht über eine Anzeigenschaltung bei Suchmaschinen auf den Markennamen einer Website, wobei zwei Szenarien denkbar sind. Entweder wird die Anzeige direkt mit dem Trackinglink verlinkt oder der Nutzer wird auf eine Landing Page geschickt. In beiden Fällen ist kein zusätzliches Cookie Dropping notwendig, da der Besucher von alleine auf den Link klickt. Dieses Verhalten wird als Brand Bidding bezeichnet und ist in den meisten Partnerprogrammen strikt untersagt.

Findige Brand Bidder schließen die Region des Firmensitzes großzügig aus und nutzen Nischen-Suchmaschinen wie Bing oder Yahoo, um unerkannt zu bleiben. Darüber hinaus werden weitere Verschleierungstaktiken angewendet, die zum Schutz vor Nachahmern nicht näher beschrieben werden sollen. Es gibt verschiedene Tools, die dabei helfen, diesem Betrug auf die Schliche zu kommen (siehe ➔ *Kapitel 5.5*).

5.2.6.6 Weitere Arten von Fraud

Ad Hijacking Das Ad Hijacking spielt bei der Anzeigenschaltung in Suchmaschinen eine Rolle, wobei eine Schwachstelle von Google AdWords ausgenutzt wird. Google möchte verhindern, dass zwei identische Anzeigen geschaltet werden. Legt ein Affiliate eine Anzeige an, die identisch zur Anzeige des Merchants ist, und gibt ein höheres Gebot ab, wird die Originalanzeige nicht mehr ausgespielt. Über einen Trackinglink sendet der Affiliate Klicks auf die gleiche Zielseite wie die Originalanzeige. Das Brand Bidding ist auf diese Weise auf den ersten Blick nicht erkennbar und bleibt länger unbemerkt. Als Gegenmaßnahme hilft nur ein spezielles Monitoring Tool bzw. ein gutes Monitoring im AdWords Konto. Dort sollte auffallen, dass ursprünglich erfolgreiche Anzeigen plötzlich keine Leistung mehr bringen.

Contentdiebstahl Der Contentdiebstahl ist eine Betrugsmasche, bei der Blogs mit sämtlichen Inhalten auf eine neue Domain gespiegelt werden. Lediglich Social Media Buttons, Kontaktdaten sowie teilweise Name und Logo werden automatisiert ersetzt. Es gibt eine Reihe von Erkennungsmerkmalen, die wir im Blog beschrieben haben: *www.projecter.de/affiliate-ebook/content-diebstahl/*. Diese Domains bewerben sich im Partnerprogramm und bleiben eine Zeit lang inaktiv. Mit Verzögerung wird die gespiegelte Seite schließlich automatisiert mit Affiliate Links versehen oder zum Cookie Dropping missbraucht.

Automatisiert übersetzte Inhalte Immer wieder tauchen Seiten auf, die automatisiert übersetzt wurden und bei genauerem Hinschauen kaum Sinn ergeben. Auch diese Seiten werden nach einiger Zeit häufig zum Verschleiern von Cookie Dropping missbraucht.

5.2.6.7 Beweissicherung

Um Fraud korrekt zu begegnen und Provisionen rechtmäßig zu stornieren, sollten klare Beweise vorliegen. Eine extrem auffällige Statistik kann zum Beispiel als Beweis dienen. Allerdings achten die Täter darauf, möglichst wenig Spuren zu hinterlassen. Im Zweifelsfall sollte nachweisbar sein, an welcher Stelle der Betrug begangen wurde.

Größere Netzwerke liefern neben den Statistiken zumindest rudimentäre Informationen über die Quelle des Traffics. Sofern der Affiliate die Referrer-Daten nicht verschleiert, lässt sich erfahren, auf welchen Unterseiten Klicks generiert wurden. Gewisse Unregelmäßigkeiten werden bei einigen Netzwerken mit Hinweisen hervorgehoben.

Um Fraud manuell aufzudecken, sollte man verschiedene Tools installieren. Wichtig ist ein Tool, um die HTTP Requests, die eine Seite im Hintergrund aufruft, mitzuschneiden sowie ein Cookie Manager, mit dem schnell und bequem erkannt werden kann, wann und in welcher Menge Cookies gesetzt werden.

Für die Prüfung einer Seite sollten zunächst die Cookies gelöscht und die HTTP Request Überwachung gestartet werden. Anschließend sollte man sich eine Weile auf der Seite aufhalten und verschiedene Kategorien und Unterseiten besuchen. Nach einer gewissen Zeit kann geprüft werden, ob Cookies des genutzten Netzwerks gesetzt wurden. Ist dies der Fall, kann über den HTTP Request Mitschnitt nachverfolgt werden, ob die Tracking URL an irgendeiner Stelle geladen wurde. Ein Screenshot oder die Speicherung des Mitschnitts kann den Täter überführen.
Um die betrügerischen Aktivitäten zu verschleiern, kommt es vor, dass die Täter diverse Schutzmechanismen einbauen, so werden Cookies zum Beispiel erst nach einer gewissen Verweildauer gesetzt. Noch perfider wird es, wenn der Besucher gekennzeichnet wird und Cookie Dropping nur beim ersten Besuch der Seite stattfindet. Dies macht die Reproduktion und Dokumentation des Verstoßes wesentlich schwieriger.

Folgende Maßnahmen sind in diesem Fall zu ergreifen:

1. Neuer Versuch über eine neue IP-Adresse. Diese lässt sich durch Nutzung eines Proxys, einer VPN-Verbindung oder durch den Reconnect des Routers, sofern keine Standleitung verwendet wird, herstellen.
2. Über Evercookies oder Fingerprinting wäre man auch mit neuer IP-Adresse erkennbar. Die Seite sollte daher mit einem anderen PC aufgesucht werden.
3. Wird das Mittel des Zufallsmechanismus oder der Zeitverzögerung verwendet, braucht es etwas Geduld sowie die Wiederholung von Schritt 1 und 2, um einen Betrugsfall zu dokumentieren.

Es gibt Toolanbieter, die über ein weiteres Trackingpixel im Shop sämtliche Aktivitäten auswerten und somit Fraud sehr gezielt identifizieren können. Die Preise beginnen bei 300 Euro pro Monat, was insbesondere bei kleineren Programmen die Frage nach dem Kosten-Nutzen-Verhältnis aufwirft.

5.2.6.8 Kommunikation und Gegenmaßnahmen

Bei Auffälligkeiten sollte zunächst der Kontakt zum Affiliate gesucht werden. Trotz Unregelmäßigkeiten in den Statistiken sind Verstöße gegen die Partnerprogrammbedingungen nicht immer nachzuweisen. Vom Affiliate sind in diesem Fall konkrete Erklärungen einzufordern. In einer vertrauensvollen Partnerschaft ist es legitim, Auskunft über die Herkunft des Traffics sowie die gewählten Werbemaßnahmen für das Partnerprogramm zu verlangen. Eine Fristsetzung und die Erläuterung der drohenden Maßnahmen verleiht dem eigenen Anliegen Nachdruck. Verstreicht die Frist oder sind die Erläuterungen nicht nachvollziehbar, können unrechtmäßige Provisionen storniert und der Partner vom Partnerprogramm ausgeschlossen werden.

Liegt tatsächlich ein Betrugsfall vor, ist grundsätzlich mit zwei Sorten von Betrügern zu rechnen. Der größere Teil ist sich seiner Schuld bewusst und nimmt die Stornos und den Ausschluss aus dem Partnerprogramm kommentarlos hin. Vereinzelte dreiste Betrüger beschweren sich aber über die ergriffenen Maßnahmen. Für derartige Fälle sind gesicherte Beweise sehr hilfreich.

In Betrugsfällen sollte unbedingt das Affiliate-Netzwerk benachrichtigt werden, sofern das Partnerprogramm nicht mit einer Inhouse-Lösung betrieben wird. Auch bei grenzwertigen Fällen, in denen Zweifel an Aktivitäten und Begründungen bestehen, ist der Kontakt zum Affiliate-Netzwerk ratsam. Wie bereits erläutert, verfügen die Netzwerke über diverse Möglichkeiten der Fraud-Aufdeckung und können ggf. auf Aktivitäten des Partners in anderen Programmen zurückgreifen.

Partner mit unerwünschten Aktivitäten sollten aus dem Programm entfernt werden. Das Stornieren unrechtmäßiger Provisionen verursacht Schaden, da Cookies ehrlicher Affiliates möglicherweise überschrieben werden. Hohe Stornoraten und schlechte Conversion Rates wirken sich zudem negativ auf die Außendarstellung aus.

Deshalb sollten auch Aktivitäten von Partnern mit unqualifiziertem Traffic nicht geduldet werden. Affiliates, die trotz hoher Klickzahlen keine Conversions erzielen, bringen keinen Mehrwert, nehmen Serverkapazitäten in Beschlag und verschlechtern Kennzahlen wie Stornorate oder EPC im Programm. Mit einem kurzen Hinweis sollte die Partnerschaft beendet werden.

5.3 Partnerprogramm entwickeln

Die Pflege des Partnerprogramms ist eine wichtige Aufgabe. Soll es wachsen, müssen zusätzlich Zeit und Energie in die Entwicklung gesteckt werden.

5.3.1 Voraussetzungen prüfen und anpassen

Wachstum kann nur bei entsprechendem Nährboden entstehen. Es sollte daher in regelmäßigen Abständen geprüft werden, ob die Voraussetzungen des Partnerprogramms noch den Bedürfnissen der Affiliates entsprechen.

Ähnlich unserer Affiliate-Umfrage können eigene Umfragen im Partnerprogramm helfen, ein Stimmungsbild der Affiliates zu erstellen. Bezüglich der Voraussetzungen des Partnerprogramms sind folgende Aspekte zu betrachten:

▷ Wie agiert die Konkurrenz? Gibt es gute Aktionen, Anpassungen der Vergütung oder Ähnliches?
▷ Wie entwickelt sich die Conversion Rate und wie kann ich meine Seite noch besser optimieren?
▷ Sind die Affiliates über Trends und Neuigkeiten des eigenen Unternehmens gut informiert?
▷ Sind Werbemittel aktuell und in ausreichender Form und Vielfalt vorhanden?
▷ Entwickelt sich meine Publisher-Basis positiv? (steigende Zahl aktiver Publisher) Welche Ursachen können als Grund für eine negative Entwicklung identifiziert werden?
▷ Entwickeln sich KPIs wie Sales, Leads und Umsatz positiv? Welche Ursachen können für eventuell auftretende Negativtrends gefunden werden?

> Gibt es Geschäftsmodelle, die sich im Partnerprogramm gegenseitig kannibalisieren? Möglicherweise überschreiben Gutscheinseiten, Cashback-Seiten oder Retargeting-Partner die Cookies anderer Segmente, die schließlich keine attraktiven Konditionen mehr erhalten und deshalb ihre Bemühungen, wichtigen Initial Traffic zu generieren, einstellen.

Martin Rieß
Country Manager DACH
ZANOX AG,
zanox.de

„Für die optimale Zusammenarbeit mit einem Advertiser ist es besonders wichtig, dass er für Publisher interessant ist. Hierbei spielt eine transparente und faire Vergütung neben optimierten Werbemitteln und Produktdaten eine große Rolle. Zudem ist es wichtig, dass auch der Advertiser eine gute Beziehung zu seinen Publishern aufbaut – so kann man direkt in den Dialog gehen und der Advertiser erfährt aus erster Hand, was Publishern wichtig ist. Bei erklärungsbedürftigen Produkten hat dieser Faktor einen besonders hohen Stellenwert."

Bei der Suche nach Ursachen für Stagnation oder Negativtrends sollte gründlich und reflektiert vorgegangen werden. Falls sich trotz Akquisebemühungen keine positiven Effekte einstellen, muss dies nicht zwangsläufig am Desinteresse der Affiliates liegen. Es gibt eine Vielzahl möglicher Erklärungen, begonnen bei Fehlern im Tracking bis hin zu Produkten, die dem Affiliate nicht transparent genug erscheinen.

Die Stellschrauben im Partnerprogramm sind äußerst vielfältig. Einige Beispiele:

> Einführung von Leadvergütungen neben einer Salevergütung
> Verschiebung von Provisionen zwischen Sale und Lead (Reduzierung der Leadvergütungen bei gleichzeitiger Erhöhung der Salevergütung oder umgekehrt).
> Arbeit mit Boni und Werbekostenzuschüssen
> Vergütungsmodelle auf CPC, TKP oder hybrider Basis (mit CPO kombiniert) mit einzelnen Partnern testen
> Einführung einer Attribution evaluieren (siehe ↻ *Kapitel 4.4.1.5*)
> Vergütung von Last Cookie Wins auf First Cookie Wins umstellen

▷ Arbeit mit Aktionen & Landing Pages
▷ Einsatz von Spezialwerbemitteln
▷ ...

5.3.2 Reaktivierung von Partnern

In der Regel generiert ein kleiner Teil der Publisherbasis den Großteil des Umsatzes (20/80 Regel). Nichtsdestotrotz können auch kleine Partner in der Menge viel bewirken. Im Laufe der Zeit gehen viele Partner, die inhaltlich recht interessant sind, als aktive Partner verloren. Es lohnt sich deshalb, in regelmäßigen Abständen Reaktivierungsbemühungen zu starten. Dazu genügt häufig ein Mailing, das möglichst individuell dazu einlädt, wieder aktiv zu werden. Wiedereinsteiger sollten zusätzlich mit der Zahlung eines Provisionsbonus für die erste vermittelte Transaktion oder der Provisionserhöhung in einem definierten Zeitraum animiert werden.

5.3.3 Entwicklung bestehender Partner und Partnerbindung

Neben der Reaktivierung inaktiver Partner bietet der Ausbau bestehender aktiver Partnerschaften großes Potenzial. Es lohnt sich, bestehende Affiliates zu kontaktieren und gemeinsam nach Wegen und Möglichkeiten einer intensiveren Zusammenarbeit zu suchen. Häufig hat der Affiliate selbst Ideen und Vorstellungen, die zu seinem Konzept passen und dem Merchant einen Mehrwert bringen.

Eine gewisse Experimentierfreudigkeit kann dabei nicht schaden. Die Bereitschaft, individuelle Werbemittel wie Newsletter Templates, Banner oder auch exklusive Gutscheine zur Verfügung zu stellen, kann viel bewirken. Auch Sonderkonditionen – zumindest für einen begrenzten Zeitraum – können helfen, die Ziele beider Seiten besser zu erreichen. Zu Sonderkonditionen zählen neben Premiumprovisionen auch Budgets für Werbekostenzuschüsse.

Selbstverständlich ist es legitim und sinnvoll, wirtschaftliche Überlegungen nicht außen vor zu lassen. In Gesprächen geben die meisten Partner gern Auskunft über ihre Reichweite sowie Erfahrungswerte zu Klickraten und weiteren Kennzahlen. Bestehen Zweifel an der Wirksamkeit einer Werbemaßnahme können pauschale Vergütungen gestaffelt und an Zielvereinbarungen geknüpft werden. Auch hybride Modelle, bei denen Werbekostenzuschüsse mit CPO Provisionen verrechnet werden, sind möglich. Letzteres hat den Vorteil, dass der Partner auf jeden Fall eine Mindestvergütung für seinen Aufwand erhält, während sich für den Merchant zumindest im Erfolgsfall die Kosten schnell amortisieren. Auch die Bereitstellung von Sachmitteln wie z.B. Produktproben oder Wertgutscheinen kann Affiliates eine Kooperation schmackhaft machen bzw. sogar die Grundlage für eine Zusammenarbeit bilden (z.B. bei Gewinnspielen auf Affiliate-Seiten).

Je nach Zielstellung haben Affiliates sehr unterschiedliche Ansichten. Während der eine den Verdienst an oberste Stelle setzt und mit Sonderkonditionen am besten bedient ist, wollen andere Werbung und Aktionen, die sich gut mit dem eigenen Seitenkonzept vertragen.

Für die Entwicklung des Partnerprogramms sollte daher von Perspektiven wie „Ich stelle die Rahmenbedingungen und eine Vergütungsstaffel zur Verfügung. Danach liegt die Arbeit bei den Affiliates." abgewichen werden. Wer unkonventionelle Wege geht, kann auch außergewöhnliche Ergebnisse erzielen. Unkonventionell kann dabei vieles bedeuten: Möglicherweise bietet es sich an, einen Partner mit einem Link in seinen SEO Bemühungen zu unterstützen, wenn er nicht gerade mit dem Keywordset der eigenen Seite konkurriert. Unkonventionell heißt auch, Partnerschaften jenseits naheliegender Themen zu suchen: Uns sind Merchants bekannt, die gesunde Superfoods verkaufen und erfolgreiche Kooperationen mit Gamern eingegangen sind.

Jede Anstrengung, Partnerschaften zu vertiefen, führt in der Regel auch zur Partnerbindung. Häufig bringt hier eine schnelle und freundliche Kommunikation sowie die Bereitschaft, auf Wünsche einzugehen, deutlich mehr als komplizierte Staffelmodelle, die ein paar zusätzliche Euros ausschütten, wenn gewisse Umsatz- oder Leadgrenzen erreicht werden.

Eine gute Möglichkeit, um Partnerschaften auf der Beziehungsebene zu stärken, sind Partnerevents, zu denen Top-Partner und Partner mit großem Potenzial eingeladen werden. Ein gelungenes Partnerevent sorgt für Unterhaltung und gute Networking-Atmosphäre.

5.3.4 Aktionen im Partnerprogramm

Da es nahezu unmöglich ist, mit allen Partnern regelmäßig engen Kontakt zu pflegen, sind immer wieder kleine Anlässe nötig, um mit Affiliates in Kontakt zu treten und dafür zu sorgen, dass das Partnerprogramm präsent bleibt.

Am häufigsten wird in der Affiliate-Branche mit Sales Rallyes gearbeitet. Sonderkonditionen oder große Gewinne werden ausgelobt, sollten bestimmte Ziele erreicht werden. Diese können absolut formuliert sein („Die Top Affiliates aus jeder Kategorie erhalten einen Bonus in Höhe von 50€. Die Performance wird am Umsatz nach Stornos im Zeitraum X ermittelt."), als Incentivierung sind aber auch Sachgewinne, Provisionserhöhungen oder andere relative Boni denkbar. Idealerweise werden Bedingungen so formuliert, dass sie die strategischen Ziele des Partnerprogramms unterstützen. So kann der Einsatz eines neuen Werbemittels forciert werden oder der Verkauf einer neuen Produktserie. Um die Präsenz der Marke zu erhöhen, können Startseitenplatzierungen von Werbemitteln mit einer Aktion verknüpft werden. Denkbar sind auch Reaktivierungsaktionen mit einem hohen Sonderbonus für Partner, die in einem gewissen Zeitraum wieder aktiv werden und eine definierte Anzahl von Transaktionen generieren.

Der Effekt derartiger Aktionen ist begrenzt, da professionelle Affiliates wegen 100 oder 200 Euro nicht ihre gesamte Werbestrategie ändern. Häufig verlangen reichweitenstarke Partner höhere Werbekostenzuschüsse, die garantiert sind und nicht von Wettbewerbern oder dem Zufall abhängen. Auch weniger professionellen Affiliates sollte eine realistische Gewinnchance eingeräumt werden. Das Einrichten verschiedener Gewinnstaffeln wäre hier denkbar. Eventuell zieht ein emotional aufgeladener Sachpreis mit hohem Wert, der unter allen Teilnehmern verlost wird, eher als eine geringfügige Provisionserhöhung. Selbst bei geringer Teilnehmerzahl lohnen sich regelmäßige Aktionen, da über den Hinweis im Netzwerk-Newsletter zusätzliche Aufmerksamkeit für das Partnerprogramm erzeugt wird. Zudem ist bereits die engere Zusammenarbeit mit einigen wenigen Publishern als Gewinn zu werten.

Um Aktionen bekannt zu machen, können Partnerprogramm-aggregatoren wie 100partnerprogramme, das Affiliate-Netzwerk Affiliate People, die programminterne Newsletterfunktion oder Anzeigenschaltungen genutzt werden.

Anita Koziol
Director Marketing
affilinet GmbH,
affili.net

„Advertiser können bei Affilinet eigene Newsletter zur Promotion ihrer Programme buchen. Zudem bewerben wir neue Programme durch einen wöchentlichen Publisher Newsletter mit sehr hoher Reichweite und hervorragenden Öffnungsraten. Zusätzlich können Advertiser diverse Promotionsformate im Login-Bereich der Publisher buchen."

5.3.5 Partnerakquise

5.3.5.1 Akquise über Affiliate-Netzwerke

Wird ein neues Partnerprogramm gestartet, ist die Promotion des Starts in der Regel für einen begrenzten Zeitraum inklusive. Affiliates werden innerhalb des Netzwerks gut sichtbar auf neue Partnerprogramme hingewiesen. Darüber hinaus werden diese auch per Newsletter angekündigt und so die Sichtbarkeit erhöht. Für bestehende Partnerprogramme können Promotion-Pakete gebucht werden, mit denen innerhalb des Netzwerks prominent für das Partnerprogramm geworben wird.

Promotions lassen sich durch eigene Aktionen unterstützen, bei denen zum Beispiel Boni für den ersten Sale oder alle Sales im ersten Monat der Partnerschaft ausgeschüttet werden. Bezahlte Promotions sollten hinsichtlich ihres Erfolgs ausgewertet werden. Wenn im gebuchten Zeitraum keine attraktiven Partner gewonnen werden, ist das Werbebudget zukünftig wohl besser anderweitig aufgehoben.

Netzwerke bieten noch weitere Möglichkeiten an, um passende Affiliates zu finden. Affilinet arbeitet beispielsweise mit einem Matchmaster, der wöchentlich neue Affiliates vorschlägt, die sich ins Partnerprogramm einladen lassen. Die Erfahrung zeigt, dass es sich lohnt, einer standardisierten Einladung über den Matchmaster noch eine individuelle Mail mit der Beschreibung der Partnerprogrammvorteile hinterherzuschicken. Bei Zanox kann die Publisherbasis stichwortbasiert durchsucht werden, um auf diesem Weg neue Partner zu finden. Weitere Details zu den Netzwerken finden sich in ➲ *Kapitel 6*.

5.3.5.2 Programmhinweise auf Website

Auf der eigenen Website sollte unbedingt auf das Partnerprogramm hingewiesen werden, zum Beispiel über einen Link „Partnerprogramm" im Footer. Auf der über den Link erreichbaren Unterseite sollten ähnlich der Programmbeschreibung in Kürze die Vorteile und die Vergütungsstaffel des Programms erläutert werden. Nicht zu vergessen sind die Verlinkungen zu den Anmeldeseiten bei den Affiliate-Netzwerken. Da auf diesen Seiten auch Website-Betreiber landen, die bisher nicht als Affiliate aktiv waren und unter Umständen noch nie etwas von Affiliate Marketing gehört haben, sollten die Grundlagen in verständlicher Sprache erklärt werden.

5.3.5.3 Anzeigenschaltung und Promopakete von Aggregatoren

Wie bereits erwähnt, bieten die Netzwerke die Möglichkeit, Promopakete zu buchen, um auf das Partnerprogramm aufmerksam zu machen. Auch die Anzeigenschaltung über Google AdWords kommt als Werbeform in Frage. Eine Reihe von Blogs, die sich mit dem Thema Affiliate Marketing auseinandersetzen, haben Werbeflächen des Google Display Networks integriert. Bei ordentlicher Aussteuerung lässt sich das Partnerprogramm auf diesen Werbeflächen bewerben.

Inwiefern sich die Anzeigenschaltung tatsächlich lohnt, muss im Einzelfall geprüft werden. In der Regel sind die Effekte überschaubar, so dass Budgets häufig besser in Sonderkonditionen für Affiliates investiert werden.

5.3.5.4 Recherche und Akquisemailings

Ein wichtiges Akquiseinstrument ist die Recherche potentieller Partnerseiten. Ansatzpunkt für die Suche gibt das Produktportfolio, aus dem sich verschiedene Themen ableiten lassen. Es empfehlen sich Kombinationssuchen mit den Begriffen Blog, Test und Vergleich. Geschäftsmodelle fernab von Content Seiten lassen sich direkt über Suchanfragen wie Cashback, Gutschein oder Preisvergleich finden.

Die potenziellen Partnerseiten werden anschließend per E-Mail kontaktiert. Derartige Kontaktaufnahmen dienen der Anbahnung einer Geschäftsbeziehung und sind rechtlich nicht verboten, solange der Adressat tatsächlich als Unternehmer oder Freiberufler kontaktiert wurde. Wichtig ist es, den Affiliate individuell anzusprechen und die Vorteile des Partnerprogramms hervorzuheben. Die Art der Ansprache ist nicht mit der eines Newsletters zu verwechseln, der auf den Verkauf eines Produktsortiments abzielt. Um unnötige Informationsflut zu vermeiden, sollte die Auswahl der Kontaktversuche auf relevante Seiten beschränkt werden.

Außerhalb der gezielten Recherche werden gelegentlich auch zufällig interessante Websites entdeckt. Für diese Fälle sollte ein Notizzettel parat liegen, um Ideen für spätere Akquiserunden festzuhalten. Alternativ kann der Kontakt auch sofort gesucht werden.

5.3.5.5 Direktkontakt

Partner mit besonderem Potenzial für das Partnerprogramm sollten immer individuell kontaktiert werden. Für professionelle Affiliates oder Agenturen ist häufig ein Telefonat die beste Wahl, um auf kurzem Weg Einzelheiten der Partnerschaft zu besprechen. Der telefonische Kontakt vertieft zudem die Beziehung und wirkt sich nachhaltig auf die Zusammenarbeit aus. Auch eine unübliche Kontaktaufnahme zum Beispiel über Social Media Kanäle kann positiv wahrgenommen werden.

Gerade bei der Kontaktaufnahme profitiert ein Partnerprogramm von der Betreuung durch eine Agentur. Diese ist bestens in der Branche vernetzt, kennt viele relevante Affiliates persönlich und reduziert dadurch den Rechercheaufwand. Durch die Betreuung mehrerer Partnerprogramme entstehen zudem Synergieeffekte, die bei der effizienten Akquise von Partnern helfen.

5.4 Weiterbildung und Netzwerken

Networking – ganz traditionell von Angesicht zu Angesicht – ist ein sehr wichtiger Parameter für den Erfolg im Affiliate Marketing. Ohne Beziehungen in der Branche ist es schwer, ein Partnerprogramm voranzubringen. Verschiedene Networking Events helfen, sich mit anderen Merchants, Netzwerken und besonders Affiliates zu vernetzen. Im Idealfall vergeht keine Veranstaltung, ohne nicht mindestens einen interessanten neuen Partner getroffen oder Kooperationen mit bestehenden Partnern vertieft zu haben.

„Oftmals läuft man auf Networking-Veranstaltungen ziellos durch die Gegend. Bei der „Akquise" von neuen Kontakten ist es allerdings wichtig, dass man strategisch und strukturiert vorgeht. Daher sollte man bereits vor der Veranstaltung Ziele und Erwartungen definieren. Was möchte man konkret erreichen und wen möchte man speziell kennenlernen? Wichtig ist, dass man sich darüber im Vorfeld klar wird und dementsprechend das Vorgehen ausrichtet."

Markus Kellermann
Geschäftsführer
xpose360 GmbH,
xpose360.de

TIPP

Veranstaltungen, auf denen sich Kontakte zu Affiliates knüpfen lassen:

▸ Affiliate NetworkxX
▸ Affiliate TactixX
▸ SEO Campixx
▸ Dmexco
▸ OM FinCon (speziell für Finanzthemen)
▸ Performance Marketing Insights
▸ Affiliate Conference
▸ Online Marketing Stammtische diverser Regionen

5.5 Erläuterung von Tools

Ob Analyse der Potenziale, Überprüfung des Trackings, Fraud Detection oder die Akquise von neuen Affiliates: Das Aufgabenfeld eines Partnerprogrammmanagers ist groß und ohne Werkzeuge kaum effizient handhabbar. Im Folgenden sind verschiedene Tools zusammengetragen, die die Arbeit im Alltag ungemein erleichtern können.

5.5.1 Analyse der Potenziale von Affiliates

> **SEEROBOT**
>
> ▶ Kernfunktion: schneller Überblick zu HTML Robots Meta Tags
>
> ▶ Preis: kostenlos
>
> ▶ Typ: Browser Plugin für Firefox und Chrome

SeeRobot liefert erste Anhaltspunkte bei der Überprüfung von Affiliates. Das Plugin zeigt beim Besuch einer Seite, ob diese zur Indexierung in Suchmaschinen (NoIndex/Index) zugelassen ist und ihr Status auf Follow/NoFollow steht. Verweigert eine thematisch gut aufgearbeitete Seite die Indexierung, sollten die ersten Alarmglocken läuten: Warum sollte der Affiliate nicht wollen, dass seine Seite bei Google gelistet wird? Ist das Projekt eventuell noch nicht fertiggestellt oder dient diese Seite nur als Alibi, um Fraud zu verbergen?

▶
Abb. 5.4
Das Plugin SeeRobots
im Einsatz

SISTRIX, SEARCHMETRICS, XOVI, SEOLYTICS, SEOKICKS UND CO.

▸ Kernfunktion: umfangreiche Daten zu allen SEO-relevan-
ten Aspekten einer Website

▸ Preis: kostenpflichtig, zum Teil existieren Freeware Ver-
sionen

▸ Typ: Online Tool

Viele Publisher setzen nach wie vor auf Google als Traffic-Liefe-
ranten. SEO-Tools wie Sistrix oder SEOkicks helfen dabei, einzuschätzen, ob eine Seite organischen Traffic erzeugen kann.
Dafür können z.B. die Sichtbarkeitindizes der Tools herangezo-
gen werden. Sind diese hoch, ist von hohem organischen Traffic über Suchmaschinen auszugehen. Diese Tools kosten meist
Geld, machen sich aber bezahlt, wenn man sie in die eigene
SEO-Strategie integriert. Auch der potenzielle Traffic über zum
Affiliate verlinkende Seiten kann hierüber abgeschätzt werden:
Viele Links von starken Seiten sind ein Indiz dafür, dass der Af-
filiate viel Referrer-Traffic bekommt und echte, verlinkenswerte
Inhalte bereitstellt. Als kostenlose Alternative kann SEOkicks
herangezogen werden, das eine hervorragende Datenbasis hat.

◀
Abb. 5.5
Das Plugin von Sistrix
zeigt den Sichtbar-
keitsverlauf auf einen
Blick

SEO QUAKE

▷ Kernfunktion: Überblick zu SEO Infos einer Website

▷ Preis: kostenlos

▷ Typ: Browser Plugin für Firefox, Chrome, Opera, Safari

Das Tool SEO Quake bietet einen Überblick über eine Vielzahl SEO-relevanter Informationen und ist als Browser Plugin für verschiedene Browser wie Firefox oder Chrome verfügbar. SEO Quake macht Angaben zur Anzahl der bei Google indexierten Seiten, zum Alexa Traffic Rank, Anzahl der Facebook Likes einer URL usw.

SIMILARWEB

▷ Kernfunktion: Überblick zu Traffic-Quellen und Kennzahlen einer Website

▷ Preis: kostenlos

▷ Typ: Browser Plugin für Firefox und Chrome

SimilarWeb hilft bei der groben Einschätzung der Seitenreichweite und informiert darüber, in welchem Rahmen der Affiliate Traffic von welchen Quellen erzielt. Auch die Wertigkeit exklusiver Kooperationen lässt sich so grob einschätzen. SimilarWeb gibt es online oder als Browser Plugin für Firefox und Chrome. Alternativen sind in folgendem Beitrag aufgeführt:
➤ *www.projecter.de/affiliate-ebook/traffic-schaetzen/*

▶
Abb. 5.6
SimilarWeb schätzt
den Traffic einer
Website

5.5.2 Akquise von neuen Partnern

NERDYDATA

▶ Kernfunktion: Suchmaschine für Quellcodes

▶ Preis: kostenlose Basisversion

▶ Typ: Online Tool

Um die richtigen Partner für das eigene Affiliate-Programm zu akquirieren, gibt es verschiedene Möglichkeiten. Die Suchmaschine ✈ *www.nerdydata.com* liefert Unterstützung bei der Suche nach Seiten, die sich bereits über Affiliate Marketing monetarisieren. Hier kann ganz gezielt nach bestimmten Bestandteilen vom Quellcode auf Websites gesucht werden. So enthalten zum Beispiel alle Tradedoubler Trackinglinks auf Affiliate Websites den Code „http://clkde.tradedoubler.com/click?p=". Die Suche kann allerdings nur in der Pro-Version verfeinert werden.

◀
Abb. 5.7
NerdyData durchsucht
das Web nach
Codezeilen.

SPEZIELLE GOOGLE-BEFEHLE

▶ Kernfunktion: Überblick zu SEO Infos einer Website

▶ Preis: kostenlos

▶ Typ: Online Tool

Zur Recherche von Affiliates hat wahrscheinlich jeder Affiliate Manager schon einmal auf Google zurückgegriffen. Mit ein paar Tricks und Kniffen lässt sich die Suche verfeinern. Dazu gehören neben den richtigen Suchanfragen vor allem nützliche Suchoperatoren.

Hinsichtlich der Suchanfragen bewegen sich Affiliates häufig im transaktionalen Bereich. Sprich, immer wenn Nutzer konkretes Interesse an einem Produkt haben, sind Affiliates zur Stelle. Solche Suchanfragen sind z.B.:

▶ „Produkt/Anbieter Test"
▶ „Produkt/Anbieter Vergleich"
▶ „Produkt/Anbieter/Produktkategorie Erfahrung"
▶ „Produkt/Produktkategorie kaufen"
▶ „Produkt/Produktkategorie günstig"

Suchoperatoren helfen bei der Affiliate Recherche:

▶ „related" – Mithilfe dieses Operators werden ähnliche Seiten angezeigt, so dass beispielsweise zu einer guten Affiliate-Seite vielversprechende Alternativen identifiziert werden können: „related:www.projecter.de"
▶ „inurl" – Mithilfe dieses Operators werden Seiten gefunden, die einen bestimmten Begriff in der URL verwenden. So kann zum Beispiel gezielt nach spezifischen Blogs gesucht werden: „inurl:blog Affiliate Marketing".
▶ „allinanchor" – Mithilfe dieses Operators werden Seiten angezeigt, die besonders häufig mit bestimmten Begriffen verlinkt werden. So zeigt „allinanchor:affiliate marketing" Websites, die häufig mit dem Ankertext „Affiliate Marketing" auf anderen Seiten verlinkt werden.
▶ „allintitle" – Mithilfe dieses Operators werden Seiten angezeigt, die bestimmte Begriffe im Title enthalten, z.B. Seiten mit den Begriffen „Affiliate Marketing" via Suchanfrage „allintitle:Affiliate Marketing".

Durch die Anpassung der GET-Parameter in der Google Suche lassen sich noch feinere Einschränkungen treffen.

WHOIS LOOKUP TOOL

▶ Kernfunktion: Informationen zum Domainbesitzer

▶ Preis: kostenlos

▶ Typ: Online Tool

Sind interessante Seiten gefunden, ist es ggf. erforderlich, Informationen über die Domain und den Domainbesitzer zu gewinnen. Hier hilft das WHOIS Lookup Tool. Eine erweiterte Variante findet sich unter ✈ *www.projecter.de/affiliate-ebook/whois/*. Das Tool von cqcounter liefert neben dem DENIC-Auszug gleich noch Informationen über den Serverstandort.

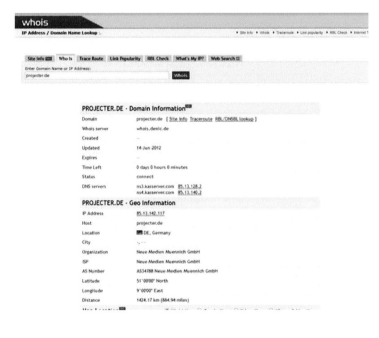

◀
Abb. 5.8
whois-Tools geben
Informationen zum
Domainbesitzer preis.

> ## HIGHRISE ODER ANDERE CUSTOMER RELATIONSHIP MANAGEMENT SYSTEME (CRM)
>
> ▷ Kernfunktion: Kontakt- und Konversationsmanagement System
>
> ▷ Preis: kostenpflichtig
>
> ▷ Typ: Online Tool

Das Verwalten einer Vielzahl von Affiliate-Kontakten kann sehr aufwändig sein. Was wurde wann mit wem geschrieben? Wurde diese Person oder jene Domain schon kontaktiert? Um den Überblick zu bewahren, ist eine Softwarelösung in Form eines CRM sehr hilfreich. Ein gutes CRM-System ist zum Beispiel Highrise: ✎ *www.projecter.de/affiliate-ebook/highrise/*. Mit Highrise können ganz einfach Kontakte gefunden, gepflegt, verwaltet und Kommunikationsverläufe nachvollzogen werden. Highrise ist kostenpflichtig.

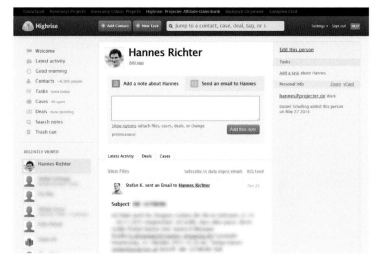

▷
Abb. 5.9
Intuitiv und einfach lassen sich in Highrise Kontakte verwalten.

5.5.3 Tracking

> **GHOSTERY**
>
> ▸ Kernfunktion: Übersicht zu Tracking-Skripten auf einer Website
>
> ▸ Preis: kostenlos
>
> ▸ Typ: Browser Plugin für Firefox und Chrome

Welche Trackingpixel und Skripte werden auf einer Website geladen? Die Antwort auf diese Frage kann in vielerlei Hinsicht interessant sein. So lässt sich ablesen, welche Traffic-Dienstleister oder Conversion Trackings auf einer Website eingebunden sind. Darüber hinaus lässt sich prüfen, ob Tracking-Skripte auf der Merchant-Seite richtig eingebunden wurden und das Retargeting-Pixel auf jeder Shop-Seite geladen wird. Ghostery ist dafür das Tool der Wahl. Übersichtlich wird dargestellt, welche Tracker auf der entsprechenden Seite integriert sind.

◀
Abb. 5.10
Ghostery zeigt, welche Trackingpixel auf einer Seite geladen werden.

CHROME BROWSER FÜR TRACKING-TESTS

▸ Kernfunktion: Auslesen von Cookie-Informationen und HTTP Requests

▸ Preis: kostenlos

▸ Typ: Browser

Tracking-Tests zur Überprüfung der Funktionalität und der richtigen Vergütung in einem Partnerprogramm sind unerlässlich. Dabei sind mehrere Aspekte zu überprüfen: Werden Netzwerk-Cookies richtig gesetzt? Werden Cookies der Trackingweiche korrekt ausgespielt? Wird auf der Bestellbestätigungsseite das Trackingpixel des Netzwerks abgefeuert? Für derartige Tests eignet sich der Browser Chrome. Was dafür benötigt wird:

▸ ein separater Chrome Nutzer (unter *Einstellungen → Personen → Person hinzufügen*)
▸ „Alle Cookies und Websitedaten" (unter *Einstellungen → Erweiterte Einstellungen Anzeigen → Inhaltseinstellungen →* „Alle Cookies und Websitedaten")
▸ Infos zu geladenen Elementen auf einer Seite (*F12 → Network*)

Um zu sehen, welche Cookies bei Klick auf einen Werbelink gesetzt wurden, wird zuerst die separate Chrome-Person geöffnet und alle Cookies gelöscht (*Strg + H → Browserdaten löschen →* alles auswählen und gesamten Zeitraum löschen). Anschließend erfolgt ein Klick auf das Werbemittel. Unter „Alle Cookies und Websitedaten" ist zu sehen, welche Tracking Cookies gesetzt worden. Sind die Netzwerk- und Weichen-Cookies richtig gesetzt, passt alles.

Zur Überprüfung des Trackingpixels kann eine Testbestellung durchgeführt werden. Schon vor Beginn der Testbestellung sollte der Reiter „Network" geöffnet werden, da dieser nach dem Öffnen einer Seite nicht nachgeladen werden kann. Anschließend wird die Testbestellung angestoßen. Erscheint unter „Network" auf der Bestellbestätigungsseite der Trackingpixel des Netzwerks samt erforderlicher Werte, ist alles korrekt.

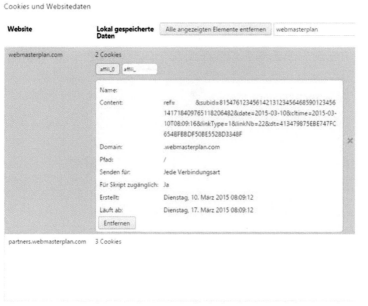

COOKIE-MANAGER+

▸ Kernfunktion: Auslesen von Cookie-Informationen

▸ Preis: kostenlos

▸ Typ: Browser Plugin für Firefox und Chrome

Eine weitere Möglichkeit zur Analyse von Cookies bietet der Cookie-Manager+. Diese Erweiterung für Firefox liefert schnelle und übersichtliche Ergebnisse und hilft, Tracking-Informationen nachzuvollziehen und Cookie Dropping zu identifizieren. Eine Alternative für Chrome und Opera ist das Tool EditThisCookie.

►
Abb. 5.12
Der Cookie-Manager+
macht die Cookie-
verwaltung extrem
einfach

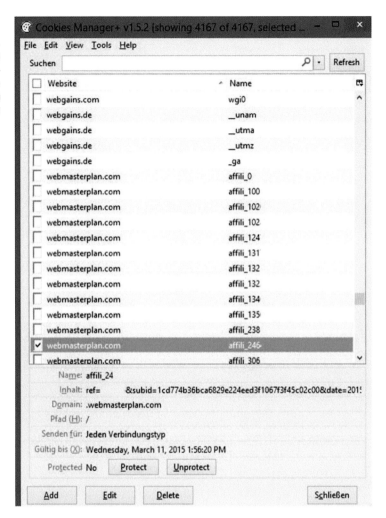

►
Abb. 5.12
Der Cookie-Manager+
macht die Cookie-
verwaltung extrem
einfach

5.5.4 Fraud-Detection

LIVE HTTP HEADERS

▶ Kernfunktion: Informationen zu HTTP Requests

▶ Preis: kostenlos

▶ Typ: Browser Plugin für Firefox

Das Firefox Plugin Live HTTP Headers protokolliert den HTTP-Verkehr zwischen Computer und Internet, so dass sich der Datenstrom überwachen lässt. Weiterleitungen (z.B. über den Server des Netzwerkes) werden aufgedeckt, so dass zum Beispiel beim Klick auf eine AdWords Anzeige ersichtlich wird, ob sich zwischen Anzeige und Zielseite ein Affiliate Link versteckt. Eine Alternative für das Plugin ist das Tool Fiddler, das als eigenständige Software browserunabhängig agiert.

◄
Abb. 5.13
Live HTTP Headers im Einsatz.

XAMINE, ADPOLICE UND ANDERE MONITORING-TOOLS

▸ Kernfunktion: Monitoring von AdWords Anzeigen auf bestimmte Keywords

▸ Preis: kostenpflichtig

▸ Typ: Online Tools

Wie bereits erläutert, ist es für Merchants äußerst unangenehm und schädlich, wenn im Partnerprogramm sogenannte Brand Bidder aktiv sind, die auf den Markennamen des Merchants Ad-Words Anzeigen buchen. Da bei AdWords bestimmte Regionen (z.B. den Standort der Affiliate Agentur oder des Merchants) ausgeschlossen werden können, führt eine manuelle Überprüfung oft ins Leere. Spezielle Tools prüfen permanent von verschiedenen Standorten aus, wer Anzeigen auf bestimmte Keywords schaltet und geben Warnhinweise auf unerwünschte Aktivitäten. Bekannte Anbieter in diesem Bereich sind unter anderem Xamine und AdPolice. Unterschiede zwischen den Tools bestehen vor allem im Komfort der Dokumentation und der Regelmäßigkeit der Prüfung. So lassen sich bei AdPolice beispielsweise Screenshots der Verstöße herunterladen. Auch die Prüfung, ob der Anzeigenlink über den Trackingserver eines Affiliate-Netzwerkes läuft, wird von einigen Tools übernommen.

Beachtet werden muss, dass die Überwachung des Markenbegriffs die Anzeigenschaltung auf längere Suchphrasen wie „Marke Gutschein", „Marke Angebote" oder „Marke Login" bei den meisten Anbietern noch nicht abdeckt.

Die Preise variieren je nach Anzahl der überwachten Keywords. Ob sich die Überwachung lohnt, muss von der Größe des Partnerprogramms sowie der Bekanntheit der Marke abhängig gemacht werden. Für das Monitoring im kleinsten Umfang belaufen sich die Kosten auf mindestens 30 Euro pro Monat.

5.5.5 Sonstige Tools

SCREAMING FROG SEO SPIDER

▶ Kernfunktion: Crawling von URLs, Ausgabe von Dokumentinformationen

▶ Preis: kostenlose Basisversion

▶ Typ: Software

Zur Prüfung der Erreichbarkeit von Banner- und Ziel-URLs eignet sich die kostenlose Basisversion des Screaming Frog SEO Spiders. Die URL Liste kann bequem eingefügt werden, woraufhin sich über die ermittelten HTTP Status Codes defekte URLs identifizieren lassen. Das Programm ist schlank und für den Check von URL-Listen kostenlos.

EXCEL

▸ Kernfunktion: umfangreiche Tabellenkalkulation

▸ Preis: kostenpflichtig

▸ Typ: Microsoft Software

Ob für Analysen, Auswertungen, die schnelle Verarbeitung von Produktfeeds oder das Extrahieren von Domains: Excel macht es möglich. Bei sehr großen Dateien mit Feeds und Pivot-Tabellen hat Excel gelegentlich Performance-Probleme, die angesichts des Funktionsumfangs und fehlender Alternativen aber verschmerzbar sind.

Die wichtigsten Funktionen für Affiliate Manager:

▸ Pivot-Tabellen: Mit diesem Werkzeug lassen sich Daten auf vielfältige Arten kombinieren, aggregieren, neu strukturieren und auswerten.
▸ Daten-Import: Mit dem Reiter „Daten" und „Aus Text" können viele Arten strukturierter Daten importiert und aufbereitet werden. Dazu zählen z.B. Exporte aus Netzwerken und Produktdatenfeeds.
▸ Formeln, Diagramme und bedingte Formatierungen, um Auswertungen und Erkenntnisse übersichtlich darzustellen.

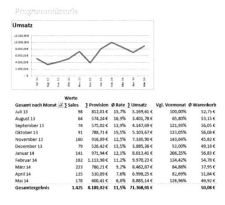

◂
Abb. 5.14
Pivot-Tabellen und Diagramme ermöglichen die Report-Erstellung im Handumdrehen.

Gesamt nach Monat	Σ Sales	Σ Provision	Ø Rate	Σ Umsatz	Vgl. Vormonat	Ø Warenkorb
Juli 13	98	812,01 €	15,7%	5.169,61 €	100,00%	52,75 €
August 13	64	574,24 €	16,9%	3.401,78 €	65,80%	53,15 €
September 13	74	575,02 €	13,9%	4.147,69 €	121,93%	56,05 €
Oktober 13	91	788,71 €	15,5%	5.103,67 €	123,05%	56,08 €
November 13	160	916,89 €	12,5%	7.330,90 €	143,64%	45,82 €
Dezember 13	79	526,42 €	13,5%	3.885,36 €	53,00%	49,18 €
Januar 14	141	971,94 €	12,1%	8.013,41 €	206,25%	56,83 €
Februar 14	182	1.113,98 €	11,2%	9.970,23 €	124,42%	54,78 €
März 14	223	780,21 €	9,2%	8.462,87 €	84,88%	37,95 €
April 14	135	530,09 €	7,6%	6.998,25 €	82,69%	51,84 €
Mai 14	178	600,41 €	6,8%	8.885,14 €	126,96%	49,92 €
Gesamtergebnis	**1.425**	**8.180,92 €**	**11,5%**	**71.368,91 €**		**50,08 €**

FIREBUG

▶ Kernfunktion: Informationen zu CSS-, HTML- und JavaScript-Elementen einer Website

▶ Preis: kostenlos

▶ Typ: Browser Plugin für Firefox

Das Browser Plugin Firebug ist ein praktischer kleiner Helfer zur Untersuchung von CSS-, HTML- oder JavaScript Elementen einer Website. So können kleine Code-Elemente schnell angeschaut oder mögliche Anpassungen des Codes live dargestellt werden. Da das Tool Ajax Aktionen zuverlässig protokolliert, kann es dabei helfen, Fraud aufzuspüren. Auch für die Anpassung eines Newsletter Templates ist das Tool nutzbar.

STARTPAGE.COM, ANONYMOUSE.ORG, WEBPROXY.NET UND CO.

▶ Kernfunktion: Verschlüsseln / Zurückhalten von persönlichen Informationen wie IP-Adresse und Standort

▶ Preis: kostenlos

▶ Typ: Online Tool

Manchmal ist es als Affiliate Manager notwendig, anonym im Netz unterwegs zu sein, um zum Beispiel mit einem anonymen Standort Brand Bidder zu entlarven. Auch Suchergebnisse bei Google lassen sich so unabhängig vom Aufenthaltsort darstellen. Um nicht auf komplexe Proxy-Server-Systeme zurückgreifen zu müssen, gibt es verschiedene Web-Tools. Unter anderem sind das:

✈ *https://startpage.com*
✈ *http://anonymouse.org/*
✈ *http://www.webproxy.net/*

◀

Abb. 5.15
startpage.com und an-
dere Tools ermöglichen
anonymes Surfen.

die <u>diskreteste</u> Suchmaschine der Welt

projecter.de|

enhanced by
Google·
Infos dazu

Zu Firefox hinzufügen | Als Startseite einrichten

© 2015 - <u>Datenschutz</u>

Sämtliche Tools sind im Projecter-Blog ausführlich beschrieben:
✐ *www.projecter.de/affiliate-ebook/tools/*

Kapitel 6 – Affiliate-Netzwerke

Affiliate-Netzwerke sind Marktplätze, auf denen sich Affiliates und Merchants treffen. Sie helfen bei der organisatorischen, technischen und finanziellen Abwicklung zwischen den beiden Parteien. Klassische Affiliate-Netzwerke agieren meist branchen- und themenübergreifend und bieten den Affiliates so eine große Auswahl an Partnerprogrammen. Im Gegenzug finden Merchants aus unterschiedlichsten Branchen in diesen Netzwerken geeignete Partner zur Bewerbung ihrer Produkte. Die im deutschsprachigen Markt größten und bekanntesten Affiliate-Netzwerke werden in diesem Kapitel vorgestellt.

Neben deutschen Netzwerken, die zum Teil international agieren, gibt es Netzwerke mit Sitz im Ausland, die im deutschen Markt recht aktiv sind. Daneben existieren aber auch internationale Netzwerke, die im DACH-Raum eine untergeordnete Rolle spielen. Der Abschnitt „Internationale Netzwerke" soll hier einen Überblick verschaffen und einen Einblick in die internationale Affiliate Szene liefern.

In den letzten Jahren haben sich außerdem auf Grundlage klassischer Affiliate-Netzwerke branchenspezifische Lösungen entwickelt. Diese Netzwerke helfen beispielsweise Shops im Modebereich dabei, gezielt mit Partnern aus der Branche in Kontakt zu treten. Die Teilnehmer des Netzwerks profitieren dabei von individuellem Support und branchenspezifischen Erfahrungen. Zudem sind am Markt so genannte Meta Netzwerke aktiv. Diese dienen den Affiliates als Aggregatoren von Partnerprogrammen. Statt sich bei jedem Netzwerk einen separaten Account anzulegen, können Affiliates über das Meta Netzwerk übergreifend mit den für sie relevanten Merchants zusammenarbeiten.

Statt ein Partnerprogramm technisch und organisatorisch über Netzwerke abzuwickeln, besteht die Möglichkeit, dies als Merchant selbst zu übernehmen und die dazu notwendige Infrastruktur von Technologieanbietern zuzukaufen. Eine Auswahl an Anbietern für Inhouse-Lösungen wird in ⮑ *Kapitel 6.5* vorgestellt.

Affiliate Umfrage Im Rahmen der Erstellung dieses eBooks wurden Affiliates von Projecter zu verschiedenen Kriterien rund um Affiliate-Netzwerke befragt. Die Ergebnisse dieser Studie (siehe ⮑ *Anhang*) sind ins folgende Kapitel eingeflossen.

▸
Abb. 6.1
Lieblingsnetzwerke
der Affiliates aus insgesamt 220 Stimmen
(Quelle: Projecter Affiliate Umfrage 2015)

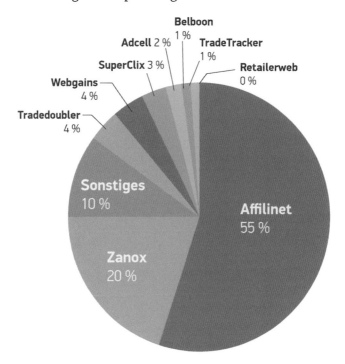

6.1 Klassische Affiliate-Netzwerke

6.1.1 Kriterien zur Bewertung der Netzwerke

Zur Einschätzung der Affiliate-Netzwerke wurden diverse Kriterien herangezogen.

Affiliate-Netzwerke unterscheiden sich in der Zahl der laufenden Partnerprogramme und der (aktiven) Affiliates teilweise deutlich. Merchants haben bei größeren Netzwerken bessere Chancen, eine große Zahl an Affiliates zu erreichen. Für Affiliates wiederum steigt bei größeren Netzwerken die Auswahl an Partnerprogrammen. Durch thematische Schwerpunkte und individuellen Support können aber auch kleinere Netzwerke punkten.

Reichweite

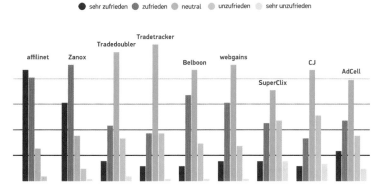

◄
Abb. 6.2
Zufriedenheit der
Affiliates mit der
Partnerprogrammaus-
wahl (Quelle: Projecter
Affiliate Umfrage 2015)

Relevant für die Merchants ist vor allem der Kosten-Nutzen-Aspekt: Was leistet das Netzwerk zu welchem Preis?

Kosten für Partner-programmbetreiber

Beim Neuaufbau eines Partnerprogramms fallen Setup-Gebühren an. Je nach Netzwerk variieren diese teilweise deutlich. Beim Setup legen die Netzwerke das Partnerprogramm erstmalig in ihrem System an, stellen Trackingtechnologien zur Verfügung und bieten Support bei deren Implementierung.

Nach dem Setup fallen regelmäßig Gebühren für die Nutzung der Infrastruktur des Netzwerks an. Dabei handelt es sich in der Regel um eine erfolgsabhängige Vergütung, die auf Basis der an die Affiliates ausgeschütteten Provisionen berechnet wird. Eine

Vergütung in Höhe von 30% der Provision ist hier üblich. Werden beispielhaft in einem Monat 5.000 Euro an die Affiliates eines Partnerprogramms ausgezahlt, sind für die Leistungen des Netzwerkes zusätzlich 1.500 Euro zu zahlen. Einige Netzwerke berechnen darüber hinaus noch eine monatliche Fixgebühr.

Für die erhobenen Gebühren erbringen die Netzwerke diverse Leistungen. Sie kümmern sich um die technische Abwicklung, Auszahlung von Provisionen, entwickeln eigene Trackingtechnologien weiter, bieten Support für Affiliates und Merchants und stellen Reports und Auswertungen zur Verfügung.

Support Die Netzwerke stehen Affiliates und Merchants bei Fragen und Problemen Rede und Antwort. Die Qualität des Kundensupports variiert zwischen den Netzwerken teils stark. Neben einem allgemeinen Support wird meist auch ein Key Account Support geboten, der den Publishern und Advertisern ab definierten Umsatzgrenzen oder einer bestimmten „Attraktivität" individuelle Ansprechpartner zur Seite stellt. Für technische Fragen stehen in der Regel spezialisierte Technikteams zur Verfügung.

In unserer Affiliate Umfrage stellten wir unter anderem die Frage nach der Zufriedenheit mit dem Support der jeweiligen Netzwerke, mit denen die Affiliates aktiv arbeiteten und erhielten folgendes Ergebnis:

	5 sehr zufrieden	4 zufrieden	3 neutral	2 unzufrieden	1 sehr unzufrieden	Summe
Adcell	5	21	38	9	5	78
Affilinet	39	75	43	14	6	177
Belboon	7	30	47	16	7	107
CJ	3	11	31	16	7	68
Superclix	8	24	25	7	4	68
Tradedoubler	11	22	38	23	7	101
TradeTracker	4	19	26	13	3	65
Webgains	11	28	26	10	4	79
Zanox	21	46	49	29	11	156

In der abgebildeten Tabelle wurden alle Stimmen, die von den Umfrageteilnehmern zur Zufriedenheit mit dem Netzwerksupport abgegeben wurden, berücksichtigt. Man muss bei der Interpretation der Daten bedenken, dass die Menge der abgegebenen Stimmen zwischen den Netzwerken variiert. So konnten für Affilinet beispielsweise 177 Stimmen generiert werden, für Tradetracker hingegen nur 65. Da die Aussagekraft der Ergebnisse erst mit steigender Stimmzahl steigt, muss weiterhin bedacht werden, dass eine Gesamtanzahl abgegebener Stimmen von unter 100 weniger repräsentativ ist als bei 200 abgegebenen Stimmen. Um die Daten dennoch vergleichbar zu machen, haben wir alle Ergebnisse mit der Gesamtzahl der abgegebenen Stimmen des jeweiligen Netzwerks gewichtet. Das Ergebnis der Gewichtung ist in der folgenden Tabelle zu sehen:

	5 sehr zufrieden	4 zufrieden	3 neutral	2 unzufrieden	1 sehr unzufrieden
Adcell	6 %	27 %	49 %	12 %	6 %
Affilinet	22 %	42 %	24 %	8 %	3 %
Belboon	7 %	28 %	44 %	15 %	7 %
CJ	4 %	16 %	46 %	24 %	10 %
Superclix	12 %	35 %	37 %	10 %	6 %
Tradedoubler	11 %	22 %	38 %	23 %	7 %
TradeTracker	6 %	29 %	40 %	20 %	5 %
Webgains	14 %	35 %	33 %	13 %	5 %
Zanox	13 %	29 %	31 %	19 %	7 %

Daraus ergibt sich das folgende Diagramm:

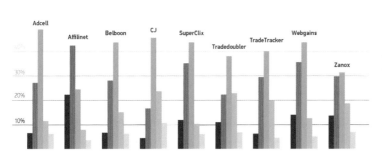

● sehr zufrieden ● zufrieden ● neutral ● unzufrieden ● sehr unzufrieden

◀
Abb. 6.3
Zufriedenheit mit dem Support der Netzwerke (Quelle: Projecter Affiliate Umfrage 2015)

Die Grafik zeigt, dass die meisten Publisher unserer Umfrage weitestgehend zufrieden oder zumindest nicht unzufrieden mit den Support Teams der betrachteten Netzwerke sind.

Moritz Breiding
Geschäftsführer
Netzwunder UG &
Co.KG, u.a. Betreiber
von erlebnisessen.net

„Der Support für Publisher wie uns, die überwiegend hunderte von kleinen und mittleren Projekten betreiben, ist von Netzwerkseite überhaupt nicht vorhanden. Für zwei größere Projekte sind wir wiederum im Private Network des Programmbetreibers und erhalten hier individuellen, qualifizierten Support."

Reports und Transparenz

Da Affiliate Marketing aufgrund einzelner Betrugsfälle nicht immer den besten Ruf genießt, sind regelmäßige Reportings und die Überwachung von Kennzahlen wichtig. Zum einen kann der Affiliate so transparent nachvollziehen, welche Kampagnen zu welchen Sales geführt haben. Zum anderen ist es bei der Arbeit mit einem Partnerprogramm für den Merchant von Vorteil, Referrer von Klicks und Sales zu ermitteln, um Fraud zu erkennen und vorzubeugen.

Darüber hinaus helfen Reports sowohl dem Affiliate als auch dem Merchant dabei, die eigene Tätigkeit zu optimieren.

Trackingtechnologien und Weiterentwicklung technologischer Standards

Um das lückenlose Tracking der Conversions im Affiliate Kanal und damit die Provisionszahlung zu gewährleisten, setzen Netzwerke auf die Weiterentwicklung des klassischen Cookie Trackings. Die auf dem deutschen Markt agierenden Netzwerke arbeiten mit ähnlichen Standards. Zudem investieren die Netzwerke in die technische Weiterentwicklung der Bedienoberfläche. Durch ergänzende Tools soll Affiliates und Merchants die Benutzung erleichtert werden.

Benutzerfreundlichkeit

Die Usability der Bedienoberflächen stellt ein wichtiges Kriterium zur Bewertung der Netzwerke dar, denn Affiliates und Merchants arbeiten täglich mit diesen Oberflächen. Eine intuitive Navigation und einfache Auswertungsmöglichkeiten können zu erheblichen Zeitersparnissen führen.

Im Folgenden werden (in alphabetischer Reihenfolge) die bekanntesten im deutschsprachigen Raum tätigen Affiliate-Netzwerke vorgestellt.

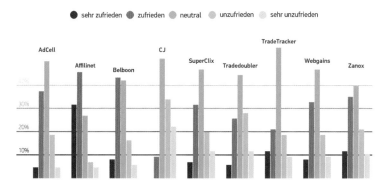

◄
Abb. 6.4
Zufriedenheit der
Affiliates mit der
Benutzerfreundlichkeit
der Netzwerke (Quelle:
Projecter Affiliate
Umfrage 2015)

Robert Rosenfeldt
u.a. Betreiber von
amadamo.de

„Mir kommt es eher auf die Übersichtlichkeit der Werbemittel bei den Netzwerken an. Was nützen mir die besten Neuerungen, wenn sie zu umständlich sind und ich erst ein Handbuch durchlesen muss, um sie zu verstehen. Die Bedienerfreundlichkeit ist für mich wichtiger als die neuesten Funktionen."

6.1.2 Adcell

Rund 900 Partnerprogramme laufen aktuell bei Adcell, etwa 100.000 Affiliates sind registriert. Adcell gehört zwar nicht zu den größten Netzwerken im deutschen Raum, bietet aber für Merchants eine gute Auswahl an größeren und auf Nischenthemen spezialisierten Affiliates. **Reichweite**

Adcell arbeitet ausschließlich performance-basiert. Berechnet werden monatlich 30% der an die Affiliates ausgezahlten Provisionen. Weitere Kosten entstehen für den Merchant nicht. Es fallen weder Setup-Gebühren noch fixe monatliche Gebühren an. **Kosten für Merchants**

Adcell bietet einen guten Support. Auch kleineren Partnerprogrammen werden persönliche Ansprechpartner zur Seite gestellt, die den Merchant unterstützen. **Support**

Reports und Transparenz　Adcell bietet zahlreiche Auswertungsmöglichkeiten für Merchants und Affiliates an, die als individuelle Reports zur Verfügung gestellt werden. Für Affiliates gibt es zudem die Adcell App, die eine mobile Kontrolle über den Account und die Statistiken erlaubt. Merchants können die Referrer einzelner Bestellungen auswerten. Kontaktdaten zu den Affiliates werden leider nicht angegeben.

ADCELL – DIE FAKTEN

▶ **Gegründet**
2003

▶ **Sitz**
Berlin

▶ **Angemeldete Affiliates in Deutschland**
100.000

▶ **Aktive Affiliates in Deutschland**
Die Aktivitätsquote liegt je nach Betrachtungsweise bei 8 bis 18% - also ca. 8.000 bis 18.000 aktive Affiliates.

▶ **Partnerprogramme**
über 900 Partnerprogramme

▶ **Setup-Kosten im Normalfall**
Adcell erhebt für Merchants keine Setup-Kosten.

▶ **Monatliche Gebühren im Normalfall**
keine Fixkosten, 30% auf die an die Affiliates ausgeschüttete Provision

▶ **Thematische Schwerpunkte**
E-Commerce, Startups, Mittelstand und einige Nischenmärkte

▶ **Unterstützte Trackingtechnologien**
Fingerprint, Cookie, Session, serverseitiges Tracking

▶ **Bereitgestellte APIs**
Alle Daten, die im Account verwaltet werden, können auch per API verwaltet werden. Es werden APIs für Merchants und Affiliates zur Verfügung gestellt.

▶ **Exklusive Programme**
ca. 30 bis 40% der Adcell Partnerprogramme sind exklusiv, beispielsweise OSCO, Silvity, Schuhplus, Saunadreams, BeautySixty, Zoxs, Gartenmoebel.de, Anzuege.de

▶ **Märkte über Deutschland hinaus**
Das Hauptaugenmerk von Adcell liegt auf der DACH-Region.

Adcell unterstützt alle gängigen Trackingverfahren und bietet im Vergleich zu anderen Netzwerken aktuelle Standards. Affiliates wird zum Beispiel ein WordPress-Gutschein-Plugin zur Verfügung gestellt, das auf dem Blog integriert werden kann. Alle im Account zu verwaltenden Daten werden Affiliates und Merchants auch per API zur Verfügung gestellt.

Technischer Standard

80% der befragten Affiliates, die schon mit Adcell gearbeitet haben, schätzen die Benutzerfreundlichkeit als gut bis sehr gut ein. Den Merchants stehen im Backend alle wichtigen Funktionen zur Arbeit mit einem Partnerprogramm zur Verfügung.

Benutzerfreundlichkeit

6.1.3 Affilinet

Im deutschen Markt betreiben 1.850 Unternehmen Partnerprogramme bei Affilinet. Damit gehört es zu den größten Netzwerken. Affiliates steht eine große Auswahl an Partnerprogrammen und verschiedensten Werbemitteln aus allen Branchen zur Verfügung. In der Affiliate Umfrage haben 85% der Affiliates angegeben, zufrieden bis sehr zufrieden mit der Partnerprogrammauswahl bei Affilinet zu sein.

Reichweite

Für Merchants finden sich hier unter den 500.000 angemeldeten Affiliates viele mögliche Kooperationspartner, auch in thematischen Nischen.

Das Setup eines Partnerprogramms kostet den Merchant bei Affilinet in der Regel 3.000 Euro. Im Rahmen von Sonderaktionen oder individuellen Vereinbarungen sind hier günstigere Konditionen möglich. Fixe monatliche Gebühren fallen bei Affilinet nicht an. Die variable Vergütung liegt, wie in der Branche üblich, bei 30% der Publisher-Vergütung.

Kosten für Merchants

Affilinet stellt Merchants und Affiliates einen allgemeinen Support für alle Anfragen zur Verfügung. Es gibt für Merchants zudem einen spezialisierten Support für Fragen rund um Banner oder Produktdaten, der auch bei spezifischen Anliegen weiterhelfen kann. Größere Affiliates und Merchants haben die Möglichkeit, einen direkten Ansprechpartner für Supportanfragen zu erhalten.

Support

Im Netzwerk werden transparente Reports bereitgestellt. Mit dem IP Check bietet Affilinet Merchants die Möglichkeit festzu-

Reports und Transparenz

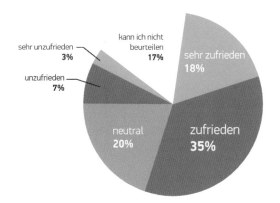

▶
Abb. 6.5
Zufriedenheit der
Affiliates mit dem
Support von Affilinet
aus insgesamt
212 Stimmen
(Quelle: Projecter
Affiliate Umfrage
2015)

stellen, woher die Klicks der einzelnen Affiliates kommen, auch wenn kein Sale daraus resultierte. Affilinet arbeitet intensiv an der Überprüfung angemeldeter Affiliates. Merchants profitieren dadurch von einer besseren Qualität der angemeldeten Affiliates und einer kompetenten Unterstützung bei Fraud-Fällen. Hierzu wurde bei Affilinet ein Team zur Betrugsprävention gebildet, das manuell jede Publisher-Registrierung prüft. Zudem werden zur Fraud-Verhinderung Auszahlungskontrollen und Traffic Analysen durchgeführt.

Technischer Standard Affilinet unterstützt alle gängigen Trackingverfahren. Merchants und Affiliates können auf zahlreiche Accountdaten per API zugreifen. So können Merchants beispielsweise Statistiken per API beziehen oder die Provisionsfreigabe über die Schnittstelle durchführen. Für ausgewählte Shopsysteme werden den Partnerprogrammbetreibern auch Module zur Verfügung gestellt, die im Shop installiert werden und dabei helfen, Standard oder Basket Tracking sowie Retargeting Tags zu implementieren.

Affilinet hat Performance Ads entwickelt, mit denen Affiliates dynamische Anzeigen auf ihrer Website einbinden können, die automatisch an die Interessen des Nutzers angepasst werden.

Benutzerfreundlichkeit Die Nutzeroberfläche von Affilinet ist übersichtlich und intuitiv bedienbar. 90% aller befragten Affiliates äußerten sich neutral, zufrieden oder sehr zufrieden über die Benutzerfreundlichkeit.

AFFILINET – DIE FAKTEN

▸ **Gegründet**
1997

▸ **Sitz**
München

▸ **Angemeldete Affiliates in Deutschland**
500.000

▸ **Aktive Affiliates in Deutschland**
k.A.

▸ **Partnerprogramme**
1.850 in Deutschland

▸ **Setup-Kosten**
3.000 Euro, günstigerer Einstieg im Rahmen von Sonderaktionen möglich

▸ **Monatliche Gebühren**
keine Fixkosten, 30% auf die an die Affiliates ausgeschüttete Provision

▸ **Thematische Schwerpunkte**
Online-Versandhandel, Telekommunikation, Reisen und Finanzen

▸ **Unterstützte Trackingtechnologien**
HTTP-Cookie, Fingerprint (http), Device-Fingerprint (JavaScript)

▸ **Bereitgestellte APIs**
Publisher: Produktdaten, Accounts, Accountdaten, Statistiken, Auszahlungen, Werbemittel, Programmliste, Nachrichteneingang, Rabattaktionen und Rabattcodes-Advertiser: Statistiken nach Publishern, Publisher-Kanälen, Segmenten, Werbemitteln, Ratenverteilung, Sales/Leads/Baskets/Basket Items jeweils abrufen/erzeugen/updaten

▸ **Exklusive Programme**
540 exklusive Partnerprogramme in Deutschland, z.B. Zalando, Thomas Cook, C&A, Die Bahn

▸ **Märkte über Deutschland hinaus**
UK, Frankreich, Niederlande, Spanien, Schweiz, Österreich

6.1.4 Belboon

2002 wurde das Affiliate-Netzwerk Belboon in Berlin gegründet. Mittlerweile sind 65.000 Affiliates bei Belboon angemeldet. 59.000 sind in Deutschland tätig, der Rest in Europa, Südamerika und den USA.

Reichweite

Es werden rund 1.500 Partnerprogramme bei Belboon betrieben. Etwa 1.200 davon sind in Deutschland ansässig. Damit bietet Belboon Affiliates eine umfangreiche Auswahl an kleinen bis großen Partnerprogrammen.

Kosten für Merchants Für die Merchants fallen weder Setup-Kosten noch fixe monatliche Gebühren an. Belboon rechnet komplett performance-basiert ab. Es werden 30% der an die Affiliates ausgeschütteten Provisionen als Netzwerkgebühr in Rechnung gestellt.

Support Der Support ist gut organisiert. Auch kleineren Partnerprogrammen werden teilweise direkte Ansprechpartner für Supportanfragen zur Seite gestellt. Dieser allgemeine Programm-Support wird bei detaillierteren Anliegen um einen technischen Support ergänzt.

BELBOON – DIE FAKTEN

▸ **Gegründet**
2002

▸ **Sitz**
Berlin

▸ **Angemeldete Affiliates in Deutschland**
65.000

▸ **Aktive Affiliates in Deutschland**
59.000

▸ **Partnerprogramme**
1.200 in Deutschland

▸ **Setup-Kosten**
Belboon erhebt für Merchants in der Regel keine Setup-Kosten

▸ **Monatliche Gebühren**
keine Fixkosten, 30% auf die an die Affiliates ausgeschüttete Provision

▸ **Thematische Schwerpunkte**
Elektronik, Shopping, Telekommunikation, Fashion und Sport, Finance und Versicherungen

▸ **Unterstützte Trackingtechnologien**
Das Belboon SmartTrack Standard-Tracking umfasst 90 Tage Post Click- und 48h-Tracking auf Session-, Fingerprint-, P3P-Cookie und FLASH-Local Shared Object (LSO) Basis.

▸ **Bereitgestellte APIs**
Es liegen CSV-, XML- und WebService (SOAP-Protokoll) APIs für Publisher vor. Mittels des WebServices für Publisher, genannt SmartFeed, lassen sich Preisvergleiche, Produktsuchen, dynamische Produktwerbemittel u.v.m. einfach erstellen. Für die Advertiser liegen APIs (SOAP) vor.

▸ **Exklusive Programme**
200 exklusive Partnerprogramme, darunter Porzellanhandel24.de, servershop24.de oder easysummer.de

▸ **Märkte über Deutschland hinaus**
In ganz Europa vertreten. Stärkste Märkte: Frankreich, Spanien, Italien, Portugal, UK, Niederlande, Skandinavien

Belboon stellt eine Statistikübersicht zur Verfügung, die durch zahlreiche Filtermöglichkeiten für die eigenen Auswertungen angepasst werden kann. Zu jedem Sale kann sich der Merchant anzeigen lassen, über welchen Referrer dieser zustande kam (sofern ein Referrer übermittelt wurde).

Reports und Transparenz

Alle neuen Affiliate Registrierungen werden nach strengen Kriterien geprüft. Zur Sicherung der Netzwerkqualität setzt Belboon ein spezialisiertes Quality- und Compliance-Team ein. Aktive Affiliates werden durch dieses Team sowie die Account Manager überwacht.

Belboon unterstützt alle gängigen Trackingverfahren und bietet seinen Affiliates und Merchants eine Vielzahl von APIs, um automatisiert mit den im Netzwerk bereitgestellten Informationen zu arbeiten. Affiliates wird über die Belboon Smart Feeds die Möglichkeit gegeben, automatisiert Produktfeeds von Merchants auf ihrer Website zu integrieren.

Technischer Standard

Das Backend von Belboon ist aus Perspektive des Merchant übersichtlich und gut bedienbar. 81% der befragten Affiliates bewerteten die Benutzerfreundlichkeit mit neutral bis sehr zufriedenstellend.

Benutzerfreundlichkeit

6.1.5 CJ affiliate by Conversant (ehemals Commission Junction)

CJ hat vor allem international eine große Reichweite aufgebaut. Der Hauptsitz des Netzwerks liegt in den USA. Es werden zahlreiche internationale Büros u.a. in München unterhalten. In Deutschland werden 350 Partnerprogramme betreut, bei 16.000 registrierten Affiliates. Gerade für international ausgerichtete Partnerprogrammbetreiber kann das Netzwerk spannend sein.

Reichweite

CJ ist eines der wenigen Netzwerke mit monatlicher Grundgebühr. Es fallen, zusätzlich zu den 30% der an die Affiliates gezahlten Provisionen, 450 Euro monatliche Fixkosten an. Die Kosten für das Setup betragen im Normalfall einmalig 3.000 Euro.

Kosten für Merchants

CJ AFFILIATE BY CONVERSANT - DIE FAKTEN

▸ **Gegründet**
1998

▸ **Sitz**
München (Hauptsitz in Santa
Barbara, USA)

▸ **Angemeldete Affiliates in
Deutschland**
16.000 registrierte Affiliates

▸ **Aktive Affiliates in
Deutschland**
Alle Affiliates, die in den
vergangenen 2 Monaten nicht
mindestens eine Ad Impression haben, werden automatisch
deaktiviert.

▸ **Partnerprogramme**
350 in Deutschland

▸ **Setup-Kosten**
3.000 Euro

▸ **Monatliche Gebühren**
450 Euro monatliche Fixgebühr + 30% auf die an die
Affiliates ausgeschüttete
Provision

▸ **Thematische Schwerpunkte**
Fashion, Software, Finance.

Das CJ Content Certified Netzwerk für Blogger umfasst zudem die Themen Style, Home,
Tech, Lifestyle, Business.

▸ **Unterstützte
Trackingtechnologien**
Cookie, Session, Pixel, Batch,
Server2Server

▸ **Bereitgestellte APIs**
Merchants: Publisher-Suche,
Provisionsdetails, Support
Services
Affiliates: Provisionsdetails,
Support Services, Suche
Produktkatalog, Linksuche,
Advertiser-Suche

▸ **Exklusive Programme**
In Deutschland über 50
exklusive Partnerprogramme,
darunter Apotal, Avis, LaPerla

▸ **Märkte über Deutschland
hinaus**
14 Büros weltweit, 3.800 Advertiser auf allen Kontinenten,
beispielsweise in Asien Zalora,
in Südafrika Zando, in Hong-
kong C-Trip, ResortHoppa in
Russland, mytheresa in Saudi
Arabien etc.

Support Auch kleinere Partnerprogramme haben bei CJ einen persönlichen Support. Affiliates steht ein allgemeiner Support bei Fragen rund um die Partnerprogramme zur Seite.

Reports und Für Merchants und Affiliates werden umfangreiche Reports be-
Transparenz reit gestellt.

Technischer CJ unterstützt alle gängigen Trackingverfahren. Zudem werden
Standard zahlreiche APIs für Merchants und Affiliates angeboten, um
automatisierte Abfragen und Updates von Informationen im
Netzwerk zu ermöglichen. Affiliates werden Widgets zur Verfügung gestellt, mit denen die Produkte der Merchants schnell auf
der Website integriert werden können.

Das Backend von CJ enthält alle Funktionen, die für die Arbeit mit einem Partnerprogramm wichtig sind.

Benutzerfreundlichkeit

6.1.6 Superclix

Superclix wurde zur Jahrtausendwende gestartet und gehört damit zu den am längsten in Deutschland aktiven Netzwerken. Mehr als 500 Partnerprogramme werden betrieben. Laut Website sind aktuell 1,6 Millionen Websites als Affiliate bei Superclix registriert. Für Merchants ist die hohe Zahl der Content Partner, die bei Superclix agieren, attraktiv. Vor allem für Nischenthemen lassen sich passende Partner finden. Interessant: Bei Superclix sind Gutscheinseiten sowie Post View nicht zugelassen.

Reichweite

Bei Superclix fallen in der Regel keine Setup-Kosten oder Fixgebühren für selbst gemanagte Partnerprogramme an. Als Gebühr werden, wie bei anderen Netzwerken üblich, 30% der an die Affiliates ausgeschütteten Provisionen berechnet.

Kosten für Merchants

Merchants und Affiliates wird erfahrener Support zur Verfügung gestellt. 84% der befragten Affiliates, die schon mit Superclix gearbeitet haben, bewerten den Support mit neutral bis sehr zufriedenstellend.

Support

Affiliates müssen sich bei Superclix nicht bei den einzelnen Partnerprogrammen bewerben, sondern sind automatisch zugelassen. Was aus Sicht der Affiliates durchaus von Vorteil ist, bedeutet für die Merchants eine Kontrolleinschränkung des Partnerprogramms. Es besteht zudem keine Möglichkeit, direkt Kontakt mit Affiliates aufzunehmen. Allerdings werden in den Auswertungen Referrer zu den einzelnen Bestellungen übergeben.

Reports und Transparenz

TIPP Um Affiliates dennoch auszuschließen, kann die Provision auf 0% gesetzt werden.

Superclix bietet die gängigen Trackingverfahren an. Das Interface von Superclix kommt ein wenig altmodisch daher und erinnert an die frühen 2000er Jahre. Darüber hinaus wird vom Netzwerk selbst die Einfachheit der Nutzeroberfläche betont, welche dennoch alle grundlegenden Funktionen für die Arbeit als Merchant oder Affiliate bereitstellt. Für die automatisierte

Technischer Standard

SUPERCLIX – DIE FAKTEN

▸ **Gegründet**
2000

▸ **Sitz**
Freiburg

▸ **Angemeldete Affiliates in Deutschland**
1.600.000 (laut superclix.de)

▸ **Aktive Affiliates in Deutschland**
k.A.

▸ **Partnerprogramme**
über 500

▸ **Setup-Kosten**
Superclix erhebt für Merchants im Normalfall keine Setup-Kosten

▸ **Monatliche Gebühren**
keine Fixkosten,
30 % auf die an die Affiliates ausgeschüttete Provision

▸ **Thematische Schwerpunkte**
Es werden alle Verticals abgedeckt, thematische Schwerpunkte sind nicht zu erkennen

▸ **Unterstützte Trackingtechnologien**
k.A.

▸ **Bereitgestellte APIs**
Provisionen, Produktexporte

▸ **Exklusive Programme**
k.A.

▸ **Märkte über Deutschland hinaus**
Österreich, Schweiz, Russland

Bearbeitung von Provisionen wird Programmbetreibern eine API geboten. Affiliates können Produktdaten über eine Schnittstelle exportieren.

Benutzer-freundlichkeit

72% der befragten Affiliates schätzen die Benutzerfreundlichkeit von Superclix mit neutral bis sehr zufriedenstellend ein. Die Oberfläche ist schlicht und beinhaltet die notwendigen Basisfunktionen zur Betreuung eines Partnerprogramms.

6.1.7 Tradedoubler

Reichweite

Tradedoubler wurde 1999 in Stockholm gegründet und war schon früh am deutschen Markt aktiv. In Deutschland werden rund 500 Partnerprogramme betrieben. 11.000 Affiliates sind aktiv bei Tradedoubler tätig. Das Netzwerk ist an vielen internationalen Standorten vertreten und damit ein spannender Partner für international ausgerichtete Partnerprogramme.

TRADEDOUBLER - DIE FAKTEN

▷ **Gegründet**
1999 (in Stockholm)

▷ **Sitz**
München
(für den deutschen Markt)

▷ **Angemeldete Affiliates in Deutschland**
über 140.000

▷ **Aktive Affiliates in Deutschland**
über 11.000

▷ **Partnerprogramme**
über 500

▷ **Setup-Kosten**
werden individuell vereinbart
(Setup-Kosten können ggf.
mit Umsätzen des Advertisers
verrechnet werden)

▷ **Monatliche Gebühren**
keine Fixkosten,
bis zu 30 % auf die an die
Affiliates ausgeschüttete
Provision

▷ **Thematische Schwerpunkte**
Es werden alle Verticals
abgedeckt. Schwerpunkte im
Bereich Travel, Fashion und
Consumer Electronics.

▷ **Unterstützte Trackingtechnologien**
Cookie, Fingerprint, Parameter, Post View, Session

▷ **Bereitgestellte APIs**
Claims API, Conversion API,
Product open API, Voucher API
für Advertiser und Publisher.
Auch Sonderlösungen werden
von Tradedoubler programmiert bzw. unterstützt.

▷ **Exklusive Programme**
etwa 125 exklusive
Programme, darunter Mango,
weg.de, Photobox, Tropo,
ASUS und HRS

▷ **Märkte über Deutschland hinaus**
Österreich, Schweiz, Italien,
Frankreich, Spanien, Portugal,
UK, Belgien, Niederlande,
Irland, Dänemark, Finnland,
Norwegen, Schweden, Polen,
Litauen, Russland, Brasilien

Kosten für Merchants

Die Setup-Kosten bei Tradedoubler sind abhängig vom Aufwand und werden individuell vereinbart. In der Regel können die Kosten, die durch die Bereitstellung der Services entstehen, mit den Umsätzen des Merchants verrechnet werden. Weitere Gebühren werden nur dann erhoben, wenn ein außerordentlicher Service genutzt wird.

Tradedoubler erhebt, wie in der Branche üblich, eine performanceabhängige Netzwerkprovision, abhängig von der Höhe der Publisher-Umsätze. Die Höhe der Netzwerkprovision wird individuell berechnet, beträgt aber maximal 30% der Affiliate Provisionen.

Support Tradedoubler stellt für Merchants individuelle Ansprechpartner zur Verfügung. Der Support antwortet schnell und kompetent. Individuelle Anpassungen sind problemlos möglich. Ein technischer Support für Merchants ergänzt das Hilfsangebot.

Reports und Transparenz Tradedoubler stellt ausführliche Reports zur Verfügung. Die Informationen sind durch eine Vielzahl von Filtern modifizierbar. Von welcher URL die Nutzer, die geklickt oder gekauft haben (Referrer), kamen, ist leider nicht ersichtlich. Die E-Mail-Adressen der Affiliates können den Profilen entnommen werden, wodurch die Kontaktaufnahme für den Merchant erleichtert wird.

Technischer Standard Tradedoubler unterstützt alle gängigen Trackingtechnologien und stellt einige nützliche Standardtools sowie umfangreiche APIs zur Verfügung. Das Netzwerk ist sehr flexibel – vieles kann auf Anfrage individuell modifiziert werden.

Benutzerfreundlichkeit Alle Funktionen, die für die Arbeit mit einem Partnerprogramm wichtig sind, sind grundsätzlich vorhanden. Einige davon (z.B. Newsletter versenden, Raten anlegen, Bonuszahlungen ausschütten) lassen sich nicht selbst bedienen und müssen über den Support umgesetzt werden, welcher jedoch schnell reagiert.

6.1.8 Webgains

Reichweite Webgains wurde 2005 gegründet und betreibt neben der Niederlassung in Nürnberg auch Außenstellen in Großbritannien, Frankreich, den Niederlanden, Spanien und den USA. Auf dem deutschen Markt werden derzeit 400 Partnerprogramme bei Webgains betrieben. Thematisch ist Webgains für Affiliates breit aufgestellt. Schwerpunkte bei der Auswahl von Partnerprogrammen liegen im Fashion- und Sport-Segment sowie beim Thema „Haus und Garten".

Kosten für Merchants Webgains erhebt eine Setup-Gebühr in Höhe von 950 Euro. Monatlich werden je nach Supportleistung bis zu 250 Euro Fixgebühr berechnet. Zudem erfolgt eine leistungsabhängige Vergütung von 30% auf die an die Affiliates ausgeschütteten Provisionen.

Support Webgains bietet auch für kleinere Partnerprogramme individuelle Ansprechpartner. Der Support reagiert schnell und kompetent. Der allgemeine Programmsupport wird durch einen guten technischen Support ergänzt.

Moritz Breiding
Geschäftsführer
Netzwunder UG &
Co.KG, u.a. Betreiber
von erlebnisessen.net

„Transparenz ist eher hilfreich für Merchants. Wir kennen ja unsere Arbeitsweise. Die Haupt-KPIs bilden inzwischen fast alle Netzwerke ab. Für uns Publisher sind vielmehr individuelle Kenngrößen interessant, die Aussagekraft über das Verhalten unserer User auf der Website des Merchants haben, um die CVR weiter zu verbessern. Diese Kenngrößen fehlen natürlich in öffentlichen Netzwerken."

WEBGAINS – DIE FAKTEN

▶ **Gegründet**
2005

▶ **Sitz**
Nürnberg
(für den deutschen Markt)

▶ **Angemeldete Affiliates in Deutschland**
k.A. (210.000 international)

▶ **Aktive Affiliates in Deutschland**
k.A.

▶ **Partnerprogramme**
etwa 400 in Deutschland

▶ **Setup-Kosten**
950 Euro

▶ **Monatliche Gebühren**
bis zu 250 Euro monatlich (je nach Supportleistung) + 30% auf die an die Affiliates ausgeschütteten Provisionen

▶ **Thematische Schwerpunkte**
Fashion, Sport, Heim und Garten

▶ **Unterstützte Trackingtechnologien**
Cookie Tracking, Flash Tracking, Post View Tracking, Device Tracking, Server2Server/ Click ID Tracking, Cookieless Tracking, gutscheincode-basiertes Tracking, Session Tracking

▶ **Bereitgestellte APIs**
SOAP Webservice für Affiliates mit komplettem Reporting, SOAP Webservice für Merchants, Gutschein API, Endkundenaktionen API, Programm API, Link API, Transaktions- API für Merchants

▶ **Exklusive Programme**
etwa 150 exklusive Partnerprogramme in Deutschland, z.B. Primacom oder massivum.de

▶ **Märkte über Deutschland hinaus**
UK, Frankreich, Spanien, USA (eigene Büros) sowie Österreich, BeNeLux, Schweiz, Italien, Polen, Nordics

Webgains stellt eine Vielzahl an vordefinierten Reports zur Verfügung. Diese können teilweise modifiziert werden. Zu den einzelnen Transaktionen werden Referrer-URLs ausgegeben. Merchants können diverse Informationen zu Affiliates wie deren E-Mail-Adresse einsehen.

Reports und Transparenz

Technischer Standard Bei Webgains werden alle gängigen Trackingtechnologien unterstützt. Für Affiliates und Merchants werden eine Vielzahl an APIs zur Arbeit mit dem Partnerprogramm zur Verfügung gestellt.

Benutzerfreundlichkeit Das Backend von Webgains enthält alle Funktionen, die für die Arbeit mit einem Partnerprogramm wichtig sind. 75% der Affiliates haben die Benutzerfreundlichkeit von Webgains mit neutral bis sehr zufriedenstellend beurteilt.

6.1.9 Zanox

Reichweite Zanox ist nach Umsatz das größte Affiliate-Netzwerk in Deutschland und seit dem Jahr 2000 aktiv. Mit knapp 1.500 Partnerprogrammen ist die Auswahl für Affiliates entsprechend groß. Partnerprogrammbetreiber können aktuell rund 32.000 aktive Affiliates erreichen. Die Partnerprogrammauswahl wird in der Projecter Affiliate Umfrage von fast allen Affiliates (95%) positiv bewertet.

Kosten für Merchants Die Setup-Kosten betragen 3.000 Euro. Zusätzlich fällt bei Zanox eine fixe monatliche Gebühr von 300 Euro an. Individuelle Vereinbarungen sind je nach Potential des Merchants möglich. Zu den fixen Gebühren werden 30% der an die Affiliates ausgeschütteten Provisionen berechnet.

Support Merchants und Affiliates können sich grundsätzlich an den allgemeinen Support bei Zanox wenden. Größeren Shops und Affiliates werden individuelle Ansprechpartner zur Seite gestellt. Vor allem der telefonische Support für Merchants und Affiliates überzeugt bei Zanox. Der Technik- und der Banner-Support für Merchants antwortet schnell und kompetent. In 2015 wurde zudem der Support für Partnerprogrammstarts ausgebaut. Dabei erhalten alle Programme in der Aktivierungsphase Handlungs- und Publisherempfehlungen sowie Unterstützung bei der Präsenz im Netzwerk.

◀
Abb. 6.6
Zufriedenheit der Affiliates mit dem Support von Zanox aus insgesamt 211 Stimmen (Quelle: Projecter Affiliate Umfrage 2015)

ZANOX – DIE FAKTEN

▶ **Gegründet**
2000

▶ **Sitz**
Berlin
(für den deutschen Markt)

▶ **Angemeldete Affiliates in Deutschland**
k.A.

▶ **Aktive Affiliates in Deutschland**
über 32.000 (aktiv in den letzten sechs Monaten)

▶ **Partnerprogramme**
1.440 am deutschen Markt

▶ **Setup-Kosten**
3.000 Euro

▶ **Monatliche Gebühren**
im Normalfall 300 Euro

▶ **Thematische Schwerpunkte**
Retail & Shopping, Travel, Telko & Services, Financial Services

▶ **Unterstützte Trackingtechnologien**
Cookie Tracking, ID-Tracking, Fingerprint Tracking, App Tracking

▶ **Bereitgestellte APIs**
APIs für Publisher: Produktdaten, Transaktionen, Statistiken, Incentives, Provisionen, Partnerprogramme, Finanzen, Werbemittel uvm.
APIs für Merchants: Bearbeitung von Transaktionen, Statistiken
APIs für Developer zur Unterstützung der Advertiser bei der technischen Integration

▶ **Exklusive Programme**
378 exklusive Partnerprogramme in Deutschland, z.B. Asos, Groupon, Expedia, opodo, germanwings, parship

▶ **Märkte über Deutschland hinaus**
Europa, USA, Südamerika, Russland, Australien

Darüberhinaus werden Merchants und Agenturen monatlich Affiliate Manager Schulungen angeboten.

Die Oberfläche von Zanox ist umfangreich und gut strukturiert. Die Handhabung gestaltet sich recht einfach. Besonders gut funktionieren bei Zanox für Merchants die Bulk Uploads zur schnellen Aktualisierung von Werbemitteln.

Benutzerfreundlichkeit

Zanox hat in den letzten Jahren die Transparenz verbessert. So können Merchants in den Transaktionsstatistiken nachvollziehen, welcher Referrer für die jeweilige Conversion verantwortlich war. Es ist auch möglich, Referrer zu einzelnen Klicks zu ermitteln. Leider ist der Weg zum Report noch etwas umständlich, da man zur Ermittlung stets den Werbecode des Affiliates benötigt. Diesen erhält man nur, indem man die Einbindung des Merchants auf der Affiliate Website prüft, die Daten ma-

Reports und Transparenz

nuell über den externen „Zanox ERP Client" bezieht oder automatisiert über die Zanox API abruft. Zanox stellt auf seiner Benutzeroberfläche den Zanox Market Place zur Verfügung. Dieser trägt zur Steigerung der Transparenz bei, da darin die wichtigsten KPIs, Publisherprofile und die Werbeflächenvalidierung einzusehen sind.

Technischer Standard

Der Zanox Market Place soll zudem helfen, den Austausch und die Kontaktmöglichkeiten zwischen Merchants und Affiliates einfacher zu gestalten. Partnerprogrammbetreiber können dabei nach Affiliates suchen, die beim Zanox Marketplace angemeldet sind. Interessante Affiliates können direkt eingeladen werden. Für Affiliates bietet Zanox eine Affiliate App an, die auch unterwegs den aktuellen Kontostand, Umsätze des aktuellen und vorherigen Tages sowie neueste Conversions anzeigt. Zanox bietet mit dem Zanox MasterTag einen Container an, der auf der Webseite des Advertisers platziert wird. Dadurch wird die einfache Integration verschiedener aufwertender Services und Appilkationen (wie Web Analyse Tools oder Retargeting) ermöglicht. Zudem hat Zanox einen Click Error Report für Affiliates entwickelt, mit dem defekte Affiliate Links schnell gefunden und repariert werden können. So lassen sich negative Nutzererfahrungen vermeiden. Viele weitere Tools können im Zanox Application Store erworben werden.

6.2 Internationale Netzwerke

6.2.1 Europa

Die vorgestellten Affiliate-Netzwerke am deutschen Markt sind teilweise auch international tätig. In diesem Kapitel soll es nun um die Netzwerke gehen, die im Ausland gegründet wurden und dort ihren Hauptsitz haben.

Netzwerk	Publisher	Partner-programme	Gründung
NetAffiliation	>100.000	>1.700	2004
Effiliation	k.A.	>6.500	2000
Public !Déas	>30.000	>400	2005

Frankreich

Auch in Frankreich spielen Zanox, Affilinet und Webgains eine bedeutende Rolle. Zanox brachte sich 2005 mit dem Kauf des Performance Marketing Unternehmens First-Coffee SAS in den

französischen Markt ein. Affilinet folgte im gleichen Jahr mit der Übernahme des Netzwerks CibleClick.
2009 haben sich mehrere Affiliate-Netzwerke in Frankreich zusammengeschlossen. Die Collectif des plateformes d'affiliation, kurz „CPA", besitzt einen Marktanteil von ca. 95%. Dabei sind auch die größten französischen Vertreter wie netaffiliation, Effiliation und Public !Déas.

Effiliation wurde im Jahr 2000 gegründet und hat sich seitdem von Brasilien bis nach China ausgedehnt. NetAffiliation startete 2004 und ist neben Europa auch in Amerika aktiv. Im Jahr 2005 kam Public !Déas auf den französischen Markt. Neben einigen westeuropäischen Staaten führt das Netzwerk auch in Brasilien Kampagnen durch.

Netzwerk	Publisher	Partner-programme	Gründung
Admitad	140.000	463	2009
Gde Slon?	k.A.	>100	k.A.
Mixmarket	8.000	>100	2005

Die Rechtslage in Russland erschwert professionelles Affiliate Marketing. So existiert ein Gesetz, das besagt, dass jede auf der eigenen Website platzierte Bannerwerbung, durch die Umsatz generiert wird, eines gesonderten Vertrages bedarf. Die Beliebtheit von performancegetriebenen Vergütungsmodellen wie CPO, CPL oder CPC ist zudem recht gering. Im Vergleich zum deutschen Markt ist leider die Wahrscheinlichkeit von Betrugsfällen im Affiliate Marketing in Russland als höher einzustufen.

Russland

Gleichzeitig ist Russland einer der stärksten Wachstumsmärkte im Internetgeschäft. Auch das Affiliate Marketing entwickelt sich rasant. So haben sich seit 2012 auch die ersten Affiliate spezifischen Events wie die Affiliate Days oder die Russian Affiliate Congress and Expo etablieren können.

Den Schwierigkeiten zum Trotz haben sich auf dem russischen Markt einige Netzwerke etabliert. So spielen auch hier Tradedoubler und Superclix eine Rolle. Ein in Russland gegründetes Affiliate-Netzwerk ist Admitad. Auf der Website werden zur Zeit 463 Partnerprogramme angeboten und nach Angaben des Geschäftsführers Alexander Bachmann sind über 140.000 Affiliates im Netzwerk angemeldet.

Großbritannien   Neben Affilinet und Tradedoubler, die schon seit einiger Zeit in UK aktiv sind, hat sich auch Zanox 2013 mit der Übernahme von Affiliate Window ein großes Kuchenstück des sehr starken britischen Affiliate Markts gesichert. Das englische Netzwerk wurde im Jahr 2000 in London gegründet. 2012 wurde zusätzlich der US-amerikanische Markt erschlossen.

Das auch in Deutschland präsente Webgains wurde 2005 gegründet. 2006 wurde es vom Online Vermarkter adpepper übernommen, erschloss damit auch den britischen Affiliate Markt und kann sich dort bis heute erfolgreich behaupten. Mittlerweile ist Webgains in zehn Staaten aktiv, vor allem in Westeuropa, aber auch in den USA.

Ein weiteres Affiliate-Netzwerk in Großbritannien ist AffiliateFuture. Auch dieses Unternehmen hat sich bis in die USA ausgebreitet. Anfangs vor allem als themenbezogenes Netzwerk im Bereich Reisen und Fliegen aufgestellt, sind in den Partnerprogrammen mittlerweile viele weitere Themen zu finden.

Netzwerk	Publisher	Partner-programme	Gründung
Affiliate Window	>75.000	>1.600	2000
Webgains	>160.000	>600	2004
AffiliateFuture	k.A.	>280	2002

Italien   Der italienische Markt wird von großen internationalen Affiliate-Netzwerken dominiert. Neben Tradedoubler finden sich Zanox, Webgains und Affilinet wieder. Kleine italienische Affiliate-Netzwerke sind ebenfalls am Markt, spielen aber eine untergeordnete Rolle.

Netzwerk	Publisher	Partner-programme	Gründung
Sprintrade	22.000	>150	2005
Simply.com	3.000	k.A.	ca. 2009
Affiliazioni.com	k.A.	k.A.	k.A.

Spanien   Internationale Netzwerke wie Affilinet, Zanox, Belboon, Webgains und Tradedoubler dominieren auch hier den Wettbewerb. Auf dem spanischen Affiliate Markt werden vor allem Produkte aus den Bereichen Reise, Finanzen und Telekommunikation abgesetzt. Der klassische Retailbereich ist hier noch nicht so stark ausgeprägt wie in Deutschland. Dennoch konnten sich mittlerweile lokale Unternehmen etablieren, die zum Teil mehr als 100 Mitarbeiter beschäftigen und ihrer Rolle als Affiliate-Netzwerk gerecht werden.

Netzwerk	Thema	Publisher	Partner-programme	Gründung
Adjal	verschiedenes	10.000	>4.500	2009
Antevenio	verschiedenes	k.A.	>300	1997
AGP Affilliates	Wetten und Spiele	-	-	2011

Affiliate Marketing ist in der Türkei noch recht jung. Die Affiliate Netzwerke sind hier erst vor ein paar Jahren gegründet worden. Eines der ältesten und mit über 4.000 Publishern drittgrößtes Netzwerk ist ReklamStore hinter Gelirortaklari und Zanox. **Türkei**

Netzwerk	Publisher	Partner-programme	Gründung
Adtriplex	>1.500	>100	2011
Gelirortaklari	>6.000	k.A.	2008
ReklamStore	>4.000	k.A.	2007

In den Niederlanden gehört Daisycon zu den wichtigsten Adressen im Affiliate Marketing. 36.000 aktive Publisher umfasst die Datenbank. Bereits 2011 existierten ca. 800 Partnerprogramme für die Niederlande und 400 für Belgien. Adquick stammt ebenfalls aus den Niederlanden, ist aber wesentlich kleiner als Daisycon. **Niederlande**

Netzwerk	Publisher	Partner-programme	Gründung
Daisycon	>36.000	>1.200	2000
Affiliatepartners.nl	k.A.	k.A.	k.A.
Adquick	k.A.	k.A.	k.A.

Auch in Polen sind Zanox und Tradedoubler vertreten. Das polnische Netzwerk NetSales.pl bietet 370 Partnerprogramme. Etwa 8.500 Affiliates sind dort angemeldet. Zu den Advertisern gehören u.a. Adobe, Microsoft und MasterCard. Das Netzwerk ist nur in Polen aktiv. **Polen**

Etwa 80 Partnerprogramme werden bei Novem.pl angeboten, 13 Partnerprogramme bei Afilo. Darunter befinden sich Nokia, Nivea, Kinder Bueno und Hyundai.

Netzwerk	Publisher	Partner-programme	Gründung
Afilo	k.A.	<13	2007
Novem.pl	k.A.	<80	2006
NetSales.pl	<8.500	<370	2009

Schweden Das schwedische Programm TradeDoubler wurde 1999 gegründet und ist mittlerweile rund um die Welt im Einsatz. Insgesamt sind rund 140.000 Publisher angemeldet. Über 2.000 Partnerprogramme werden angeboten.

Wesentlich jünger und kleiner ist Affiliator. Dieses Netzwerk beschränkt sich nur auf Skandinavien.

Double.net aus Göteborg betreibt etwa 150 Partnerprogramme und hat sich dabei auf ein einige Themenbereiche (E-Commerce, Elektronik, Brillen und Finanzen/ Banken) spezialisiert. Etwa 30.000 Affiliates befinden sich im Netzwerk.

Netzwerk	Thema	Publisher	Partner-programme	Gründung
TradeDoubler	Verschiedenes	>140.000	>2.000	1999
Affiliator	Verschiedenes	>25.000	k.A.	2006
Double.net	E-Commerce, Elektronik, Brillen, Finanzen	k.A.	>150	k.A.

6.2.2 USA

Linkshare wurde 1996 in New York gegründet und hat sich zum größten Affiliate-Netzwerk am US-Markt entwickelt. 2005 wurde das Unternehmen für 425 Mio. USD von Rakuten Inc. aufgekauft und in "Rakuten Affiliate Network" umbenannt. Rakuten Global ist Japans größter Onlineshopping Service, gegründet 1997 in Tokio. Das Affiliate-Netzwerk unterhält u.a. Büros in Australien, Brasilien, Japan, Singapur, UK, Frankreich und Deutschland und ist damit weit über die Grenzen der USA hinaus international tätig.

CJ Affiliate by Conversant (ehemals Commission Junction) wurde 1998 in Kalifornien gegründet und ist seit 2003 auch am deutschen Markt aktiv. Mit Standorten in UK, Frankreich, Spanien, Schweden und Südafrika ist CJ international ausgerichtet. Affiliate Window konnte sich als britisches Netzwerk sehr gut in den USA positionieren und wird dort immer beliebter. Avantlink ist das jüngste der vorgestellten Netzwerke. Das Unternehmen ist auch am australischen Affiliate Markt aktiv.

Netzwerk	Hauptsitz	Publisher	Partner-programme	Gründung
Rakuten Affiliate Network	New York	2.500.000	>1.000	1996
CJ	Santa Barbara	k.A.	>3.000	1998
Clickbank	Boise, Idaho	>100.000	>12.000	1998
ShareASale	Chicago	>700.000		2000
Affiliate Window	London	>75.000	>1.600	2000
Avantlink	Park City, Utah	k.A.	>450	2005

6.2.3 China

Zanox hatte 2005 mit einer Präsenz in Shanghai versucht, sich am chinesischen Markt zu etablieren, zählt diesen aber nicht mehr zu seinen Kernbereichen. Das wohl größte chinesische Affiliate-Netzwerk ist Chinesean.com. Das 2007 gegründete Netzwerk bewirbt sich als einziges global tätiges chinesisches Affiliate-Netzwerk. Es bedient Partnerprogramme aus 15 Nationen, darunter z.B. Sasa oder Citibank. Weitere chinesische Affiliate-Netzwerke sind u.a. Chinaadgateway.com, Clickvalue.cn, Linktechn.cn, Adways.cn und Allyes.com.

6.3 Branchenspezifische Netzwerke

Die klassischen Affiliate-Netzwerke spezialisieren sich nicht auf bestimmte Themen oder Branchen, sondern sind bestrebt, Affiliates und Merchants ein umfangreiches Portfolio an möglichen Partnern zur Verfügung zu stellen. Die branchenspezifischen Netzwerke gehen hier anders vor: Sie bringen Affiliates und Merchants in einem bestimmten Themenbereich gezielt zusammen. Das hat für Affiliates einer bestimmten Nische den Vorteil, dass nur relevante Partnerprogramme gelistet sind. Merchants wiederum können sich sicher sein, in einem zu ihrer Branche passenden Nischennetzwerk auch passende Affiliates zu finden. Zudem kann sich das Netzwerk in den jeweiligen Markt besser einarbeiten und somit besseren Support leisten und qualitativ hochwertigere Kontakte und spezifischere Technologien anbieten.

Im Folgenden soll eine Auswahl der aktiven branchenspezifischen Netzwerke vorgestellt werden.

6.3.1 Versicherungen und Finanzen

In der Finanzen- und Versicherungssparte sind Branchennetzwerke am deutschen Markt am weitesten verbreitet.

Netzwerk	Publisher	Partner-programme	Gründung	Abrechnung
FinanceAds	5.000 Publisher und 750 Finanz-makler	>80	2006	Pay per Click, Lead, Sale, Click Out (Mischformen möglich)
FinanceQuality	400 aktiv	>40	2012	Pay per Call, Click, Lead, Sale, View, Lifetime
FinanzPartner-netzwerk	750 aktiv	-	2007	Pay per Lead, Pay per Sale
Moneytrax	k.A.	k.A.	2011	Pay per Click, Lead, Sale, View

FinanceAds wurde 2006 gegründet und hat sich auf die Bereiche Finanzen, Versicherungen und Banken spezialisiert. In dem Netzwerk mit Sitz in Nürnberg werden etwa 125 Partnerprogramme betrieben. Darunter finden sich die Partnerprogramme der Commerzbank, ING-DiBa, DEVK und der Deutschen Familienversicherung.

Das 2012 gegründete Netzwerk FinanceQuality mit Sitz in München vernetzt aktuell rund 40 Partnerprogramme und 400 aktive Affiliates. Unter anderen betreiben Hanseatic, Barcleycard und Asstel ein Partnerprogramm bei Finance Quality.

Das FinanzPartnernetzwerk hat seinen Sitz in Lübeck und wurde 2007 gegründet. Aktuell sind im Netzwerk 750 Affiliates bei den Partnerprogrammen von DKB, Dr. Klein, netbank und vergleich.de aktiv.

Moneytrax mit Sitz in Frankfurt am Main betreibt unter anderem die Partnerprogramme der Santander Bank und Rabo Bank.

6.3.2 Mode und Beauty

Am deutschen Markt findet sich im Fashionbereich bislang nur ein spezialisiertes Netzwerk. Tracdelight wurde 2006 in Berlin gegründet. Als Affiliates sind hier vor allem Modeportale, Zeitschriften wie ELLE, Gala oder harper´s bazaar und Fashionblogs wie LesMads aktiv. Bei Tracdelight finden diese Affiliates u.a. Partnerprogramme von ASOS, OTTO oder Tommy Hilfiger. Die Abrechnung erfolgt zumeist auf CPC Basis.

Vor allem international bekannt ist das Fashion Netzwerk RewardStyle. Hier findet sich eine große Zahl an Partnerprogrammen von Händlern (>4.000) und Marken (>200.000) in den Bereichen Fashion (z.B. Gucci oder net-a-porter), Beauty (z.B. L´Oréal oder Clinique) und Lifestyle (z.B. Potterybarn). Das Netzwerk ist in über 130 Ländern aktiv und hat seine Hauptsitze in London und Dallas. Auch hier erfolgt die Abrechnung hauptsächlich auf CPC Basis.

Auf den Bereich „Health & Beauty" hat sich das Netzwerk Moreniche aus Nottingham spezialisiert. Im Netzwerk sind nach eigenen Angaben über 200.000 Affiliates tätig. Vor allem Partnerprogramme rund um die Themen „Abnehmen" und „Nahrungsergänzungsmittel" werden hier angeboten.

6.3.3 Gaming

Netzwerk	Publisher	Partner-programme	Gründung	Abrechnung
Crobo	600	>1.200 Kampagnen	2012	Pay per Lead
Ad2games	k.A.	>1.500 Kampagnen	2007	Pay per Lead
Apartena.games	750 aktiv	-	2012	Pay per Lead

Das Branchennetzwerk Crobo hat seinen Sitz in Berlin und wurde 2012 gegründet. Hier werden u.a. Kampagnen von Goodgame Studios, Blue Byte und Ubisoft betrieben.

Ad2games wurde bereits 2007 in Berlin gegründet und betreibt aktuell über 1.500 Gaming Kampagnen. Darunter finden sich bekannte Gaming Anbieter wie Bigpoint, EA oder Goodgame Studios.

Apartena hat sich nicht ausschließlich auf den Gaming Sektor spezialisiert, bedient als Apartena.games aber dieses Segment. Das Netzwerk ist auch im Pressebereich tätig und betreibt dort Partnerprogramme bzw. Kampagnen von Focus oder TV Spielfilm.

6.3.4 Sonstige

Im Pressebereich ist das 2004 in Düsseldorf gegründete Netzwerk Media Lead tätig. Es unterstützt beteiligte Partnerprogramme wie Funke Medien Gruppe oder Olympia Verlag beim Abo-Verkauf.

Im Bereich der digitalen Produkte (eBooks, Online Kurse, digitale Dienstleistungen etc.) konnte sich das Netzwerk Digistore24 am deutschen Markt positionieren.

6.4 Meta Netzwerke

Meta Netzwerke schalten sich zwischen Affiliates und die eigentlichen Affiliate-Netzwerke, indem sie sich selbst als Affiliate bei den Partnerprogrammen anmelden. Den jeweiligen Zugang zum Partnerprogramm stellen sie wiederum den in ihrem Meta Netzwerk angemeldeten Affiliates zur Verfügung. Meta Netzwerke sind also für Affiliates als Netzwerk tätig, aus Merchant-Sicht treten sie selbst als Affiliate auf.

Affiliates melden sich einmalig im Meta Netzwerk an und können dann ohne separate Anmeldungen aus einer Vielzahl von Partnerprogrammen wählen. Für ihre Leistungen behalten die Meta Netzwerke einen Teil der Provision ein. In der Regel geben sie zwischen 70 und 80% der erwirtschafteten Provisionen an die Affiliates weiter.

Aus Sicht der Affiliates Die Abwicklung und Abrechnung erfolgt über die Vergabe von IDs, um Umsätze eindeutig den Affiliates zuweisen zu können. Diese IDs werden per SubID Tracking beim Aufruf des Trackinglinks an das eigentliche Netzwerk weitergereicht. Somit ist ein Reporting auf Basis der IDs möglich und die Meta Netzwerke können auswerten, welche Beträge durch welche Affiliates erwirtschaftet wurden.

Neben der Tätigkeit als Aggregator von Partnerprogrammen bieten Meta Netzwerke ihren Affiliates eine Vielzahl an Produkten und Tools an.

Es besteht z.B. die Möglichkeit, dass passende Produktlinks in einem Blog oder auf einer Website beim Klick automatisch in einen Affiliate Link umgewandelt werden. Dieses Angebot der Meta Netzwerke ist für Blogger sinnvoll, die sich nicht mit dem Thema Affiliate Marketing auseinandersetzen und jeden einzelnen Produktlink manuell integrieren wollen. Durch einen einmal integrierten Code auf allen Unterseiten und eine einmalige Konfiguration werden alle ausgehenden Links automatisch auf die Möglichkeit zur Umwandlung in Affiliate Links geprüft. Darüber hinaus werden bestimmte Schlüsselbegriffe im Fließtext der Website automatisch mit passenden Affiliate Links hinterlegt.

Für Merchants liegt der Vorteil der Zusammenarbeit mit einem Meta Netzwerk darin, dass über dieses viele Affiliates erreicht werden, die sonst hätten einzeln akquiriert werden müssen. Durch die einfache Handhabung der Meta Netzwerke erschließt sich Affiliate Marketing auch für Betreiber kleiner Websites und Blogger, die sich mit dem Thema sonst nicht auseinander gesetzt hätten.

Allerdings muss sich der Merchant auf die Qualitätskontrolle der Anbieter verlassen, weil die Transparenz durch das zwischengeschaltete Meta Netzwerk im tatsächlichen Affiliate-Netzwerk nicht mehr gegeben ist. Nicht immer können die einzelnen Referrer nachvollzogen werden. Einige Affiliates nutzen auch gezielt Meta Netzwerke, um Regelungen in den eigentlichen Partnerprogrammen zu umgehen. Hier können eine verstärkte Überprüfung und enge Kooperation mit dem Meta Netzwerkbetreiber Abhilfe schaffen. Einige Meta Netzwerke stellen für Merchants Login-Bereiche mit Auswertungen nach Publishern zur Verfügung und tragen so zur besseren Transparenz bei.

Aus Sicht der Merchants

Vorteile

Affiliate	Merchant
Zugriff auf eine Vielzahl von Partnerprogrammen ohne vorherige Anmeldung	Viele Affiliates werden auf einmal erreicht
Tools werden zur Verfügung gestellt	Es werden auch Blogs erreicht, die ohne Meta Netzwerk nicht als Affiliate agieren würden

Nachteile

Affiliate	Merchant
Reduzierte Provision	Reduzierte Transparenz über Affiliates und Referrer

Diese Tabelle zeigt eine Übersicht ausgewählter bekannter Meta Netzwerke am Markt:

Netzwerk	Partner-programme	Affiliates	Provision	Aus-zahlung	Tools
Adgoal	>20.000	>3.000	70-80%	25€	Adgoal SmartLink (Umwandlung Produktlink in Affiliate Link), adgoal SmartTag (InText-Werbung auf Keywordbasis), adgoal Smart Ad-Search (kontextbezogene Textanzeigen), adgoal Webservice
Bee5	>3.000	20.000 Kunden	70-80%	15€	Bee5 Shopping Pool, Bee5 API
Links2revenue	k.A.	k.A.	70-80%	50€	Links2revenue (Umwandlung von Produktlink in Affiliate Link), words2revenue (Automatische Generierung von Affiliate Links aus dem Text)
Linkwash	>1.700	k.A.	75%	25€	Umwandlung von Produktlink in Affiliate Link

Netzwerk	Partner-programme	Affiliates	Provision	Aus-zahlung	Tools
Skimlinks	>20.000	1.500.000	75%	10$	Umwandlung von Produktlink in Affiliate Link, Link Shortener, Skim-Words (Automatische Generierung von Affiliate Links aus dem Text)
Yieldkit	>24.000	k.A.	75%	30€	YieldWidget (Tool zur Integration von Preisvergleichen), YieldWord (Automatische Generierung von Affiliate Links aus dem Text), Yield-Link (Umwandlung von Produktlink in Affiliate Link)

6.5 Inhouse-Partnerprogramme

Im ⟲ *Kapitel 4.3 Affiliate-Netzwerk oder eigenes Partnerprogramm* wurden bereits viele Aspekte der Entscheidung für oder gegen ein Inhouse-Partnerprogramm beleuchtet. Diese sollen der Vollständigkeit halber hier noch einmal zusammengefasst werden. Darüber hinaus beschäftigt sich dieser Teil des Kapitels mit technischen Lösungen, Arten und Anforderungen von Inhouse-Lösungen.

6.5.1 Vor- und Nachteile

Möchte ein Merchant ein Partnerprogramm eröffnen, kann er sich an die bereits vorgestellten klassischen Affiliate-Netzwerke wenden. Dort bekommt der Merchant gegen die Zahlung von zumeist 30% der an die Affiliates ausgeschütteten Provision alle Netzwerkleistungen rund um das Partnerprogramm inklusive. Die Netzwerke haben bereits eine Partnerbasis, auf die der Merchant zurückgreifen kann und kümmern sich u.a. um das Tracking, die technische Weiterentwicklung und die Abrechnung.

Robert Rosenfeldt
u.a. Betreiber von
amadamo.de

„Programme, welche direkt beim Partner betrieben werden, sind in meinen Augen besser. Es gibt hier einige Vorteile. Netzwerke können auch einmal Probleme beim Tracking haben. Da man dieses dann nicht mehr zwischengeschaltet hat, verringert sich das Ausfallrisiko. Für den Händler fallen die nicht unerheblichen Kosten für das Netzwerk weg. Das gibt finanziellen Spielraum und führt mitunter auch zu höheren Vergütungen. Bei solchen Partnerprogrammen ist man zudem keine Nummer wie bei einem großen Netzwerk. Die Atmosphäre ist „familiärer", wenn man das im Geschäftsleben überhaupt so bezeichnen kann."

Um die Netzwerkkosten zu reduzieren, gibt es eine weitere Möglichkeit: Die Eröffnung eines Inhouse-Partnerprogramms oder auch „Private Networks". Der Merchant kümmert sich eigenständig um das Setup des Partnerprogramms und dessen kontinuierliche Betreuung. Es bestehen die beiden Möglichkeiten, entweder eine komplett eigenständige Lösung zu entwickeln oder auf einen professionellen Anbieter zurückzugreifen.

Bewertung von Inhouse-Partnerprogrammen aus Affiliate-Sicht

+ Direkter Kontakt zum Merchant und dadurch ggf. besserer Support
+ Meist höhere Provisionen, da sich der Merchant die Netzwerkprovision spart
+ Individuelle Lösungen zur Bewerbung des Merchants sind möglich (z.B. spezielle Werbemittel).

- Es ist ein gesonderter Login im Inhouse-Partnerprogramm notwendig.
- Die Auszahlung erfolgt gesondert von anderen Partnerprogrammen, zu denen eine Partnerschaft über klassische Netzwerke besteht.
- Es wird Zeit benötigt, um sich im Backend zurechtzufinden (Wo sind Werbemittel oder Statistiken hinterlegt?).
- Standardisierte Schnittstellen (Feeds, APIs, usw.), an die sich der Affiliate angeschlossen hat, fehlen (z.B. wichtig für Preisvergleiche, Cashback, Gutscheinpartner, Retargeter, usw.)

- Die neutrale Instanz zwischen Merchant und Affiliate fehlt. Die Kontrolle des Trackings und der korrekten Vergütung, wie es sie bei klassischen Affiliate-Netzwerken gibt, ist nicht gegeben.

Moritz Breiding
Geschäftsführer
Netzwunder UG &
Co.KG, u.a. Betreiber
von erlebnisessen.net

„Vor allem bei größeren Partnerschaften können Inhouse-Programme definitiv interessant sein. Jedoch ist auch der Mehraufwand nicht zu vernachlässigen, denn für jedes Inhouse-Partnerprogramm müssen z.B. Schnittstellen individuell programmiert werden, es erfolgt jeweils eine eigene Abrechnung und man hat kein übergreifendes, einheitliches Reporting. Wenn ich mir vorstelle, dass jedes Partnerprogramm ein eigenes Inhouse-Partnerprogramm betreibt, hätten wir großen Mehraufwand, der dann irgendwann nicht mehr händelbar ist."

Bewertung von Inhouse-Partnerprogrammen aus Merchant-Sicht

+ Kosteneinsparung, da keine Netzwerkprovision anfällt – besonders lukrativ bei sehr großen Shops oder bestehenden Partnerprogrammen
+ Direkter Kontakt zu den Affiliates – bessere Kommunikation möglich

- Akquise der Affiliates aufwändiger, da kein Netzwerk im Hintergrund steht und Affiliates einen eigenen Account anlegen müssen
- Klassische Affiliate-Netzwerke bieten Raum zur Darstellung und Promotion des Partnerprogramms. Bei Inhouse-Partnerprogrammen muss sich Merchant selbst um die Promotion kümmern.
- Betreuung des Programms ist aufwändiger – erhöhter Affiliate Supportaufwand, technische Probleme müssen je nach Software selbst gelöst werden (z.B. Tracking zur Verfügung stellen). Es werden mehr Ressourcen benötigt – Personalkosten steigen.
- Alle buchhalterischen Aufgaben müssen vom Merchant übernommen werden.
- Rechtliche Aspekte, z.B. AGB für die Inhouse-Lösung, müssen vom Merchant beachtet werden.
- Je nach Software fallen ggf. hohe Setup-Kosten und laufende Gebühren an.

- Die klassischen Affiliate-Netzwerke sind mittlerweile selbst als Werbenetzwerk tätig (z.B. affilinet Performance Ads). Als Inhouse-Netzwerk kann man von diesen Effekten nicht profitieren.

Daniel Belac
Head of Sales
Webgains Deutsch-
land, ad pepper media
GmbH, webgains.de

„Vor allem zum Start eines Partnerprogramms erreicht man mit einem Public Network aufgrund der Reichweite und der vorhandenen Direktkontakte nahezu alle relevanten Partner sehr rasch. Ebenso dient es als neutrale Instanz bei „Streitigkeiten" und ist ressourcensparend (technisch und personell), da Tracking und Abrechnung darüber laufen."

6.5.2 Arten und Anforderungen von Inhouse-Lösungen

Inhouse-Lösungen können über verschiedene Anbieter umgesetzt werden. Diese stellen ihre Software auf unterschiedlichen Wegen zur Verfügung.

Software as a Service (SaaS)
Das SaaS-Prinzip beruht darauf, dass der Merchant eine webbasierte Software nutzt. Er mietet die Software solange, wie er sie tatsächlich benötigt. Das hat für den Merchant den Vorteil, dass meist keine Anschaffungskosten anfallen und der Softwarehersteller das Hosting und die Administration der Software selbst übernimmt. Die Abrechnung erfolgt meist auf Basis eines monatlichen Festbetrags (Höhe je nach Umfang der Leistung oder Anzahl der Benutzer). Durch die monatliche Abrechnung ohne hohen Fixbetrag zur Anschaffung der Software kann der Merchant flexibler agieren und kalkulieren und muss die Software nicht selbst installieren und hosten. Auf der anderen Seite entstehen dadurch langfristig laufende Kosten.

Klassische Softwarelösung
Bei dieser Variante kauft der Merchant die Softwarelizenz und übernimmt Installation, Wartung, Administration und Updates der Software selbst. Auch die nötige Infrastruktur (Server, Netzwerktechnik etc.) muss der Merchant in diesem Fall selbst bereithalten.

Für den Kauf der Software fallen meist hohe Anschaffungskosten an. Gerade bei Inhouse-Lösungen gibt es kaum Standardsoftware, die für verschiedene Merchants gleichermaßen genutzt werden kann. Die Lösungen müssen also an die Anforderungen des Merchant angepasst werden. Ein Vorteil der klassischen Softwarelösung liegt darin, dass der Merchant hier die volle Kontrolle über die Software hat und nur einmalig Anschaffungskosten zahlt, statt langfristig monatliche Beiträge entrichten zu müssen.

Inhouse-Lösungen sollten mindestens die Leistungen klassischer Netzwerke abdecken können. Dazu gehören unter anderem:

Anforderungen Inhouse Software

- umfangreiche Statistiken (Klickstatistiken, Auswertungen nach Partnern, Referrer Statistiken) inkl. Exportmöglichkeiten
- Conversion Tracking
- Produktdatenservice
- verschiedene Vergütungsmodelle (CPO, CPC, CPV, CPL)
- Aktionsprovisionen und Provisionsgruppen, in die die Affiliates eingeordnet werden können
- Gruppierung von Partnern
- unterschiedliche Provisionsstufen
- Darstellung der Transaktion (zur Bearbeitung der Sales)
- Newsletter Versand an Affiliates
- Werbemittelverwaltung (Unterstützung von verschiedenen Formaten wie Textlinks, JPEG, GIF, Flash, HTML-Banner)
- ggf. Gutscheintool
- Buchhaltungssystem (automatisierte Abrechnung an Affiliates)
- SubID Tracking für Affiliates
- Anmeldeseite für Partner, auf der alle relevanten Informationen eingetragen werden können (Adresse, Kontoverbindung, Werbeflächen)
- ggf. Anpassungsmöglichkeiten an Corporate Identity des Merchant
- ggf. Basket Tracking
- ggf. Tracking Container zur einfachen Zusammenarbeit mit mehreren Retargeting Partnern

Vor der Entscheidung für eine Software sollte ein Lastenheft mit allen für den Merchant wichtigen Features für das Partnerprogramm erstellt und mit den Leistungen der Softwareanbieter abgeglichen werden.

6.5.3 Anbieter von Inhouse-Lösungen

Im Folgenden soll eine Auswahl der Inhouse-Lösungen auf dem deutschen Markt vorgestellt werden. Die Leistungen stellen nur einen Auszug aus dem tatsächlichen Funktionsumfang der verschiedenen Softwarelösungen dar.

Name	Art	Kosten	Leistungen
Post Affiliate Pro	SaaS + Klassisch	Ab 24,99$ - 99$ monatlich (SaaS) oder ab 299$ einmalig (klassisch)	• unterschiedliche Provisionsmodelle, Aktionsprovisionen und Bonuszahlung möglich • unterschiedliche Bannerformate werden unterstützt (z.B. auch Landing Pages und Peel-Banner als Werbemittel) • Banner Rotator • Split Commission (Attribution von Provisionen) • Fraud Protection • SubID & Channel Tracking
QualityKlick (Netslave)	SaaS		• Anpassung an Corporate Identity • Sub ID-Unterstützung • Sales Abgleich über XML-Schnittstelle • Export aller Partnerdaten und Auszahlen möglich • Fraud Protection • Trackingweiche
Direkttrack	SaaS	Setup Gebühr + monatliche Kosten	• Fraud Monitoring Tool • Cookieless Server to Server Tracking • Hybrid Tracking • Anpassung an Corporate Identity • Premium Partner Integration • Geo-Targeting
Linktrust	SaaS	Setup: 600€ bis 2.500€ + 600€ - 3.000€ monatlich	• Fraud Protection • Tracking mit Hilfe von Cookies, Pixel, Server Posts • Echtzeit Lead Validierung • Community mit Offer Board
Hasoffers	SaaS	Monatlich 279$ - 799$	• Fraud Detection und Alarm • Individuelle Provision je Affiliate • Anpassbare Tracking Domain • Anpassung an Corporate Identity

Name	Art	Kosten	Leistungen
Kohnlesoft/Part-nerseller	Klassisch	Ab 499€ einmalig (+ bei Bedarf Gebühr für Servicevertrag, Zusatzmodul Copy-rightfee, verschiedene Templates und Installationshilfe)	• Echtzeitstatistiken • Provisionsdynamik • Vielzahl an Werbemittelformaten (Flash-, HTML-, Pop-Up-Banner etc.)
iDevAffiliate	Klassisch	149,99$ - 399$	• Vielzahl an Werbemittelformaten möglich • Teilweise anpassbares Design (HTML Templates, E-Mail Templates) • Individuelle Vergütungsgruppen für Affiliates • Gutscheintool • Umfangreiche Statistiken
Ingenious Techno-logies	Klassisch	k.A.	• Gutschein-Tracking mit Rechtezuordnung für Affiliates • Tracking Container • Cross Channel und Cross Device Tracking • Basket Tracking • Automatische Deduplizierung • Umfangreiche Finance Reports • Anpassung an Corporate Identity
Easy Affiliate	SaaS	Setup: 1.900€ - 4.000€ + 900€ - 3.500€ monatlich	• Umfangreiche Statistiken • Buchhaltungsmodul • Produktdatenservice • Transaktionsprotokolle • Newsletter Versand • SSL-Verschlüsselung • Post View Tracking

6.6 Fazit

Wie das Kapitel zeigt, gibt es zahlreiche Affiliate-Netzwerke, die mehr oder weniger geeignet für die eigenen Ziele und Ansprüche sind. Als Affiliate bedarf die Entscheidung weniger Aufwand, da die Anmeldungen zu den einzelnen Netzwerken kostenlos und mit wenig Aufwand verbunden sind. So haben viele Affiliates Accounts in mehreren Netzwerken, um sich die passenden Partnerprogramme herauszupicken. Als Merchant sollte die Wahl des oder der Netzwerke genauer durchdacht werden. Hat man sich einmal für ein Netzwerk entschieden, ist der Wechsel sehr aufwändig und oft auch schädlich für das Programm, wenn z.B. Partner nicht mit umziehen. Zunächst muss ein Anforderungskatalog für das zukünftige Partnerprogramm erstellt und vor allem der finanzielle Rahmen abgesteckt werden. Im nächsten Schritt sollte eine Auswahl potenzieller Netzwerke getroffen und diese auf Herz und Nieren geprüft werden. Wichtig ist auch, dass nicht gleich das erstbeste Angebot angenommen wird, sondern alle Möglichkeiten geprüft und im besten Falle auch Meinungen aus dem eigenen Netzwerk einholt werden. Die Erfahrungen von Kollegen können hier Gold wert sein. Das für den Merchant „richtige" Affiliate-Netzwerk zeichnet sich durch eine thematisch passende Affiliate-Basis, ein angemessenes Preis-Leistungs-Verhältnis und guten Support aus. Pauschale Aussagen, welches das beste Netzwerk ist, sind leider nicht möglich. Die Entscheidung muss für jeden Merchant neu getroffen werden. Um eine noch höhere Reichweite zu erzielen, kann die Zusammenarbeit natürlich auch mit mehreren Netzwerken erfolgen.

Kapitel 7 – Trackingverfahren und technische Aspekte

Mit der Anbindung von Werbepartnern steigt auch der Anspruch an die Technik. Um eine reibungslose Kommunikation zwischen Affiliate, Merchant und Netzwerk zu gewährleisten, sind entsprechende Schnittstellen einzurichten. Diese werden in der Regel von den Affiliate-Netzwerken bereitgestellt. Im Folgenden wird ein Überblick über die technischen Aspekte und Anforderungen gegeben, die für Merchants und Publisher erfüllt sein müssen.

7.1 Trackingverfahren

Zur Abrechnung von Provisionen und Auswertung der Aktivitäten ist ein funktionierendes und stabiles Tracking unumgänglich. Was bedeutet eigentlich Tracking? Der Begriff lässt sich im Deutschen mit *Verfolgen* übersetzen. Tracking bezeichnet im Grunde das Sammeln und Speichern von Nutzerdaten, die es später erlauben, den Nutzer erneut zu identifizieren und dessen Historie in die Marketingaktivitäten einzubeziehen. Datenschutzrichtlinien gewährleisten, dass aus den Trackingdaten keine Rückschlüsse auf die Person zugelassen sind, es sei denn, der Nutzer hat dem ausdrücklich zugestimmt. Aufgabe der im Folgenden beschriebenen Trackingtechnologien ist es nicht, nutzerbezogene Daten zu erheben, sondern einem Affiliate die von ihm initiierten Transaktionen zuzuordnen. Man spricht daher von einem Sale bzw. Lead Tracking.

Die drei Stationen eines Trackingprozesses im Affiliate Marketing sind:

▸
Abb. 7.1
Trackingprozess
im Affiliate
Marketing

① Nutzer interagiert ⟶ „Markieren" des
mit Werbemittel Nutzers
(View/Klick)

② Ggf. weitere ⟶ Ggf. Aktualisierung
Interaktion mit der Markierung
Werbemitteln

 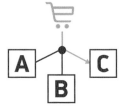

③ Kaufabschluss/ ⟶ Auslösen einer
Transaktion Transaktion
und Zuordnung zum
korrekten Werbepartner
im Affiliate Netzwerk

Jede dieser drei Stationen ist kritisch und muss auf ihre Funktionalität geprüft werden. Wenn nur an einer Stelle Inkonsistenzen auftreten, kann keine korrekte Zuordnung und Vergütung der Transaktionen gewährleistet werden.

Die vier Standardverfahren sind Session, Cookie, Fingerprint und Flash Tracking. Wann genau ein Tracking ausgelöst wird, ist abhängig vom Tracking Trigger - die gängigsten Varianten sind Post View und Post Click (siehe ⊃ *Kapitel 7.1.9*).

7.1.1 Pixel Tracking

Pixel Tracking ist ein wichtiger Bestandteil der im Folgenden beschriebenen Trackingverfahren. Deshalb ist es hier nicht als eigenständiges Verfahren zu verstehen, sondern vielmehr als Werkzeug. Dieses übermittelt dann die durch das eigentliche Verfahren gesammelten Daten an Dritte. Da es grundlegend für ein funktionierendes Tracking ist, soll es hier im Detail beschrieben werden.

Das Pixel Tracking spielt immer dann eine Rolle, wenn ein Partnerprogramm die Dienstleistungen eines Drittanbieters wie zum Beispiel eines Affiliate-Netzwerks in Anspruch nimmt. Das Netzwerk benötigt gewisse Kenngrößen aus dem Bestellvorgang, um den Affiliates ihre Provision gutzuschreiben und den Merchants die erbrachten Leistungen in Rechnung zu stellen. Das Pixel Tracking ermöglicht die Datenübertragung dieser Kenngrößen (wie Höhe und Inhalt des Warenkorbs) aus dem Kaufvertrag des Nutzers. Für Lead-Transaktionen, die fix, also unabhängig vom Warenkorb, berechnet werden, reicht zumeist die Übermittlung der Bestellnummer aus. Bei klassischen E-Commerce-Sales, bei denen prozentuale Vergütungen in Abhängigkeit von der Höhe des Warenkorbs vergeben werden, ist der Nettowert des Warenkorbs zu übergeben.

Um die Datenübertragung zu gewährleisten, muss eine Verbindung zwischen Merchant (Dienstleister oder Onlineshop) und dem Affiliate-Netzwerk hergestellt werden. Da in der Webprogrammierung unterschiedliche Systeme und Programmiersprachen verwendet werden, ist der Aufbau dieser Datenverbindung eine kleine Herausforderung. Als Technologie mit der geringsten Störanfälligkeit hat sich das Pixel Tracking durchgesetzt, das vom Merchant in den HTML-Quellcode der Bestellbestätigungsseite integriert wird und immer dann zur Ausführung kommt, wenn ein Kunde, der Kontakt mit einem Affiliate-Werbemittel hatte, seinen Bestellprozess erfolgreich abschließt. Der Drittanbieter (Affiliate-Netzwerk) stellt den notwendigen Tracking Code zur Verfügung, dessen Parameter bei jeder Bestellung vom Merchant mit den richtigen Daten zu befüllen sind. Damit keine komplizierte Datenbankverbindung aufgebaut werden muss, bedient sich das Pixel Tracking eines Tricks: Tatsächlich baut nicht der Merchant die notwendige Datenverbindung auf, sondern der Internetbrowser des Käufers. Der Tracking Code enthält eine Grafik, die der Browser des Käufers im Bestellabschluss vom Server des Affiliate-Netzwerkes lädt.

▼
Abb. 7.2
Der Affilinet
Tracking Code

Im Online Marketing wird dabei umgangssprachlich „ein Pixel abgefeuert". Was raffiniert klingt, ist technisch gesehen nicht ganz korrekt. Ein Blick auf den Tracking Code von Affilinet verschafft Klarheit.

```
<script>
(function (w, d, namespace, domain, progId, tagId, undefined) {
        w[namespace] = w[namespace] || {}; var act = w[namespace], payload = [];
        act.tags = act.tags || []; act.tags.push(tagId, payload);
        var protocol = d.location.protocol;

        // Start editable part
        payload.push({
                module: 'OrderTracking',
                event: 'Sale',
                net_price: 'BESTELLWERT',
                order_id: 'BESTELLNUMMER',
                rate_number: 1,
        });
        // End editable part

        if (act.get === undefined) {
                var s = d.createElement('script');
                s.type = 'text/javascript';
                s.src = protocol + '//' + domain + '/' + 'affadvc.aspx?ns=' + namespace +
                '&dm=' + domain + '&site=' + progId + '&tag=' + tagId;
                s.async = false; // always keep false for standard tracking
                (d.getElementsByTagName('body')[0] || d.getElementsByTagName('head')[0]).appendChild(s);
        }
        else {
                act.get(w, d, progId, tagId);
        }
})(window, document,
// Start editable part
'aff_act_1.0', 'act.webmasterplan.com', XXXX, 'TAG-ID-1');
// End editable part
</script>

<noscript>

<img src="https://partners.webmasterplan.com/TrackOrder.aspx

?site=XXXX&event=sale&net_price=BESTELLWERT&order_id=BESTELLNUMMER&rate_number=1" />

</noscript>
```

In Abbildung 7.2 sind die zwei Hauptbestandteile des aktuellen Affilinet Trackings zu erkennen. Der erste Teil besteht aus einem Skript, das durch `<script>`-Tags markiert ist. Zunächst soll jedoch das standardmäßige Pixel Tracking – markiert durch `<noscript>`-Tags – betrachtet werden. Die Abbildung macht deutlich, dass mit dem `<img>`–Tag zwar die HTML-Auszeichnung für Bilder genutzt, mit der Quellenangabe `src` (markiert mit ❶) jedoch ein Script vom Server des Netzwerks geladen wird, dem verschiedene Parameter übergeben werden (markiert mit ❷). Die Ziffern ❸-❼ bezeichnen die einzelnen Parameter:

❸ ID des Affiliate Partnerprogramms (des Merchants)

❹ Event bezeichnet den Typ der Transaktion, mögliche Werte sind sale und lead.

❺ Im Parameter net_price wird der Nettowarenwert der Transaktion übergeben.

❻ In order_id wird eine eindeutige Kennung für die Transaktion übergeben.

❼ Im Parameter rate_number wird die Kennung der verwendeten Rate übergeben, die zuvor durch den affilinet Support angelegt wurde.

Der Tracking Code beinhaltet mehr als nur einen Pixel, wie in Abb. 7.2 zu erkennen ist. Nachteil des Pixeltracking ist nämlich, dass es nicht funktioniert, sobald Bilder im Browser deaktiviert sind. Dies ist oft bei Mobilgeräten mit limitiertem Datenvolumen der Fall. Es wird daher an Alternativen gearbeitet, die sich parallel zum Cookie Tracking einsetzen lassen. Im Affilinet Beispiel ist dies ein *Device Tracking*, das zukünftig geräteübergreifend funktionieren soll und in einem separaten Skript geladen wird. Auch hier müssen natürlich die entsprechenden Werte übergeben werden. Momentan ist diese Trackingmethode noch in der Entwicklung *(Stand: September 2015)*.

Für normale Nutzer lassen sich derartige Trackingpixel kaum erkennen. Auch wenn die Daten vom Rechner des Nutzers übertragen werden, enthalten sie keine Informationen zum Käufer und sind damit anonym. Übertragen werden lediglich transaktionsbezogene Daten wie der Warenkorbwert (Ziffer ❻ in Abb.

WICHTIG

Die verpflichtende Datenschutzerklärung auf der Website eines Partnerprogrammbetreibers muss Auskunft über die Datenübertragung an Dritte geben (siehe ⊃ Kapitel 8).

7.2) und die ID des Partnershops (Ziffer ❸ in Abb. 7.2). Weiterhin könnten noch Daten wie Neukundenstatus oder ein eingelöster Gutscheincode übertragen werden.

Pixel Tracking wird von allen Netzwerken angeboten. Die Codes der Pixel unterscheiden sich gemäß der verwendeten Infrastruktur und Technologie des Anbieters. So differieren die Werte, die bei einer Transaktion übermittelt werden. Nicht jedes Netzwerk lässt zum Beispiel die Erkennung eingelöster Gutscheincodes zu.

7.1.2 URL Tracking

Das URL Tracking ist eine komfortable, aber anfällige Methode, Klicks von Nutzern sowie die daraus resultierenden Transaktionen einem bestimmten Partner zuzuordnen. Dazu werden an die Links, die ein Affiliate auf seiner Werbeplattform einbindet, URL Parameter angehängt, die den Werbepartner identifizieren. Eine solche Tracking URL für den Merchant www.beispielmerchant.de könnte in der einfachsten Form so aussehen:

```
www.beispielmerchant.de?partner=beispielaffiliate
```

Solange sich der Nutzer auf den Seiten von www.beispielmerchant.de aufhält und den Bestellprozess nicht abgeschlossen hat, muss der Parameter partner erhalten bleiben. Dieser kann jederzeit vom Merchant ausgelesen werden. Wird der Parameter aus der URL entfernt (vom Nutzer gelöscht, Inkonsistenz auf der Website, Kollision mit anderen verwendeten Technologien), lassen sich die Interaktionen des Nutzers nicht mehr dem entsprechenden Werbepartner zuordnen. Natürlich ließe sich das Verfahren modifizieren, indem beispielsweise die Nutzerdaten direkt nach dem ersten Eintreffen des Nutzers in einer separaten Datenbank zwischengespeichert werden. Dies würde die Tracking-Methode allerdings verkomplizieren und Potenzial für neue Sicherheitslücken mit sich bringen. Bei der Speicherung personenbezogener Daten wäre zudem das Thema Datenschutz neu zu bewerten.

„Überlebt" der Parameter bis zum Ende der User Journey, wird mit Abschluss des Bestellprozesses das Pixel geladen (siehe ↻ *Kapitel 7.1.1 Pixel Tracking*), das die Bestelldaten an ein Affiliate-Netzwerk übergibt.

Vorteile

▷ einfach zu implementieren
▷ benötigt keine Cookies

Nachteile

▷ anfällig für diverse Störungen
▷ kein stabiles session- oder geräteübergreifendes
   Tracking möglich
▷ leicht manipulierbar (Partnerparameter lässt sich einfach
   anhängen, kein Cookie notwendig)

7.1.3 Cookie Tracking

Cookie Tracking ist der Dinosaurier unter den Trackingtechnologien und am weitesten verbreitet. Nur langsam werden neue Technologien zur Marktreife gebracht, da alle großen Affiliate-Netzwerke bislang primär das Cookie Tracking nutzen. Neue Trackingtechnologien dienen eher als Fallback-Lösung, falls das Cookie Tracking nicht anwendbar ist.

Cookie Tracking verläuft nach folgendem Prinzip: Klickt ein Nutzer auf den Werbelink eines Affiliates, wird er zunächst zum Affiliate-Netzwerk weitergeleitet. Dort wird die Speicherung eines Cookies (man spricht auch vom Setzen eines Cookies) auf dem Rechner des Nutzers ausgelöst und gleichzeitig diverse Daten in einer Datenbank gespeichert. Anschließend wird der Nutzer auf die gewünschte Zielseite weitergeleitet. Das Cookie fungiert als eine Art Visitenkarte. Solange es existiert, kann dem Nutzer der Affiliate zugeordnet werden, der ihn geworben hat. Wichtig ist, dass Cookies dieser Art browserbasiert gesetzt werden, was bedeutet, dass die Informationen des Cookies nicht zur Verfügung stehen, wenn der Nutzer während des Kaufs den Browser oder gar das Gerät wechselt.

COOKIE

Kleine Textdatei, die von Websites auf dem Rechner des Nutzers gespeichert wird, um später auf die hinterlegten Nutzerinformationen zugreifen zu können.

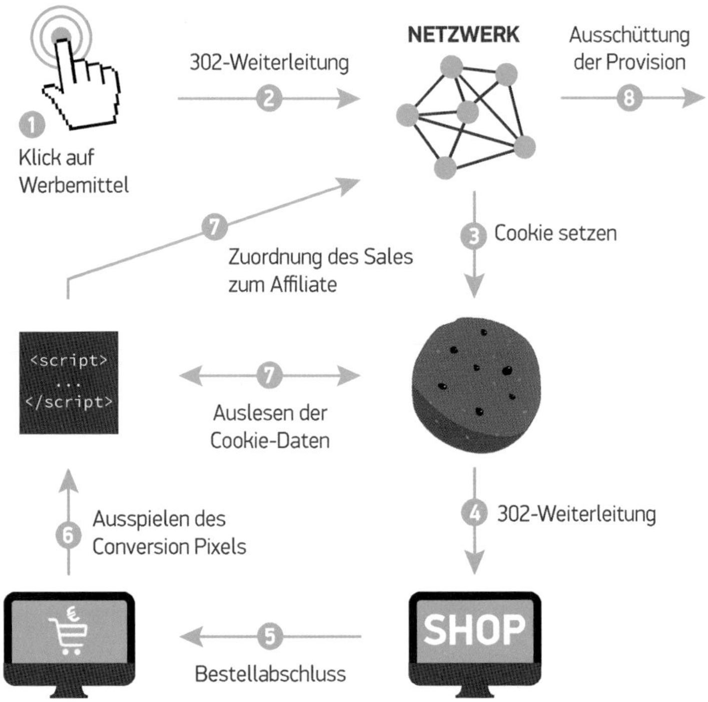

Abb. 7.3
Ablauf des
Cookie Trackings

**COOKIE
LAUFZEIT**

Geplante Gültigkeit
eines Cookies. Für Tra-
cking Cookies wird eine
bestimmte Zeitspanne
definiert, nach der sie
gelöscht werden.

Im Unterschied zum URL Tracking kann der Kaufvorgang auch Tage später einer Werbeleistung zugeordnet werden. Abhängig ist dies von der Cookie-Laufzeit, die eine wichtige Steuergröße im Partnerprogramm darstellt. Sie sollte sich an der üblichen Dauer der Customer Journey orientieren und nicht zu knapp bemessen sein, um auch Käufe zu vergüten, bei denen der Nutzer für seine Kaufentscheidung mehr Zeit benötigt als der Durchschnitt. Die Cookie-Laufzeit sollte andererseits auch nicht zu lang gewählt werden, damit wiederum keine Transaktionen vergütet werden, bei denen der Nutzer mit hoher Wahrscheinlichkeit nicht mehr von der Werbeleistung eines Affiliates beeinflusst wird.

**Beispiel zur
Cookie-Laufzeit**

In einem Onlineshop wurde ermittelt, dass die Zeitspanne zwischen Erstkontakt mit einem Werbemittel und Bestellabschluss eines durchschnittlichen Nutzers etwa 15 Tage beträgt. Eine angemessene Cookie-Laufzeit wäre hier 30 Tage, damit auch Ausreißer erfasst werden können.

TIPP In den meisten Netzwerken wird ein Standard Cookie mit einer Laufzeit von 30 Tagen vergeben. Ist eine Änderung gewünscht, lässt sich dies in Absprache mit dem jeweiligen Netzwerk vornehmen.

◀
Abb. 7.4
Cookie-Einstellungen
im Google Chrome
Browser

Nur wenn der Nutzer es zulässt, dass kleine Textdateien auf seinem Rechner gespeichert werden dürfen, kann Cookie Tracking funktionieren. Einige Browser blockieren standardmäßig das Setzen von Cookies, teilweise nehmen Nutzer diese Einstellung auch manuell vor. Abbildung 7.4 zeigt mögliche Einstellungen bezüglich des Umgangs mit Cookies bei Google Chrome (Version 40.0.2214.115 m). Google empfiehlt das Zulassen von Cookies. Wie andere Browser mit Cookies umgehen, zeigt folgende Tabelle:

	1st Party Cookies standardmäßig zugelassen?	3rd Party Cookies standardmäßig zugelassen?	Einstellungen anpassbar?
Chrome (41)	✓	✓	✓
Firefox (31)	✓	✓	✓
Internet Explorer (11)	✓	✗	✓
Opera (11.6)	✓	✓	✓
Safari (8, Yosemite)	✓	✗	✓

Die Affiliate-Netzwerke nutzen 1st Party Cookies. Diese werden gesetzt, während der Nutzer nach dem Klick auf ein Werbemittel über die Server des Netzwerks zum Merchant weitergeleitet wird.

Vorteile

▸ Genaues und zuverlässiges Trackingverfahren, sofern der Nutzer nur mit einem Gerät arbeitet
▸ Session-übergreifendes Tracking möglich
▸ Implementierung aus Merchant-Sicht einfach, da nur ein Code Snippet auf der Bestellbestätigungsseite eingebunden werden muss – alles Weitere übernimmt das Netzwerk bzw. der Drittanbieter

Nachteile

▸ Werden Cookies durch Nutzer blockiert oder gelöscht, kann die Konsistenz des Verfahrens nicht gewahrt werden
▸ Kein geräteübergreifendes Tracking möglich
▸ Kein Browser-übergreifendes Tracking möglich
▸ Enge Vorgaben des Datenschutzes, Misstrauen von Nutzern

7.1.4 Fingerprint Tracking

Die Verwendung von Cookies wurde in den vergangenen Jahren stark reguliert. Das Vertrauen der Nutzer hat unter der öffentlichen Diskussion stark gelitten. Wie im Abschnitt Cookie Tracking beschrieben, werden Cookies mittlerweile von einigen Browsern restriktiv behandelt. Nach etlichen Datenschutz- und Privatsphäre-Skandalen soll so ein Mindestmaß an Nutzervertrauen zurückgewonnen werden. In der Branche wird daher seit geraumer Zeit nach weiteren zuverlässigen Trackingmethoden gesucht. Eine davon ist das Fingerprint Tracking.

Thomas Becker
Director Second Level
Support Europe
affilinet GmbH,
affili.net

„Für das affilinet Fingerprint Tracking stehen Parameter im zwei- bis dreistelligen Bereich zur Verfügung. Die verwendete Anzahl kann sich je nach Device unterscheiden, ist dynamisch und wird ständig optimiert.
Grundparameter sind Hersteller und Modell, Betriebssystem und -version, Zeitzone, Spracheinstellung und weitere nicht sensitive Daten. IP-Adresse, Mac-Adresse und UDID/IMEI werden nicht verwendet."

Jeder Mensch entwickelt verschiedene Charakteristika, Verhaltensweisen und Vorlieben, die ihn einzigartig machen. Je besser man einen Menschen kennt, desto besser kann man ihn einschätzen und wiedererkennen. Das gilt nicht nur im zwischenmenschlichen Bereich, sondern spielt auch eine sehr wichtige Rolle beim Fingerprint Tracking. Je mehr Daten über die Vorlieben und Gewohnheiten eines Nutzers vorliegen, desto größer die Wahrscheinlichkeit, dass er beim nächsten Kontakt eindeutig wiedererkannt und identifiziert werden kann. **Funktionsweise**

Der Technologie „Fingerpint Tracking" liegt die Theorie der Entropie in der Informationstheorie zugrunde. Durch Berechnungen lässt sich ermitteln, mit welcher Wahrscheinlichkeit sich eindeutige Informationen aus einer gegebenen Datenmenge gewinnen lassen, wenn sie ins Verhältnis zur Gesamtmenge aller möglichen Daten gesetzt werden. Welche Daten spielen für das Fingerprinting eine Rolle? Es sind Verhaltensweisen und Einstellungen, die der Nutzer beim Surfen im Internet mit einem Browser preisgibt.

Die Datenmenge, die Nutzer auf ihren Wegen im Netz hinterlassen, ist vielfältig strukturiert. Hier sollen einige dieser Daten erläutert werden, die für das Fingerprint Tracking relevant sind.

Die IP-Adresse gibt recht detailliert Auskunft über die Region, von der aus eine Internetseite aufgerufen wurde, auch wenn sie aus Datenschutzgründen anonymisiert verwendet wird. Solange keine Maßnahmen getroffen wurden, die wahre IP-Adresse zu verschleiern (z.B. durch die Verwendung von Proxy-Servern), lässt sich die regionale Herkunft immer ablesen. **IP-Adresse**

Jedes Computersystem, das mit anderen Systemen kommuniziert, gibt grundlegende Informationen über seine Identität preis. Dies ist notwendig, um eine fehlerfreie Kommunikation zwischen den Systemen zu gewährleisten. Internetseiten unterliegen den Richtlinien des Hyper Text Transfer Protocoll (http:// bzw. https://), die klar definieren, welche Informationen zur Identifizierung des Computersystems übertragen werden. Die folgende, beispielhafte Zeichenkette enthält diese Informationen: **Browserkennung**

```
Mozilla/5.0 (Windows NT 6.3; WOW64; rv:30.0) Gecko/20100101
Firefox/30.0
```

Neben dem Betriebssystem werden auch Browsertyp und -version preisgegeben.

Zanox: „Zusätzlich zu einem Hash-Wert, der aus den Angaben des TCP-Protokolls erstellt wird, nutzen wir den Browser Identifier des HTTP Protokolls. Dieser enthält die Browser-Version, Betriebssystem, Sprache, Plugins usw."[5]

Browser-Erweiterungen

Mit Informationen zur regionalen Herkunft, Betriebssystem und Browsertyp lassen sich Nutzer in detaillierte Gruppen einteilen, eine eindeutige Zuordnung ist jedoch noch nicht möglich. Hierzu bedarf es weiterer Informationen, die zum Beispiel der Browser über die installierten Browser-Erweiterungen preisgibt. Nutzer, die ihren Browser um Funktionen erweitern, offenbaren damit Merkmale ihres Surfverhaltens und lassen sich so leichter wiedererkennen. Bei nur 20 installierbaren Browser-Erweiterungen würden sich bereits über eine Million verschiedene Kombinationsmöglichkeiten ergeben. Es ist unwahrscheinlich, dass zwei Nutzer unter Berücksichtigung aller verfügbaren Erweiterungen genau die gleiche Kombination wählen.

Schriftarten

Auch installierte Schriftarten lassen sich per Javascript auslesen. Hier genügt ein ausgefallener Schriftfont wie z.B. der Corporate Design Schriftsatz des Arbeitgebers, um die Zahl der möglichen Personen, die eine Website aufgerufen haben, zu begrenzen.

Abweichungen der Systemuhrzeit

Da die Uhrzeiten von Betriebssystemen leicht schwanken, kann die Abweichung zur Atomuhr als Variable herangezogen werden, um einzelne Nutzer genauer zu identifizieren. Um Abweichungen exakt messen zu können, muss die Erfassung der Systemuhrzeit mindestens in Millisekunden erfolgen.

Die beschriebenen Parameter verdeutlichen, dass auch ohne Cookies die Identifikation eines Websitebesuchers möglich ist. Aktuelle Studien besagen, dass sich mit Fingerprint Tracking 93% aller Nutzer eindeutig identifizieren lassen.[6] Aufgrund der Genauigkeit bieten immer mehr Netzwerke das Verfahren an, z.B. Affilinet, Belboon, Tradedoubler oder Zanox (Stand 2015). Details zu den angebotenen Trackingtechnologien der Netzwerke sind im ⟳ *Kapitel 6 Affiliate-Netzwerke* nachzulesen.

---

[5] Quelle: http://www.zanox.com/de/unsere-loesungen/tracking/, 5.3.2015
[6] Quelle: Henning Tillmann (http://www.henning-tillmann.de/2013/10/browser-fingerprinting-93-der-nutzer-hinterlassen-eindeutige-spuren/, 5.3.2015)

Katharina Kuhn
PR und Marketing
Managerin, belboon
GmbH, belboon.com

„Beim Fingerprint Tracking erheben wir 16 verschiedene Werte wie installierte Schriftarten, Browser, Betriebssystem, Plugins, Zeitzone, Auflösungen etc. Aus diesen Werten generieren wir einen unique MD5 Hash, mit dem wir die User eindeutig wiedererkennen können."

Bei Abschaltung von Flash und JavaScript durch den Nutzer reduziert sich die Zuordnungswahrscheinlichkeit. So ist es ohne aktiviertes JavaScript nicht möglich, vorhandene Browser-Erweiterungen auszulesen. Darunter leidet die Genauigkeit des Trackings.

Vorteile

▸ Bis zu 93% Genauigkeit bei der Wiedererkennung von Nutzern
▸ Session-übergreifendes Tracking möglich
▸ Browser-übergreifendes Tracking möglich (via Betriebssystem, Schriftarten, ...)
▸ Schwer zu manipulieren und relativ stabil, sofern genügend Daten erfasst werden können
▸ Einfache Implementierung aus Merchant-Sicht, da nur ein Code Snippet auf der Bestellbestätigungsseite eingebunden werden muss, alles weitere übernimmt das Netzwerk bzw. der Drittanbieter

Nachteile

▸ kein geräteübergreifendes Tracking möglich
▸ keine 100%ige Genauigkeit
▸ Zuordnungswahrscheinlichkeit sinkt, wenn Nutzer JavaScript und/oder Flash deaktiviert haben

7.1.5 Flash-Tracking

Hartnäckiger als herkömmliche Text-Cookies verhalten sich Flash-Cookies, die zum Beispiel bei Belboon zum Einsatz kommen. Sie werden an zentraler Stelle im lokalen Ordner des Flash-Players gespeichert. Als Grundvoraussetzung für ein funktionierendes Tracking muss der Nutzer den Adobe Flashplayer auf seinem Rechner installiert haben.

Ein Vorteil gegenüber herkömmlichen Cookies ist, dass Flash-Cookies nicht von Browsern geblockt werden können. Browserübergreifendes Tracking ist gewährleistet, da eine Website von jedem Browser auf Flash-Cookies zugreifen kann, Flash-Funktionalität vorausgesetzt. Zudem lassen sich Inhalte von Text-Cookies auch in Flash-Cookies speichern, was allerdings zu Kollisionen mit dem Datenschutz führen kann. Ein Standard-Flash-Cookie hat eine Kapazität von 100 kB. Zum Vergleich: Herkömmliche Cookies können lediglich 4 kB an Daten aufnehmen. Nutzer können Flash-Cookies nicht durch übliche Browserfunktionen löschen. Wer sich ihrer dennoch entledigen will, um beispielsweise einen Trackingtest durchzuführen, muss umfassende Maßnahmen ergreifen, auf die hier nicht näher eingegangen wird.

Vorteile

▸ browser-übergreifendes Tracking möglich
▸ Cookies werden von Browsern nicht blockiert
▸ nur durch aufwändige Prozesse zu löschen, damit sehr langlebig
▸ hohe Speicherkapazität

Nachteile

▸ Grundvoraussetzung ist ein installierter Adobe Flashplayer auf dem Endgerät des Nutzers
▸ aus Datenschutzsicht kritischer zu bewerten als Text-Cookies
▸ kein geräteübergreifendes Tracking möglich

7.1.6 Kombination verschiedener Trackingverfahren

Da jede Technologie Vor- und Nachteile hat, verwenden die meisten Anbieter eine Kombination mehrerer Methoden. So wird beim Aufruf des Trackingpixels auf der Bestellbestätigungsseite zuerst geprüft, ob der Nutzer einen passenden Text-Cookie mit entsprechenden Informationen besitzt. Ist dieser nicht vorhanden, wird nach einem Flash-Cookie gesucht. Gibt es auch diesen nicht, werden die Fingerprint-Variablen ausgelesen und mit der Datenbank des Netzwerks abgeglichen. Diese mehrstufigen

Trackingverfahren erhöhen die Zuordnungswahrscheinlichkeit, eine 100%ige Zuordnung ist ohne Cookies allerdings nicht möglich.

Welche Trackingverfahren die größeren Netzwerke anbieten, ist folgender Tabelle zu entnehmen:[7]

	ADCELL	Affilinet	Belboon	Tradedoubler	Webgains	Zanox
Cookie Tracking	✓	✓	✓	✓	✓	✓
Fingerprint Tracking	✓	✓	✓	✓		✓
Flash Tracking	✓		✓		✓	
Parameter Tracking	✓	✓	✓	✓	✓	✓
Post View Tracking	✓	✓	✓	✓	✓	✓
Session Tracking	✓	✓	✓	✓	✓	✓

7.1.7 Container Tags

Neben Standard-Tracking Codes bieten einige Netzwerke auch sogenannte Container Tags an. Diese Konstrukte werden auf jeder Unterseite (mindestens auf Start-, Kategorie-, Produktdetail- und Checkout-Seite) der Website eingebunden. Sie bilden den Rahmen für weitere Tracking-Anpassungen, ohne dass der Quellcode selbst angefasst werden muss. Auch Code-Erweiterungen wie der Google Tag Manager zählen zu den Container Tags.

Mit Hilfe von Container Tags werden sämtliche Daten der jeweiligen Seitenebene erfasst und an das Netzwerk bzw. den Trackinganbieter geschickt. Dort werden die Daten entsprechend aufbereitet und ausgewählten Publishern – in den meisten Fällen Retargeting-Partnern – bereitgestellt. Diese können mithilfe der Daten auf den Nutzer zugeschnittene Werbeanzeigen ausspielen. Im Folgenden wird beispielhaft das Container Tag von Affilinet erklärt.

---

[7] Quelle: http://www.100partnerprogramme.de/nc/affiliate-netzwerke/netzwerk-vergleich.html?tx_100ppnetzwerkliste_pi4%5BcompareSelected%5D=1

Es besteht aus 6 Elementen:

1. Kategorieseite
2. Produktseite
3. Warenkorbseite
4. Suchergebnisseite
5. Bestellabschlussseite
6. Landing Page

Das Tag der Produktseiten sieht wie folgt aus:

```
<script type="text/javascript">
        var type = "Product";
        var site = "$site$";

        var product_id = "$product_id$";
        var product_name = "$product_name$";
        var product_price = "$product_price$";
        var product_oldprice = "$product_oldprice$";
        var product category = "$product_category$";
        var product_brand = "$product_brand$";
        var product_inStock "$product_inStock$";
        var product_rating = "$product_rating$";
        var product_onsale = "$product_onsale$";
        var product_accessory = "$product_accessory$";
        var currency = "$currency$";
        var customer_gender = "$customer_gender$":
        var customer_agerange = "$customer_agerange$";
        var customer_zip = "$customer_zip$";
        var user_log = "$user_log$";
        var travel_start_date = "$travel_start_date$";
        var txavel_end_date = "$travel_end_date$";
        var travel_product_type = "$travel_product_type$";
        var travel_kids = "$travel_kids$";
        var travel_adults = "$travel_adults$";
        var travel_hotel_category = "$travel_hotel_category$";
        var travel_departure = "$travel_departure$";

        var travel_destination = "$travel_destination$";
        var product_clickUrl = "$product_clickUrl$";
        var product_imgUrl = "$product_imgUrl$";
</script>
<script type="text/javascript"
src="http://partners.webmasterplan.com/art/JS/param.aspx"></script>
```

Abb. 7.5
Beispiel
Container Tag
Affilinet

Die Variablen werden vom Merchant vergeben. Affilinet liest die Daten aus und stellt sie "angeschlossenen" Werbepartnern (Partnern mit Zugriff auf die entsprechende Schnittstelle) zur

Verfügung. Schaut sich ein Nutzer auf der Seite ein spezielles Produkt an, wird dies vermerkt. Werbepartner können nun auch auf anderen Websites gezielt Werbung an jenen Nutzer ausspielen. Neben produktbezogenen Daten können auch nutzerbezogene Daten wie zum Beispiel Geschlecht, Alter oder Postleitzahl übergeben werden. Nutzer lassen sich somit noch individueller ansprechen.

Andere Netzwerke wie Zanox oder Belboon bieten ähnliche Technologien an.

7.1.8 Basket Tracking

Der Begriff „Tracking" bezieht sich in diesem Zusammenhang nicht auf das Nachverfolgen von Nutzern, sondern auf die detaillierte Aufschlüsselung des Warenkorbs nach Produkten. Im Vergleich zum standardmäßigen Pixel Tracking (siehe ↻ Kapitel 7.1.1) werden zusätzliche Informationen zu einzelnen Positionen der Bestellung an das Affiliate-Netzwerk übermittelt. Affiliates können so nachvollziehen, welche Produkte von den Nutzern gekauft wurden – Transparenz und Optimierungspotenzial erhöhen sich. Der Vorteil für Merchants liegt hauptsächlich darin, dass sich durch Basket Tracking einzelne Produkte vergüten bzw. nicht vergüten lassen. Lässt z.B. die Marge einer bestimmten Produktgruppe weniger, mehr oder auch gar keine Provision zu, kann dies über Basket Tracking sauber abgebildet werden. Unterschiedliche Vergütungsstufen lassen sich für einzelne Produkte oder Produktkategorien festlegen.

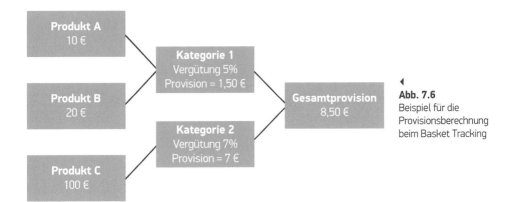

◄ **Abb. 7.6**
Beispiel für die Provisionsberechnung beim Basket Tracking

Funktionierendes Basket Tracking bedarf eines besonderen Trackingpixels auf der Bestellabschluss-Seite. Alle Produkte der Bestellung müssen mit diesem übergeben werden. Taucht ein Produkt innerhalb der Bestellung mehrfach auf, ist dies anzugeben. Die Netzwerke arbeiten mit unterschiedlichen technischen Lösungen, bei Zanox wird der Warenkorb zum Beispiel über XML Code übergeben, der an den Trackingpixel angehängt wird:

```
&XML=[[
<z>
        <o>
                <so cid="Spaßartikel" pn="Wasserspritzpistole" pnr="1234"
                    up="123.456" qty="2" ulp="0815"/>
                <so cid="Buch" pn="Harry Potter und der Stein der Weisen"
                    up="98.76" cf="3" ulp="4711"/>
        </o>
</z>
]]
```

Die gesamte Bestellung wird in `<z>`- und `<o>`-Tags eingebettet und einzelne Positionen werden durch `<so>`-Tags abgegrenzt. Die Parameterwerte enthalten keine Sonderzeichen, sondern sind in HTML codiert (z.B. „&" durch „&amp" ersetzen). Im Anschluss wird der gesamte Warenkorbteil URL-codiert. Daraus ergibt sich folgendes Zeichenfeuerwerk:

```
&XML=[[%3Cz%3E%3Co%3E%3Cso%20cid%3D%22Spa%C3%9Fartikel%22%20pn%3D%
22Wasserspritzpistole%22%20pnr%3D%221234%22%20up%3D%221234.56%22%20qty
%3D%222%22%20ulp%3D%220815%22%2F%3E%3Cso%20cid%3D%22Buch%22%20pn
%3D%22Harry%20Potter%20und%20der%20Stein%20der%20Weisen%22%20up%3D%
2298.76%22%20cf%3D%223%22%20ulp%3D%224711%22%2F%3E%3C%2Fo%3E%3C%
2Fz%3E%5D%5D]]
```

Dieser dynamische Parameter ist an den Standard-Tracking Code anzuhängen. Wie beim Einbau des Standard-Trackings sollten entsprechende Tests durchgeführt werden, um alle Bestellungen lückenlos aufzuzeichnen.

Um Basket Tracking bei Affilinet zu nutzen, ist zunächst der jeweilige Accountbetreuer zu informieren. Nachdem er das Tracking im Programm aktiviert hat, lassen sich die speziellen Daten übermitteln.

Statt einen Trackingpixel mittels `<img>`-Tag einzubauen, sollte auf ein `<form>`-Tag zurückgegriffen werden. Die eigentliche Neuerung ist, dass sich der Parameter „basket" aus mehreren Items zusammensetzt, wovon jedes einzelne spezifische Eigenschaften hat:

▷ Artikelnummer
▷ Produktname
▷ Produktkategorie
▷ Anzahl
▷ Einzelpreis
▷ Marke
▷ bis zu fünf weitere frei wählbare Eigenschaften
▷ Vergütungsmodell (PPS oder PPL)
▷ Vergütungsrate

Die Fülle an Eigenschaften, die beim Affilinet Basket Tracking übergeben werden kann, macht deutlich, wie detailliert sich Affiliates über das Kaufverhalten von Nutzern informieren können. Erwähnenswert sind die fünf zusätzlichen, nicht vordefinierten Platzhalter, die der Merchant mit produktspezifischen Inhalten füllen kann. Damit lässt Affilinet Spielraum für individuelle Lösungen und begünstigt somit die optimale „Kommunikation" zwischen Merchant und Affiliate. Die Platzhalter lassen sich zum Beispiel mit Kleidergrößen, Abmessungen, Material oder Farben belegen. Dadurch lassen sich in einer Bestellung mehrere Positionen mit der gleichen Artikelnummer übergeben, zum Beispiel beim Kauf von zwei Paar Schuhen des gleichen Modells in unterschiedlichen Größen.

Neben dem relativ hohen Einrichtungsaufwand und der im Vergleich zum Standardpixel erhöhten Fehleranfälligkeit treten vor allem bei der Verwendung von Gutscheinen Schwierigkeiten auf. Relative Gutscheine sind unproblematisch, da hier der Rabatt gleichmäßig auf alle Produkte aufgeteilt wird. Bei absoluten Gutscheinen hingegen stellt sich die Frage, mit welchem Produkt der Rabatt verrechnet wird. Die anteilsmäßige Verrechnung wäre eine Option. Werden aber einzelne Positionen, auf die ein Rabatt berechnet wurde, storniert, ist der Gutscheinwert nachträglich „umzubuchen". Die verbleibenden Positionen der Bestellung müssten dann den gesamten Gutscheinwert tragen, da sonst die Provisionszahlung zu hoch ausfällt. Dies ginge mit hohem Aufwand für die händische Umbuchung einher. Entste-

Herausforderungen des Basket Trackings

hende Mehrkosten könnten durch Mischkalkulation in der entsprechenden Rate abgebildet werden oder es wird gänzlich auf das Tracking von Gutscheinwerten verzichtet.

Ein weiterer Nachteil für den Merchant besteht darin, dass er seinen Werbepartnern zusätzliche Daten offenlegt. Welche Produkte werden oft gekauft, welche sind Ladenhüter – bei ausreichend großem Umsatz erhält der Affiliate so aussagekräftige Informationen über das Geschäft des Merchants. Inwiefern er diese zum Nachteil des Merchants verwenden könnte, sei an dieser Stelle dahingestellt.

Dennoch überwiegen die Vorteile des Basket Trackings. Merchants können zielgerichtet provisionieren und Affiliates haben die Möglichkeit, Kampagnen zu optimieren und langfristig den Erfolg zu steigern.

7.1.9 Post View Tracking vs. Post Click Tracking

CLICK COOKIE

Cookie, welches durch ein Post Click Tracking beim Nutzer gespeichert wurde.

VIEW COOKIE

Cookie, welches durch ein Post View Tracking beim Nutzer gespeichert wurde.

Die Begriffe Post View Tracking und Post Click Tracking bezeichnen keine echten Trackingverfahren, sondern beschreiben lediglich, durch welche Interaktion zwischen Nutzer und Werbemittel ein Tracking ausgelöst wird. Um Missverständnissen vorzubeugen, wird hier der Begriff Tracking Trigger verwendet. Post Click Tracking ist die gängigste Variante der Tracking Trigger. Wird diese Regelung angewendet, wird ein Tracking erst dann ausgelöst, wenn der Nutzer auf ein Werbemittel (zum Beispiel Grafik oder Textlink) klickt. Es kann in diesem Fall davon ausgegangen werden, dass der Nutzer das Werbemittel wahrgenommen hat. Nicht auszuschließen sind versehentliche Klicks, die zum Beispiel bei der Ausspielung von Pop-Ups entstehen können.

Beim Post View Tracking wird das Tracking schon dann aktiviert, wenn der Nutzer die Möglichkeit hatte, das Werbemittel zu sehen. In der Vergangenheit wurde diese Voraussetzung leider oft vernachlässigt, sodass auch View Cookies gesetzt wurden, wenn die Werbemittel nicht im sichtbaren Bereich einer Website erschienen sind. Der „sichtbare Bereich" ist dabei immer relativ zum Nutzer zu sehen – er verändert sich durch Scrollen oder Interaktion mit der Website.

Zwischen beiden Tracking Triggern besteht eine Hierarchie. Click Cookies werden nicht durch View Cookies überschrieben, auch wenn letztere beim Last-Cookie-Wins-Prinzip nach der letzten Interaktion mit einem Werbemittel anderer Affiliates gesetzt wurden. View Cookies wiederum werden sehr wohl durch Click Cookies überschrieben. Damit wird der Werbeleistung Rechenschaft getragen, die bei einer Klickinteraktion wesentlich eindeutiger ist als bei reinem Sichtkontakt (siehe auch ⊂ *Kapitel 5 Arbeit mit einem Partnerprogramm*).

LAST COOKIE WINS

Bei diesem Prinzip erhält allein der Affiliate die Provision, welcher den letzten Kontakt mit dem Kunden hatte - also den letzten Cookie gesetzt hat.

7.1.10 Trackingweichen und Customer Journey Tracking

In der Regel haben Nutzer innerhalb ihrer Customer Journey mehrere Berührungspunkte mit Werbemitteln, wie zum Beispiel Newsletter, Google AdWords Anzeigen, organische Suchergebnisse und Affiliate-Banner. Um dies bei der Allokation von Budget und Gewichtung der Touchpoints zu berücksichtigen, kommen Trackingweichen zum Einsatz.

Eine Trackingweiche ist ein Container, der mehrere Code Snippets (Trackingpixel und Skripte) verwaltet und gemäß vorher definierter Regeln ausspielt. Der Code der Weiche muss auf allen Unterseiten eingebunden und intern die möglichen Transaktions-Pixel (z.B. verschiedene Affiliate Pixel, Facebook- und AdWords Conversionpixel) hinterlegt werden. Außerdem sind Regeln zu definieren, die die Hierarchien zwischen den einzelnen Pixeln festlegen. Diese Regeln werden als Attributionsmodell bezeichnet (siehe ⊂ *Kapitel 4.4.1.5*).

Funktionsweise

Besucht ein Nutzer die Website, wird protokolliert, über welches Werbemittel und/oder welchen Werbekanal er auf die Onlinepräsenz geleitet wurde. Die Informationen werden in einem Cookie oder einer internen Datenbank gespeichert. Landet der Nutzer später erneut auf der Seite, wird sein „Protokoll" erweitert und ein weiterer Touchpoint vermerkt. Der Vorgang wird solange wiederholt, bis der Nutzer den Kaufabschluss oder den Abschluss der gewünschten Transaktion tätigt. Am Ende der Customer Journey liegt dann eine Liste über alle Kontaktpunkte mit Werbemitteln und ggf. den Aufenthaltszeiten auf der Webpräsenz vor. Professionelle Anbieter speichern weitere Daten wie z.B. das genutzte Endgerät.

WICHTIG

Eine Trackingweiche sollte sich nicht ausschließlich auf Cookies verlassen, sondern auch Technologien wie Fingerprint Tracking anwenden, um möglichst viele Nutzer wiederzuerkennen.

Beim Bestellabschluss erkennt die Weiche den Nutzer wieder, prüft interne Regelungen und entscheidet anhand dieser Vorgaben, welchem Kanal oder Werbemittel die Conversion zugeordnet werden soll bzw. welcher Kanal welchen Anteil daran hatte. Mit der Zuordnung geht die Entscheidung einher, welches Pixel auf der Bestellbestätigungsseite ausgespielt werden soll. Je nachdem wie komplex die Trackingweiche arbeitet, lassen sich auch mehrere Conversionpixel ausspielen – für ein Attributionsmodell ist dies gar unumgänglich.

Im Folgenden werden die wichtigsten Einsatzgebiete von Trackingweichen erläutert.

Deduplizierung Läuft ein Partnerprogramm bei mehreren Netzwerken, werden früher oder später mehrere Affiliates aus mehreren Netzwerken an einer Transaktion beteiligt sein. Werden nun die Conversionpixel aller Netzwerke auf der Bestellbestätigungsseite ausgespielt, taucht die gleiche Transaktion in mehreren Netzwerken auf und die kalkulierte Provision würde sich vervielfältigen. Um eine Mehrfachauszahlung zu vermeiden, müssen die entsprechenden Transaktionen in den Netzwerken storniert werden. Übernimmt eine Trackingweiche die Zuordnung der Transaktionen, entfällt diese nachträgliche Arbeit. Diese Disziplin von Trackingweichen wird Deduplizierung genannt. Die Trackingweiche erkennt, welche Affiliates aus welchen Netzwerken an einer Customer Journey beteiligt waren und ordnet die Transaktion einem Affiliate zu. Daraufhin wird nur der Conversionpixel des Netzwerks ausgespielt, über welches der auserkorene Affiliate aktiv war. Die Transaktion wird in nur einem Netzwerk getrackt und Mehrfachvergütungen sind ausgeschlossen. Nach welchen Kriterien die Trackingweiche entscheidet, welchem Werbepartner die Transaktion zugeordnet wird, hängt vom verwendeten Attributionsmodell ab. Werden mehrere Affiliate-Netzwerke genutzt, ist eine Trackingweiche generell zu empfehlen.

Customer Journey Tracking und Attribution Professionelle Trackingweichen zeichnen die komplette Customer Journey auf. Diese beinhaltet nicht nur konkrete Kontakte mit Werbemitteln der Affiliates, sondern auch Kontakte, die durch weitere Werbeaktivitäten zustande gekommen sind. Zu diesen Touchpoints zählen u.a.:

> bezahlte Anzeigen in Suchmaschinen, z.B. Google AdWords
> Newsletter des Merchants
> Anzeigen in sozialen Netzwerken
> Klicks auf organische Suchergebnisse des Merchants
> Display-Kampagnen
> Anzeigen in Printmedien
> TV Werbespots

Jeder Touchpoint mit dem Kunden hat seine eigene Werbewirkung. Speziell im Offline Bereich fällt es schwer, die Kontakte zu identifizieren und zu protokollieren. In Ladengeschäften funktioniert dies über die Platzierung von Beacons und in Printmedien über QR-Codes, deren Zielseiten bestimmte Parameter beinhalten. Hier steckt die Technologie aber noch in den Kinderschuhen und muss weiter reifen, um valide Ergebnisse zu liefern.

Um die Werbewirkung eines Touchpoints auf den Kunden zu messen, kommen verschiedene Modelle zum Einsatz. Grundlegend wird zwischen statischen und dynamischen Attributionsmodellen unterschieden. Diese Modelle ordnen in ihrer einfachsten Form genau einem Touchpoint 100% der Werbeleistung zu. Die populärsten Modelle dieser Art sind Last Cookie Wins und First Cookie Wins. Beim Bestellabschluss wird nur ein Conversionpixel veröffentlicht.

BEACON
Kleiner physischer Sender, der regelmäßig Signale aussendet und damit z.B. Smartphones in der nahen Umgebung erreichen kann.

Komplexere Modelle verteilen die Werbewirkung auf mehrere Touchpoints (siehe ⌫ *Kapitel 4.4.1.5*). Je nachdem wie stark der jeweilige Einfluss auf den Kaufabschluss bemessen wird, müssen sich die Affiliates die Gesamtprovision einer Transaktion teilen. Um dies praktisch abbilden zu können, spielen Trackingweichen bei einer abgeschlossenen Transaktion mehrere Conversionpixel aus. Sind mehrere Affiliates an der Customer Journey beteiligt, werden auch mehrere Affiliate Conversionpixel (einer oder mehrerer Netzwerke) ausgespielt. Diese unterscheiden sich entweder in ihren Warenkörben oder der Trackingkategorie.

Bei komplexeren Modellen entsteht das Problem, dass mehrere Pixel mit der gleichen Bestellnummer veröffentlicht werden. Dies führt zu einem Fehler im System und im schlimmsten Fall wird der Sale gar nicht getrackt. Um diesem Problem zu begegnen, bedarf es größerer Anpassungen im eigenen System, auf die hier nicht näher eingegangen werden soll. Wünschenswert wäre, dass sich die Affiliate-Netzwerke der Problematik annehmen und entsprechende Lösungen anbieten.

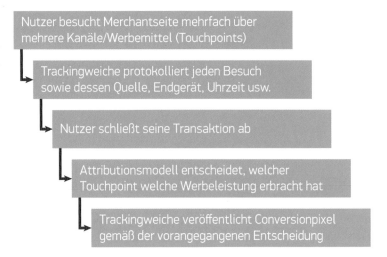

Künftig wird das Thema Attribution, das heißt die Bewertung und entsprechende Budgetierung aller an der Customer Journey beteiligten Touchpoints, weiter an Bedeutung gewinnen. Dies wirkt sich vor allem auf die Affiliates aus, da sie eine Budget-Allokation in Form von angepassten Provisionen direkt spüren und damit die Attraktivität eines Partnerprogrammes steigt oder sinkt. Trackingweichen bilden die Grundlage für die Erfassung und Auswertung von Daten zur Customer Journey und liefern gleichzeitig Lösungen, um eine Vergütung von Partnern entsprechend des Attributionsmodells umzusetzen. Die Implementierung ist kompliziert und besonders die Festlegung des Vergütungsmodells bedarf intensiver Planung. Die vollständige Implementierung eines Customer Journey Trackings inklusive attribuierter Vergütung kann leicht ein Jahr oder länger in Anspruch nehmen.

 WICHTIG Laut AGB der Affiliate-Netzwerke muss auch dann ein Affiliatepixel ausgespielt werden, wenn der Nutzer durch andere Werbemaßnahmen des Unternehmens bereits „markiert" wurde. Anders formuliert: Hatte der Nutzer innerhalb der definierten Cookie-Laufzeit mindestens einen Kontakt mit einem Werbemittel eines Affiliates, so muss auch das Trackingpixel des Affiliate-Netzwerks ausgespielt werden. Die Deduplizierung von Transaktionen wird von den meisten Netzwerken geduldet. Die Vorgabe in den AGB verhindert, dass Affiliates um ihre Provision gebracht werden, wenn Nutzer vor Abschluss einer Transaktion Kontakt mit einer anderen Werbemaßnahme hatten (z.B. Google AdWords Anzeige).

Ein interessantes Feature von Trackingweichen ist das soge- **Basket Freeze**
nannte Basket Freeze. Mithilfe dieser Technik wird das „Abgreifen" von Sales z.B. durch Gutscheinpartner verhindert. Des
Weiteren sorgt die Trackingweiche dafür, dass kein Cookie mehr
gesetzt oder überschrieben werden kann, sobald der Nutzer eine
bestimmte Etappe der Customer Journey (zum Beispiel den
Checkout-Prozess) erreicht. In diesem Fall würde die Leistung
des Gutscheinpartners schlichtweg ignoriert werden. Erstre-
benswert wäre eher eine Attribution, wodurch dem Gutscheinpartner eine anteilige Provision gewährt würde.

7.2 Besonderheiten und Webservices für Merchants

7.2.1 Bereitstellen von Produktdaten

Eines der wichtigsten Werbemittel in einem Partnerprogramm
ist, wie bereits in ⮌ *Kapitel 4.5.3* beschrieben, der Produktdatenfeed. Aus diesem Grund sollte der technischen Implementierung entsprechende Priorität und Sorgfalt beigemessen werden.
Ein Produktdatenfeed (auch Produktliste, Produktkatalog) ist
keine Liste, sondern vielmehr eine Tabelle mit mehreren Spalten. Jede Zeile entspricht dabei einem Produkt (oder einer Pro-
duktvariante), jede Spalte enthält eine Eigenschaft des Produkts
(z.B. Preis, Verfügbarkeit, Produktbild).

Den Werbepartnern wird der Feed in Form einer Datei, die die
entsprechenden Informationen enthält, bereitgestellt. Um ausreichend Aktualität zu gewährleisten, ist die Anbindung an das
Warensystem nötig. Ist ein Produkt nicht mehr verfügbar, sollte
es auch nicht mehr im Datenfeed auftauchen oder als „nicht verfügbar" gekennzeichnet sein. Andernfalls bewerben Publisher
dieses Produkt und der Nutzer findet es nicht im Shop. Einige
Geschäftsmodelle wie beispielsweise Versicherungsanbieter haben nur wenige Produkte im Sortiment, die sich zudem selten
ändern. Hier sind längere Update-Intervalle normal.

In der Tabelle sind alle verfügbaren Daten zum Produkt zu sammeln. Es gilt: „Viel hilft viel!" Je mehr Details den Werbepartnern bereitgestellt werden, desto spezifischer können sie die
Produkte bewerben. Da Warenwirtschaftssysteme selbst auf Datenbanken zurückgreifen – die erforderlichen Daten also bereits
vorliegen – lässt sich mit einem automatisierten Export arbeiten. In der Regel müssen die vorhandenen Daten mit weiteren

Details wie Ziel-URLs und Produktbildern angereichert werden. Die Kunst besteht darin, alle Daten möglichst automatisiert zu erfassen und in das vom Netzwerk geforderte Format zu übertragen.

Die Form, in der die Daten bereitzustellen ist, variiert von Netzwerk zu Netzwerk. So können beispielsweise .csv- oder .xml-Dateien übergeben werden. Die Übergabe der Datei findet auf einem Webserver statt, wo sie vom Merchant abgelegt wird. Das Affiliate-Netzwerk erhält die Webadresse und zieht sich die Daten in festgelegten Intervallen. Diese werden ausgelesen, entsprechend der Netzwerkanforderungen aufbereitet und über eine weitere Schnittstelle den Publishern zur Verfügung gestellt. Um einzelne Spalten korrekt interpretierbar zu machen, ist ein manuelles Mapping nötig. Ein Mitarbeiter des Netzwerks gleicht hierbei die Spalten des gelieferten Datenfeeds mit den Spalten, die an die Publisher übergeben werden, ab. Details zu den spezifischen Anforderungen stellen die Netzwerke in Form von Dokumentationen bereit.

Besonders bei Anbietern mit großem Sortiment und kurzfristigen Änderungen (Preis, Verfügbarkeit, etc.) ist es wichtig, die Produktdaten stets aktuell zu halten. Um auch im Netzwerk Aktualität zu gewährleisten, sollte sich der Merchant mit dem Produktdatenteam abstimmen und festlegen, wann er die Datenfeeds aktualisiert und wann das Netzwerk diese „abholt". Üblicherweise findet zweimal am Tag eine Produktdatenaktualisierung statt. Abweichende Rhythmen sollten mit dem Netzwerk abgesprochen werden.

Mehrere Produktdatenfeeds Ist das Sortiment des Merchants besonders umfangreich, sollte es in sinnvolle Untergruppen aufgeteilt werden. Auch die Bereitstellung mehrerer Produktdatenfeeds ist denkbar, da Publisher unterschiedliche Anforderungen an die Aufbereitung der Daten haben. Für den einen ist es besser, wenn unterschiedliche Produktvarianten in einzelnen Zeilen (also als eigenes Produkt) dargestellt werden, andere Affiliates mögen es eher, wenn die einzelnen Varianten in einer Spalte zusammengefasst werden. Bei der Fülle an Möglichkeiten (siehe Abbildung 7.8) ist es schwer, es allen Partnern recht zu machen. Gegebenenfalls ist ein separater Datenfeed für einen einzelnen Partner anzulegen.

Produktbezeichnung	Farbe	Größe	Verfügbarkeit
Turnschuh ABC	grün	42	auf Lager
Turnschuh ABC	grün	43	auf Lager
Turnschuh ABC	rot	42	auf Lager
Turnschuh ABC	rot	43	nicht verfügbar
Turnschuh ABC	gelb	42	nicht verfügbar
Turnschuh ABC	gelb	43	auf Lager

◀
Abb. 7.8
Möglichkeiten für
die Gestaltung eines
Produktdatenfeeds

Produktbezeichnung	Farbe	Größe	Verfügbarkeit
Turnschuh ABC	grün, rot, gelb	42	auf Lager
Turnschuh ABC	grün, rot, gelb	43	nicht verfügbar

Produktbezeichnung	Farbe	Größe	Verfügbarkeit
Turnschuh ABC	grün, rot, gelb	42, 43	auf Lager

Produktbezeichnung	Farbe	Größe	Verfügbarkeit
Turnschuh ABC	grün	42, 43	auf Lager
Turnschuh ABC	rot	42, 43	auf Lager
Turnschuh ABC	gelb	42, 43	auf Lager

Produktbezeichnung	Größe	Verfügbarkeit
Turnschuh ABC - grün	42, 43	auf Lager
Turnschuh ABC - rot	42, 43	auf Lager
Turnschuh ABC - gelb	42, 43	auf Lager

7.2.2 Webservices der Netzwerke und Automatisierungen

Wie im ⟲ *Kapitel 5* beschrieben, fallen in einem Partnerprogramm zahlreiche wiederkehrende Aufgaben an. Einzelne Prozesse sind daher so effizient wie möglich zu gestalten. Um diese
Automatisierungen zu unterstützen, bieten die Netzwerke verschiedene Möglichkeiten an.

Ohne entsprechende Programme erfolgt der Abgleich von Sales
durch einen manuellen Datei-Export, dem Abgleich der expor-
tierten Sales mit dem Warenwirtschaftssystem, dem Hochladen
der bearbeiteten Datei oder gar der händischen Bearbeitung
von einzelnen Sales im Netzwerk. Um zeitintensive Prozesse zu
verschlanken, können Schnittstellen eingerichtet werden, über
die sich effektiv mit den Netzwerken kommunizieren lässt.

**Bearbeitung von
Sales**

Läuft ein Partnerprogramm in mehreren Netzwerken, kann ein Skript viel Zeit sparen, das alle offenen Sales aller Netzwerke exportiert, diese in eine Datenbank oder Datei schreibt und daraus eine einzige Liste erstellt. Im nächsten Automatisierungsschritt lässt sich die Datei mit den aktualisierten Bestelldaten über ein Tool hochladen, das die Sales den Netzwerken zuordnet, sie hochlädt und aktualisiert. Wird dieses Tool gar an die Warenwirtschaft angeschlossen, lassen sich Sales automatisch aus den Netzwerken auslesen, mit den aktuellen Daten im System abgleichen und wieder an das Netzwerk zurückgeben. Findet der Abgleich in Echtzeit statt, erhalten die Publisher schnellstmöglich ihre Provisionen.

Reporting Einige Netzwerke bieten die Möglichkeit, Reports über Schnittstellen abzurufen. Läuft ein Partnerprogramm in mehreren Netzwerken, muss ansonsten in jedem einzelnen Netzwerk der Report heruntergeladen und in einer Tabelle aufgearbeitet werden. Mithilfe eines Tools lassen sich die Daten aus allen Netzwerken automatisch zusammentragen und in einer Datei oder auf einer Weboberfläche aggregieren.

Verwaltung und weitere Funktionen Die Netzwerke unterscheiden sich in ihren Funktionalitäten. Neben Reporting und der Bearbeitung von Sales, was bei den meisten Anbietern automatisierbar ist, gibt es weitere Funktionen, die die Arbeit im Partnerprogramm erleichtern:

▶ Account-Saldo und Rechnungen abrufen
▶ Export von Raten, Segmenten
▶ Export von Werbemitteln

7.2.3 Automatisierung ohne Webservices

Crawler helfen dabei, weitere Bereiche zu optimieren. Leider sind sie recht anfällig bei Anpassungen an der Weboberfläche. Anwender sollten daher in der Lage sein, kleine Anpassungen selbst vorzunehmen.

Weitere Automatisierungsmöglichkeiten:

▸ Upload von Werbemitteln
▸ Update von Werbemitteln (Anpassungen der Quelldatei, Überschreiben auf dem Server)
▸ automatisiertes Einstellen von Gutscheinen oder Aktionen
▸ zentrale Partnerfreigabe über eine Weboberfläche
▸ Ticketsystem für Affiliate-Anfragen
▸ zentrale Verwaltung von Newslettern

Bei derartigem Zentralisierungs- und Automatisierungsaufwand ist abzuwägen, ob nicht ein eigenes Private Network eingerichtet werden sollte.

7.2.4 Besonderheiten

Für Merchants empfiehlt es sich, grafische Werbemittel unter sicheren https://-URLs zu hosten. Andernfalls kann es passieren, dass der Browser eines Nutzers die Verbindung zum Server, auf dem das Werbemittel liegt, als unsicher einstuft und der Nutzer eine Sicherheitswarnung erhält bzw. das Werbemittel nicht geladen wird.

Hosting der Werbemittel

In den Netzwerk-AGB ist festgelegt, auf welchen Wert einer Bestellung sich die entsprechende Provision bezieht. Der im Conversionpixel zu übergebende Wert ist der Nettobestellwert, also der Warenkorb exklusive Versandkosten, abzüglich eventuell eingelöster Gutscheine und Mehrwertsteuer.

Die richtigen Daten verwenden

Ein Rechenbeispiel:

▸ Nutzer bestellt einen Artikel im Wert von 100 Euro (inkl. Mehrwertsteuer)
▸ Nutzer verwendet einen 10% Gutschein
▸ hinzu kommen Versandkosten von 5 Euro

Damit beträgt die Rechnung für den Nutzer

$$100 € - (0,1 \cdot 100 €) + 5 € = 95 €$$

Als Warenkorb an das Netzwerk muss der folgende Betrag übergeben werden:

$$\frac{100\ € - (0{,}1 \cdot 100\ €)}{1{,}19} = 75{,}63\ €$$

7.3 Besonderheiten und Webservices für Affiliates

Affiliates haben einen hohen Verwaltungsaufwand, da sie oft bei mehreren Netzwerken angemeldet und die Partnerprogramme einzeln auszuwerten sind. Hinzu kommt die Analyse des eigenen Traffics sowie die schnelle Integrierung von Publisher-Aktionen auf der eigenen Webpräsenz. Da Affiliates Quellcodes meist flexibel und dynamisch anpassen können, sind die Möglichkeiten der Automatisierung zahlreich.

Die offiziellen Schnittstellen der Netzwerke Fast alle Netzwerke bieten vorgefertigte Schnittstellen zum Export von Gutscheinen und Aktionen an. Stellt der Merchant eine Aktion über die entsprechende Oberfläche im Netzwerk ein, kann der Affiliate diese Aktion bequem über die API importieren und automatisch auf seiner Website präsentieren.
Ist der Publisher auf der Suche nach neuen Partnerprogrammen oder passenden Produkten, bieten einige Netzwerke die Möglichkeit, zum Beispiel alle Programme, welche ein bestimmtes Keyword im Namen tragen, zu listen oder alle Programme einer bestimmten Kategorie zu exportieren.

Die wichtigsten Zahlen für den Partner sind Umsatz und Provisionen. Ohne diese Daten lässt sich der Erfolg der eigenen Aktivitäten nicht bewerten. Deshalb zählen der Export von Statistiken und Transaktionen zur Basisausstattung eines Netzwerks. Über Schnittstellen lassen sich die Daten in eigene Tools integrieren und aggregieren und entsprechende Handlungsempfehlungen daraus ableiten.

Affiliates arbeiten mit Werbemitteln der Publisher. Diese nutzen zu einem großen Teil Produktdatenfeeds, um Detailinformationen aufzubereiten. Netzwerke bieten standardmäßig Funktionen an, mit denen sich diese Produktdaten automatisiert importieren lassen. Richtig eingesetzt, lassen sich dynamische Systeme schaffen, die dem Nutzer einen Mehrwert bieten und Kaufanreize setzen.

Professionelle Anbieter haben sich auf die Aggregation von Daten mehrerer Netzwerken spezialisiert und bieten zum Beispiel Dashboards an, auf denen die Daten übersichtlich aufbereitet werden. Genannt seien an dieser Stelle die beiden Anbieter affiliate-dashboard.de und statfetch.com. Auch Wordpress-Plugins wie Affiliate Power bieten diese Funktionen an. Da die Services zumeist kostenpflichtig sind, lohnt sich die Investition erst ab einer gewissen Umsatzhöhe.

Professionelle Anbieter

Partner können ihre Daten unabhängig von Netzwerk und Merchant sammeln, aufbereiten und daraus Handlungen ableiten. Als Beispiel soll hier das Messen von ausgehenden Klicks, z.B. mit Google Analytics, genannt werden. Anhand der Messwerte lässt sich prüfen, welche Klicks besser konvertieren. Mithilfe von SubIDs lassen sich Conversion Rates zudem direkt messen. Wird als SubID eine selbst geschaffene Klick-ID übermittelt, lässt sich diese wieder aus dem Netzwerk exportieren und mit den bestehenden Daten kombinieren. Diese und andere Automatisierungs- und Optimierungsmöglichkeiten sind gemäß eigener Ansprüche und Fähigkeiten zu nutzen.

Weitere Möglichkeiten

Kapitel 8 – Rechtliche Aspekte

Das Missachten rechtlicher Rahmenbedingungen kann sowohl für Affiliates als auch für Merchants zu erheblichen Kosten führen. In diesem Kapitel soll daher auf einige ausgewählte rechtliche Aspekte eingegangen werden.

8.1 Affiliate

8.1.1 Impressumspflicht

Die Impressumspflicht kommt ursprünglich aus dem Presserecht, gilt aber mittlerweile auch bei Onlineshops, Websites von Unternehmen, deren Social Media Profilen und semi-privaten Websites mit einer gewissen Gewinnerzielungsabsicht.

Die Pflicht eines Impressums resultiert aus § 5 Telemediengesetz (TMG) und § 55 Rundfunkstaatsvertrag (RStV). Grundsätzlich fordert § 5 TMG, dass Websites, die geschäftsmäßige Online-Dienste und somit Inhalte, Leistungen oder auch Waren gegen Entgelt anbieten, über ein Impressum bzw. über eine Anbieterkennzeichnung verfügen müssen. Den Besuchern einer

Website soll dadurch ermöglicht werden, genauere Informationen über den Betreiber und dessen Absichten zu erhalten. Um ein einwandfreies Verhalten im Sinne des Wettbewerbs durchsetzen zu können, gilt auch für alle anderen Unternehmen die Impressumspflicht. § 55 RStV bezieht sich auf den Inhalt einer Website und fordert für diejenigen ein Impressum, die redaktionellen oder journalistischen Inhalt zur Verfügung stellen. Ausgenommen von der Impressumspflicht sind private Websites, die sich auf familiäre sowie private Inhalte beschränken und keine geschäftsmäßigen Online-Dienste anbieten. Allerdings ist die Unterteilung zwischen privat und geschäftsmäßig nicht ganz trennscharf. Möchte ein Websitebetreiber seine bisher privat genutzte Website um Werbebanner aus einem Affiliate-Programm erweitern, so kann schon die Einbindung der Werbemittel als geschäftsmäßiges Handeln eingestuft werden – unabhängig davon, ob die Werbemaßnahmen bereits zu Umsätzen geführt haben oder nicht.

Gemäß § 5 Absatz 1 TMG müssen die Angaben im Impressum leicht erkennbar, unmittelbar erreichbar und ständig verfügbar sein. Leicht erkennbar heißt, dass die Angaben ohne langes Suchen an gut wahrnehmbarer Stelle auffindbar sein müssen. Dabei kann die Anbieterkennzeichnung als Kontakt oder Impressum bezeichnet werden. Unmittelbar erreichbar sind die Angaben, wenn sich diese über maximal zwei Links und ohne wesentliche Zwischenschritte aufrufen lassen. Ständig verfügbar verdeutlicht, dass die Informationen stets und jederzeit über einen funktionstüchtigen Link aufgerufen werden können. Verwendet ein Affiliate oder Merchant zugleich auch Social Media Kanäle wie zum Beispiel Facebook, müssen auf diesen Seiten ebenfalls die notwendigen Impressumsangaben hinterlegt sein. Hier lohnt es sich, stets über die aktuelle Rechtsprechung und technische Probleme informiert zu sein. Funktioniert der Impressumslink auf einer Facebook-Seite nicht einwandfrei und lässt sich das Impressum dadurch erst durch drei Klicks erreichen, besteht die Gefahr einer Abmahnung.

8.1.2 Rechtliche Aspekte bei der Erstellung von Inhalten und Traffic-Generierung

Ist die „Hürde" Impressum genommen, kann der Affiliate mit dem Aufbau einer Website beginnen. Mit der Erstellung von Inhalten rückt ein weiteres Thema in den Fokus – die Traffic-

Generierung oder anders formuliert: die vom Affiliate zu ergreifenden Maßnahmen, um Besucher auf die frisch erstellte Seite zu leiten. Diese Thematik wurde bereits in ⟳ *Kapitel 3* behandelt, soll an dieser Stelle aber noch einmal aus rechtlicher Sicht beleuchtet werden.

Als Inhalte werden Texte, Bilder und Videos bezeichnet, die ein Affiliate auf seiner Seite platzieren kann. Hat er diese selbst erstellt, ist das rechtlich unbedenklich. Übernimmt er die Inhalte jedoch ohne Genehmigung von fremden Internetseiten und nutzt die nicht lizensierten Texte, Bilder oder Videos auf seiner eigenen Website, verstößt er gegen das Urheberrecht. Macht der eigentliche Rechteinhaber seine Ansprüche geltend, drohen selbst bei unverfänglichen Bildern teure Abmahnungen. Möchte der Affiliate die Inhalte nicht selbst erstellen, kann er diese bei einschlägigen Anbietern kaufen, sollte dabei aber Nutzungsrechte und Lizenzdauer beachten.

Inhalte in Form von Texten, Bildern und Videos

Vorsicht gilt auch in Affiliate-Programmen. Der Merchant entfernt z.B. Banner oder sonstige Werbemittel aus dem Programm bzw. überschreibt sie mit einem neuen Set. Hostet der Affiliate die betroffenen Banner selbst und hat sie nicht über den im Netzwerk zur Verfügung gestellten HTML Code integriert, werden die Banner nicht automatisch überschrieben und bleiben in der nun nicht mehr lizensierten Form erhalten. In diesem speziellen Fall droht eine Abmahnung für den Affiliate. Es empfiehlt sich daher, immer den originalen Werbemittel-Code aus dem Netzwerk zu integrieren.

Ist die Seite mit (lizensierten) Inhalten gefüllt, stellt sich als nächstes die Frage: Wie lassen sich die Website-Zugriffe steigern? Neben Google AdWords und Bing Ads werden oft auch SEO- oder E-Mail-Maßnahmen ergriffen.

Traffic-Generierung

Optimiert ein Affiliate seine Seite unter organischen Gesichtspunkten (SEO) auf spezifische Keywords, die in engem Zusammenhang mit der Marke stehen oder diese explizit erwähnen, kann ein Verstoß gegen das Markenrecht vorliegen. Gemäß §14 Abs. 2 Nr. 2 Markengesetz (MarkenG) ist es Dritten verboten, Zeichen zu verwenden, die mit der Marke in enger Verbindung stehen und somit eine Verwechslungsgefahr oder Möglichkeit der gedanklichen Verbindung bergen. Damit einhergehende SEO-Maßnahmen dürfen nur dann umgesetzt werden, wenn der

SEO

Markeninhaber, in diesem Fall der Merchant, dem Affiliate eine Lizenz einräumt. In der Praxis wird diese Verletzung der Markenrechte durch den Merchant eher selten verfolgt, da sie recht schwer nachzuweisen ist.

Suchmaschinen-anzeigen

Bucht der Affiliate Anzeigen auf den Markennamen und verwendet diesen sogar im Anzeigentext bzw. der Überschrift, dann liegen Brand Bidding und ein markenrechtlicher Verstoß gemäß §14 Abs. 2. Nr. 2 MarkenG vor. Schaltet der Merchant selbst SEA-Anzeigen, kann er seine Markenrechte bei Google einfordern, so dass Affiliates den Markennamen nicht ohne Weiteres in ihre Anzeigen (Überschrift und Textzeilen) integrieren können. Verzichtet der Affiliate jedoch auf die Nennung im Anzeigentext bzw. der Überschrift und bucht nur auf den Markennamen, liegt an sich keine markenrechtliche Verletzung vor. Hier existieren allerdings Ausnahmen in der Rechtssprechung (✈ *Beate Uhse vs. Eis,* ✈ *Fleurop vs. Blumen Butler,* ✈ *Partnersuche vs. Parship*). Der Affiliate sollte daher im Zweifelsfall lieber beim Programmbetreiber nachfragen. Verstößt er stattdessen ohne Nachfrage gegen die Partnerprogrammbedingungen, kann dies im schlimmsten Falle sofort oder bei Nichtunterlassung zum Ausschluss aus dem Partnerprogramm und Stornierung der Provisionen führen.

Typosquatting

Einige Affiliates versuchen, sich eine Domain, die einen Markennamen oder Falschschreibweisen dessen beinhaltet, zu registrieren, um im Anschluss durch eine Weiterleitung auf die eigentliche Domain Provisionen zu kassieren. Dieses Vorgehen wird Typosquatting genannt und hat mit dem Werbeaufwand von zum Beispiel Content-Affiliates wenig gemein. In diesen Fällen liegt, falls keine Lizenz erteilt wurde, eine schwerwiegende Verletzung des Markenrechts vor. Sichert sich der Affiliate eine Domain, die einen beschreibenden Charakter hat und somit keine markenrechtliche Verletzung erkennen lässt, kann dennoch ein Verstoß nach dem Wettbewerbsrecht vorliegen. Gemäß § 4 Nr. 10 des Gesetzes gegen unlauteren Wettbewerb (UWG) läge in diesem Fall unlauterer Wettbewerb vor, da der Nutzer nicht darauf hingewiesen wird, dass er sich nicht auf der eigentlichen Domain befindet.

E-Mail Marketing

Neben SEO und SEA nutzen Affiliates auch Newsletter als Marketing-Instrument. Auch hier lauern Gefahren durch Verstöße gegen geltendes Recht. So müssen alle dem Affiliate vorliegenden E-Mail-Adressen nach dem Double Opt-In-Verfahren generiert sein, d.h. es muss vor dem Versand von werblichen E-Mails das Einverständnis des jeweiligen Empfängers vorliegen. Ist dies nicht der Fall, so verstößt der Affiliate gegen das UWG sowie ggf. gegen die Netzwerk-AGB. Klagt der unfreiwillige Empfänger gegen den Erhalt der Werbenachricht, da er dem Versand nicht zugestimmt hat, kann dieser Verstoß geahndet und auch der Merchant belangt werden.

8.1.3 Ansprüche gegenüber dem Merchant

Hat der Affiliate seine Werbeleistung erbracht und wird daraufhin eine Bestellung ausgelöst, hat er gegenüber dem Merchant Anspruch auf Vergütung und somit auf Auszahlung der vereinbarten Provision. Dieser Anspruch entfällt, wenn:

▸ das Tracking manipuliert,
▸ die Bestellung retourniert bzw. storniert wurde,
▸ der Käufer nicht kreditwürdig ist oder
▸ der Affiliate gegen die Programmbedingungen verstößt.

Der Merchant ist verpflichtet, ein einwandfrei funktionierendes Tracking sowie die Erreichbarkeit der Website zu gewährleisten. Nur so lassen sich die vom Affiliate generierten Sales messen und vergüten. Sollte es zu einem Trackingausfall kommen, ist dies den Affiliates mitzuteilen. Die in diesem Zeitraum entstandenen Sales lassen sich in der Regel aus den vom Merchant erhobenen Daten replizieren und sind nachzuvergüten. Die Verwendung von Trackingweichen oder angewandten Attributionsverfahren sind nicht nur dem jeweiligen Netzwerk, sondern auch dem Affiliate auf Nachfrage hin zu erklären.

Sind die vom Merchant zur Verfügung gestellten Werbemittel und Produktdaten nicht aktuell, d.h. es sind nicht lizensierte Werbemittel oder falsche Preisangaben vorhanden, besteht für Affiliates die Gefahr, dass diese ohne eigenes Verschulden abgemahnt werden. Um dies zu vermeiden, hat der Affiliate Anspruch darauf, dass ihm stets aktuelle Werbemittel und Produktdaten zur Verfügung gestellt werden. Werden Werbemittel vom Merchant aufgrund von fehlender Lizensierung überschrieben, ist dies den Affiliates mitzuteilen.

8.2 Merchant

8.2.1 Allgemeine Geschäfts- und Programmbedingungen

Ein oft diskutiertes Thema sind die Allgemeinen Geschäftsbedingungen — kurz AGB. Die AGB, die beim Eintritt eines Affiliates in ein Netzwerk in Kraft treten, gelten grundsätzlich nur zwischen dem Affiliate und dem jeweiligen Netzwerk. Die Beziehung zwischen Affiliate und Merchant wird in den AGB der Netzwerke mehr oder weniger präzise geregelt.

Auf die Regelung folgender Punkte sollten die Merchants besonderen Wert legen:

▸ Arten, Einsatz und Beschränkungen von Werbemittel und Gutscheinen
▸ Ausschluss von Geschäftsmodellen (u.a. Gutschein, Cashback, Paidmail)
▸ Brand Bidding durch SEA-Maßnahmen
▸ Konsequenzen bei Verstoß gegen die oben genannten Punkte

Diese Punkte lassen sich den Affiliates in Form erweiterter Programmbedingungen vermitteln.

  „Grundsätzlich ist es egal, wie man die Hülle vertraglicher Absprachen benennt, ob AGB oder Programmbedingungen."

Peter Hense
Rechtsanwalt
Spirit Legal LLP,
spiritlegal.com

Wichtig ist, dass die Programmbedingungen wirksamer Bestandteil zwischen den verschiedenen Vertragsparteien werden und neben den AGB des Netzwerks eine gleichwertige Bindungswirkung entfalten. Das bedeutet nicht, dass ein Merchant nach Belieben Punkte in die Programmbedingungen aufnehmen sollte, die ihn gegenüber den Affiliates bevorteilen.

Je genauer und ausdifferenzierter die Bedingungen formuliert sind, desto klarer sind die Handlungsanweisungen für den Affiliate. Änderungen der Programmbedingungen sind den Affilia-

tes mitzuteilen. Kommt es zu einem Verstoß, sollte dieser dokumentiert und das Gespräch zum Affiliate gesucht werden. Wird
keine Einigung gefunden und es kommt zu einem Gerichtspro-
zess, sollte der Merchant die relevanten Nachweise bezüglich
der Verstöße und Zuwiderhandlungen dokumentiert und parat
haben.

8.2.2 Haftungsfragen

Das Thema Haftung ist ein schwieriger, aber wichtiger Punkt in
der Beziehung zwischen Affiliate, Netzwerk und Merchant. Der
Begriff Mitstörerhaftung fällt häufig in Bezug auf unerlaubtes
Verhalten des Affiliates und die damit einhergehende Haftung
des Merchants.

„Mitstörerhaftung" ist leider bereits ein infla-
tionär genutzter Begriff, der in der Konstellation Affiliate-Netzwerk – Merchant – Affiliate
unseres Erachtens deplatziert ist.

Peter Hense
Rechtsanwalt
Spirit Legal LLP,
spiritlegal.com

In diesem Fall handelt es sich aber nicht um eine klassische
Mitstörer- bzw. Störerhaftung, sondern um die Haftung des
Auftraggebers für das Handeln des von ihm Beauftragten. Verstößt der Affiliate im Affiliate-Programm des Merchants gegen
Rechte Dritter – z.B. durch Verstöße gegen das Marken- oder
Urheberrecht – muss der Merchant als Auftraggeber nach gel-
tendem Recht für die unzulässigen Aktivitäten des Affiliates als
Beauftragtem einstehen (§ 8 Abs. 2 UWG, § 14 Abs. 7, 15, Abs.
6 MarkenG, § 99 UrhG). Ob der Merchant als Auftraggeber über
das Handeln seines Affiliates in Kenntnis gesetzt wurde, ist
hierbei nicht von Bedeutung. Angepasste Programmbedingungen und Klauseln können dieses Haftungsverhältnis nicht per
se ausschließen, aber die wirtschaftlichen Folgen mithilfe von
Freistellungsklauseln abdecken. Der Merchant als Beauftragter
haftet zwar für seinen Affiliate als Beauftragten, kann sich den
entstandenen Schaden jedoch von ihm zurückholen. Prämisse ist, dass der Schaden in Geld messbar ist, der Affiliate noch
zahlungsfähig und innerhalb Europas tätig ist. Ist dies nicht der
Fall, helfen selbst die detailliertesten Programmbedingungen
nicht weiter. Von Juristen kam der Vorschlag, hier analog zu

den im Baugewerbe angewandten Fertigstellungs- und Gewähr-
leistungsbürgschaften einen Zwischenweg einzuschlagen: Der
Merchant könnte das Risiko etwaiger Haftungsansprüche durch
finanzielle Rücklagen oder den Abschluss von Versicherungen
eingrenzen sowie eine Art Risikoeinlage des Affiliates fordern,
die sich aus den Provisionen speist. Inwiefern sich dies praktisch durchsetzen lässt, sei an dieser Stelle kritisch hinterfragt.

8.2.3 Betrugsfälle

Schwarze Schafe gibt es überall und auch im Affiliate Marketing
stehen betrügerische Machenschaften leider hin und wieder auf
der Tagesordnung. Welche Maßnahmen zu ergreifen sind, wird
in ↩ *Kapitel 5.2.6 Prüfung der Partneraktivitäten* ausführlich behandelt.

Wird ein Affiliate als Brand-Bidder oder Cookie-Dropper auf fri-
scher Tat ertappt, lässt sich der Schaden durch sofortigen Ausschluss aus dem Partnerprogramm und eine Stornierung der
erzielten Sales begrenzen.

„Entweder man vertraut einander, dann braucht
man keine Verträge. Oder man vertraut sich
nicht, dann hilft auch der beste Vertrag nichts."

Katja Rengers
Rechtsanwältin
Spirit Legal LLP,
spiritlegal.com

Es empfiehlt sich, vorab das Gespräch mit dem jeweiligen Affiliate zu suchen. Problematisch wird es, wenn der Verstoß erst
nach einiger Zeit entdeckt und die Provisionszahlungen bereits
geleistet wurden. Bankrechtlich lassen sich bereits gezahlte
Provisionen nicht zurückfordern. Auch dem Netzwerk sind die
Hände gebunden. Trotz Einsatz von Tools und anderen Hilfs-
mitteln kann es passieren, dass sich unrechtmäßige Aktivitäten
des Affiliates nicht rekonstruieren lassen bzw. nicht von recht-
mäßigen getrennt werden können. In diesem Fall können die
Sales nicht einfach storniert werden, da dafür keine rechtliche
Basis besteht. Zwar kann mithilfe vertraglicher Regelungen die
Beweislast geändert werden, aber auch dann gilt, dass einseitige
Regelungen nicht nur zugunsten des Merchants erstellt werden
dürfen.

Kapitel 9 – Ausbildung im Affiliate Marketing

Eine klassische Ausbildung im Affiliate Marketing existiert nicht. Es gibt keinen fachspezifischen Ausbildungsberuf und kaum Hochschulprogramme oder Vorlesungen, die sich mit Affiliate Marketing auseinandersetzen. Hingegen bilden immer mehr Unternehmen ihre Mitarbeiter in Form vom Praktika und Traineeships ihren Anforderungen entsprechend aus.

9.1 Hochschulen

In wirtschafts- und medienwissenschaftlichen sowie in den Informatikstudiengängen öffentlicher Universitäten gibt es vereinzelt Lehrstühle, die die Themen Online und Affiliate Marketing in Vorlesungen und Seminaren behandeln. Ähnlich sieht es bei privaten Universitäten und Hochschulen aus, die den Fokus auf Online Marketing und E-Commerce legen. Als eine Art Sonderfall sind die berufsbegleitenden Studiengänge privater Hochschulen zu nennen. Diese bieten in Form eines Fernstudiums das Thema Affiliate Marketing als eigenständige Lehreinheit an.

Damit richten sich die berufsbegleitenden Studiengänge primär an Fachkräfte und Freiberufler, die bereits im Online Marketing tätig sind und ihre Expertise in diesem Bereich ausbauen wollen.

Ein starker Praxisbezug zeichnet die dualen Hochschulen aus, da sie eng mit den jeweiligen Unternehmen zusammenarbeiten. Je nach Unternehmensart wird auch Online Marketing gelehrt. So ist z.B. im Studium des Handelsmanagements eine Spezialisierung im Bereich E-Commerce möglich.

Warum wird das Thema Affiliate Marketing an hiesigen Hochschulen weitgehend ausgeklammert? Online Marketing generell gewinnt für Hochschulen nur langsam an Bedeutung. Zudem nimmt die Konzeption neuer Lerninhalte Zeit in Anspruch. Auch mangelt es im Online Marketing an theoretischen Modellen, die vor allem an Universitäten gern und ausführlich betrachtet werden. Affiliate Marketing als eine der am wenigsten bekannten Unterdisziplinen des Online Marketing steht dabei häufig im Schatten des mittlerweile omnipräsenten Social Media Marketing oder auch der Suchmaschinenoptimierung und findet lediglich als Randnotiz Erwähnung. Es ist deshalb davon auszugehen, dass in naher Zukunft nicht damit zu rechnen ist, dass Universitäten oder Hochschulen eine direkte Lösung zum Fachkräftebedarf im Affiliate Marketing beisteuern werden.

9.2 Unternehmen

Unternehmen spielen im Bezug auf eine professionelle Ausbildung im Affiliate Marketing eine sehr wichtige Rolle, wobei nach Affiliates, Netzwerken, Agenturen und Merchants unterschieden werden kann.

Zu den Affiliates zählen die großen Gutschein- oder Cashback-Portale wie gutscheinsammler.de, gutscheine.de, Sparwelt, Coupons4u, Payback, Qipu oder DeutschlandCard. Über diese und andere Unternehmen ist ein Berufseinstieg in die Affiliate Branche möglich. Als weitere Arbeitgeber sind die Affiliate-Netzwerke wie Affilinet, Zanox oder Tradedoubler hervorzuheben, die als Schnittstelle zwischen Publisher und Merchant agieren und so für Berufseinsteiger einen guten Einblick in beide Welten bieten. Auch Merchants sind eine Möglichkeit, um im Affiliate Marketing Fuß zu fassen. Dies können größere Unternehmen wie SportScheck oder mydays, aber auch kleine bis mittelständische Unternehmen mit klassischen Onlineshops sein. Zu guter Letzt bietet die Arbeit in einer Online Marketing Agentur die Möglichkeit eines erfolgreichen Einstiegs in die Affiliate Branche, wobei hier vor allem die Auseinandersetzung mit vielen verschiedenen Partnerprogrammen als positiver Ausbildungsaspekt hervorgehoben werden kann.

Einige der genannten Unternehmen bieten eine Ausbildung zum Kaufmann für Marketingkommunikation, vormals Werbekaufmann oder IT- Kaufmann, an. Auch als Praxispartner im dualen Studium können diese Unternehmen tätig werden. Des Weiteren sind Werkstudententätigkeiten, Praktika und Traineeships als wichtige Ausbildungsmöglichkeiten anzusehen. Diese unterscheiden sich, stark vereinfacht, in der Dauer und dem damit einhergehenden Aufgabenbereich: Eine Tätigkeit als Werkstudent mit einer Arbeitszeit von 40 Stunden im Monat ermöglicht lediglich ein erstes Kennenlernen des Online Marketing bzw. des Affiliate Marketing. Vertieft werden können diese Inhalte und Aufgabengebiete im Zuge eines Praktikums, das in der Regel nicht länger als 6 Monate dauert und einen guten Einblick ermöglicht. Traineeships ermöglichen eine längere und intensivere Auseinandersetzung mit verschiedenen Kanälen des Online Marketing und vor allem einen direkten Berufseinstieg.

9.3 Weiterbildung

Generell lässt sich zwischen von Unternehmen angebotenen Weiterbildungen und dem Selbststudium unterscheiden. Organisierte Weiterbildungsmaßnahmen werden in Form von Schulungen, Zertifizierungsprüfungen, Workshops oder Veranstaltungen angeboten. Neben den kostenpflichtigen Möglichkeiten sei auch die Option des Selbststudiums erwähnt. Viele Bücher zum Thema Online Marketing beschäftigen sich auch mit Affiliate Marketing und geben einen ersten Überblick. Daneben existieren zahlreiche deutsch- und englischsprachige Blogs und Websites, die sowohl Einsteiger als auch Experten mit aktuellen Informationen und Tipps versorgen und einen Überblick zu aktuellen Entwicklungen und Debatten geben. Geeignete Quellen und Ressourcen finden sich in ➲ *Kapitel 11.*

9.4 Eigenschaften eines Affiliate Managers

Bereits in ↪ *Kapitel 3* wurden Eigenschaften aufgeführt, die ein Affiliate Manager mitbringen sollte: Zum einen das grundlegende technische Verständnis und eine hohe Online-Affinität, zum anderen ein starkes Interesse am Online Marketing. Die Arbeit im Affiliate Marketing ist durch ein hohes Maß an Eigenverantwortung, Motivationsfähigkeit und analytischem Denken geprägt. Aus Sicht der Agentur oder des Merchants müssen neben alltäglichen Aufgaben wie der Partnerfreigabe und der Partnerkommunikation Aktionen geplant und das Partnerprogramm Schritt für Schritt ausgebaut werden. Netzwerke wollen sowohl Affiliates als auch Publisher zufriedenstellen. Affiliates versuchen, durch das Finden einer gezielten Nische die Produkte und Leistungen der Merchants zu vertreiben. Um die Performance im Auge zu behalten und Auffälligkeiten kritisch zu beleuchten, bedarf es ein gewisses Zahlenverständnis. Hinzu kommen kommunikative Fähigkeiten in Kombination mit einer ausgeprägten, stets freundlichen Durchsetzungs- und Verhandlungsstärke, die im Umgang mit Affiliates, Merchants oder auch Unternehmen benötigt werden. Sollen Aktionen platziert, Provisionen angepasst oder die Zusammenarbeit verstärkt werden, ist ein selbstsicheres, freundliches Auftreten wichtig, denn Affiliate Marketing basiert auf direktem Kontakt zwischen Netzwerk, Publisher, Agentur und Merchant. Von Vorteil sind gute Englischkenntnisse, da viele Affiliates international agieren.

Abb. 9.1
Charakteristika eines
Affiliate Managers

Weitere Charakteristika sind in folgender Abbildung aufgeführt:

Analytische Fähigkeiten
Office-Kenntnisse
Motivation
Lernbereitschaft
Zuverlässigkeit
Zahlenverständnis
Spaß an Teamarbeit
Frische Ideen und Elan
Kreativität
Eigenverantwortung
Kenntnisse im Projektmanagement
Routiniertes und selbstsicheres Auftreten
Online-Affinität
Gespür und Begeisterung für neue Themen

Obwohl häufig Absolventen der Medien- oder Wirtschaftswissenschaften eingestellt werden, lebt das Affiliate Marketing ganz besonders auch von Quereinsteigern aller Fachrichtungen, die sich für Affiliate Marketing interessieren und die Branche im besten Falle mit frischen Ideen bereichern.

Kapitel 10 – Ausblick

„Affiliate Marketing ist tot!" – „Affiliate Marketing ist der günstigste Marketingkanal!" Nach über 7 Jahren Agenturarbeit im Affiliate Marketing war zwischen diesen beiden Extremen wirklich schon alles mit dabei. Die Totsagungsquote schwankt in größeren Jahreszyklen und ist mal mehr, mal weniger aktuell. Wir halten davon naturgemäß sowieso nicht viel, sondern konstatieren der Affiliate Marketing Branche in vielen Punkten eher einen erfreulichen Reifungsprozess. Aber gehen wir doch mal etwas mehr ins Detail, was wir an künftigen Entwicklungen erwarten.

10.1 Customer Journey

In der Vergangenheit wurde auf Konferenzen und in Unternehmen immer wieder über die Customer Journey gesprochen. Um diese abzubilden, haben sich professionelle Trackinganbieter am Markt platziert, die die Bewegungen der Nutzer mittlerweile sehr detailliert aufzeichnen und in Echtzeit auswerten können. Mithilfe dieser Dienstleister ist es bereits einigen Merchants gelungen, die Customer Journey bei der Vergütung von Sales

zu berücksichtigen und geeignete Attributionsmodelle umzusetzen. Natürlich gibt es hier und da noch Kinderkrankheiten.
Dennoch haben diese First Mover eine Vorbildfunktion für die
gesamte Branche, die sich dem Thema Attribution nur langsam
nähert. Unsere Umfrage zeigt, dass noch kein latenter Wunsch
nach Vergütungsmodellen besteht, die die Provisionen nach den
tatsächlichen Werbeleistungen bemessen.

▶
Abb. 10.1
Welche Trackingver-
fahren bevorzugen
Affiliates?
(Quelle: Projecter
Affiliate Umfrage 2015)

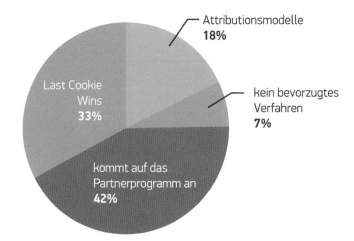

Die Umfrage ist allerdings kritisch zu hinterfragen. Viele Hob-
by-Affiliates haben sich mit der Attributionsthematik noch gar
nicht auseinandergesetzt. Mit wachsender Aufmerksamkeit
für das Thema wird wahrscheinlich auch das Interesse und die
Nachfrage nach Attributionsmodellen steigen.

Die Implementierung eines solchen Modells dauert teilweise
länger als ein Jahr. Dementsprechend schleppend verändert
sich der Markt. Dennoch gehen wir davon aus, dass zukünftig
immer mehr Programme die Customer Journey im Vergütungsmodell abbilden werden.

Bislang treiben vor allem Merchants und professionelle Tracking-
anbieter das Thema voran, nun müssen die Affiliate-Netzwerke
nachziehen. Sie bieten derzeit nur sehr vereinzelte bis gar keine
Möglichkeiten an, Attributionsmodelle in die Vergütung zu integrieren. Gerade für kleinere Merchants und Partnerprogramme,
die nicht die Ressourcen für übergreifende Multi-Channel-Tra-
cking-Anbieter haben, könnten die Netzwerke Möglichkeiten
zur Attribution bereitstellen. Die technische Infrastruktur je-
denfalls ist vorhanden.

Mit steigendem Interesse an der Vergütung, Messbarkeit und Auswertung aller Touchpoints werden eine Vielzahl von Trackinganbietern auf den Markt strömen. Mit zusätzlichen Funktionen wie Bid-Management oder TV-Tracking spielen sich einzelne Akteure in den Vordergrund.

▸ **Mittelfristige Prognose:** Provisionen für Affiliates werden künftig anhand der Werbeleistung berechnet, die stark von der Position des Partners in der Customer Journey und seinem Einfluss auf die Kaufentscheidung abhängt.

▸ **Langfristige Prognose:** Konzepte wie Last Cookie Wins verlieren ihre derzeitige Bedeutung.

10.2 Affiliate Marketing im Mobile-Bereich

Wie sollte Affiliate Marketing auf die „Mobilisierung" des Webs reagieren? Sowohl die Netzwerke als auch die Publisher und Merchants haben spezielle Aufgaben zu erfüllen, um der Veränderung des Online-Werbemarkts gerecht zu werden.

Affiliate-Netzwerke müssen Technologien bereitstellen, die geräteunabhängig arbeiten und auch auf Mobile Devices zuverlässig funktionieren. Merchants müssen mobile Seiten und entsprechend angepasste Werbemittel bereitstellen. Der Publisher muss sich Strategien überlegen, wie er mobilen Traffic generiert. Mittlerweile bieten einige Publisher neben der klassischen Website Apps an oder stützen sich sogar ausschließlich auf Anwendungen für mobile Endgeräte. Da Google kräftig daran arbeitet, Apps in den Suchergebnissen zu listen, wird sich ein immer größerer Teil des Traffics in den mobilen Bereich verlagern. Die Erstellung eigener Apps wird dadurch für mehr und mehr Publisher interessant.

Für Merchants rückt neben dem klassischen Vertrieb von Produkten auch die Promotion eigener Apps in den Fokus. Hierfür gibt es bereits spezielle Abrechnungsmodelle wie CPI (Cost per Install) – eine Leadvergütung für App-Anmeldungen.

▸ **Mittelfristige Prognose:** Netzwerke und Tracking-Anbieter werden Wege finden, geräteübergreifend zu tracken. Merchants werden mit mobil optimierten Websites, Apps, mobilen Werbemitteln, CPI-Abrechnungsmodellen und

Sondervergütungen für Mobile Publisher der Entwicklung Rechnung tragen. Besonders die Leadvergütung eigener Apps wird für die Merchants an Relevanz gewinnen und den bisherigen Fokus auf den Produktabsatz verschieben.

10.3 Affiliate Marketing 3.0 – Affiliates im Social Commerce

Da sich die Netzgemeinde einen Großteil ihrer Zeit in diversen sozialen Netzwerken bewegt, verlagern auch Affiliates ihre Aktivitäten in diesen Bereich oder gründen ihr eigenes soziales Netzwerk – z.B. Social Shopping Communities, in denen sich die Nutzer gegenseitig Produkte empfehlen. Im Zweifel reicht ein eigenes Facebook-Profil, ein YouTube Kanal oder ein Instagram Account, um als Affiliate tätig zu werden.

▸ **Mittelfristige Prognose:** Affiliate Marketing wird die sozialen Netzwerke weiter erobern, falls diese nicht einen Riegel vorschieben und die Verwendung von Affiliate Links verbieten, so wie 2015 bei Pinterest geschehen.

▸ **Langfristige Prognose:** Durch die Professionalisierung und den Willen zur Monetarisierung werden soziale Plattformen selbst als Affiliate in Erscheinung treten. So wie es Google mit „Google Flights" vormacht, werden auch andere Plattformen den Merchants anbieten, ihre Reichweite zu nutzen und Produkte direkt über die Plattform zu verkaufen. Damit agieren diese als direkte Kooperationspartner, meist auf CPC oder CPM Basis. Dies entspricht weniger dem klassischen Affiliate Marketing, so dass in vielen Fällen der Partner im Marketing-Mix nicht mehr dem Affiliate Kanal zugeordnet wird. Doch auch diese Kooperationen müssen gesteuert werden, so dass sich hier neue Herausforderungen für Affiliate (Kooperations-)Manager ergeben.

10.4 Neue Marktteilnehmer und Zusammenschlüsse

Neben reinen Online-Akteuren drängen immer mehr Fernsehsender, Printmagazine und Radiosender ins Internet. Teilweise treten sie mit eigenen Webpräsenzen, teilweise als Investoren oder Käufer ganzer Websites auf. Für Merchants ergeben sich dadurch Möglichkeiten, On- und Offline-Marketing zu kombinieren.

▶ **Mittelfristige Prognose:** Wer nicht mit der Zeit geht, muss mit der Zeit gehen. Diese Weisheit zwingt große Medienhäuser, sich noch stärker auf den Onlinebereich zu konzentrieren. Zukünftig werden wir viele Namen, die bislang eher aus dem Offlinebereich bekannt sind, im Impressum reichweitenstarker Websites lesen. Die Werbemöglichkeiten werden somit vielfältiger.

10.5 Verknüpfung zwischen On- und Offline

Offline ist das neue Online. Nach diesem Motto stoßen viele Affiliates, die im Online Business aufgewachsen sind, in Offline Märkte vor. Merchants sind bestrebt, Kunden direkt am POS (Point of Sale) zu begrüßen. Um sich nicht von reiner Laufkundschaft abhängig zu machen, werden Affiliates zur Akquise eingesetzt. Einige Publisher haben bereits Prozesse entwickelt, die Besucher zuverlässig in den stationären Handel leiten.

Um den Erfolg solcher Prozesse zu tracken, müssen Technologien wie Beacons eingesetzt werden. Zur Funktionsweise: Der Nutzer betritt einen Laden. Am Eingang des Geschäfts ist ein Beacon installiert. Beim Betreten bekommt der Nutzer eine Push-Nachricht mit einem Sonderangebot aufs Smartphone gespielt. Diese Technologien stecken noch in den Kinderschuhen und sind gar nicht so einfach umzusetzen, da z.B. Kassensysteme eingebunden, die Beacons physisch platziert und Mitarbeiter geschult werden müssen.

Weitere On-Offline-Überlagerungen sind Second Screen-Anwendungen oder Retargeting mit Offline Medien (z.B. Postkarten).

▶ **Langfristige Prognose:** In der Verknüpfung von On- und Offline schlummert viel Potenzial, das zu erschließen ist. Die beschriebenen Technologien werden weiter reifen und spezialisierte Technikdienstleister die Arena betreten.

10.6 Affiliate-Netzwerke

Die Netzwerke tragen ihren Teil zur Veränderung des Marktes bei, zum Beispiel durch Entwicklung, Einführung und Verbesserung neuer Trackingtechnologien, die perspektivisch auch Bereiche wie das Offlinetracking abdecken werden.

**REAL TIME
BIDDING (RTB)**

Automatisierte Aussteuerung von Kampagnen, bei denen in Echtzeit auf Werbeplätze geboten wird und Anzeigen ausgespielt werden, zumeist nutzerzentriert.

Hinzu kommen Services wie eigene RTB Algorithmen. Damit erschließen die Netzwerke neue Wege der Monetarisierung. Zusätzlich arbeiten die Netzwerke weiter an der Nutzerfreundlichkeit, Umsetzbarkeit neuer Vergütungsmodelle und der Benutzeroberflächen-Kosmetik.

Zusammenschlüsse kleinerer Netzwerke oder die Anbindung kleiner Netzwerke an ihre großen Konkurrenten werden vermutlich nicht ausbleiben.

Sogenannte Private Networks sind insbesondere für große Partnerprogrammbetreiber und Konzerne eine Alternative zu den großen Netzwerken. Die enge Zusammenarbeit mit wenigen ausgewählten Partnern und die Verbindung von professioneller, kanalübergreifender Trackingtechnologie machen diese Lösung sehr attraktiv.

▶ **Mittelfristige Prognose:** Zu erwarten sind technische Neuerungen der Netzwerke, vor allem im Bereich der Trackingtechnologien. Verbesserungen in der Usability werden die Verwaltung und Auswertung der Partnerprogramme erleichtern.

▶ **Langfristige Prognose:** Sowohl Public als auch Private Networks werden erhalten bleiben. Konsolidierungen und Zusammenschlüsse sind denkbar. Vermutlich können Private Networks ihren Einfluss steigern, da sie besonders für große Merchants Vorteile bieten.

Martin Rieß
Country Manager DACH
ZANOX AG,
zanox.de

Welche Entwicklungen siehst du in der Zukunft der Trackingtechnologien?

„Ich sehe ganz klar, dass das Cross-Device-Tracking im Affiliate Marketing kurz vor dem Durchbruch steht. Eine Device-übergreifende Abbildung der Kundenbewegungen und deren Analyse erlaubt es allen Beteiligten, die Kundenerfahrung zu optimieren und bessere Produkte und Services zu entwickeln und anzubieten."

10.7 Die große Unbekannte „Google"

Viele Akteure sind vom Suchmaschinen-Quasi-Monopolisten abhängig, wenn auch in unterschiedlichem Maße. Google ist für Affiliates und für Merchants gleichermaßen eine wichtige Traffic-Quelle. Wird eine Affiliate Seite, die ihren Traffic hauptsächlich über die organische Suche von Google bezieht, durch ein Algorithmus-Update benachteiligt, so fehlt dem Partner schlichtweg der Traffic potentieller Kunden. Die Weiterentwicklung des Suchalgorithmus wird zukünftig weniger Spielraum für „Quick'n'Dirty" Websites lassen, die auf schnellen Profit aus sind. Publisher müssen daher vermehrt in hochwertige Inhalte und den langwierigen Aufbau von Reputation für die eigene Webpräsenz investieren.

Auch Merchants sind von Traffic-Verlusten durch Algorithmus-Anpassungen betroffen. Die Suche nach alternativen Traffic-Quellen bietet wiederum Potenziale für Affiliate Marketing.

▷ **Mittelfristige Prognose:** Mittlerweile existieren zahlreiche Cases über von Suchmaschinenbetreibern abgestrafte Websites großer Unternehmen. Wer in der Vergangenheit schnell Links aufgebaut und sich bester Sichtbarkeit erfreuen konnte, muss heute auf andere Kanäle ausweichen, was dem Affiliate Kanal zu Gute kommen kann.

▷ **Langfristige Prognose:** Google bietet immer noch Schlupflöcher für Black-Hat SEOs. Bis alle schwarzen Schafe identifiziert sind und deren Geschäftsgebaren unterbunden wird, werden wohl noch einige Jahre vergehen.

10.8 Die Zukunft von Affiliate Marketing für Unternehmen

Die Abhängigkeit von einzelnen Marktteilnehmern wie Suchmaschinen birgt ein hohes Risiko. Dass Unternehmen darauf bedacht sind, dieses zu minimieren, spielt dem Affiliate Marketing in die Karten. Durch das Betreiben eines Partnerprogramms verteilt der Merchant das Risiko auf mehrere Schultern. Durch Professionalisierung und Wachstum von Publishern werden perspektivisch Direktkooperationen entstehen, die zwar die Charakteristika von Affiliatekooperationen aufweisen, in den Unternehmen aber in die Kategorie „andere Kanäle" fallen. Publisher mit großer Reichweite haben im Vergleich zu kleinen Partnern eine bessere Verhandlungsposition gegenüber Merchants.

Affiliate Marketing wird auch zukünftig eine wichtige Rolle im Marketing-Mix spielen. Die hohe Anzahl an Kooperationen, die einfache Anbindung neuer Vertriebswege und das Abdecken von Nischen macht Affiliate Marketing weiterhin attraktiv für Merchants. Wird Affiliate Marketing im weiteren Sinne als Kooperationsmanagement begriffen, schließt dies die genannten Direktkooperationen mit ein. So ändern sich zwar die Anforderungen an Affiliate Manager sowie die technische Abwicklung (mit und ohne Netzwerk) und die Vergütungsmodelle (von CPO zu CPC), dennoch bleibt der Kern des Affiliate Marketing erhalten: Mit möglichst vielen Partnern ein breites Vertriebsnetz für die Produkte des Merchants aufzubauen und zu steuern.

Durch die zunehmende Globalisierung und Erschließung neuer Märkte werden einige Unternehmen auf eine internationale Publisher-Basis abzielen. Es ist an den Netzwerken und Affiliates, diese Nachfrage zu bedienen.

▶ **Langfristige Prognose:** Affiliate Marketing ist nicht tot und auch nicht vom unmittelbaren Untergang bedroht. Viel einfacher als in diesem Kanal können Werbepartner nicht angebunden werden. Durch die technische Spezialisierung einiger Partner übernehmen Affiliates Rollen abseits des klassischen Werbegeschäfts. So können sie den Merchants Technologien wie das Retargeting von Warenkorbabbrechern anbieten, die in der Inhouse-Umsetzung zu teuer wären.

10.9 Fraud und Spam

Mit Fraud-Publishern hat wohl jeder Merchant schon seine Erfahrungen gemacht. Es wird auch zukünftig Versuche geben, sich unrechtmäßig Provisionen zu erschleichen. Die gute Nachricht ist hier, dass Netzwerke und Toolanbieter stetig ihre Fraud Detection verbessern.

Mit entsprechenden Werkzeugen kann mittlerweile gezielt gegen Brandbidder vorgegangen werden. Schwieriger wird es bei anderen Fraud Varianten wie dem Cookie Dropping: Hierbei werden Viren, Toolbars und andere Verfahren angewendet, um beim Nutzer unzählige Tracking Cookies zu platzieren, die bei späterem Kauf Provisionen generieren. Hier gilt es, die Statistiken im Auge zu behalten. Denkbar sind Tools, die die Statistiken automatisch auswerten und Alerts versenden, wenn Auffälligkeiten in Traffic, Conversion Rate oder Warenkorbhöhe auftreten. Hier besteht in jedem Fall noch Markt- und Entwicklungspotenzial.

Martin Rieß
Country Manager DACH
ZANOX AG,
zanox.de

Wie hat sich Betrug im Affiliate Marketing in den letzten 4 Jahren entwickelt?

„Wir konnten in den vergangenen Jahren nochmal einen deutlichen Rückgang der Verletzung der Programmrichtlinien, der allgemeinen Geschäftsbedingungen oder missbräuchlichem Verhalten feststellen. Im Allgemeinen hat sich die Branche immer weiter professionalisiert – bei den Netzwerken vor allem durch noch gezieltere Mechanismen und Standards."

▸ **Langfristige Prognose:** Spam- und Fraud-Aktivitäten werden nicht aussterben. Es heißt weiterhin: Wachsam sein! Nichtsdestotrotz verbessert sich das Qualitätsmanagement der Netzwerke, so dass auch Affiliate-Anfänger sicher agieren können. Noch nicht geschlossene Fraud-Lücken bieten Platz für entsprechende Dienstleister und Entwicklungspotenzial für Merchants und Netzwerke.

10.10 Fazit

Totgesagte leben länger – das gilt auch fürs Affiliate Marketing. Der Markt verändert sich, Publisher kommen und gehen, neue Geschäftsmodelle und -bereiche werden erschlossen und für Unternehmen ist Affiliate Marketing nach wie vor ein wichtiger Kanal im Online Marketing. Durch immer neue Affiliate-Geschäftsmodelle können Merchants auf aktuelle Entwicklungen reagieren, entsprechende Publisher anbinden und sich so den vielleicht entscheidenden Vorteil gegenüber der Konkurrenz verschaffen. Hinzu kommt, dass Affiliates im Vergleich zu großen Unternehmen meist anpassungsfähiger in der Umsetzung von Projekten sind.

Die Branche selbst wächst näher zusammen. Auf zahlreichen Konferenzen, Networking Events und Messen treffen sich Publisher, Merchants, Netzwerke und Agenturen, um sich über Entwicklungen und Visionen auszutauschen. Wer sich online über aktuelle Trends informieren möchte, findet im ➲ *Kapitel 11* zahlreiche Quellen.

Kapitel 11 – Ressourcen

11.1 Affiliate Marketing Blogs

www.projecter.de/affiliate-blog/

Im Projecter Blog werden regelmäßig Beiträge zum Affiliate Marketing veröffentlicht. Dabei werden sowohl Informationen für erfahrene Affiliates als auch für Einsteiger geboten. Zu den vielfältigen Themen zählen Tipps, Anleitungen, Auswertungen und Leitfäden für Affiliates und Merchants. Pro Woche erscheinen ein bis zwei neue Artikel.

www.affiliateblog.de

Affiliateblog.de ist einer der größten deutschen Affiliate Blogs, betrieben von Markus Kellermann und seinem Affiliate Team der Agentur xpose360 GmbH. Unter dem Claim Affiliate Marketing Insights werden mindestens einmal pro Woche Beiträge zu verschiedenen Themen rund um Advertiser, Publisher, Netzwerke, Veranstaltungen und anderen Online Marketing Themen veröffentlicht.

⤤ www.kolumne24.de

Kolumne24 ist ein Blog von Tibor Bauer, der in regelmäßigen Abständen aus sowohl Affiliate- als auch Agenturperspektive von eigenen Erfahrungen berichtet sowie aktuelle Entwicklungen beleuchtet. Seine Reihe „Der perfekte Affiliate Manager" ist besonders für Merchants zu empfehlen.

⤤ www.affiliate-marketing-tipps.de

Peer Wandiger schreibt in diesem Blog über eigene Erfahrungen als Affiliate und gibt Gleichgesinnten Tipps, um erfolgreich Affiliate Marketing zu betreiben. Die sehr gut recherchierten Beiträge sind besonders für Einsteiger geeignet.

⤤ blog.100partnerprogramme.de

Zur größten Partnerprogrammsuchmaschine im DACH-Raum 100partnerprogramme.de gehört auch ein eigener Blog. Gegründet wurde dieser von Karsten Windfelder, der die Suchmaschine und den Blog 2015 an Jan Schust und die Super Affiliate Network GmbH übergab. Im Blog selbst finden sich hauptsächlich Informationen zu neu gestarteten Partnerprogrammen. Angereichert werden diese mit Beiträgen zu Netzwerken, Agenturen, Interviews, Events und Tests.

⤤ www.eisy.eu

Sören Eisenschmidt (alias eisy) schreibt in seinem Online Marketing Blog nicht nur über Suchmaschinenoptimierung, die sowohl für Merchants als auch für Affiliates relevant ist, sondern in unregelmäßigen Abständen auch direkt über Affiliate Marketing.

⤤ www.affiliatemarketing.de

Daniel Woyteczek gehört zu den namhaftesten Vertretern der deutschen Affiliate Szene. Neben Beiträgen zu SEO und SEA findet man auf seinem Blog deshalb auch viele interessante Affiliate Marketing Artikel, die sich um Netzwerke, Partnerprogramme und Interviews mit bekannten Gesichtern aus der Branche drehen.

✈ *www.affiliateratgeber.de*

Der Blog von Jörg Middelkamp richtet sich vor allem an Affiliates und Merchants und versorgt diese unregelmäßig mit Tipps und Informationen aus der Branche. Lesetipp: Der monatlich erscheinende Affiliate Agentur Index.

✈ *www.explido.de/blog/kategorie/affiliate-marketing/*

Blog der Agentur explido»iProspect, die neben zahlreichen Themen im Online Marketing mindestens zweimal im Monat über Neuigkeiten und Events aus der Affiliate Marketing Branche berichtet.

✈ *www.andre.fm*

In seinem Blog schreibt Andre Alpar in unregelmäßigen Abständen über diverse Aspekte des Online Marketing. Der Fokus liegt auf den Themen Suchmaschinenoptimierung und Anzeigenschaltung, hin und wieder verirrt sich aber auch ein Affiliate Marketing Beitrag auf den Blog.

✈ *www.affiliteur.com*

Sascha Schilling ist selbst begeisterter Affiliate und gleichzeitig Agenturinhaber. Er resümiert in seinem Blog über besuchte Affiliate Marketing Veranstaltungen, Partys etc. und veröffentlicht in unregelmäßigen Abständen Beiträge zu Partnerprogrammen und verschiedenen Online Marketing Themen (z.B. SEO), natürlich mit Schwerpunkt Affiliate Marketing.

✈ *www.affiliate-deals.de*

Affiliate-deals.de präsentiert sich als „Das Affiliate und SEO Magazin". Auf der Seite finden sich regelmäßig Beiträge zum Affiliate- und Online Marketing. Diese reichen von Netzwerk-Neuigkeiten über Experteninterviews bis hin zu Tool Empfehlungen. Zudem liegt das Hauptaugenmerk auf Partnerprogramm-Empfehlungen für Affiliates, die besondere Aktionen haben oder spezielle Incentives (z.B. ein Gutschein für die Anmeldung) vergeben. Ein Eventkalender zu den verschiedenen Veranstaltungen im Online- und Affiliate Marketing rundet das Angebot der Website ab.

✦ *www.amnavigator.com/blog*

Amnavigator.com von Geno Prussakov ist einer der wichtigsten internationalen Blogs zum Thema Affiliate Marketing, der
in unserer Ressourcenliste nicht fehlen darf. Hier werden in
unregelmäßigen Abständen Beiträge zum Partnerprogramm
Management, aber auch zu allgemeinen Online Marketing Themen, die die Affiliate Branche tangieren, veröffentlicht.

✦ *www.affiliatepr.de*

Bei affiliatepr.de handelt es sich um einen Dienst für Online-
PR im Affiliate Bereich, der von der Aufgesang Public Relations
GmbH betrieben wird. Der Dienst richtet sich an Netzwerke,
Partnerprogrammbetreiber und -dienstleister. Er bietet News
zu Aktionen und Veränderungen in Partnerprogrammen sowie
Netzwerken.

11.2 Netzwerk Blogs

Auch die Netzwerke bloggen. Affilinet und Zanox betreiben die
umfangreichsten Blogs, bei denen es nicht nur um die jeweiligen
Partnerprogramme geht, sondern auch um Trends, Branchen-
News und Tipps für Affiliates und Merchants.

✦ *www.affilinet-inside.de*

✦ *blog.zanox.com/de/zanox/*

Die anderen Netzwerke berichten hauptsächlich über Aktionen
der eigenen Advertiser:

✦ *www.tradedoubler.com/de-de/blog/*

✦ *clix.superclix.de/aktuell/*

✦ *blog.cj.com*

✦ *blog.webgains.de*

✦ *blog.financeads.net*

11.3 Merchant-Blogs

Einige der größeren Merchants betreiben spezielle Blogs für ihre Partnerprogramme, auf denen vorwiegend über eigene Events, Aktionen und neue Produkte berichtet wird. Darüber hinaus erhalten Affiliates Anregungen und Tipps zur erfolgreichen Bewerbung der Partnerprogramme. Gerade wenn Merchants die eigenen Affiliates kontinuierlich mit Infos versorgen möchten, bietet sich das Betreiben eines eigenen Blogs an. Wir empfehlen folgende Blogs als Best Practice Beispiele:

✎ *www.auxmoney-partnerprogramm.de*

✎ *www.mydays-partnerprogramm.de*

✎ *partnerblog.jochen-schweizer.de*

✎ *www.sparhandy.de/partnerblog*

✎ *affiliate.unister.de*

✎ *affiliateblog.superrtl.de*

✎ *blog.check24-partnerprogramm.de*

✎ *audibleaffiliate.wordpress.com*

✎ *partnerprogramm.mybet.com*

Der Merchant-Blog von 100Partnerprogramme darf in dieser Rubrik nicht fehlen. Advertiser haben hier die Möglichkeit, aktuelle Aktionen rund um ihr Partnerprogramm einzustellen. Auch neue Partnerprogramme werden vorgestellt.

✎ *merchantblog.100partnerprogramme.de*

11.4 Partnerprogrammverzeichnisse

Wer in Sachen Partnerprogramme immer auf dem neuesten Stand bleiben möchte, ist bei folgenden Portalen gut aufgehoben. Hier werden alle Partnerprogramme vorgestellt, die aktiv bei den deutschen Affiliate-Netzwerken gelistet sind. Darüber hinaus bieten diese umfangreiche Such-, Filter- und Informationsfunktionen zu einzelnen Themen und Partnerprogrammen.

⚹ *www.100partnerprogramme.de*

⚹ *www.affilixx.com*

⚹ *www.affiliate-marketing.de/partnerprogramme.html*

11.5 Foren und Communities

⚹ *www.affiliatepeople.com*

Affiliatepeople.com ist das Social Network für Affiliates, Merchants, Agenturen und Netzwerkmitarbeiter. Die Community gehört, wie 100partnerprogramme.de und affiliate-deals.de, zur Super Affiliate Network GmbH. Im Forum erhält man mit Sicherheit eine Antwort auf seine Fragen und kann sich an Diskussionen rund ums Affiliate Marketing beteiligen. Auch weitere Themen aus dem Online Marketing (z.B. SEO und SEA) werden dort behandelt.

⚹ *www.affiliate-marketing.de/forum/*

Dieses Forum ähnelt dem von affiliatepeople.com. Neben Diskussions-Threads zu Anfängerfragen, Partnernetzwerken und -programmen werden auch Themen wie Events, Jobs und der neueste „Klatsch und Tratsch" aus der Szene behandelt.

⚹ *www.ayom.com/forum-2.html*

Ayom bietet neben einem Blog auch eine Plattform für Diskussionen rund ums Online Marketing. In der Kategorie Affiliate Marketing finden sich zahlreiche Beiträge. Das Forum ist gut frequentiert, sodass bei Fragen zeitnah mit Resonanz zu rechnen ist.

✈ *www.abakus-internet-marketing.de/foren/*

Das Abakus Forum widmet sich primär der Suchmaschinenoptimierung. Für Partnerprogramme gibt es eine separate Rubrik (https://www.abakus-internet-marketing.de/foren/viewforum/f-69.html), in der Fragen und Probleme angesprochen werden können.

Neben den genannten Foren haben sich weitere verschiedene Communities im Affiliate Marketing etabliert, bei denen eine Anmeldung sinnvoll ist. Diese werden entweder über diverse Social Media Plattformen oder über eigene Websites betrieben.

	Mitglieder	Netzwerk	URL
Affiliate Marketing Deutschland	276	Facebook	www.facebook.com/groups/108758249261939/
Aus dem Leben eines Affiliate Managers	23	Facebook	www.facebook.com/groups/ausdemlebeneineaffiliatemanagers/
Affiliate Allgemein	354	Facebook	www.facebook.com/groups/affiliate.allgemein
Things Affiliates Don't Say	328	Facebook	www.facebook.com/groups/ThingsAffiliatesDontSay/
Affiliate Deutschland	186	Google Plus	plus.google.com/u/1/communities/116563845475122105613
100partnerprogramme Affiliate Marketing	1.808	Xing	www.xing.com/communities/groups/100partnerprogramme-affiliate-marketing-1066063
100partnerprogramme Affiliate Marketing	421	LinkedIn	https://www.linkedin.com/groups/100partnerprogramme-Affiliate-Marketing-4820324
Affiliate Marketing	1.156	Google Plus	plus.google.com/communities/105717284901042781594
100pp Affiliate Brain	268	Facebook	https://www.facebook.com/groups/100pp.affiliate.brain/

▲
Abb. 11.1
Communities im
Affiliate Marketing,
Stand: 06.08.2015

11.6 Veranstaltungen und Stammtische

↗ *www.affiliteur.com/events*

Sascha Schilling sammelt kontinuierlich Veranstaltungen im Affiliate Marketing und schafft so einen nützlichen Überblick.

↗ *www.tactixx.de*

Die TactixX zählt zu den größten Konferenzen in der Affiliate Marketing Branche und findet einmal im Jahr in München statt. Ursprünglich als Affiliate TactixX gestartet, steht die Konferenz seit 2015 als „TactixX" unter dem Motto „Connecting Affiliate & Display".

↗ *www.affiliate-networkxx.de*

Die Affiliate NetworkxX ist eines der bekanntesten Networking Events im Affiliate Marketing und findet halbjährlich in München statt.

↗ *www.affiliate-conference.de*

Die Affiliate Conference findet immer im Zusammenhang mit der zweiten Affiliate NetworkxX im Herbst statt und bietet den Teilnehmern Vorträge und Workshops zu Themen rund ums Affiliate Marketing.

↗ *www.affiliatesummit.com*

Die Affiliate Summit ist international die größte Veranstaltung, die Affiliates, Merchants und Affiliate-Netzwerke zusammenbringt. Sie macht regelmäßig in verschiedenen amerikanischen Metropolen wie New York, Las Vegas, Miami oder London Station.

↗ *dmexco.de*

Bei der Dmexco versammeln sich jährlich auf dem Kölner Messegelände Aussteller, Referenten und Fachbesucher der gesamten Online Marketing Branche. Klar, dass auch jede Menge Affiliates, Merchants und Netzwerke anzutreffen sind, so dass die Konferenz ein Pflichttermin für jeden Affiliate Manager zum Networken ist.

✈ www.affiliate-konferenz.ch

Auch die Schweiz hat eine eigene Affiliate Konferenz, die jährlich in Zürich stattfindet.

✈ www.omx.at

Die Konferenz für Online Marketing findet jährlich in Österreich (Salzburg) statt und bietet den Teilnehmern strategisches
Wissen, Grundlagenbausteine und Experten-Know-how im Online Marketing, inklusive Affiliate Marketing.

✈ www.performancemarketinginsights.com

Die Performance Marketing Insights (ehemals a4u Expo) ist
eine internationale Konferenz zum Affiliate und Performance
Marketing, die Ausstellern und Referenten die Möglichkeit bietet, sich selbst und interessante aktuelle Themen vorzustellen
und zu diskutieren. Die PMI Europe fand 2014 und 2015 in
Berlin statt.

Affiliate Stammtische werden meist in kleinerem Rahmen organisiert und bieten ambitionierten Affiliates, Merchants und
Agenturen die Möglichkeit, sich in einem fachkundigen Kreis
über Themen aus dem Bereich Affiliate Marketing auszutauschen und Networking zu betreiben. In den meisten Großstäd-
ten werden regelmäßig Stammtische ausgerichtet, z.B.:

Affiliate Stammtische

Hamburg: _✈ www.affiliate-kampagnen.de/affiliate-stammtisch/_
Leipzig: _✈ affiliate-stammtisch.com_
Berlin: _✈ www.om-stammtisch.de_
Dresden: _✈ www.om-dresden.de_
Köln: _✈ koeln.online-stammtisch.com_

Auch die Netzwerke bieten regelmäßig Veranstaltungen und
Schulungen an, um das Networking voranzutreiben und Weiterbildungen zu gewährleisten. Einfach Augen und Ohren offen
halten und die Newsletter der Netzwerke abonnieren!

Anhang

Hintergründe zur Affiliate Umfrage

Als wir mit der Arbeit an der neuen Auflage unseres Affiliate Marketing eBooks begonnen haben, fiel uns auf, dass die Datenlage zur Befindlichkeit der Affiliates in Deutschland recht dünn war. Um über eigene Beobachtungen und Vermutungen hinaus auch eine gewisse Faktengrundlage zu schaffen, initiierten wir Anfang 2015 unsere Affiliate Umfrage. Viele Ergebnisse dieser Umfrage flossen in der Folge in die Kapitel dieses Buches ein. An dieser Stelle soll nun ein tieferer Einblick in das Untersuchungsdesign gegeben werden, so dass die Ergebnisse und deren Bewertung besser nachvollzogen werden können.

Aufgerufen zur Teilnahme an unserer Umfrage waren alle Affiliates und Mitarbeiter von als Affiliate tätigen Unternehmen in ganz Deutschland. Um möglichst viele davon zu erreichen, wurde die Umfrage über verschiedene Medien breit gestreut: Partnerprogrammnewsletter in den von Projecter betreuten Partnerprogrammen, Affiliate Agenturnewsletter von Projecter, Social Media Profile von Projecter, Facebook-Anzeigen in relevanten Zielgruppen, Newsletter der Affiliate-Netzwerke, Blogs und Social Media Profile der Affiliate-Netzwerke, Social Media Profile von Branchenmultiplikatoren usw. Zudem wurden als Anreiz zur Teilnahme an der Umfrage Preise verlost. Die Teilnahme am Gewinnspiel war jedoch freiwillig und die Eingabe persönlicher Daten erfolgte getrennt von der Datenerfassung.

Die Erhebung der Daten erfolgte vom 23. März bis 07. Mai 2015. In diesem Zeitraum nahmen 400 Affiliates an der Umfrage teil. 200 Datensätze waren vollständig und gaben Auskunft zu allen Fragestellungen. Auf alle vollständigen Datensätze wurden in der Auswertung zurückgegriffen. Unvollständige Datensätze wurden hinsichtlich ihrer Plausibilität überprüft und bei einem entsprechenden Informationsgehalt ebenfalls an den möglichen Stellen einbezogen.

Die Affiliates mussten zur vollständigen Teilnahme an der Umfrage 13 Fragen beantworten:

Wie würdest du dein Engagement als Affiliate beschreiben?
(nur eine Antwort möglich)

- ☐ Hauptberuflich
- ☐ Nebenberuflich
- ☐ Angestellter eines Affiliate Unternehmens
- ☐ Hobby

Mit wie vielen Partnerprogrammen arbeitest du aktiv zusammen? (nur eine Antwort möglich)

- ☐ 1-5
- ☐ 6-20
- ☐ 21-50
- ☐ 51-100
- ☐ Mehr als 100

Wie informierst du dich über neue bzw. bestehende Partnerprogramme am Markt? (mehrere Antworten möglich)

- ☐ Partnerprogramm-Empfehlungen nach dem Netzwerk-Login
- ☐ Partnerprogramm-Beschreibung im Netzwerk
- ☐ allgemeine Newsletter der Netzwerke
- ☐ Newsletter eines Partnerprogrammbetreibers
- ☐ Website eines Partnerprogrammbetreibers
- ☐ Partnerprogramm-Verzeichnisse (z.B. 100Partnerprogramme)
- ☐ Affiliate Marketing Blogs
- ☐ Empfehlungen
- ☐ Gar nicht
- ☐ Sonstiges (offene Antwort)

Wie viele Einnahmen generierst du durchschnittlich pro Monat durch Affiliate Marketing? (nur eine Antwort möglich)

- ☐ 0 - 200€
- ☐ 201€ - 500€
- ☐ 501€ - 1000€
- ☐ 1001€ - 3000€
- ☐ über 3001€

Mit welchem Netzwerk arbeitest du am liebsten?
(nur eine Antwort möglich)

- ☐ Adcell
- ☐ Affilinet
- ☐ Belboon
- ☐ CJ
- ☐ Retailerweb
- ☐ SuperClix
- ☐ Tradedoubler
- ☐ TradeTracker
- ☐ Wegbains
- ☐ Zanox
- ☐ Sonstiges (offene Antwort)

Wie zufrieden bist du mit dem Support der folgenden Netzwerke:
(nur eine Antwort je Netzwerk möglich)

	sehr zufrieden	zufrieden	neutral	unzufrieden	sehr unzufrieden	kann ich nicht beurteilen
Adcell	☐	☐	☐	☐	☐	☐
Affilinet	☐	☐	☐	☐	☐	☐
Belboon	☐	☐	☐	☐	☐	☐
CJ	☐	☐	☐	☐	☐	☐
SuperClix	☐	☐	☐	☐	☐	☐
Tradedoubler	☐	☐	☐	☐	☐	☐
TradeTracker	☐	☐	☐	☐	☐	☐
Webgains	☐	☐	☐	☐	☐	☐
Zanox	☐	☐	☐	☐	☐	☐

Wie zufrieden bist du mit der Benutzerfreundlichkeit bei folgenden Netzwerken: (nur eine Antwort je Netzwerk möglich)

	sehr zufrieden	zufrieden	neutral	unzufrieden	sehr unzufrieden	kann ich nicht beurteilen
Adcell	☐	☐	☐	☐	☐	☐
Affilinet	☐	☐	☐	☐	☐	☐
Belboon	☐	☐	☐	☐	☐	☐
CJ	☐	☐	☐	☐	☐	☐
SuperClix	☐	☐	☐	☐	☐	☐
Tradedoubler	☐	☐	☐	☐	☐	☐
TradeTracker	☐	☐	☐	☐	☐	☐
Webgains	☐	☐	☐	☐	☐	☐
Zanox	☐	☐	☐	☐	☐	☐

Wie zufrieden bist du mit der Partnerprogramm-Auswahl bei folgenden Netzwerken: (nur eine Antwort je Netzwerk möglich)

	sehr zufrieden	zufrieden	neutral	unzufrieden	sehr unzufrieden	kann ich nicht beurteilen
Adcell	☐	☐	☐	☐	☐	☐
Affilinet	☐	☐	☐	☐	☐	☐
Belboon	☐	☐	☐	☐	☐	☐
CJ	☐	☐	☐	☐	☐	☐
SuperClix	☐	☐	☐	☐	☐	☐
Tradedoubler	☐	☐	☐	☐	☐	☐
TradeTracker	☐	☐	☐	☐	☐	☐
Webgains	☐	☐	☐	☐	☐	☐
Zanox	☐	☐	☐	☐	☐	☐

Welches eingesetzte Trackingverfahren bevorzugst du zur Abrechnung der Provision? (nur eine Antwort möglich)

☐ Last Cookie Wins Verfahren
☐ Attributionsmodelle
☐ Kommt auf das Partnerprogramm an
☐ Ist mir egal

Welches Geschlecht hast du? (nur eine Antwort möglich)

☐ Männlich
☐ Weiblich
☐ Keine Antwort

Wie alt bist du? (nur eine Antwort möglich)

☐ bis 17
☐ 18 - 24
☐ 25 - 34
☐ 35 - 44
☐ 45 und älter

Was ist dein höchster Bildungsabschluss? (nur eine Antwort möglich)

☐ Hochschulabschluss
☐ Abitur (allgemeine oder fachgebundene Hochschulreife)
☐ Realschulabschluss
☐ Hauptschulabschluss
☐ keiner

In welcher Branche bist du tätig? (mehrere Antworten möglich)

☐ Familie
☐ Fun und Geschenke
☐ Mode und Accessoires
☐ Möbel und Wohnen
☐ Reise und Aktivität
☐ Sport und Freizeit
☐ Technik und Entertainment
☐ Tiere
☐ Versicherung und Finanzen
☐ Branchenübergreifend
☐ Sonstiges (offene Antwort)

Bei der Betrachtung der Umfrageergebnisse müssen die folgenden Punkte bedacht werden: Zwar wurde enormer Aufwand betrieben, die Umfrage in relevanten Gruppen zu kommunizieren, dennoch ist die Fallzahl mit 400 Teilnehmern und 200 vollständigen Datensätzen gemessen am Markt relativ gering. So sind beispielsweise bei Zanox 32.000 Affiliates aktiv. Affilinet spricht von 500.000 angemeldeten Affiliates, es ist aber davon auszugehen, dass die Anzahl aktiver Affiliates in einer ähnlichen Größenordnung wie bei Zanox liegt. Damit hätte an der Umfrage nur etwas mehr als 1% der am Markt agierenden Affiliates teilgenommen. Da aber Affiliates über verschiedene Netzwerke und auch Partner mit verschiedensten Geschäftsmodellen, Professionalitätsgraden und Erfahrungen an der Umfrage teilgenommen haben, kann die Stichprobe von 400 als repräsentativ angenommen werden.

Weiterhin ist zu beachten, dass Projecter zum Zeitpunkt der Datenerhebung sehr viele Partnerprogramme betreut, die bei Affilinet betrieben werden und einen starken E-Commerce Fokus aufweisen. Da die Wahrscheinlichkeit der Teilnahme an der Umfrage unter Umständen mit dem Grad der persönlichen Beziehungen zu Projecter steigt, kann sich diese Struktur auch in den Antworten widerspiegeln. So kann besonders die Frage nach dem Lieblingsnetzwerk nicht-repräsentativen Einflüssen unterliegen. Wie stark dieser Faktor die Ergebnisse beeinflusst, ist dennoch nicht abzuschätzen. Die Eindeutigkeit des Ergebnisses bei dieser Frage lässt zwar deutliche Tendenzen erkennen, muss aber in dieser Größenordnung nicht der Marktsituation entsprechen.

Andere Umfrageergebnisse wie die nach der Branche spiegeln dagegen eine Verteilung wider, die sich mit dem Profil der von Projecter betreuten Partnerprogramme nicht deckt. Das macht deutlich, dass Färbungen der Ergebnisse durch die Kundenstruktur der Agentur zwar an einigen Stellen vermutet, nicht aber als durchgehendes Element erkannt werden können.

Die Auseinandersetzung mit der Aussagekraft einzelner Umfrageergebnisse erfolgt im Buch jeweils an der Stelle, an der die Daten verwendet werden.

Glossar

A

Advertiser Ein Advertiser (auch: Merchant oder Partnerprogrammbetreiber) ist ein kommerzieller Anbieter von Produkten oder Dienstleistungen, die im Internet von Vertriebspartnern (Affiliates) vermarktet werden sollen. Der Advertiser stellt seinen Partnern Werbemittel zur Verfügung und zahlt eine leistungsorientierte Provision für die Vermittlung von Kunden.

AdRank Der AdRank wurde vom Affiliate-Netzwerk Zanox entwickelt und bietet die Möglichkeit, die Performance eines Merchants oder eines Affiliates zu beurteilen. Der AdRank kann einen Wert zwischen 0 und 10 annehmen. Die Bewertung stützt sich auf Parameter wie erzielte Sales, Leads, Umsatz, Provisionen und Traffic.

Affiliate Ein Affiliate (auch: Partner oder Publisher) ist ein Vertriebspartner von Onlineshops oder anderen kommerziellen Dienstleistern. Als Internetunternehmer werben Affiliates für die Produkte anderer Anbieter. Als Werbefläche werden u.a.

eigene Websites, Newsletter oder Anzeigen in Suchmaschinen verwendet. Für jeden vermittelten Kunden erhält der Affiliate eine Provision.

Affiliate Marketing Affiliate Marketing ist ein stark erfolgsorientierter Teil des Online Marketing, bei dem ein kommerzieller Anbieter (Merchant) seine Vertriebspartner (Affiliates) mit einer Provision vergütet. Der Merchant stellt Werbemittel zur Verfügung, die es dem Affiliate ermöglichen, die Produkte des Anbieters über verschiedene Kanäle zu bewerben. Für jeden Kunden bzw. Verkauf erhält der Partner eine Vermittlungsprovision. Die administrative und technische Abwicklung findet in der Regel über Affiliate-Netzwerke statt.

Affiliate-Netzwerk Affiliate-Netzwerke sind unabhängige Plattformen, auf denen sich sowohl Merchants als auch Affiliates registrieren können. Ein Merchant betreibt sein Partnerprogramm in einem Affiliate-Netzwerk, in dem er Werbemittel zur Verfügung stellt und Rahmenbedingungen definiert. Affiliates können sich innerhalb der Affiliate-Netzwerke für verschiedene Partnerprogramme bewerben. Ein Netzwerk übernimmt vor allem technische und administrative Aufgaben. Zu den bekanntesten Affiliate-Netzwerken am deutschen Markt zählen Adcell, Affilinet, Belboon, CJ, Superclix, Tradedoubler, Webgains und Zanox.

Affiliate Software Mithilfe einer Affiliate Software wird ein eigenes Partnerprogramm, unabhängig von einem Affiliate-Netzwerk, aufgebaut und verwaltet. Dabei wird zwischen einer Standalone Software, die auf einem eigenen Webserver installiert und betrieben wird, und Software as a Service Lösungen von Drittanbietern unterschieden. Dieser Drittanbieter hostet die Software auf seinen Servern, auf die über eine Benutzeroberfläche zugegriffen wird.

AGB — Allgemeine Geschäftsbedingungen Die Allgemeinen Geschäftsbedingungen, kurz AGB, sind ein wichtiger Bestandteil des heutigen Geschäftslebens. Gemeint sind einseitig vorformulierte Vertragsbedingungen, die zur einheitlichen und vereinfachten Abwicklung gleichartiger Rechtsgeschäfte (z.B. Bestellungen) dienen.

API — Application Programming Interface Eine API ist eine Programmierschnittstelle, mit deren Hilfe sich z. B. der Zugriff auf Datenbanken und Benutzeroberflächen ermöglichen und vereinfachen lässt. APIs dienen dem Austausch von Daten zwischen verschiedenen Websites, Programmen und Content-Anbietern.

Attribution Mit Attribution ist im Affiliate Marketing eine qualitative Weiterentwicklung der Customer Journey Analyse gemeint. Ziel ist es, die Effektivität einzelner Affiliates in der Customer Journey analysieren zu können und auch die Vergütung auf den Anteil des Affiliates am entstanden Verkauf anzupassen.

Autofreigabezeit Mit der Autofreigabezeit wird die Zeitspanne bezeichnet, die zwischen einer Transaktion und der automatischen Freigabe der Affiliateprovision durch das Netzwerk liegt, wenn der Merchant den Sale nicht bearbeitet. Die Länge der Autofreigabezeit richtet sich nach Branche, Widerrufsfristen und der Dauer von Validierungsprozessen des Merchants. Normalerweise liegt sie bei 30 bis 60 Tagen.

B

Backup Als Backup wird die Sicherung relevanter Daten durch vollständiges oder teilweises Kopieren der Daten auf ein separates Speichermedium bezeichnet. Aus der erstellten Sicherungskopie lassen sich jederzeit Originaldaten wiederherstellen.

Bannerwüste Als Bannerwüste wird umgangssprachlich eine Affiliate Seite bezeichnet, die keinen oder nur wenig Text, sondern ausschließlich eine Aneinanderreihung von Bannern verschiedener Merchants enthält. Der Mehrwert einer Kooperation mit solchen Websites ist aus Merchant-Sicht meist sehr gering, da der Affiliate keinen zielgerichteten Traffic generiert.

Basket Freeze Ein Basket Freeze oder auch Session Blocker sorgt dafür, dass der Cookie des Nutzers nur noch in bestimmten Fällen überschrieben werden kann. Startet ein Nutzer in einem Onlineshop den Bestellprozess, indem er Produkte in den Warenkorb legt, wird für einen bestimmten Zeitraum die vor dem Basket Freeze zuletzt gesetzte Trackinginformation auf der Bestellbestätigungsseite herangezogen, um die Bestellung dem jeweiligen Kanal zuzuordnen.

Basket Tracking Während übliches Tracking nur Auskunft über den Nettowarenwert des gesamten Warenkorbs gibt, ist mit dem Basket Tracking eine Darstellung der Transaktion auf Artikelebene möglich.

Batch Upload Der Begriff Batch Upload bezeichnet die Stapelverarbeitung mehrerer Dateien. In den unterschiedlichen Affiliate-Netzwerken können mit dieser Option Provisionen freigegeben oder storniert bzw. neue Transaktionen angelegt werden. Dies erleichtert die Provisionsbearbeitung, da sich viele Provisionen gleichzeitig bearbeiten lassen. Das Hochladen (Upload) der Daten, welche meist in einer CSV-Datei vorliegen, erfolgt entweder über eine Benutzeroberfläche oder per FTP.

Black-Hat Black-Hat ist eine Methode aus der Suchmaschinenoptimierung (SEO), bei der eine Verletzung der Richtlinien von Suchmaschinenbetreibern wie Google, Yahoo oder Bing in Kauf genommen wird, um ein besseres Ranking zu erzielen. Eingesetzt werden Spam-Methoden wie Link-Farmen oder Text-Spinning.

Blacklist Auf einer Blacklist werden im Affiliate Marketing unseriöse Anbieter dokumentiert. Ihre User-ID und andere Details werden festgehalten, um ein erneutes Auftreten zu verhindern. Jedes Affiliate-Netzwerk verfügt über eine solche „schwarze Liste", auch wenn sie nicht öffentlich geteilt wird.

Blog Der Blog bzw. Weblog ist ein öffentliches Online-Tagebuch oder Journal in chronologisch gestalteter Reihenfolge. In der Regel wird ein Blog von einer Person betreut und mit Inhalten versorgt. Neben persönlichen Blogs gibt es auch Blogs zu bestimmten Themen (Themenblog) oder Firmen (Firmenblog).

Blogger Relations Mit Blogger Relations ist die Medienbeziehung von Unternehmen zu Blogbetreibern gemeint. Um die Reichweite für eigene Produkte zu erhöhen, kooperieren Unternehmen mit Bloggern. Diese sorgen für eine persönliche und emotionalisierte Berichterstattung über das jeweilige Produkt.

Brand Bidding Als Brand Bidding wird im Suchmaschinenmarketing die Schaltung von Werbeanzeigen auf den Markensuchbegriff bezeichnet. Zumeist steht das Brand Bidding in einem negativen Kontext, da darunter die Anzeigenschaltung eines

Werbetreibenden verstanden wird, der nicht im Besitz der beworbenen Marke ist. Häufig handelt es sich um Wettbewerber, die das Suchvolumen der Konkurrenzmarke für eigene Zwecke nutzen wollen. Brand Bidding wird in einigen Fällen von Affiliates betrieben, die durch die Brand Sales von einer Provision für jeden vermittelten Kunden profitieren.

Brand Sales Als Brand Sales werden Conversions bezeichnet, die über die Suche nach dem Markennamen des Merchants generiert wurden (Brand Bidding). Diese sind meist preisgünstig, da wenig Konkurrenz und eine hohe Conversion Rate für einen günstigen CPA sorgen.

Browser Plugin Ein Browser Plugin (Browser Extension) ist ein Programm, das die Funktion des Webbrowsers erweitert. Ein solches Plugin ergänzt den Browser z.B. um eine zusätzliche Toolbar oder ermöglicht das Anzeigen von Flashfilmen.

B2C — Business to Customer B2C ist die Abkürzung für Business-to-Customer und bezeichnet die Kommunikations- und Handelsbeziehungen zwischen einem Unternehmen und dem Endkunden.

B2B — Business to Business B2B ist die Abkürzung für Business-to-Business und bezeichnet die Geschäftsbeziehungen zwischen mindestens zwei Unternehmen.

C

Call to Action Mit Call to Action ist ein „Handlungsaufruf" gemeint, der sich direkt an den Konsumenten richtet. Im Rahmen einer Werbung wird von einem Call to Action gesprochen, wenn der Empfänger dazu aufgefordert wird, sich mit dem Produkt in einer bestimmten Art und Weise auseinanderzusetzen. Dies kann z.B. der Kauf des jeweiligen Produkts („jetzt kaufen") oder auch die Anmeldung zu einem Newsletter sein.

Cashback-/ Bonussysteme Durch die Teilnahme an einem Cashback- bzw. Bonussystem haben Endkunden die Möglichkeit, je nach Bestellwert eine Gutschrift in Form von Geld, Bonuspunkten oder anderen virtuellen Währungen zu erhalten. Diese können sie sich in Form von Bargeld oder Prämien auszahlen lassen.

Container Tag/ Tracking Container Ein Container Tag bzw. Tracking Container besteht aus einem kurzen JavaScript Code, der in den Quelltext einer Website integriert wird. Er ermöglicht es dem Betreiber der Website, Tags hinzuzufügen oder zu löschen, ohne dabei den Quellcode zu verändern. Im Affiliate Marketing finden Container Tags vor allem im Retargeting Anwendung.

CMS — Content Management System Unter einem Content Management System (kurz: CMS) wird ein System verstanden, das per Software die Verwaltung, Erstellung, Bearbeitung und Organisation von Inhalten ermöglicht. Dafür werden in der Regel keine Programmierkenntnisse benötigt, da die Plattform in der Regel alle Funktionen zum Einstellen und Veröffentlichen von Inhalten bereithält.

Conversion Eine Conversion ist das Abschließen einer vom Merchant gewünschten Aktion wie einer Bestellung (Sale) oder einer Anmeldung (Lead).

Conversionpixel Ein Conversionpixel ist ein Code-Schnipsel, das auf einer Website integriert wird, um nachzuvollziehen, ob ein User eine bestimmte Aktion erfolgreich abgeschlossen hat. Dies kann z.B. der Kauf eines bestimmten Produkts oder die Registrierung auf einer Website sein.

Conversion Rate Die Conversion Rate gibt an, wie viel Prozent der Besucher einer Website eine gewünschte Aktion ausführen. Eine Conversion kann z.B. ein Kauf, eine Anmeldung zum Newsletter oder eine Anfrage sein.

Cookie Der Cookie ist eine Textdatei, die vom Webserver an den Browser übermittelt wird. Er speichert Nutzerdaten, die beim nächsten Besuch einer Website wieder aufgerufen werden können. In der Regel haben Cookies eine begrenzte Lebensdauer, d. h. sie werden nach einer bestimmten Zeit automatisch gelöscht. Der Nutzer hat darüber hinaus die Möglichkeit, Cookies in den Browsereinstellungen manuell zu löschen.

Cookie Dropping Cookie Dropping bezeichnet das betrügerische Setzen von Cookies bei Besuchern einer Website, ohne dass auf einen Link oder Banner geklickt wurde. Der Betreiber des Cookie Dropping spekuliert darauf, dass der Besucher ohnehin im Onlineshop des Merchants einkauft und würde in diesem Fall eine Provision erhalten, ohne eine Werbeleistung erbracht zu haben.

Cookie-Laufzeit Die Cookie-Laufzeit gibt an, wie lange der gesetzte Cookie gültig ist. Dieser Zeitraum umfasst im Affiliate Marketing bei Click Cookies üblicherweise 30 bis 60 Tage.

CPA – Cost per Acquisition

Der CPA bezeichnet die Kosten, die für die Ausführung einer gewünschten Aktion aufgewendet werden müssen. Entstehen Kosten in Höhe von 100 Euro für die Erzielung von 20 Anfragen, dann beträgt der CPA 5 Euro. Die Begriffe CPA (Kosten pro Akquisition) und CPO (Kosten pro Bestellung) werden oft synonym verwendet.

CPC – Cost per Click Cost per Click, auch Kosten pro Klick genannt, ist ein gängiges Abrechnungsmodell im Online Marketing. Für jeden Klick wird ein fester Preis gezahlt. Das Modell findet vor allem im SEA Anwendung.

CPO – Cost per Order Der CPO bezeichnet die Kosten, die für die Erzielung einer Bestellung im Onlineshop aufgewendet werden müssen. Der CPO kann auch in Relation zum Umsatz angegeben werden. Entstehen Kosten in Höhe von 100 Euro für die Generierung von 500 Euro Umsatz, beträgt der CPO 20%. Die Begriffe CPO (Kosten pro Order) und CPA (Kosten pro Akquisition) werden oft synonym verwendet.

CPM – Cost per Mille Cost per Mille (CPM) bzw. Tausender-Kontakt-Preis (TKP) bezeichnet den Betrag, den ein Werbetreibender an den Betreiber einer Website für 1.000 erzielte Einblendungen eines Werbemittels entrichtet.

CSS – Cascading Style Sheets CSS ist die Abkürzung für Cascading Style Sheets, die vor allem in Verbindung mit den Programmiersprachen HTML und XML dazu dienen, die Inhalte separat durch CSS-Klassen hinsichtlich Schriftart, Farbe und Layout zu gestalten.

Customer Journey Die Customer Journey bezeichnet die Berührungspunkte eines Konsumenten mit einer Marke, einem Produkt oder einer Dienstleistung. Sie ist relevant für das Affiliate Marketing, da ein Kunde während des Informations- und Kaufprozesses auf Werbemittel verschiedener Netzwerke und Affiliates klicken und sich so mehrere Cookies „einfangen" kann. Vergütet wird meist nur der Affiliate, der den letzten Cookie gesetzt hat (Last Cookie Wins), da eine Abbildung der gesamten Customer Journey bislang schwer umsetzbar ist.

Customer Journey Tracking Das Customer Journey Tracking dient dazu, den Kaufprozess eines Konsumenten abzubilden. Dabei hat die gewählte technische Tracking-Methode Einfluss auf die mögliche Tiefe und Präzision der Daten und beeinflusst somit das Ergebnis der Analyse.

Customer Lifetime Customer Lifetime bezeichnet die Dauer der Geschäftsbeziehung zwischen Shop und Kunde. Im Optimalfall kauft der durch Affiliate Marketing gewonnene Neukunde nicht nur einmal, sondern wird zum Bestandskunden und kauft wiederholt ein. Auf Basis des Kundenpotenzials (geschätzter zukünftiger Umsatz) lässt sich mittels verschiedener Methoden der Customer Lifetime Value (Wert des Kunden) berechnen. Im Affiliate Marketing kann dieser Wert z. B. bei der Erstellung der Provisionsstaffel herangezogen werden.

D

Datenfeed Ein Datenfeed ist eine Datei, die eine Liste mit Produkten und den dazugehörigen Attributen beinhaltet. Die Attribute dienen dabei der Beschreibung der Produkte. Datenfeeds kommen bei verschiedenen Vertriebspartnern zum Einsatz, z.B. bei Google Shopping oder Preissuchmaschinen.

Deeplinks Hyperlinks, die direkt auf eine bestimmte Unterseite einer Website verlinken, werden als Deeplinks bezeichnet. Der Wortstamm „Deep" beschreibt dabei eine tiefer liegende Ebene einer Website. Deeplinks haben den Vorteil, dass Benutzer z.B. über Suchmaschinen direkt auf relevante Unterseiten einer Website geleitet werden können.

Deeplinkgenerator Ein Deeplinkgenerator dient zur Erstellung von individuellen Textlinks und hilft, kurze und gut lesbare Deeplinks direkt zu Artikeln oder Artikelgruppen zu generieren und gleichzeitig funktionierendes Affiliate Tracking zu gewährleisten.

Domain / Subdomain Eine Domain ist ein logisch abgegrenz-
ter Bereich eines Netzwerks. Sie ist ein Teilbereich des Domain
Name Systems, das jedem Rechner einer Domain eine eigene
Bezeichnung zuweist. Dabei wird jedem Domainnamen eine nu-
merische IP-Adresse zugewiesen, auf die die jeweilige Domain
verweist, um z.B. eine Website von einem Webserver abzurufen.
Eine Subdomain wiederum bezeichnet eine Domain, die hierar-
chisch unterhalb einer Domain liegt, also: subdomain.domain.
topleveldomain.

Double Opt-In Double Opt-In ist ein Verfahren aus dem E-
Mail Marketing. Im Gegensatz zum einfachen Opt-In-Verfahren
muss der potentielle Empfänger eines Newsletters beim Double
Opt-In die im ersten Schritt erfolgte Anmeldung in einem zweiten Schritt bestätigen.

Dublette Als Dublette wird eine in mindestens zwei Affiliate-
Netzwerken angefallene Transaktion mit derselben Transaktionsnummer bezeichnet. Sie entsteht, wenn sich ein Kunde auf
seiner Customer Journey mehrere Cookies „einfängt". Mithilfe einer Trackingweiche lässt sich verhindern, dass die gleiche
Transaktion in mehreren Netzwerken erfasst wird.

E

EAN — European Article Number Die European Article Number ist eine Variante der Global Trade Item Number (GTIN), mit
der sich kommerzielle Produkte identifizieren lassen. Die Nummer wird in der Regel mit einem aufgedruckten Barcode übermittelt. Neben EAN und GTIN dienen auch die Attribute Marke
und die Manufacturer Part Number (MPN) der eindeutigen Produktkennzeichnung.

EPC — Earnings per Click Earnings per Click (EPC) steht für
die Einnahmen, die der Betreiber einer Website durchschnittlich
pro Klick (auf ein Werbemittel) erhält. Zumeist bezieht sich der
EPC auf 100 Klicks.

EPL — Earnings per Lead Earnings per Lead (EPL) bezeichnet
die Einnahmen, die pro Lead erzielt werden.

EPO — Earnings per Order Earnings per Order (EPO) bezeichnet die Einnahmen, die pro Bestellung in einem Onlineshop umgesetzt werden.

EPM — Earning per Mille Earning per Mille (EPM) bezeichnet den Betrag, den ein Betreiber einer Website für 1000 Einblendungen eines Werbemittels einnimmt.

F

Fingerprint Tracking Beim Fingerprint Tracking werden Systemdaten wie IP-Adresse, Bildschirmauflösung, Betriebssystem und Webbrowser des Benutzers gesammelt. Aus diesen Daten wird im System des Partnernetzwerks eine digitale Signatur, eine Art Fingerprint, erstellt. Über das Fingerprint Tracking lassen sich zudem Informationen zu Kampagnen und Affiliates gewinnen, mit deren Hilfe sich Leads, Sales und/oder Klicks innerhalb eines bestimmten Zeitraums zuordnen lassen.

First Cookie Wins Als First Cookie Wins wird ein Vergütungsmodell bezeichnet, bei dem die Provision jenem Affiliate gutgeschrieben wird, der den ersten Werbemittelkontakt hergestellt hat. In diesem Fall „gewinnt" der erste Cookie, der im Client Browser hinterlegt wird. Dies gilt selbst dann, wenn der Besucher zu einem späteren Zeitpunkt über andere Affiliate-Seiten auf die Zielseite des Werbemittels gelangt.

Flash Flash ist ein vektorbasiertes Format, mit dem in Browsern interaktive und multimediale Animationen abgespielt werden können.

Flash-Banner Ein Flash-Banner ist ein Werbebanner, der auf die Flash-Technologie zurückgreift. Flash-Banner sind in der Regel animiert oder sogar interaktiv.

Fraud Fraud (auf Deutsch: Betrug) sind den Partnerprogrammrichtlinien widersprechende Handlungen von Affiliates, die zur Verwarnung oder Beendigung der Partnerschaft führen können. Beispiele sind Brand Bidding oder Cookie Dropping.

FTP — File Transfer Protocol Das File Transfer Protocol (FTP) basiert auf dem Transferprotokoll TCP (Transmission Control Protocol) und dient der Übertragung – Upload und Download – von Text- und Binärdateien. Dabei wird eine FTP-Software eingesetzt, die eine Verbindung zwischen einem lokalen Rechner und einem Webserver bzw. anderen Rechner herstellt, um den Datenaustausch zu steuern.

G

Google AdWords Google AdWords bezeichnet die Anzeigenschaltung auf Google-Suchergebnisseiten und auf Websites, die zum Google-Werbenetzwerk gehören. In Deutschland wird Google AdWords oft synonym für Suchmaschinenmarketing (SEM = Search Engine Marketing, bzw. SEA = Search Engine Advertising), Keyword Marketing oder Keyword Advertising verwendet.

Google Shopping Google Shopping (zuvor: Google Produktsuche) ist eine Produktsuchmaschine von Google und dient dem Vergleich mehrerer Onlineshops. Abgerechnet wird die Platzierung per CPC Vergütung über Google AdWords.

Grey-Hat Grey-Hat bezeichnet die Grauzone zwischen White Hat und Black-Hat Methoden im SEO. Als Grey-Hat gelten fragwürdige, aber nicht ausdrücklich verbotene Methoden, wie z.B. der systematische Aufbau von Backlinks.

H

Hijacking Hijacking bedeutet so viel wie Entführung. Dabei gibt es verschiedene Formen, die sich jeweils nach dem „entführten" Objekt richten. Im Affiliate Marketing ist darunter die nicht erlaubte Verwendung der URL oder der kompletten Anzeige eines Merchants bei Google AdWords zu verstehen (Ad Hijacking).

HTML – Hypertext Markup Language HTML ist eine textbasierte Programmiersprache, die der Strukturierung und Formatierung von Grafiken, Texten und Hyperlinks in Dokumenten dient. HTML-Dokumente bilden die Grundlage zur Darstellung von Websites über einen Webbrowser, der den Code aus den HTML-Dokumenten interpretiert und darstellt.

HTML5 HTML5 ist die fünfte und aktuellste Fassung der Hypertext Markup Language, der Standard-Programmiersprache im World Wide Web. Seit Oktober 2014 ersetzt sie HTML4 und ermöglicht es, Texte, Bilder, Videos und andere Elemente in einem Webdokument plattformübergreifend darzustellen.

I

iFrame Der Begriff iFrame steht kurz für Inlineframe. Es handelt sich um ein HTML Element, das innerhalb einer Website platziert wird und den Rahmen für weiteren Content, der über eine URL in den iFrame geladen wird, bildet.

Impressionen Eine Impression (auch: Page Impression, PI) bezeichnet den Aufruf einer einzelnen Seite innerhalb einer Website. Die Anzahl an Impressionen pro Monat ist vor allem für Websites interessant, die Werbeplätze auf ihrer Seite verkaufen möchten.

Inhouse-Partnerprogramm Anstatt ein Partnerprogramm technisch und organisatorisch über Affiliate-Netzwerke abzuwickeln, übernimmt der Merchant dies bei einem Inhouse-Partnerprogramm selbst. Die notwendige Infrastruktur lässt sich von Technologieanbietern zukaufen. Alternativ werden Inhouse-Partnerprogramme auch als Private Network, Inhouse Network oder Private Program bezeichnet.

IP – Internet Protocol IP ist die Abkürzung für Internet Protocol. Innerhalb eines Netzwerks (z.B. im World Wide Web) verfügt jeder Computer bzw. Webserver über eine eindeutige Kennnummer – die IP-Adresse. Das Internet Protocol als Netzwerkprotokoll gruppiert ein Netzwerk in logische Einheiten (Subnetze), ermöglicht damit den Aufbau von Verbindungen zwischen verschiedenen Computern und ist Grundlage für die Weiterleitung (Routing) von Netzwerkpaketen.

K

Keyword Der Begriff Keyword taucht im Online Marketing vor allem im Zusammenhang mit Suchmaschinen auf. Im Suchmaschinenmarketing definiert der Werbetreibende ein Keyword, für das eine Werbeschaltung ausgelöst werden soll. Durch verschiedene Keyword Optionen lassen sich im Suchmaschinenmarketing mehrere Suchbegriffe durch ein Keyword abdecken.

Keyword Domain Eine Keyword Domain ist eine Domain, die einen relevanten Begriff als Second Level Domain beinhaltet. Da der Domain Name ein Ranking-Kriterium für Suchmaschinen sein kann, nutzen viele Webseitenbetreiber Keyword Domains um damit eine gute Grundlage zur Suchmaschinenoptimierung für bestimmte Suchbegriffe zu schaffen. Die Relevanz von Keyword Domains nimmt aber immer weiter ab.

Kontextsensitive Werbemittel Kontextsensitive Werbemittel passen sich im Vergleich zu normalen Werbemitteln wie Bannern oder Textlinks dynamisch an den Kontext (Inhalt) einer Website an. Der Besucher einer Website bekommt also Produkte in Form von Banner- oder Textwerbung angezeigt, die thematisch zum Inhalt der Website passen. Dies führt in der Regel zu höheren Klick- und Conversion Rates.

KPI – Key Performance Indicator Key Performance Indicator (KPI) ist ein Begriff aus der Betriebswirtschaft und bezeichnet die wichtigsten Kennzahlen einer unternehmerischen Maßnahme. Im Affiliate Marketing kann das aus Merchant-Sicht je nach Zielsetzung z.B. der Traffic, Umsatz über den Affiliate Kanal oder die durchschnittlich ausgeschüttete Provision sein.

L

Landing Page Eine Landing Page ist die Unterseite einer Website, die ein Besucher nach einem Klick auf ein Werbemittel angezeigt bekommt. Dabei kann es sich im Prinzip um jede beliebige Seite handeln, z.B. um die Startseite, um eine Produktseite, eine Kategorieseite, eine Formularseite oder eine Kontaktseite. Wichtig ist, dass der Inhalt der Seite mit dem Bedürfnis des Besuchers übereinstimmt.

Last Cookie Wins Beim Last Cookie Wins Prinzip wird dem Affiliate, der den letzten Werbekontakt vor dem Kauf hergestellt hat, der Verkauf und damit auch die Provision zugerechnet. Last Cookie Wins ist aktuell das am häufigsten angewandte Vergütungsmodell.

Layer Ad Layer Ads sind Werbemittel – zumeist Banner – die sich über den eigentlichen Content einer Website legen und entweder nach einer gewissen Zeit automatisch ausgeblendet werden oder per Klick zu schließen sind. Diese Werbeform erreicht zwar hohe Aufmerksamkeit, wird jedoch oft als störend und aufdringlich wahrgenommen.

Lead Ein Lead bezeichnet eine erfolgreiche Kontaktherstellung zwischen dem Unternehmen und einem potentiellen Kunden. Affiliates erhalten für Leads auch dann eine Provision, wenn zwischen dem Unternehmen und dem potentiellen Kunden letztendlich keine Geschäftsbeziehung entsteht. Das macht diese Vergütungsform tendenziell anfällig für Betrugsversuche, in dem Fake-Leads generiert werden, bei denen von vornherein keine Abschlusswahrscheinlichkeit besteht.

Liftetime Vergütung Lifetime Vergütung bedeutet, dass Affiliates nicht nur von der ersten Transaktion eines vermittelten Kunden profitieren, sondern auch für weitere durch diesen Kunden ausgeführte Transaktionen provisioniert werden.

Long Tail Der Long Tail bezeichnet eine große Anzahl von Produkten, die einzeln betrachtet keine große Nachfrage aufweisen. Alle Produkte zusammen genommen verfügen jedoch über ein relevantes Suchvolumen. Einige Affiliates konzentrieren sich auf die Vermarktung solcher Long Tail Produkte, da der Wettbewerb wesentlich geringer ist als bei umsatzstarken Produkten.

M

Makro Ein Makro ist eine festgelegte Reihe von Befehlen und Aktionen, die durch ein Programm automatisch ausgeführt werden. Makros erleichtern und beschleunigen häufig auftretende Arbeitsschritte und werden vorwiegend in der Tabellenkalkulation, Textverarbeitung oder in Datenbanksystemen eingesetzt.

Markenbekanntheit Die Markenbekanntheit misst den Anteil einer bestimmten Zielgruppe, die eine Marke kennt. Es wird untersucht, unter welchen Bedingungen sich Testpersonen an eine Marke erinnern und ob sie die Marke der richtigen Produktkategorie zuordnen können. Es lässt sich zwischen einer aktiven und einer passiven Bekanntheit differenzieren: Zielpersonen können entweder eine Marke aktiv nennen oder passiv wiedererkennen, wenn diese vorgelegt wird.

Marketing-Mix Unter Marketing-Mix wird die Kombination verschiedener Marketing Instrumente verstanden. Klassischerweise werden die Instrumente in die vier P´s Price, Place, Product und Promotion gruppiert. Daraus resultieren Marketingmaßnahmen im Rahmen der Preis-, Distributions-, Produkt- und Kommunikationspolitik, die allesamt Auswirkungen auf die Ausrichtung des Partnerprogramms haben können.

Merchant Ein Merchant (auch: Advertiser oder Partnerprogrammbetreiber) ist ein kommerzieller Anbieter von Produkten oder Dienstleistungen, die im Internet von Vertriebspartnern (Affiliates) vermarktet werden sollen. Der Merchant stellt seinen Partnern Werbemittel zur Verfügung und zahlt eine leistungsorientierte Provision für die Vermittlung von Kunden.

Meta-Netzwerke Meta-Netzwerke dienen als Aggregator von Partnerprogrammen für ihre Affiliates. Sie melden sich als Affiliate bei den Partnerprogrammen der verschiedenen Affiliate-Netzwerke an. Diesen Zugang zum Partnerprogramm stellen sie dann wiederum den in ihrem Meta-Netzwerk angemeldeten Affiliates zur Verfügung. Meta-Netzwerke sind für Affiliates als Netzwerk tätig. Aus Sicht des Merchants treten sie als Affiliate auf.

MPN — Manufacturer Part Number Die Manufacturer Part Number oder abgekürzt MPN ist die Herstellernummer für ein bestimmtes Produkt. Sie dient neben den Attributen Marke und GTIN bzw. EAN zur eindeutigen Produktkennzeichnung.

O

Overlay Bei einem Overlay handelt es sich um ein Element, das sich über die geöffnete Seite im Browser legt. Eingesetzt werden z.B. sogenannte Exit Intent Overlays, die im Shop dann eingeblendet werden, wenn der Besucher mit der Maus Richtung Kreuz zum Schließen des Tabs im Browser fährt.

P

Paidmailer Paidmailer sind Anbieter, die Werbemails versenden und den Empfängern der Mail eine Vergütung für die Ausführung von Klicks oder Leads auszahlen.

PPC — Pay per Click Bei einer Abrechnung auf PPC Basis erhält der Affiliate eine vorab vereinbarte feste Vergütung für jeden Klick, den er zum Shop des Merchants generiert.

PPL — Pay per Lead Bei Pay per Lead Abrechnungsmodellen erhält der Affiliate eine Provision, wenn er eine Kontaktaufnahme zwischen User und Merchant herstellt. Solch ein Lead kann z.B. eine Anfrage oder die Bestellung eines Newsletterabos sein. Das PPL Modell bietet sich besonders für beratungsintensive Güter wie Versicherungsangebote an.

PPS — Pay per Sale Bei Pay per Sale Abrechnungsmodellen erhält der Affiliate eine Provision, wenn er einen Sale für den Merchant generiert. Die Provision kann absolut oder prozentual vereinbart werden.

Performance Marketing Performance Marketing zählt zum Direct Marketing und bezeichnet den Einsatz von Instrumenten aus den Bereichen des Online Marketing mit dem Ziel, Transaktionen durch die Nutzer zu erzielen und messbar zu machen. Auf Basis dessen haben sich performance-basierte (leistungsabhängige) Vergütungsmodelle wie Pay per Click/Lead/Sale entwickelt.

PHP — Hypertext Preprocessor PHP ist ein Akronym für Professional Homepage Hypertext Preprocessor und als weit verbreitete Programmiersprache im Bereich Webprogrammierung etabliert. PHP Skripte können gezielt in HTML-Dokumente integriert werden und bieten die Möglichkeit, interaktive und dynamische Websites zu erstellen.

Pixel Als Pixel wird der einzelne Punkt in einer Rastergrafik bezeichnet, die aus einem feinen Gitter farbiger Punkte zusammengesetzt ist. Je feiner das Raster, desto höher ist die Auflösung des Bildes.

Plugin Ein Plugin (Erweiterungsmodul) beschreibt eine Software bzw. ein Script, das in ein bestehendes Softwareprodukt integriert werden kann, um dessen Funktionalität zu erweitern.

Pop-Up Pop-Up kommt aus dem Englischen und heißt frei übersetzt „plötzlich auftauchen". Es handelt sich in der Regel um eine Werbefläche, die im Browser „aufspringt". Dabei überdeckt das Pop-Up Teile der darunterliegenden Website. Für den User sind diese Pop-Ups eher störend, weshalb zahlreiche Internetnutzer sogenannte Pop-Up-Blocker installiert haben.

Pop-Under Im Unterschied zum Pop-Up öffnet sich ein Pop-Under unbemerkt im Hintergrund des Browsers. Es überdeckt nicht die Website und wird meist erst beim Schließen des Browsers bemerkt.

POP3 — Post Office Protocol Das Post Office Protocol (kurz: POP) dient der Übertragung von E-Mails. Mithilfe dieses Übertragungsprotokolls hat ein Client die Möglichkeit, E-Mails von einem E-Mail-Server abzurufen. Beim POP3 (Version 3) Protokoll erfolgt die Steuerung der Datenübertragung durch Kommandos, die über den Port 110 gesendet werden.

Post Click Beim Post Click Tracking werden Käufe/Leads einem Werbepartner zugeordnet, nachdem der Käufer das Werbemittel (Textlink, Banner, o.ä.) angeklickt hat. Die Vergütung des Sales oder Leads kann nach den verschiedenen Abrechnungsmodellen wie z.B. Pay per Sale erfolgen.

Post View Beim Post View Tracking werden Verkäufe auch dann einem Werbepartner zugeordnet, wenn der Käufer das Werbemittel nicht angeklickt, sondern nur gesehen hat. Im Moment der Einblendung eines Werbemittels wird ein View Cookie gesetzt.

Produktdaten / Produktfeed / Produktliste Produktdaten sind Informationen über die Produkte eines Onlineshops, die in einer Datei gebündelt sind. Diese Daten werden häufig genutzt, um Produkte in Suchmaschinen, in Produkt- und Preisvergleichsseiten oder ähnliche Aggregatoren einzuspeisen. Die am häufigsten genutzten Formate für Produktlisten sind XML und CSV.

Private Network Bei einem Private Network handelt es sich nicht um ein öffentliches, sondern um ein auf bestimmte Teilnehmer beschränktes Affiliate-Netzwerk. Interessant sind Private Networks vor allem für große Advertiser oder Shopbetreiber, die nur mit ausgewählten und etablierten Publishern arbeiten wollen.

Publisher Ein Affiliate (auch: Partner oder Publisher) ist ein Vertriebspartner von Onlineshops oder anderen kommerziellen Dienstleistern. Als Internetunternehmer werben Affiliates für die Produkte anderer Anbieter. Als Werbefläche werden eigene

Websites, Newsletter oder Anzeigen in Suchmaschinen verwendet. Für jeden vermittelten Kunden (je nach Partnerprogramm: Lead oder Sale) erhält der Affiliate eine Provision.

R

Ranking Ein Ranking bezeichnet eine Rangfolge mehrerer vergleichbarer Objekte. Im Bereich der Suchmaschinenoptimierung bezeichnet es die Platzierung einer Website in den Suchergebnissen.

Referrer Ein Referrer ist die Internetadresse einer Website, von der aus ein Benutzer durch entsprechendes Anklicken eines Links auf eine neue Website gelangt.

Regio Targeting Regio Targeting ist die Auslieferung einer Werbekampagne in einem geografisch begrenzten Raum, z.B. nur in Leipzig oder im Umkreis von 50km um Leipzig. Als Synonym wird auch Geo Targeting verwendet.

Relaunch Der Begriff Relaunch beschreibt die Wiedereinführung eines Produkts, einer Marke oder einer Website nach einer umfassenden Um- bzw. Neugestaltung hinsichtlich des Designs oder anderer markanter Merkmale.

Retargeting Mithilfe von Retargeting können Shopbesuchern, die selbigen ohne Kauf verlassen haben, nochmals Werbebanner mit angesehenen Produkten oder andere Werbeeinblendungen auf „fremden" Websites oder Plattformen angezeigt werden.

Robots Meta Tag Meta Tags sind Elemente im Head Bereich einer Website, die zusätzliche Angaben zur Website enthalten. Der Robots Meta Tag (z.B. `<META NAME="ROBOTS" Content="index, follow">`) weist Bots von Suchmaschinen, die die Website crawlen, darauf hin, ob die Seite im Index der Suchmaschine aufgenommen werden soll oder nicht.

RSS Feed Ein RSS Feed zeigt Änderungen auf einer Website, in einem Blog oder an den Produkten in einem Shop an. Abonniert der Leser einen Feed, wird er automatisch über Neuigkeiten informiert, ohne direkt den Blog oder den Shop besuchen zu müssen.

S

SaaS — Software as a Service Software as a Service ist ein Geschäftsmodell für Softwarehersteller, das mittels Webtechnologien Software als Dienstleistung zur Verfügung stellt. Die Software wird beim Dienstleister betrieben und der Endnutzer kann mit minimaler EDV-Infrastruktur auf diese zugreifen.
Die Abrechnung erfolgt auf Mietbasis, abhängig von der Anzahl der Nutzer oder der Nutzung.

SERP — Search Engine Result Page Der Begriff SERP ist eine Abkürzung und steht für Search Engine Result Page, also Suchergebnisseite, die Google oder eine andere Suchmaschine unter einem bestimmten Suchwort anzeigt. Je nach Suche kann diese Ergebnisseite unterschiedlich aussehen und neben den organischen Suchtreffern weitere Informationen enthalten, wie z.B. AdWords Anzeigen oder Google Maps.

Session Tracking Beim Session Tracking werden nur die Aktionen eines Nutzers auf einer Webseite aufgezeichnet und ausgewertet, die bis zum Ende der Session (z.B. Schließen des Browsers) vorgenommen werden. Ein Nutzer kann also nicht über mehrere Sessions hinweg wiedererkannt werden.

SEA — Search Engine Advertising Search Engine Advertising (SEA) bezeichnet die Anzeigenschaltung in Suchmaschinen. Synonym verwendet werden z.B. Keyword Marketing oder Keyword Advertising.

SEM — Search Engine Marketing Search Engine Marketing (SEM) ist ein Überbegriff für die Anzeigenschaltung in Suchmaschinen (SEA) und Suchmaschinenoptimierung (SEO).

SEO — Search Engine Optimization Search Engine Optimization (SEO) bzw. Suchmaschinenoptimierung ist die Einflussnahme auf die Listung in den organischen Suchergebnissen mit dem Ziel, den organischen Traffic zu steigern. Dabei wird zwischen Onpage Optimierung (alle Maßnahmen, die auf der Website selbst durchgeführt werden) und Offpage Optimierung (Reputation im Web, ausgedrückt durch Verlinkungen oder Erwähnungen und Traffic von anderen themenrelevanten Websites) unterschieden.

Sitemap Eine Sitemap ist eine strukturierte und gegliederte Auflistung von Dokumenten und Unterseiten eines Webauftritts. Sie zeigt die hierarchische Strukturierung einer Website auf.

Skyscraper Skyscraper ist eine Bezeichnung für einen bestimmten Typ Werbebanner. Dieser hat im Gegensatz zum „Full Banner" eine vertikale Form und Abmessungen von 120 x 600 Pixeln. Die breitere Version heißt Wide Skyscraper. Diese misst 160 x 600 Pixel.

SMM — Social Media Marketing Social Media Marketing (SMM) ist ein Kanal des Online Marketing, bei dem soziale Medien wie Facebook, Twitter oder Instagram zur Kommunikation und Interaktion mit dem Kunden genutzt werden. Die Ziele liegen dabei sowohl in der Neukundengewinnung und Kundenbindung als auch dem Abverkauf.

SQL Die Structured Query Language (SQL) ist eine von IBM entwickelte Abfragesprache, die dazu dient, Datenbanken zu verwalten.

SSL — Secure Sockets Layer Secure Sockets Layer (SSL) ist ein hybrides Verschlüsselungsprotokoll zur sicheren Datenübertragung im Internet. Die aktualisierte Version von SSL wird Transport Layer Security (TLS) genannt.

SubID Tracking Mithilfe des SubID Trackings ist es möglich, einem Trackinglink einen zusätzlichen Parameter (SubID) anzuhängen. Anhand dieses Identifikators können die Statistiken in den Netzwerken um eine Detailebene erweitert werden. Dies hilft, den Erfolg einzelner Werbeoptionen auszuwerten.

Suchbegriff Innerhalb des Online Marketing findet der Suchbegriff vor allem im Suchmaschinenmarketing Anwendung. Es handelt es sich um ein Wort oder eine Wortkombination, die der Nutzer einer Suchmaschine in den Suchschlitz einträgt, um ein Suchergebnis zu erhalten.

Standalone Newsletter Im Gegensatz zu einem herkömmlichen Newsletter enthalten Standalone Newsletter weniger redaktionelle Inhalte. Ein Standalone Newsletter besteht stattdessen aus Werbung und funktioniert wie ähnlich wie ein klassischer Werbebrief. Häufig werden einmalige Aktionen oder Last-Minute-Angebote eines einzelnen Merchants beworben.

Storno / Teilstorno Soll ein Affiliate für eine Transaktion keine Provision erhalten, muss der Sale oder Lead im Netzwerk storniert werden. Gründe dafür können sein, dass der Kunde nicht bezahlt hat, eine Dublette vorliegt oder der Sale entgegen den Partnerprogrammrichtlinien zustande gekommen ist. Ein Teilstorno ist vorzunehmen, wenn bspw. Teile der Bestellung vom Kunden retourniert wurden.

Stornorate Die Stornorate gibt den Anteil der stornierten Sales oder Leads im Verhältnis zu den gesamten Sales eines Online-shops an. Stornoraten können zwischen verschiedenen Branchen stark variieren. Besonders hoch sind die Quoten z.B. im Modebereich. Die Stornorate wird auch zur Bewertung von Affiliates und Partnerprogrammen herangezogen. Sind z.B. die Raten eines Affiliates besonders hoch, scheint der Traffic, der zum Shop weitergeleitet wird, nicht besonders hochwertig zu sein.

T

Template / Theme Ein Template ist die technische Vorlage einer Website, die mit Inhalten gefüllt werden kann. Es trennt Design und Inhalt von einander. Der Vorteil von Templates besteht u.a. darin, dass der Redakteur keine Vorkenntnisse in der Websiteprogrammierung benötigt.

Textlink Ein Textlink ist ein Hyperlink, der ein einzelnes oder mehrere zusammenhängende Wörter verknüpft. Beim Aufruf des Hyperlinks durch Klick auf das Wort bzw. die Wortgruppe erfolgt eine Weiterleitung zu einer festgelegten Zielseite.

TKP — Tausenderkontaktpreis TKP ist eine Abkürzung für den Tausenderkontaktpreis und dient in der Werbeplanung als wichtige Kennzahl. Der TKP gibt an, welcher Geldbetrag investiert werden muss, um mit einer Werbung 1.000 Sichtkontakte zu erreichen.

Toolbar Bei einer Toolbar handelt es sich um ein Add On oder Plugin, das im Browser eine Symbolleiste verankert. Diese Symbolleiste ermöglicht den Sofortzugriff auf bestimmte Funktionen, wie z.B. das Suchen in einer Suchmaschine.

Tracking Das Tracking bezeichnet die Protokollierung von Geschehnissen. Im Marketing wird Tracking zum Nachvollziehen von Ergebnissen aus Marketingmaßnahmen verwendet. So protokolliert man die Besucher einer Website und deren Aktivitäten, um den Affiliates Provisionen zuordnen zu können.

Tracking Code Ein Tracking Code ist ein Script, das in unterschiedlichen Programmiersprachen geschrieben sein kann und das die Protokollierung durch die Übertragung von Informationen an die Tracking Software bzw. den trackenden Server initialisiert. Der Tracking Code wird auf der Website des Merchants eingebunden.

Trackingparameter Ein Trackingparameter ist eine Zeichenkette, die an einen Link angehängt oder in einen Link eingefügt werden kann, um bestimmte Informationen zu übermitteln.

Trackingpixel Ein Trackingpixel, auch Zählpixel oder 1x1 Pixel genannt, ist eine kleine HTML-Grafik, die beim Aufruf einer Website geladen wird. Das Trackingpixel ruft ein Tracking Skript auf, mit dem diverse Nutzeraktivitäten dokumentiert werden. Ein solcher Zählpixel wird meist transparent dargestellt, damit der Benutzer von seiner Verwendung nichts mitbekommt.

Trackingweiche Eine Trackingweiche ermöglicht die Trennung und Auswertung von Marketingaktivitäten auf technischer Ebene. Auf Cookie Basis werden einzelnen Kanälen Parameter zugeordnet, die anhand von vorher definierten Regeln am Ende zusammengeführt werden können und ein Multi-Kanal-Tracking erlauben. Bei korrekter Anwendung führt eine Trackingweiche zu mehr Transparenz zwischen und innerhalb einzelner Marketingkanäle bis hin zur Abbildung der gesamten Customer Journey.

Traffic Als Traffic wird der Besucherstrom einer Website bezeichnet.

Typosquatting Als Typosquatting werden Domains verstanden, die Tippfehler enthalten. Betrieben werden solche Domains meist durch betrügerische Webmaster, die sich z.B. eine Domain sichern, die die Marke eines Merchants inkl. Tippfehler enthält. Damit werden Nutzer, die sich vertippt haben, abgefangen und wissen im Zweifel nicht, dass sie nicht auf der Website der eigentlichen Marke sind.

U

URL Parameter Ein URL Parameter oder auch GET Parameter ist ein Bestandteil einer URL, mit dem ein benannter Wert übergeben wird. Der Parameter beginnt mit einem Fragezeichen und hat den Aufbau Parametername (name) = Parameterwert (value), z.B. „?search=schwarz". Wenn mehrere URL Parameter vorhanden sind, werden sie jeweils durch ein Und-Zeichen (&) voneinander getrennt.

Usability Die Usability gibt die Benutzerfreundlichkeit eines Objektes, z.B. eines Onlineshops an. Je intuitiver die Anwendung für den Nutzer ist, desto besser ist die Usability. Für eine gute Usability ist es wichtig, dass ein Nutzer mit wenigen, leicht zu findenden Verlinkungen jeden Ort der Anwendung erreichen kann.

USP — Unique Selling Proposition USP ist die Abkürzung für Unique Selling Proposition (Alleinstellungsmerkmal) und stellt eine Eigenschaft bzw. ein Merkmal dar, das ein Produkt, eine Dienstleistung bzw. ein Unternehmen in den Augen eines Kunden einzigartig macht.

W

Web-Crawler Ein Web-Crawler (auch Searchbot, Bot oder Spider) durchsucht und analysiert automatisiert Websites und deren Inhalte. Eingesetzt werden solche Crawler z.B. von Suchmaschinen wie Google, aber auch von Tools, die bei der Suchmaschinenoptimierung unterstützen sollen.

Webhosting / Webspace Als Webhosting wird die Bereitstellung von Webspace auf einem Webserver eines Internet Service Providers bezeichnet. Auf diesem Webspace (Speicherplatz auf einem Webserver) können eigene Websites oder Dateien untergebracht werden, um diese für andere über das Internet abrufbar zu machen.

Webmaster Ein Webmaster befasst sich im weiteren Sinne mit der Planung, Umsetzung, Entwicklung und Verwaltung von Internetseiten oder Webanwendungen innerhalb eines Netzwerks (Internet oder Intranet).

Webservice Vereinfacht dargestellt, ist ein Webservice eine Webanwendung, die unter Verwendung XML-basierter Nachrichten die Interaktion zwischen zwei Anwendungsprogrammen unterstützt. Anwendungsprogramme können im Affiliate Marketing die Affiliate-Netzwerke an sich sein, aber auch Client-Programme, die dem automatisierten Austausch von Daten (z.B. Transaktionen oder Statistiken) dienen.

Werbemittel Werbemittel sind sämtliche im Rahmen der Absatzwerbung verwendeten Instrumente, die zur Erreichung ökonomischer Ziele beitragen sollen. Im Online Marketing sind häufig Werbebanner gemeint.

Widerrufsfrist Die Widerrufsfrist ergibt sich aus dem Widerrufsrecht, das einem Vertragspartner das Recht einräumt, eine Willenserklärung zu widerrufen. Die Widerrufsfrist beträgt in der Regel zwei Wochen und beginnt mit der Kenntnisnahme und einer schriftlichen Belehrung über das Widerrufsrecht. Fehlt diese Belehrung, so gilt die Widerrufsfrist unbefristet (§ 355 Abs. 3 BGB).

WKZ — Werbekostenzuschuss Unter Werbekostenzuschuss wird im Affiliate Marketing ein meist pauschaler Betrag verstanden, den ein Affiliate für die Aufnahme der Bewerbung eines Merchants zusätzlich zur gezahlten Provision erhebt.

Z

Zanox ERP Client Das Affiliate-Netzwerk Zanox bietet seinen Kunden eine Software an – den „ERP Client" – mit dessen Hilfe Advertiser Trackinginformationen aus ihrem Netzwerk-Account abrufen können. Diese Daten zu Leads und Sales lassen sich in eine lokale Datei exportieren. Dort lassen sie sich bearbeiten und können anschließend wieder über den „ERP Client" in das Zanox Netzwerk hochgeladen werden.

Ziel-URL Die Ziel-URL wird neben der Anzeigen-URL bei der Erstellung einer AdWords Anzeige festgelegt. Sie ergänzt die 4 Zeilen des Anzeigentexts, ist aber für den Nutzer nicht sichtbar. Durch Anklicken der Anzeige wird der Nutzer auf die angegebene Ziel-URL weitergeleitet.

Über Projecter

Projecter ist eine Online Marketing Agentur aus Leipzig. Das Leistungsspektrum der Agentur reicht von Affiliate Marketing über Suchmaschinenmarketing und Social Media Marketing bis hin zu Suchmaschinenoptimierung. Projecter betreut seine Kunden sowohl langfristig als auch konzeptionell, berät sie in strategischen Fragen und steht ihnen auch für übergreifende Online Marketing Themen als kompetenter Ansprechpartner zur Seite.

Der Fokus von Projecter liegt im Bereich E-Commerce und der Entwicklung maßgeschneiderter Performance und Online Marketing Maßnahmen. Schon seit 2008 berät und unterstützt das 28 köpfige Team der Agentur auch Kunden im Affiliate Marketing. Dabei zählen zu den Affiliate Leistungen unter anderem:

▷ die langfristige Betreuung von Partnerprogrammen und Übernahme aller anfallender Tätigkeiten in enger Abstimmung mit dem Kunden
▷ strategische Workshops, Beratung und Unterstützung beim Start eines Partnerprogramms
▷ Schulungen zum Controlling und Fraud Detection im Affiliate Marketing
▷ Seminare zur Akquise von Partnern und Ausbau von Partnerschaften
▷ die Überprüfung eines bestehenden Partnerprogramms in Form eines Affiliate Marketing Audits hinsichtlich strategischer Aspekte, Partnerstruktur, Fraud Detection, Werbemitteln und Kommunikation

Zu den aktuellen Kunden und von Projecter betreuten Partnerprogrammen zählen SportScheck, mydays, Neckermann, TravelScout24 und das Taschenkaufhaus.

Mehr über Projecter und unsere Affiliate-Leistungen:

✈ *www.projecter.de*
✈ *www.projecter.de/blog*
✈ *www.projecter.de/affiliate-portal*

Über die Autoren

Daniel Schalling
Head of Affiliate

Seit Juli 2012 ist Daniel Teammitglied von Projecter. Seit Anfang 2014 leitet er den Bereich Affiliate Marketing. Bereits vor und während seines Bachelor- und Masterstudiums des Medienmanagements war Daniel an der Konzeption und Umsetzung verschiedener Online Projekte beteiligt. So schrieb er u.a. seine Masterarbeit zum Thema Strategische Unternehmenskommunikation auf Facebook.

✉ *daniel.schalling@projecter.de*
✈ *xing.com/profile/Daniel_Schalling*

Hannes Richter
Account Manager Affiliate Marketing und SEO

Hannes Richter hat im März 2014 als Trainee den Weg zu Projecter gefunden. Durch mehrere Projekte und Nebenjobs während seines Studiums der evangelischen Theologie wurde seine Leidenschaft für das Online Marketing geweckt. Mittlerweile ist Hannes begeisterter Account Manager im Affiliate Marketing mit breitem Know-How für das Partnerprogramm Management. Während sich der gemeine Büromensch mit unzähligen Klicks durch Excel und andere Apps kämpft, ist Hannes der Mann, der auch mal mit Kanonen auf Spatzen zielt: Für jedes Problem ein eigenes Script - Hauptsache es macht glücklich. Seinen Hang zu Codezeilen lebt er mittlerweile auch in kleinen Nebenprojekten aus, wo er selbst die Erfahrung als Affiliate sucht.

✉ *hannes@projecter.de*
✈ *xing.com/profile/Hannes_Richter10*

Johannes Fries
Account Manager Affiliate Marketing und SEA

Johannes ist im Oktober 2014 zum Projecter-Team gesto-
ßen. In seinem Bachelor- und Masterstudium konnte er
schon erste theoretische Erfahrungen in den verschiedensten Online Marketing Kanälen sammeln. Um die Theorie
gegen die Praxis tauschen zu können, folgten während des
Studiums mehrere Praktika, in denen der Fokus auf dem
Suchmaschinenmarketing und dem Affiliate Marketing lag.
Dies sind nun auch die Bereiche, in denen sich Johannes bei
Projecter spezialisiert hat.

✉ *johannes.fries@projecter.de*
✈ *xing.com/profile/Johannes_Fries6*

Katja von der Burg
Gründerin und Geschäftsführerin

Katja ist als Gründerin und Geschäftsführerin von Projecter
schon seit 2008 im Online Marketing unterwegs und hat auch
die erste Auflage des Affiliate eBooks mitgeschrieben. Damit
ist sie vor allem für den historischen Kontext und den Aus-
blick zuständig und als Diplom-Journalistin natürlich auch für
die Überwachung der Textqualität als unermüdliche Jägerin
von Tippfehlern, Komma-Unglücken und schiefen Metaphern.
Wer nach der zehnten Lektoratsrunde noch Fehler findet,
kann uns die gerne schicken – wir werden sie in der 3. Ausgabe
ausmerzen ☺

✉ *katja@projecter.de*
✈ *xing.com/profile/Katja_vonderBurg2*

Luisa Fischer
Head of SEO

Seit 2011 ist Luisa im Projecter Team tätig. Als Trainee hat sie bei Projecter den Einstieg in das Thema Affiliate Marketing gemacht und betreut mittlerweile als Account Managerin Kunden in der Suchmaschinenoptimierung und im Affiliate Marketing. Luisa ist für Affiliate-Programme aus den verschiedensten Branchen des E-Commerce wie Reisen und Touristik, Tierbedarf oder Möbel bei Projecter verantwortlich.

✉ *luisa@projecter.de*
✈ *xing.com/profile/Luisa_Fischer*

Stefan Kärner
Account Manager Affiliate Marketing und SEO

Stefan ist seit 2012 Bestandteil des Projecter Affiliate Teams. Besonders die technischen Aspekte sowie tiefe Analysen und Auswertungen liegen ihm – ob seines Mathematikstudiums - am Herzen. Diese Neigung kann er bei Projecter als Account Manager in den Bereichen Affiliate Marketing und Suchmaschinenoptimierung täglich (außer an Wochenenden und Feiertagen) ausleben. Durch eigene Projekte kennt er beide Seiten im Affiliate Marketing und fühlt sich dort jeweils bestens aufgehoben.

✉ *stefan@projecter.de*
✈ *xing.com/profile/Stefan_Kaerner*

Impressum

© 2015 Projecter GmbH

Auflage 2

Autoren: Daniel Schalling, Hannes Richter, Johannes Fries,
Katja von der Burg, Luisa Fischer, Stefan Kärner
Satz und Gestaltung: Johannes Niehuis

ISBN: 978-1519143761

Kontakt:

Katja von der Burg
www.projecter.de
Projecter GmbH
Ritterstr. 9-13, 04109 Leipzig
Email: info@projecter.de
Telefon: + 49 341-22 48 66 2
Fax: + 49 341-22 48 91 4

Bibliografische Information der Deutschen Nationalbibliothek:

Die Deutsche Nationalbibliothek verzeichnet diese Publikation in der Deutschen Nationalbibliografie; detaillierte bibliografische Daten sind im Internet über http://dnb.d-nb.de abrufbar.

8780798R00213

Printed in Germany
by Amazon Distribution
GmbH, Leipzig